Carl Faulmann

Schriftzeichen und Alphabete

aller Zeiten und Völker

Weltbild

Unveränderter Nachdruck der Ausgabe der
kaiserlich-königlichen Hof- und Staatsdruckerei, Wien 1880,
für Verlagsgruppe Weltbild GmbH, Steinerne Furt, 86167 Augsburg
Umschlaggestaltung: Wolfram Fritz, Augsburg
Gesamtherstellung: Freiburger Graphische Betriebe
GmbH & Co. KG, Bebelstraße 11, 79108 Freiburg

Printed in Germany

ISBN 3-8289-0799-7

2006 2005 2004
Die letzte Jahreszahl gibt die aktuelle Ausgabe an.

DAS

BUCH DER SCHRIFT

ENTHALTEND DIE

SCHRIFTZEICHEN UND ALPHABETE

ALLER ZEITEN UND ALLER VÖLKER

DES

ERDKREISES

ZUSAMMENGESTELLT UND ERLÄUTERT

VON

CARL FAULMANN

PROFESSOR DER STENOGRAPHIE, MITGLIED DER K. K. STAATSPRÜFUNGS-COMMISSION FÜR LEHRAMTS-CANDIDATEN DER STENOGRAPHIE, RITTER DES KÖNIGLICH BAYERISCHEN VERDIENSTORDENS VOM HEILIGEN MICHAEL, BESITZER ZWEIER VERDIENST-MEDAILLEN DER WIENER WELTAUSSTELLUNG

ZWEITE VERMEHRTE UND VERBESSERTE AUFLAGE

WIEN 1880

DRUCK UND VERLAG DER KAISERLICH-KÖNIGLICHEN HOF- UND STAATSDRUCKEREI.

VORWORT

ZUR ERSTEN AUFLAGE.

DIE jetzige Direction der k. k. Hof- und Staatsdruckerei hat sich die Aufgabe gestellt, das ihrer Leitung anvertraute Institut ohne Beeinträchtigung der fiscalischen Interessen auf dem Höhepunkte des künstlerischen Rufes zu erhalten, den es unter dem früheren Leiter, weiland Hofrath ALOIS AUER, Ritter von WELSBACH, erreicht hat. Natürlich konnte dies nur dadurch geschehen, dass die Bahn des Fortschritts — denn Stillstand ist Rückschritt — unablässig, wenn auch vorsichtig verfolgt, keine technische Erfindung der Neuzeit unbeachtet gelassen und der reiche Typenschatz, der im Interesse der Wissenschaft in dieser Anstalt angesammelt worden war, fortwährend vermehrt wurde, so oft Entdeckungen auf diesem Gebiete dazu Anlass boten.

Eine Reihe wissenschaftlicher Werke, welche in den letzten Jahren aus der k. k. Hof- und Staatsdruckerei hervorgingen, beweisen, dass dieses Institut die Förderung der Wissenschaft stets im Auge behalten hat.

Die Direction der k. k. Hof- und Staatsdruckerei begnügte sich aber nicht damit, fremdsprachliche Alphabete zu sammeln und für etwaige Bestellungen vorräthig zu halten, sie wünschte dieselben auch anderweitig in gemeinnütziger Weise zu verwenden, und der Beifall, mit welchem AUER's „Alphabete des gesammten Erdkreises" aufgenommen wurden, die vielen Auflagen, welche ein kleineres Werk in dieser Richtung: BALLHORN's „Alphabete orientalischer und occidentalischer Sprachen" erlebte, wiesen unverkennbar auf ein Bedürfnis hin, welchem durch die erwähnten Werke noch nicht vollständig entsprochen worden ist; denn weder AUER's noch BALLHORN's Alphabetenwerke sind vollständig und sie haben insbesondere auf jenen Gebieten, welche in jüngster Zeit sehr in den Vordergrund getreten sind, nämlich auf den Gebieten der Hieroglyphen und der Keilschriften, fühlbare Mängel und falsche Tabellen. Daher beauftragte mich die Direction der k. k. Hof- und Staatsdruckerei unter dem 16. Juni 1877, Z. 1775 *„Die Alphabete des Erdkreises einer gründlichen, dem gegenwärtigen Standpunkte der Schriftkunde entsprechenden Revision zu unterziehen.“*

Die Ehre, mit dieser Arbeit beauftragt zu werden, verdanke ich der wohlwollenden Theilnahme, welche der Direktor der k. k. Hof- und Staatsdruckerei, Herr Hofrath Ritter von Beck, meinen Studien auf dem Gebiete der Schriftkunde schenkte; schon seit mehreren Jahren hatte er mir auf meine Bitte die an einschlägigen Werken reiche Bibliothek der k. k. Hof- und Staatsdruckerei geöffnet, mir auch sonstige Werke dieses Faches zugänglich gemacht und mich ermuntert, in diesen Studien nicht zu ermüden, welche in meinen „Neuen Untersuchungen über die Entstehung der Buchstabenschrift“ bereits ein Resultat geliefert hatten. Ich konnte diesem Wohlwollen nur dadurch danken, dass ich alle meine Kräfte aufbot, um das in mich gesetzte Vertrauen zu rechtfertigen.

Es ist zwar nur ein bescheidenes ABC-Buch, welches hiermit der Öffentlichkeit übergeben wird, aber das von mir angestrebte Ziel der Vollständigkeit war nicht leicht erreichbar. Als Auer's Alphabete vor fünf und zwanzig Jahren erschienen, enthielten sie die Summe des damals bekannten Materials, welches von einer der ersten Autoritäten der Wissenschaft geordnet und revidirt worden war. Ein Vergleich dieser Alphabete mit dem vorliegenden Werke lehrt, wie sehr inzwischen das Material angewachsen ist. Ich war genöthigt, dasselbe mühsam aus Fach-Zeitschriften, aus Grammatiken, Reisebeschreibungen und kulturgeschichtlichen Werken zuammenzutragen, dasselbe an der Hand kritisirender Abhandlungen und durch Vergleichung verschiedener Werke zu prüfen, neue Schriften, welche noch nicht vorhanden waren, herstellen zu lassen und sorgfältig den Druck zu überwachen, damit nicht durch Satzfehler Irrungen entstünden. Glücklicher Weise hatte Herr Prof. Friedrich Müller, welcher ebenfalls meine Arbeiten auf diesem Gebiete mit wohlwollendem Interesse verfolgte und mir manche noch fehlende Alphabete zugänglich machte, die Güte, die Bogen vor dem Drucke einer Durchsicht zu unterziehen und somit ist dem Publikum die Beruhigung gegeben, dass Alles aufgeboten wurde, um Fehler zu vermeiden. Sollte dennoch hie und da etwas unserer Aufmerksamkeit entschlüpft sein, so würde ich die Kenner um freundliche Benachrichtigung bitten, denn ich schmeichle mir, dass das vorliegende Werk wohl noch neue Auflagen erleben werde, bei welchen etwaige Irrthümer beseitigt werden könnten.

Ich glaubte auch diese Arbeit benützen zu sollen, um zur Lösung einer die philologischen Kreise bewegenden nicht unwichtigen Frage, zur Durchführung einer einheitlichen Umschreibung der fremden Zeichen, mein Scherflein beizutragen. Ich habe mich dabei auf die epochemachenden Arbeiten des Prof. Lepsius gestützt, sein Standard-Alphabet als Programm an die Spitze meiner Arbeit gestellt, seine Umschreibungen bei den einzelnen Alphabeten zu Rathe gezogen und in denen, wo mir sein Beirath fehlte, mich bestrebt, in seinem Geiste fortzuwirken. Nur insofern bin ich abgewichen, als ich nicht ängstlich darauf beharrte, jeden Laut durch Einen Buchstaben auszudrücken, sondern die Zusammensetzung von Buchstaben der Häufung von Accenten vorzog. Sollten bei diesen Umschreibungen Irrthümer vorgekommen sein (es kann sich hiebei nur um geringe Lautnüancirungen handeln), so werden mich diejenigen entschuldigen, welche die Schwierigkeiten kennen, eine consequente Orthographie durchzuführen. Bei englischen, französischen und spanischen Schriftstellern ist es durchaus nicht leicht zu erkennen, welche Laute sie mit ihren Umschreibungen darstellen wollen.

Eine nicht geringe Sorge machte mir die Ordnung der Alphabete. Zwar hat Prof. Lenormant in seinem „Essai sur la propagation de l'alphabet phénicien dans l'ancien monde“ einen Stammbaum aufgestellt, an welchen ich mich bequem hätte anlehnen können; allein bei aller Achtung, welche ich dem Genie des berühmten französischen Gelehrten zolle, muss ich bekennen, dass ich von der Richtigkeit seiner Methode nicht überzeugt wurde. Ich bin bei meinen Untersuchungen und Vergleichungen auf Thatsachen gestossen, welche durch seine Theorie nicht zu erklären sind. Meinerseits konnte ich nicht wagen, eine andere Theorie aufzustellen, denn mein Auftrag lautete nicht dahin, eine Geschichte der Schrift zu geben, für welche ohnehin der mir zugemessene Raum nicht ausgereicht hätte; ich durfte auch nicht durch hypothetische Lehrsätze Widerspruch herausfordern, und damit den Erfolg eines Werkes gefährden, welches nur positive Thatsachen bringen sollte. Unter diesen Umständen glaubte ich der Wissenschaft einen Dienst zu erweisen, wenn ich die Frage der Filiation der Alphabete offen liess und mich darauf beschränkte, die verwandten Schriftgattungen gruppenweise zusammenzustellen. Hiemit ist das Werk seiner Aufgabe, Material zu einer Geschichte der Schrift zu liefern, näher gebracht, die Übersichtlichkeit erleichtert, die Vergleichung und die beigegebenen Erläuterungen, sowie die Vokalbezeichnungen, welche einen Einblick in die innere Structur der Schriften gewähren, werden zur Lösung der dunkeln Frage beitragen, denn wie auf dem Gebiete der vergleichenden Sprachwissenschaft nicht die Wörter allein die Verwandtschaft bestimmen, sondern weit mehr der grammatikalische Aufbau, so dürfen bei der vergleichenden Schriftkunde auch nicht die Zeichen allein verglichen, sondern müssen auch die technischen Eigenthümlichkeiten der Schriften ins Auge gefasst werden, da in diesen das Verwandtschaftsverhältnis viel besser sich erkennen lässt.

Ich möchte diese Gelegenheit nicht vorübergehen lassen, um auf die Wichtigkeit der Schriftkunde hinzuweisen. Dieselbe ist bisher nur als Dienerin der Sprachkunde betrachtet worden, man hat sich mit der Entzifferung der Schriftzeichen nur beschäftigt, um zum Wortausdruck zu gelangen und man hat die volksthümlichen Schriften so missachtet, dass man, um den Druckereien die Anschaffung fremder Lettern, oder dem Schüler die Erlernung neuer Alphabete zu ersparen, sich mit der Wiedergabe fremder Sprachen in Antiqualettern auch dann begnügt hat, wenn die betreffende Sprache ihre eigenen Schriftzeichen hatte. Wohl hat religiöser Fanatismus anderen Völkern seine Schrift oft aufgezwungen und die einheimischen Schriftzeichen beseitigt, aber es ist gewiss fraglich, ob die Wissenschaft diesen Vorgang nachahmen soll. Die ältesten Schriften, insbesondere die Hieroglyphen, spotten jeder Umschreibung durch europäische Lettern, ja bei der unläugbaren Polyphonie dieser Schriften wäre jeder derartige Versuch gefährlich, da Irrthümer unausbleiblich sein würden; aber auch bei jüngeren Schriften ist zu befürchten, dass durch deren Umschreibung manche für die Sprachvergleichung wichtige Momente verloren gingen. Die Theorie, dass ein Volk gedankenlos vom anderen Volke Schriftzeichen entlehnte, dass die offenbaren und mitunter sehr seltsamen Unterschiede der Lautzeichen nur durch Corrumpirung und Differenzirung entstanden seien, kurz die ganze Schriftkunde der Jetztzeit ist eine noch unbewiesene Hypothese, welche nur deshalb nicht angefochten wurde, weil Wenige die Kenntnisse und den Muth haben, sich an „diese höchsten Fragen der Wissenschaft", wie sich ein Berliner Akademiker ausdrückte, zu wagen.

Ich habe, soweit es mir möglich war, das Meinige beigetragen, Material zur Lösung dieser Fragen zu liefern, ich habe deshalb die Namen der Buchstaben, von deren innigem Zusammenhange mit den Schriftzeichen ich überzeugt bin, stets beigegeben, soweit sie mir bekannt waren, ich habe ebenso den Zahlwert der Zeichen, dem wir allein die Stabilität der meisten Alphabete verdanken, beigefügt, ich kann nur noch dem Wunsche Ausdruck geben, dass dieser Wink beachtet werden möge.

Das vorliegende Werk sollte keine Paläographie sein, daher habe ich auch den Schriftzeichen der Gegenwart die gebührende Aufmerksamkeit geschenkt, und ich glaube mit Recht; denn was hülfe z. B. die Kenntnis der hebräischen Sprache, wenn man ein Manuscript in hebräischer Currentschrift nicht lesen könnte, weil man nur die Quadratschrift kennen gelernt hat? Aus ähnlichen Gründen habe ich geglaubt, mich keiner überflüssigen Wiederholung schuldig zu machen, wenn ich von manchen Schriften mehrere Alphabete gab.

Endlich habe ich mir erlaubt, auch den neuesten Zweig der Schreibkunst, die stenographische Schrift mit unter die Alphabete des Erdkreises aufzunehmen, wobei ich mich jedoch (denn die Zahl der stenographischen Systeme ist Legion) auf die wichtigsten beschränkte.

Die Abbreviaturen im Hebräischen und die römischen Siglen (die beiden umfangreichsten Abkürzungssysteme früherer Zeit) habe ich ihres grossen Umfanges wegen in einen Anhang aufgenommen, um die Alphabete nicht allzuweit auseinander zu halten.

Ich habe bei der vorliegenden Arbeit lebhaft den Segen empfunden, den die öffentlichen Bibliotheken gewähren, ich kann nur den Wunsch daran knüpfen, dass diesen Instituten die Mittel gewährt werden mögen, ihre Sammlungen so zu bereichern, dass auch die Sprachwissenschaft und die Schriftkunde in vollster Weise vertreten sei. Gegenwärtig ist dies noch nicht der Fall, ich habe öfter vergeblich nach Werken gefragt, welche mir durch Citate in anderen Schriften bekannt waren. Vergleiche ich aber die Begünstigung, welche mir mein Aufenthalt in Wien, die Benützung der k. k. Hof-Bibliothek und der k. k. Universitäts-Bibliothek, sowie der allerdings mehr privaten Bibliothek der k. k. Hof- und Staatsdruckerei gegenüber einem strebsamen Forscher in einer Provinzialstadt gewährten, so glaube ich mit der Veröffentlichung der vorliegenden Arbeit ein nützliches Unternehmen zu Tage zu fördern, wozu manchem Anderen weniger die Kräfte als vielmehr die Mittel fehlen. Ich würde mich freuen, wenn meine Arbeit den Impuls zu weiteren Publicationen und zu einem Wetteifer in dieser Richtung geben würde; für jetzt begnüge ich mich damit, die derzeit vollständigste Zusammenstellung der Schriften und Alphabete des Erdkreises geliefert zu haben, betrachte aber auch damit meine Thätigkeit auf diesem Gebiete keineswegs als abgeschlossen.

Wien, im Frühjahr 1878.

CARL FAULMANN.

VORWORT

ZUR ZWEITEN AUFLAGE.

NACHDEM die erste Auflage des vorliegenden Werkes einen schnellen Absatz und eine sehr freundliche Besprechung in den Fachblättern erfahren hat, ist das Werk in der neuen Auflage im Grossen und Ganzen unverändert geblieben und nur durch eine kleine Anzahl von Alphabeten vermehrt worden, es sind insbesondere die persischen Schriften des Mittelalters, mehrere arabisch-türkische Alphabete und das syrjänische zugewachsen; ausserdem sind alle Alphabete einer neuerlichen genauen Durchsicht und theilweisen Verbesserung unterzogen worden. Den geehrten Herren, welche den Verfasser in dieser Beziehung unterstützten, namentlich Herrn JOHN BEAMES Esqu. in Bengalen und Herrn ALEXANDER KUMMER in Zabelotše spricht derselbe an dieser Stelle seinen Dank aus.

Inzwischen ist von Seite des Verfassers auch eine „Illustrirte Geschichte der Schrift" erschienen, welche die im Vorwort zur ersten Auflage entwickelten Anschauungen des Verfassers weiter ausführt und durch zahlreiche Schriftproben ein Lesebuch zu dem vorliegenden Werke bildet. Der Verfasser gibt sich der Hoffnung hin, dass seine Geschichte der Schrift viele Leser zu einem eingehenden Studium der Alphabete anregen dürfte, wozu das vorliegende „Buch der Schrift" die vollste Gelegenheit gibt. Nur eine vollständige Kenntnis der Alphabete lässt ein richtiges Urtheil über die Entstehung und Verbreitung der Schrift gewinnen und in diesem Sinne mögen sich beide Werke ergänzen und zu weiteren Forschungen auf dem Gebiete der Schriftkunde den Anstoss geben.

Wien, Ostern 1880.

CARL FAULMANN.

INHALT.

Europa

Anhang

SCHRIFTEN UND ALPHABETE

DES

GESAMMTEN ERDKREISES.

STANDARD-ALPHABET.

Fast alle europäischen Völker bedienen sich des von den Römern entlehnten Alphabets von 25 Zeichen. Diese Zeichen haben jedoch nicht überall denselben Lautwert, denn *j* ist im Deutschen ein halbvokalischer Gaumenlaut, im Französischen vertritt es ein sanftes *sch*, im Englischen *dsch*. Auch reichen die 25 Zeichen nicht aus, um alle Laute zu bezeichnen und es musste durch Zusammensetzung die Zahl der Zeichen vermehrt werden, wobei wiederum Abweichungen in der Aussprache eintraten, wie z. B. *ch* im Deutschen als starker Gaumenlaut, im Französischen als starker Zischlaut, im Englischen *tsch* gelesen wird, oder *sch* im Deutschen ebensowohl ein einfacher Zischlaut wie ein Doppellaut *s-ch*, *sh* im Englischen ebenso *sch*-Laut wie aspirirtes *s* sein kann.

Diese Verschiedenheit der Aussprache gab bei Namen und bei der Umschreibung fremder Wörter zu den ärgsten Verwirrungen Anlass und nöthigte insbesondere die Sprachforscher auf Bezeichnungen zu denken, welche, Misverständnissen entrückt, jeden sprachlichen Laut durch ein bestimmtes Zeichen darstellen. Unter diesen Versuchen hat das Standard-Alphabet (d. h. Muster-Alphabet) des Prof. Lepsius die allgemeinste Anerkennung gefunden und ist daher auch in diesem Werke angewendet worden, um auf kurze Weise fremde Schriftzeichen in allgemein verständlicher Weise zu umschreiben. Das Standard-Alphabet beruht auf folgenden Regeln:

Bei den Vokalen wird die Länge durch einen Strich über dem Buchstaben bezeichnet: *ā, ē, ī, ō, ū*, die Kürze durch einen Halbkreis über dem Buchstaben: *ă, ĕ, ĭ, ŏ, ŭ*, ein Strich unter dem Buchstaben bezeichnet den breiten, offenen Vokal: *e̱* (deutsch *ä*, französisch *è*), *o̱* (italienisch *ò*, englisch *au* oder *a* in *naught, all*), ein Punkt unter dem Buchstaben den geschlossenen Vokal: *ẹ* (deutsch *eh*, französisch *é*, englisch *a* in *cane*), *ọ* (deutsch *Mond*, französisch *au* und *o* in *cône*, englisch *o* in *no*); ein Haken unter dem Buchstaben den harten Laut *ę, į*. Diese unterstrichenen oder unterpunktirten Laute sind gleichfalls lang oder kurz und werden dann durch den Strich oder den Halbkreis über dem Zeichen unterschieden, die getrübten Laute *ö* und *ü* erhalten die Punkte unterhalb *o̤, ṳ*, um oben Raum für die Bezeichnung der Länge und Kürze zu lassen. Die Nasale werden durch ˜ über den Vokalen ausgedrückt, daher *ã, ẽ, õ, ǭ̃;* endlich bezeichnet eine kleine Null unter den Vokalen oder den Liquiden das leise Anschlagen derselben, wie *e̥* (im Deutschen *Verstand* und im Englischen *ion*, z. B. *nation*), *r̥*, *r̥̄* und *l̥, l̥̄* im Sanskrit. Die Diphthonge werden durch Zusammensetzung gebildet, also: *ai, au.*

Wenn bei fremden Zeichen die Kürze oder Länge der Vokale nicht ersichtlich ist, werden die Vokale ohne dieselbe, also einfach *e, a, i, o, u* u. s. w. geschrieben, wie aus der Tabelle Seite 6 ersichtlich ist.

Die Konsonanten werden im Allgemeinen eingetheilt in:

Explosivae oder dividuae (Verschlusslaute), das sind diejenigen, welche entstehen, wenn der Mundkanal an einer Stelle gesperrt ist und der Verschluss geöffnet wird, so dass der Luftstrom mit Geräusch plötzlich hervorbricht;

Fricativae oder continuae (Reibungslaute), das sind solche, welche entstehen, wenn der Mundkanal an einer Stelle verengt ist und die Luft durch die Verengerung hindurchströmt, somit ein Reibungsgeräusch hervorbringt.

Ancipites (schwankende) sind die *r-* und *l*-Laute.

Die Verschlusslaute werden eingetheilt in fortes (starke), lenes (sanfte) und nasales (wenn die Nasenhöhle offen und der Mundkanal gesperrt ist); die Reibungslaute theilen sich ebenfalls in fortes (starke), lenes (sanfte) und semivocales (Halbvokale): *y, w.*

Nach den Organen, durch welche die Laute hervorgebracht werden, unterscheidet man:

Faucales (von *fauces* der obere enge Theil des Schlundes neben dem Eingang der Kehle).

Wenn wir die Kehle schliessen und dann zur Aussprache eines Vokals öffnen, so entsteht der schwache explosive Laut, der in den europäischen Sprachen unbezeichnet bleibt, aber z. B. in *See'adler* bemerkbar ist, im Griechischen durch den Spiritus lenis ᾿, im Hebräischen durch א, im Arabischen durch أ bezeichnet wird. Lepsius bezeichnet ihn durch ’,

der stärkere Laut ist ʿ, das arabische ع;

diesen entsprechen:

die Reibungslaute *h*,

das stärkere *h*ʿ, arabisch ح.

Gutturales (von *guttur* die Kehle), das sind Laute, welche durch das Anstossen der mittleren oder hinteren Zunge an den Gaumen hervorgebracht werden, hiezu gehören:

das von der hinteren Zunge erzeugte *q*,

die von der mittleren erzeugten explosiven:

stark *k*,

sanft *g*,

nasal *ṅ* (deutsch in *eng*);

die fricativen:

stark *χ* (im Deutschen *nach*),

sanft *γ* (arabisch غ, im Neugriechischen *ἀγαθός*),

ṙ (im deutschen Dialekt *Dea*ʳ*n* = Dirne).

Palatales (von *palatum* der Gaumen). Ihr Bildungsort ist der harte Gaumen, zu ihnen gehören die explosiven:

stark *k'*, das altindische च, welches gegenwärtig wie *tsch* ausgesprochen wird,

sanft *g'*, altindisch ज, welches gegenwärtig wie *dsch* ausgesprochen wird,

der Nasal *ń* (französisch in *regner*, italienisch in *gnudo*);

die fricativen:

stark χ́ (deutsch in *ich, recht*),

š (deutsch in *schon*, englisch in *show*, französisch in *chat*),

ś das neuindische श (polnisch *ś* in *świt*),

sanft γ́ (im Neugriechischen γέφυρα),

ž (französisch in *jeune*, polnisch *ż* in *bażant*),

ź (polnisch *ź* in *poźno*),

der Halbvokal *y*,

das muillirte *l'* (französisch *mouillé*, italienisch *gli*).

Cerebrales. Diese den indischen Sprachen fast ausschliesslich eigenthümlichen Laute werden so gebildet, dass die Unterseite der Zunge nach vorne convex wird und theilweise den Gaumen berührt; sie zerfallen in die explosiven:

stark *ṭ*,

sanft *ḍ*,

nasal *ṇ*,

in die fricativen:

stark *ṣ̌*,

sanft *ẓ̌*,

die Schmelzlaute *ṛ*, *ḷ*.

Linguales (von *lingua* die Zunge). Sie gehören ausschliesslich den semitischen Sprachen an und werden gebildet, indem die breite Zunge mit nach unten gebogener Spitze den ganzen vorderen Raum des harten Gaumens bis zu den Zähnen berührt oder sich ihm nähert, sie zerfallen in:

das explosive *ḏ* (*ṯ*) (arabisch ط, hebräisch ט),

in die fricativen:

s̱ (arabisch ص, hebräisch צ),

ẕ (arabisch ض),

δ̱ (arabisch ظ).

Dentales (von *dens* der Zahn). Sie entstehen durch die Zähne und die vordere Zunge und zerfallen:

in die explosiven:

stark *t*,

sanft *d*,

nasal *n*,

in die fricativen:

stark *s* und θ (englisch *th* in *thin*),

sanft *z* (französisch *z* in *zèle*, englisch in *zeal*),

δ (englisch in *thy*, neugriechisch δ in δίψα),

in die Schmelzlaute *r* und *l*.

Labiales (von *labium* Lippe). Sie werden durch die Unter- und Oberlippe hervorgebracht und zerfallen:

in die explosiven:

stark *p*,

sanft *b*,

nasal *m*,

in die fricativen:

stark *f*,

sanft *v*,

Halbvokal *w*.

STANDARD-ALPHABET.

Diphthonge werden gebildet durch Anfügung:

des Hauches in: *kh, gh, ṭh, ḍh, th, dh, ph, bh* oder inniger verbunden in: *kʿ, gʿ* u. s. w.,

des *š* in *kš*,

des *s* und *z* in: *ks, ts, dz*,

des *y* in den slavischen Lauten (*p′, b′, v′, m′, f′*) und in den ungarischen: *ty, dy, ny, ly* (*t′, d′, n′, l′*),

des *w* in *hw* und im Deutschen *kw* u. s. w.

Übersicht der Standard-Zeichen.

Vokale.

Charakter	kurz	lang	ohne Unterschied	Charakter	kurz	lang	ohne Unterschied
halber Laut .	ḁ			*geschlos. Laut*	ọ̆	ọ̄	ọ
reiner „ .	ă	ā	a	*offener* „ .	ŏ̱	ō̱	o̱
tiefer „ .			å	*reiner* „ .	ŭ	ū	u
halber „ .	e̥			*getrübter* „ .	ṳ̆	ṳ̄	ü
geschlos. „ .	ẹ̆	ẹ̄	ẹ	*halber* „ .	r̥̆	r̥̄	r̥
offener „ .	ĕ̱	ē̱	e̱	*halber* „ .	l̥̆	l̥̄	l̥
harter „ .			ȩ	*nasaler* „ .			ã
getrübter „ .	ŏ̤	ō̤	ö	„ „ .			è
reiner „ .	ĭ	ī	i	„ „ .			õ
harter „ .			į	„ „ .			õ̤

Konsonanten.

Lautklassen	Explosivae oder dividuae			Fricativae oder continuae			Ancipites
	fortes	lenes	nasales	fortes	lenes	semivocal.	
I. *Faucales*	ɜ	ʼ		*hʿ h*			
II. *Gutturales* . . .	*k*	*q, g*	*ṅ*	*χ*	*γ*		*ṙ*
III. *Palatales*	*k′, tš*	*g′, dž*	*ń*	*χ́, š, ś̌*	*γ́, ž, ž́*	*y*	*l′*
IV. *Cerebrales* . . .	*ṭ*	*ḍ*	*ṇ*	*ṣ̌*	*ẓ̌*		*ṛ, ḷ*
V. *Linguales* . . .	*ṯ*	*ḏ*		*s̱*	*ẕ, δ̱̂*		
VI. *Dentales*	*t*	*d*	*n*	*s, θ*	*z, δ*		*r, l*
VII. *Labiales*	*p*	*b*	*m*	*f*	*v*	*w*	

AMERIKA

NORD-AMERIKA.

Die nordamerikanischen Indianer besitzen eine Bilderschrift, welche theils in rohen Umrissen in Felsen und Bäume eingeritzt, theils mit Farben auf Stoffe gemalt wird.

Die erste Art der Schrift heisst Kekiwin und beschränkt sich auf allgemein verständliche Bilder, sie dient zu Nachrichten auf Reisen und zu Leichensteinen, sowie zu grösseren Felseninschriften, welche Muzzinabiks heissen; doch enthalten diese Felsen-Inschriften auch Zeichen, welche von Schriftkundigen nicht gedeutet werden können, und diess lässt vermuthen, dass die Schriftkunde bei den Indianern der Vorzeit mehr entwickelt war.

Die gemalten Zeichen heissen Kekinowin und sind Zauberzeichen, an welche Zaubersprüche geknüpft werden. Die Kenntnis dieser Schrift ist Eigenthum der Yossakids (Propheten) und der Medas (niederen Priester), wird jedoch von diesen für hohe Preise an einzelne Indianer verkauft, welche denselben mehr Erfolg zuschreiben, als ihrer eigenen List und Tapferkeit.

Es gibt verschiedene Arten dieser Zauberzeichen:

Medáwin (Arzneikunst),

das hohe Yesukáwin (Prophezeiung),

das kleine Yesukáwin (Geisterbeschwörung),

Wábino (Gesänge bei nächtlichen Schmausereien),

Keossáwin (Jagdzauber),

Nundobewunewun (Kriegszauber),

Sadžawin (Liebeszauber),

Muzzinábikon (Geschichte).

Die Zeichen dieser Schrift scheinen mit der Sprache in keiner Beziehung zu stehen, sondern nur mnemotechnische Mittel zu sein, um die Zaubersprüche und Überlieferungen im Gedächtnisse zu bewahren.

Ausser diesen Schriftzeichen bedienen sich die Indianer auch der Muschelschnüre (Wampumgürtel) von verschiedener Färbung und verschiedener Anreihung und Verschlingung. Diese Wampumgürtel dienten zur Beglaubigung der Botschafter, welche die einzelnen Stämme aneinander zu friedlichen und Kriegserklärungen sendeten.

Die hier folgenden Kekinowin, entnommen aus: Schoolcraft, historical and statistical information respecting the history, condition and prospects of the Indian tribes of the united States, bieten manche interessante Vergleichung mit den Symbolen der alten Völker.

INDIANISCHE KEKINOWIN.

Zeichen	Bedeutung	Zeichen	Bedeutung	Zeichen	Bedeutung
	Chronologische u. arithmetische Zeichen		Symbol d. Krieges		Schildkröte, Biber
	Sonne		„		aus der Erde kommendes Ungeheuer
	Mond		(Pfeife) Symbol d. Friedens		Symbol für 40 in der Schlacht getödtete Menschen
	Neumond		Güter, ein Symbol		Flagge auf einem Grabe
	Wolken		ein Ballen Güter		Symbol des Todes
	Himmel		Symbol der Zeit		ein Kahn
	Meer		d. grosse, gehörnte Schlange		ein mit Kriegern gefüllter Kahn
	Meda		in den Himmel schauender Geist des Übels		ein Häuptling
	Yossakid		Symbol der Behutsamkeit		ein grosser Kriegskapitän, m. einer Hand d. Himmel, mit d. andern d. Erde greifend
	Wabeno		Symbol der Macht in die Zukunft zu schauen		ein Krieger, kühn wie die Sonne
	Seher		Symbol der Macht über die Herzen		Symbol eines Lagers
	Herz		ein Weib		Symbol der Eile
	Sonne, die Welt erfüllend		Symbole eines kopflosen Körpers		Waldspecht
	grosse Medizin		entkräfteter Mann		Tod eines Mannes, dessen Wappen der Kranich ist
	häuslicher Kreis		Geist des blauen Himmels		satanische Macht, ein Symbol
	europäische Festung		der schädliche Geist des Himmels		ein mit Geschenken beladener Mann
	Symbol der Macht		Schlange, die Erde durchdringend		
	magische Trommel		Pflanzen, Symbol der medizinischen Macht		
	Wampumgürtel				
	Kriegskeulen				
	Flammen				
	magische Geschicklichkeit				
	ein Meermann				

Nušinen	wayok	ebin	tšiptuk	delwidžin	megwidedemek	wayok	n'telidanen
Unser Vater	*im Himmel*	*sitzend*	*es möge*	*dein Name*	*sein geachtet*	*im Himmel,*	*uns*

tšiptuk	ignemwiek	ula	nemulek	uledetšinen.	Natel	wayok	deli	škedulk
möge	*gewährt sein*	*dich*	*zu sehen*	*unaufhaltsam.*	*Dort*	*im Himmel*	*wie*	*dir gehorcht wird*

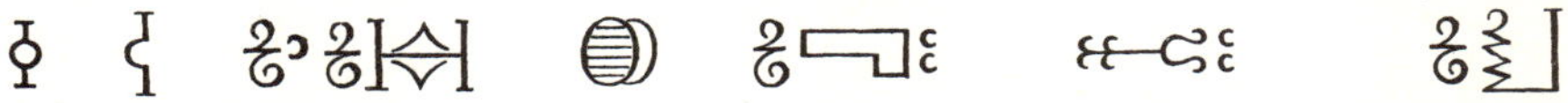

tšiptuk	deli	škedulek	makimigwek	eimek.	Delamukubenigwal	ešemigwel
möge	*so*	*dir gehorcht werden*	*auf Erden*	*wo wir sind.*	*Wie du uns gegeben hast*	*in dieser Art*

apš	negweš	kiškuk	delamukteš	penegwunenwin	nilunen.	Delyabikšiktakašik
so auch	*nun*	*heute*	*gib uns*	*unsere Nahrung*	*uns.*	*Wir vergebend jenen*

wegaiwinametnik	elp	pel	nikskam	abikšiktwin	elweultik	Melkeninreš
so haben beleidigt uns,	*so*	*du*	*o Gott*	*vergib*	*unsere Fehler.*	*Halte uns fest*

winnšudil	mu	k'tigalina	kedžinukamke	winnšigwel	twaktwin.	N'delietš.
bei der Hand	*nicht*	*zu fallen,*	*halte fern von uns*	*Leiden,*	*Übel.*	*Amen.*

Die Schrift, deren sich die Mikmaks bedienen, war einst die gemeinsame Schrift der Ureinwohner von Canada. Von diesen sind die Abnakis bis auf wenige Reste verschwunden, die Etšimis und Montagnais sind im Aussterben begriffen, nur die Mikmaks repräsentiren noch die Cultur der Rothhäute im Nordosten. Ihre Schrift ist so ausgebildet, dass die christlichen Gebete, die Messe und der Katechismus in derselben ganz wiedergegeben werden konnte. Dieselben sind im Jahre 1856 von dem Missionär Ch. Kauder herausgegeben und in der Wiener k. k. Hof- und Staatsdruckerei mit Typen gedruckt worden, welche aus 5701 verschiedenen Charaktern bestehen. Nähere Nachrichten über dieses Volk veröffentlichte Eugene Vetromile (The Abnakis and their history, New-York 1866), dem wir auch den Wortlaut des Vaterunsers entnehmen, welches in Kauder's Buch ohne Umschrift und Übersetzung gedruckt ist. Wir fügen noch den Titel des letzteren Werkes bei, um zu zeigen, wie fremde Namen und Ausdrücke wiedergegeben wurden.

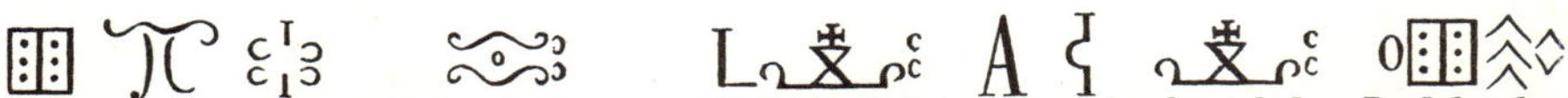

Buch das gute enthaltend Gesang. Die kaiserliche wie auch königliche Buchdruckerei

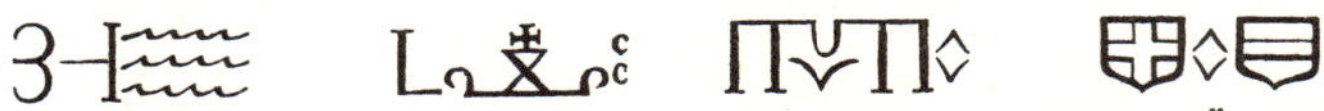

hat es gedruckt in der kaiserlichen Stadt Wien in Österreich.

SCHRIFT DER TINNE-INDIANER.

Zeichen	Wert	Zeichen	Wert	Zeichen	Wert	Zeichen	Wert	Finale	Wert
ᐊ	a	ᐁ	e	ᐃ	i	ᐅ	o	·ᐊ	wa
ᐸ	ba	ᐯ	be	ᐱ	bi	ᐳ	bo	"	aspirirt
ᗴ	χa	ᗯ	χe	ᗰ	χi	ᗱ	χo	+	i
ᑕ	da	ᑌ	de	ᑎ	di	ᑐ	do	-	d
ᕋ	ga	ᕂ	ge	ᕆ	gi	ᕈ	go	ı	g
ᑲ	ka	ᑫ	ke	ᑭ	ki	ᑯ	ko	\	k
ᖺ	kla	ᖸ	kle	ᖇ	kli	ᖻ	klo	/	l
ᓚ	la	ᓓ	le	ᓕ	li	ᓗ	lo	(	m
ᒪ	ma	ᒣ	me	ᒥ	mi	ᒧ	mo	)	n
ᓇ	na	ᓀ	ne	ᓂ	ni	ᓄ	no	ᐡ	r
ᓴ	sa	ᓭ	se	ᓯ	si	ᓱ	so	ᐢ	s
ᘛ	sla	ᘜ	sle	ᘝ	sli	ᘞ	slo	ᒡ	t
ᑕᑊ	ta	ᑌᑊ	te	ᑎᑊ	ti	ᑐᑊ	to	ᒢ	th
ᒐ	tha	ᒉ	the	ᒋ	thi	ᒍ	tho	•	o
ᗕ	ttha	ᗜ	tthe	ᗝ	tthi	ᗗ	ttho	X	Christ
ᕦ	tsa	ᕤ	tse	ᕢ	tsi	ᕠ	tso		
ᔭ	ya	ᔦ	ye	ᔨ	yi	ᔪ	yo		

SCHRIFT DER KRI-INDIANER.

Zeichen	Wert	Zeichen	Wert	Zeichen	Wert	Zeichen	Wert	Finale	Wert
ᐊ	a	ᐁ	e	ᐃ	i	ᐅ	o	'	p
ᐸ	ba, pa	ᐯ	be	ᐱ	bi	ᐳ	bo	/	t
ᑕ	ta, da	ᑌ	te	ᑎ	ti	ᑐ	to	\	k
ᑲ	ka	ᑫ	ke	ᑭ	ki	ᑯ	ko	-	ts
ᒐ	tša	ᒉ	tše	ᒋ	tši	ᒍ	tšo	)	n
ᓚ	la	ᓓ	le	ᓕ	li	ᓗ	lo	(	m
ᒪ	ma	ᒣ	me	ᒥ	mi	ᒧ	mo	ᐢ	s
ᓇ	na	ᓀ	ne	ᓂ	ni	ᓄ	no	+	y
ᕋ	ra	ᕂ	re	ᕆ	ri	ᕈ	ro	z	r
ᓴ	sa	ᓭ	se	ᓯ	si	ᓱ	so	o	w
ᔭ	ya	ᔦ	ye	ᔨ	yi	ᔪ	yo	"	aspirirt
ᐊᐧ	wa	ᐁᐧ	we	ᐃᐧ	wi	ᐅᐧ	wo	\	Silben-länge
ᐸᐧ	pwa	ᐯᐧ	pwe	ᐱᐧ	pwi	ᐳᐧ	pwo		

Die Schrift der Indianerstämme Tinne und Kri sind eng verwandt, doch finden sich, wie eine Vergleichung lehrt, einzelne Abweichungen, auch haben die Tinne bedeutend mehr Silbenzeichen und Finale als die Kri.

SCHRIFT DER TSCHIROKI-INDIANER.

Zeichen	Wert	Zeichen	Wert	Zeichen	Wert	Zeichen	Wert	Zeichen	Wert	Zeichen	Wert
Ꭰ	a	Ꭱ	e	Ꭲ	i	Ꭳ	o	Ꭴ	u	Ꭵ	ẹ
Ꭶ	ga	Ꭸ	ge	Ꭹ	gi	Ꭺ	go	Ꭻ	gu	Ꭼ	gẹ
Ꭽ	ha	Ꭾ	he	Ꭿ	hi	Ꮀ	ho	Ꮁ	hu	Ꮂ	hẹ
Ꮃ	la	Ꮄ	le	Ꮅ	li	Ꮆ	lo	Ꮇ	lu	Ꮈ	lẹ
Ꮉ	ma	Ꮊ	me	Ꮋ	mi	Ꮌ	mo	Ꮍ	mu		
Ꮎ	na	Ꮑ	ne	Ꮒ	ni	Ꮓ	no	Ꮔ	nu	Ꮕ	nẹ
Ꮖ	gwa	Ꮗ	gwe	Ꮘ	gwi	Ꮙ	gwo	Ꮚ	gwu	Ꮛ	gwẹ
Ꮜ	sa	Ꮞ	se	Ꮟ	si	Ꮠ	so	Ꮡ	su	Ꮢ	sẹ
Ꮣ	da	Ꮥ	de	Ꮧ	di	Ꮩ	do	Ꮪ	du	Ꮫ	dẹ
Ꮬ	dla	Ꮮ	dle	Ꮯ	dli	Ꮰ	dlo	Ꮱ	dlu	Ꮲ	dlẹ
Ꮳ	dza	Ꮴ	dze	Ꮵ	dzi	Ꮶ	dzo	Ꮷ	dzu	Ꮸ	dzẹ
Ꮹ	wa	Ꮺ	we	Ꮻ	wi	Ꮼ	wo	Ꮽ	wu	Ꮾ	wẹ
Ꮿ	ya	Ᏸ	ye	Ᏹ	yi	Ᏺ	yo	Ᏻ	yu	Ᏼ	yẹ

Ꭷ ka, Ꮏ hna, Ꮐ nah, Ꮝ s, Ꮤ ta, Ꮦ te, Ꮨ ti, Ꮭ tla.

Nachdem von christlichen Missionären im Jahre 1817 die erste Schule im Tschirokilande errichtet worden war, verfiel ein Eingeborner, Namens Segwoya oder (nach seinem englischen Namen) Georg Guess auf den Gedanken, eine Schrift für seine Muttersprache aufzustellen. Sein Schriftsystem wurde im Jahre 1824 von den Missionären geprüft und für geeignet erklärt. Es ist eine Silbenschrift, zu der lateinische, griechische und willkürliche Zeichen verwendet wurden. Sie fand den Beifall seiner Stammesgenossen und mehrere Bücher wurden in dieser Schrift gedruckt.

Die Aussprache der Zeichen der obigen letzten Reihe *ẹ* ist nach Lepsius' Standard-Alphabet gegeben, das Zeichen für *s* dient zur Bildung der Mischlaute *st, sd, sk, sg, sgw; nah* ist ein eigenes Wort, das Zeichen für *hna* soll wahrscheinlich die Aspiration von *n* anzeigen, sonst ist die Aspiration, welche auch vor anderen Lauten, wie *'k, 'g, 'gw, 'y, 't* gehört wird, von Segwoya unberücksichtigt geblieben, auch unterscheiden andere zwischen *tl* und *dl* und zwei *l*, von denen das härtere mit dem wallisischen *ll* verglichen wird.

Die vorstehenden Zeichen sind nach Schoolcraft's Tafel revidirt worden.

MORMONEN-ALPHABET.

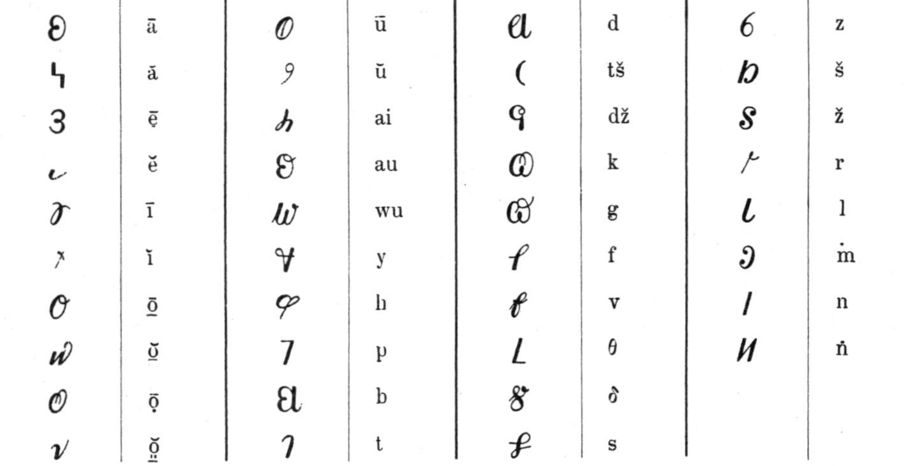

Zeichen	Wert	Zeichen	Wert	Zeichen	Wert	Zeichen	Wert
	ā		ū		d		z
	ă		ŭ		tš		š
	ē̱		ai		dž		ž
	ĕ		au		k		r
	ī		wu		g		l
	ĭ		y		f		ṁ
	ō̱		h		v		n
	ŏ̱		p		θ		ṅ
	ọ̄		b		ð		
	ŏ̤̱		t		s		

Mormonen oder „Heilige des jüngsten Tages“ (Latter-Day-Saints) heisst eine Sekte in Nordamerika, welche, nachdem sie aus den amerikanischen Städten wegen ihrer Lehren vertrieben worden war, sich in der unbewohnten Gegend an den Salzseen niederliess und hier einen eigenen Staat gründete, der jetzt über 100.000 Seelen zählt. Der Ursprung dieser Secte wird auf einen gewissen Salomo Spaulding zurückgeführt, welcher 1810 ein Werk über die Abkunft der Indianer von den verbannten Israeliten verfasste und damit als einer angeblichen Übersetzung einer alten Handschrift Geld zu machen hoffte. Eine Abschrift dieses Werkes kam 1828 in die Hände des Josef (Joe) Smith, welcher durch dasselbe auf den Gedanken kam, eine neue Sekte zu gründen, deren Bibel das erwähnte Werk wurde. Er behauptete, ein gewisser Mormon habe im Jahre 400 die alten Bücher gesammelt und in neuägyptischer (!) Schrift auf metallene Platten geschrieben. Ein Engel habe ihm am 22. September 1823 in einer steinernen Kiste auf einem Hügel bei Manchester ein Bündel goldener Platten gezeigt, später auch zwei in Silber gefasste Steine gegeben, mit denen er die Geheimschrift jener Platten entziffert habe. Das obige, ganz willkürlich gebildete und speciell für die englische Sprache erfundene Alphabet hat offenbar keinen anderen Zweck, als durch die Fremdartigkeit der Zeichen die Täuschung zu verstärken, welche bei leichtgläubigen Gemüthern mit Mormon's Buch beabsichtigt wurde. Ein besonderes Interesse bietet diese Schrift durch den Versuch, bestimmte Zeichen für alle englischen Laute, ohne Rücksicht auf die herkömmliche Orthographie und genau der Aussprache entsprechend aufzustellen. Mit besserem Erfolge wurde diese Idee später von Pitman und Ellis ausgeführt.

MITTEL-AMERIKA.

Aus den Berichten des Ferdinand Cortez wissen wir, dass die Mexikaner ihre Berichte mehr malten als schrieben, sie zeichneten die Schiffe, die Soldaten, die Waffen, das Geschütz, die Pferde mit grosser Geschicklichkeit ab und ergänzten diese Bilder durch erklärende Zeichen. So tritt uns auch die mexikanische Schrift in den wenigen Manuscripten entgegen, welche sich bis auf unsere Tage erhalten haben und welche in treuen Facsimiles in Kingsborough's grossem Werke, Antiquities of Mexico, veröffentlicht sind.

Wir veröffentlichen hier nach Mr. Brasseur de Bourbourg's Histoire des nations civilisées du Mexique, ein Verzeichnis der oberwähnten erklärenden oder Lautzeichen, welches jedoch den Reichthum der mexikanischen Schriftzeichen keineswegs erschöpft. Diese Zeichen werden übereinander gethürmt und von unten nach aufwärts gelesen, auch die Schrifttafeln sind meist so geordnet, dass die Schrift unten links anfängt, dann nach rechts läuft, dann aufsteigt, nach links umbiegt, senkrecht hinuntergeht und schliesslich in die Mitte einbiegt, also in der Weise:  .

Wenngleich die Mexikaner Lautzeichen besassen, so wurden diese doch nirgend anders angewendet als zur Bezeichnung der Namen. Als die Missionäre von schriftkundigen Indianern christliche Lehren und Legenden aufsetzen liessen, bedienten sich dieselben der Bilder, z. B. ich Sünder bekenne (ein vor einem Geistlichen knieender Indianer) vor Gott dem Allmächtigen (drei gekrönte Gesichter) und der Jungfrau Maria (ein Weibergesicht und der halbe Körper eines Kindes); dagegen wurde das lateinische Pater noster in folgender Weise geschrieben: Fahne *(pan-tli)*, Stein *(te-tl)*, Feige *(noš-tli)*, Stein *(te-tl)*, also: *pan-te-noš-te*.

Als Ziffern dienten Nullen o in der Zahl 1—19, 20 wurde durch eine Fahne  gebildet, welche in gleicher Weise wiederholt wurde, so dass mit Fahnen und Nullen bis 399 geschrieben wurde, dann folgte  400, endlich  8000. Für die Zeitrechnung dienten vier Zeichen, welche zugleich die Elemente vorstellten, nämlich ein Kaninchen die Luft, ein Rohr Wasser, ein Feuerstein Feuer, ein Haus Erde. Der Zeitkreis bestand aus 52 Jahren und zerfiel in 13 Abtheilungen, die durch jene vier Zeichen vertreten wurden, denen die Zahlen als Nullen beigeschrieben wurden.

MEXIKANISCHE SCHRIFTZEICHEN.

Zeichen	Bedeutung
	a, atl *Wasser*
	e, etl *Bohne*
	e (ei, yei) *drei*
	e, elli *Leber*
	ep, eptli *Auster*
	ez, eztli *Blut*
	i, itl *trinken*
	its, itstli *Lanze, Wurfspiess mit Obsidian*
	itš, itštli *Flachs*
	iš, ištli *Auge, Gesicht*
	iz, iztitl *Nagel*
	o, otli *Weg*
	ok, oktli, uk, uktli *gährende Flüssigkeit*
	ol, olli, ul, ulli *Ball, Kugel, Kautschuk*
	om, ome, on *zwei*
	we, hwehwetl *Trommel*
	wi, hwi, uh *Spaten, Hacke Dorn, Pfahl*
	se, sen *eins*
	se, sen, sin *Maiskolben*
	se, setl *Eis, Hagel*
	si, sitli *Hase*
	sil, silli *kleine Muschel*
	so, sotl, zotl *Breite, Blatt eines Zeuges*

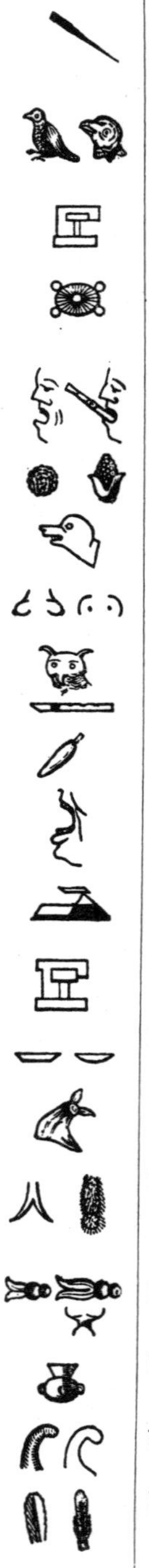

Zeichen	Bedeutung
	so, zo *stechen, durchlöchern, Sporn, bluten*
	sol, sul, zol, zul *Wachtel*
	tša, tšan, tšantli *Haus, Wohnung*
	tšal, tentšalli *Kinn*
	kamatšalli *Kinnbacken, Inneres*
	kamatšalon *geöffneter Mund*
	tši, tšian *Harzkörner*
	tši, tšitši *Hund*
	tši, tšitšitl *Brüste*
	tšitši *saugen*
	tšitš, tšitštli *Eule, Pfeife, Flöte*
	tšil, tšilli *Pfeffer*
	ka, kan *Mund*
	kantli *Backe*
	ka, kak, kaktli *Schuhe, Sandalen*
	kal, kalli *Haus, Kasten*
	kaš, kašitl *Vase, Napf*
	ke, ken, kentli *Stoff, Kleid, vorgebunden*
	ketš, ketštli *Hals, Gurgel, Kropf*
	kil, kilitl *essbare Pflanzen*
	ko, kon, komitl *irdene Vase*
	kol, koltik *krumm*
	koz, koztli *gelb, gelbe kostbare Federn*

Zeichen	Bedeutung
	koš, koškoš *Fasanenart*
	kokoški *krank*
	kwa *essen*, kwani *Esser*
	kwatš, kwatštli *Schleier, Decke*
	kwauh, kwauhtli *Adler*
	kwahwitl *Holz, Stock, Baum*
	kwe, kweitl *Rock, Kleid*
	kwe, kwen *Ackerland*
	kwetš, kwetštli *Schellenschlangenkette*
	kwetštli *grosse Muschel*
	kwep, kweptli *Rasen*
	kwi, kwištli *Falke*
	kwik, kwikatl *Gesang*
	kwil *v.* nekwiltik *gezwirnt, gedreht, einen Umriss machen*
	kuts, kots *v.* kutsli *fett, dicke Waden*
	ma, maitl *Hand*
	maš, maštlatl *Gürtel, Schurz*
	mets, metstli *Mond, Fuss*
	mi, mitl *Wurfspiess, Pfeil (Bogen und Pfeil: Krieg)*

MEXIKANISCHE SCHRIFTZEICHEN.

Zeichen	Bedeutung
	mitš, mitšin *Fisch*
	mik, miki, mikiztli *Tod*
	mil, milli *bebautes Feld*
	miš, mištli *Wolke*
	mištlan *Regen (ein weinendes Auge?)*
	miz, miztli *Löwe*
	mo, mon, montli *Mäusefalle*
	moz, momoz, momoztli *Altar*
	mul, mol *v.* mulli *Ragout, Suppe*
	na, nan, nantli *Mutter*
	nauh, nahwi *vier*
	ne, nen, nenetl *Puppe, Götzenbild*
	neš, neštli *Asche*
	noš, noštli *Feigendistel*
	non, nontli *stumm*
	pa, pan *v.* pantli *Fahne, Mauer, Reihe, richten*
	patš, patštli *parasit. Pflanze, aus der man Kronen flocht*
	pal, palli *schwarze Farbe*
	payn *Läufer*, payna *laufen*

Zeichen	Bedeutung
	pe, petl, petlatle *Matte, befehlen, regieren, sich niedersetzen*
	pil, pille *etwas Aufgehängtes*
	po, pok, poktli *Stimme, Rauch, Dampf, Athem, Autorität*
	te, tetl *Stein*, te *jemand*
	te, ten, tentli *Lippen*
	tek, tekitl *Tribut*, teki *schneiden*, teka *stellen*, tetektli *Gefangenschaft*
	teš, teštli *mahlen, Mühlstein*
	teuh, teuhtli *Staub*
	teuh, tek *Diadem*
	teotl, teutl *Gott*
	tla, tlan, tlantli, titlan *Zähne*
	tlak, tlaktli *Stamm*
	tlatš, tlatštli *Ballspiel*
	tlal, tlalli *Erde, ein Stück Erde*
	tle, tletl *Feuer, Glut*
	tli, tlil, tlilli *Tinte, schwarze Sache*
	tlo, tlotli *Falke*
	tol, tul, tollin *Binse, Teich*
	to, tototl *Vogel*

Zeichen	Bedeutung
	tok, toktli *besätes Land, junge Pflanze*
	totš, totštli *Kaninchen*
	toz, toztli *gelbe Feder des Vogel dieses Namens*
	tsauh *v.* tsawa *spinnen*
	tsin, tsintli *Hinterer, innere Extremität*
	tson, tsontli *Haar, obere Extremität*
	ša, šan *v.* šamitl *Lehm, Ziegelkachel*
	šal, šalli *Sand*
	šik, šiktli *Nabel*
	šin, šinki *zerstören, schneiden*
	šiuh, šihwitl *Jahr, Kraut, Komet, Türkis*
	šo *Fuss*
	šok, šoktli *Kochtopf*
	šotš, šotšitl *Blume*
	ya, yauh *gehen*
	yawitl, yauhtlaulli *schwarzer Mais*
	yak, yakatl *Nase*
	ye, yetl *Tabak*
	yo, yotl, yoyotli *Ring, Schelle*
	yol, yoli *leben*, yollotli *Herz*
	yon, yun *crissare, cevere*

YUKATANISCHE SCHRIFTZEICHEN.

Zeichen	Wert	Zeichen	Wert	Zeichen	Wert	Zeichen	Wert
	a		e	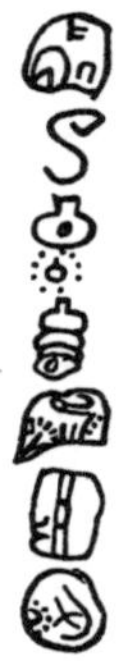	m		χw
	a		h		n		u
	a		i		o		u
	b		k		o		dž
	b		χ		p		tš
	q		l		pp		dz
	t		l		kw		

Von der Schrift des Mayavolkes, das zur Zeit der Entdeckung Amerika's Yukatan bewohnte, ist nur wenig erhalten. Das vorstehende, vom Bischofe Diego de Landa (Relacion de las Cosas del Yucatan) mitgetheilte Alphabet scheint diejenigen Zeichen zu enthalten, mit denen Laute bezeichnet wurden, wahrscheinlich wurde es auf Wunsch eines Spaniers zusammengestellt. Die verschiedenen Zeichen der Laute beweisen, dass die Buchstabenschrift den Maya's fremd war, ihre Zeichen waren — wie die chinesischen — Begriffszeichen mit Lautwerten, Zeichen für Wörter und Silben; die buchstäbliche Schreibweise war daher schwerfällig, wie sie die von Landa mitgetheilten Proben dieser Schrift beweisen, z. B.  *le,* bestehend aus *e* (hier wahrscheinlich ein vorschlagendes *ȩ*), *l, e, le,* so dass also — wie im Ägyptischen — den einzelnen Lauten ein Zeichen folgte, welches den Gesammtlaut darstellte.

Der Monat war in zwanzig Tage eingetheilt, diese wieder in vier Theile, deren erste Wörter zugleich die Himmelsrichtungen bedeuten, nämlich: *kan* Süden, *muluk* Osten, *idž* Norden, *kauak* Westen; wir lassen hier die Zeichen der Tage folgen:

Zeichen	Wert	Zeichen	Wert	Zeichen	Wert	Zeichen	Wert
	kan		muluk		idž		kauak
	tšitšan		ok		men		ahau
	kimi		tšwen		kib		imidž
	manik		eb		kaban		ik
	lamat		ben		edzanab		akbal

AFRIKA

ALTÄGYPTISCH.

Die alten Ägypter bedienten sich einer Schrift, welche ebensowohl Lautschrift als Begriffsschrift war und diese Mischung in ihrer ältesten wie in ihrer jüngsten Form in der Ptolemäerzeit im Wesentlichen unverändert aufweist.

Anfangs scheinen Laut- und Begriffszeichen identisch gewesen zu sein, da den Lautzeichen ähnliche Wortzeichen entsprechen, so z. B. der Sperber dem *a*, das Messer dem *a*, der Fuss dem *b* u. s. w., aber schon in den ältesten Schriften sind diese Zeichen streng unterschieden. Den Lautzeichen wurden Erklärungszeichen (Determinativa) beigegeben, um die lautgleichen Wörter zu unterscheiden, so ist *a* *s* *as*, diesem entspricht das Silbenzeichen *as*, das Wort *as* „Pflanze“ wird geschrieben, und dieselbe Form mit dem Erklärungszeichen *Haus*, also, für *as* „Grab“ gebraucht. Es ist dies derselbe Vorgang, welcher in China zu den complicirten Wortbildern geführt hat; der Unterschied besteht darin, dass in China die Zeichen zu einem Quadrat gruppirt, in Ägypten aber einzeln nebeneinander geschrieben wurden, obgleich auch hier das Streben nach Gruppenbildung bemerkt wird.

Wurden einerseits dieselben Zeichen für verschiedene Wörter gebraucht, so findet man andererseits auch einen Wechsel in der Auswahl der Lautzeichen; so wurde die Stadt *Latopolis*, welche ägyptisch *sn* hiess, auf folgende Weise geschrieben: (*s* *n*, *t* Suffix, Stadtzeichen) also *s* dargestellt durch *sa* die Öffnung (latein. *os*), *su* das Ei, *su* die Lauchpflanze, *sa* die Person mit dem Zepter *us*, *sm*, und *ser* Widder; *n* wurde dargestellt durch *n* die Welle, *n* die rothe Krone von Unterägypten, *n* der Fisch (hebr. *nun*), *n* die Vase, *nn* die Stadt, *n* das Krokodil.

Ausserdem gibt es viele Varianten, welche theils Spielarten derselben Hieroglyphen, theils sinnverwandte Zeichen sind, welche den gleichen Lautwert haben, wie z. B. *ab* „Bohrer“, *ta* „Brot“, *mu* „Wasser“, *sa* „beschützen“, *utha* „Göttlichkeit, Thränen der Isis“, *an* „Fisch, Auge“, *ar* „Treppe, Pyramide“, *as* „Alterthum“, *hb* „Fest“, *us, sm* „Zepter, Theben“, *sa* „wissen“.

Bei ängstlicher Beobachtung aller Variationen ist die Zahl der Hieroglyphen eine ausserordentlich grosse, das Verzeichnis der Berliner Hieroglyphen enthält 1327, in Wirklichkeit ist aber die Zahl der Formen eine geringe, das Verzeichnis der Hieroglyphen mit Lautwert, welches BRUGSCH seiner Grammatik anfügte, enthält 600 und 147 allgemeine Determinativa. Auch die 600 Silbenzeichen lassen sich bedeutend reduciren, wenn man den Grund der Verschiedenheit erforscht; so bedeutet das Ei den Laut *s* und die Silbe *sa*, das Ei in der Hand eines sitzenden Mannes ist nichts anderes als das einfache Ei, ebenso das Ei in der Hand eines stehenden Mannes; *du* heisst „geben“, dasselbe bedeutet .

Nach einer Litanei zu urtheilen, welche nach Art mancher Psalmen eine alphabetische Reihenfolge der Verse zu haben scheint, bestand folgende Aufeinanderfolge der Zeichen: *d* *t* *s* *a* *u* *f* *a* (?) *p* *m* *n* *h* χ *š* θ *b*, hiemit stimmt überein, dass nach PLUTARCH das Zeichen THAUD's, dem die Erfindung der Schrift zugeschrieben wird, an der Spitze des Alphabetes stand, denn an der Spitze steht *d*, welches sachlich mit THAUD verwandt ist; wenn ferner *r* (resp. *l*, denn die Ägypter unterschieden nicht zwischen *r* und *l* in der Aussprache) fehlt, so liegt die Vermuthung nahe, dass eines der obigen Zeichen ein *r* enthielt (wahrscheinlich wegen seiner Verwandtschaft mit *Horus*, dem hebr. אור *'or*). Es liegen übrigens Umstände vor, welche darauf hindeuten, dass die Aussprache der Ägypter sich im Laufe der Zeit verändert hat, denn hatte in alter Zeit die Lautformen *ap* (entsprechend dem hebr. אב), in jüngerer Zeit *up*, und das alte χ wurde in der koptischen Schrift zu ϭ *tš* (s. Koptisch, Anmerkung).

Die Schrift wurde theils auf Monumenten und Tempelwänden eingegraben, theils auf Papyrus geschrieben. Die monumentale Schrift findet sich in mannigfaltigsten Abstufungen: 1. in Farben (welche aber weniger der Natur als vielmehr religiösen Grundsätzen entsprechen, denn wir finden grün: , blau: , roth: , auf anderer Darstellung blauschwarz, weiss, gelb, also jedenfalls inconsequent), 2. schwarz oder 3. ungefärbt; ferner in Relief oder vertieft, und endlich theils sehr sorgfältig, theils sehr flüchtig ausgeführt. Die Schrift auf Papyrus ist zweifacher Art: 1. Bilder der Monumentalschrift in sehr flüchtigen, aber sehr geschickt gezeichneten Figuren, 2. die sogenannte hieratische Schrift, ein sehr flüchtiger Schriftzug, welcher mitunter die entsprechenden Bildzeichen kaum mehr errathen lässt. Obgleich viele dieser Zeichen aussehen, als wären sie tachygraphische Formen der Hieroglyphen, so fehlt doch jeder Grund, anzunehmen, dass die hieratische Schrift eine tachygraphische Form der

Bilderschrift sei, zumal die cursiven Hieroglyphen auf Papyrus meist ebenso schnell herzustellen sind, als die hieratischen Schriftformen. Zudem reicht die hieratische Schrift in das höchste Alterthum hinauf und scheint so alt wie die Hieroglyphen zu sein. Es ist daher wahrscheinlich, dass die hieratische Schrift Eigenthum eines in Ägypten eingewanderten Volkes war, welches sich mit den Ägyptern vermischte und dass auch eine gleiche Vermischung der Schriften eintrat, indem die Hieroglyphen hieratische Formen aufnahmen und zu Bildern gestalteten, während die hieratische Schrift Bildzeichen der Hieroglyphen entlehnte und ihrem Ductus anpasste.

Eine dritte ägyptische Schrift ist die demotische oder Volksschrift, welche zuerst im 8. Jahrhundert v. Chr. vorkommt, mit der hieratischen Schrift sehr verwandt ist, aber für einen anderen Dialekt gebraucht wurde und auch in den Zeichen manches Eigenartige enthält, so dass auch hier ein fremder Einfluss unverkennbar ist.

Die Hieroglyphen wurden in Säulen von oben nach unten oder in Zeilen geschrieben, die Richtung der Schrift ist nicht gleich, sie geht bald von links nach rechts, bald von rechts nach links, wobei oft nur architektonische Rücksichten massgebend waren, indem auf Säulen die Schrift von der Mitte ausgeht, die dem Zuschauer links zugekehrte Säule die Schrift von rechts nach links, die andere die Schrift von links nach rechts enthält. Die Schriftrichtung ist leicht aus den Figuren zu erkennen, welche den Kopf nach der Seite richten, von welcher aus gelesen wird, daher werden die Zeichen:  *suten* (König) von rechts nach links, dieselben Zeichen in der Form:  von links nach rechts gelesen. Königsnamen wurden von Schilden eingeschlossen, z. B.  *Ptolemaios.* Die hieratische und die demotische Schrift wurden von rechts nach links geschrieben, die Königsnamen wurden blos eingeklammert, z. B. hieratisch: 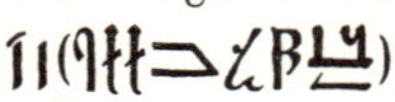 dem.: 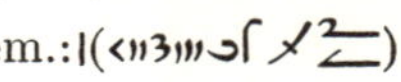 *Ptolemaios.*

Die folgende Zusammenstellung der ägyptischen Zeichen enthält in der ersten Reihe die Monumentalformen, in der zweiten Papyrusformen von verschiedenem Ductus, in der dritten die hieratischen Formen. Die Beifügung der Papyrusformen wurde für zweckmässig gehalten, weil der abweichende Ductus derselben für Anfänger oft beirrend ist.

Die Polyphonie der ägyptischen Lautzeichen erschwert eine alphabetische Zusammenstellung, da z. B.:  welches die Lautwerte: *a*, *s*, *šra*, *n*, *nn*, χ, χn hat, siebenmal angeführt werden müsste; deshalb ist die Anordnung nach Figuren erfolgt, welche gestattet, jeder Figur die verschiedenen Lautwerte beizufügen. Bei der Umschreibung sind nur die in Hieroglyphen geschriebenen Laute berücksichtigt, ob dazwischen Vokale gelesen wurden, ist ebenso zweifelhaft wie im Hebräischen, doch ist es zu vermuthen, da die Juden ihrer Schrift später Vokale einsetzten, so entspricht ägypt. *tn* dem hebr. דן, punktirt דָּן *dan* „Richter“, aber auch דֵּן *den* „dieser“, weil im Ägyptischen sowohl den Richter als auch die weibliche Form des demonstrativen Pronomens bedeutet. Die Bestimmung des Lautwertes ist insofern schwierig, als die Lautzeichen wechseln und auch die Vergleichung fremder Namen, z. B. kanaanitischer, mit den hebräischen Schriftzeichen keinen sicheren Aufschluss liefert, denn wir finden umschrieben:

א durch, ע „, ו „, י „, ב „, פ „, ג „, כ „, ק „, ח „, ה „, ד „, ט „, ת „, צ „, ז „, ס „, ש „, מ „, נ „

ל durch, ר „

Es ist möglich, dass wie in der persischen Keilschrift die Konsonanten durch den folgenden Vokal beeinflusst wurden, aber es fehlt darüber die Gewissheit. Unter diesen Umständen war die möglichste Einfachheit in der Umschreibung geboten, nämlich:

a durch, *i* „, *u* „, *k* „, *t* „, *θ* „, *p* „, *b* „, *n* „, *m* „, *h* „, *χ* „, *s* „, *š* „, *f* „, *r* „

Eine Unterscheidung der Lautzeichen und Determinativa ist in der folgenden Zusammenstellung unterblieben, weil dieselbe zu viele Wiederholungen nöthig gemacht hätte; wo kein Lautwert angegeben ist, wird das Zeichen nur als Determinativ angewendet, doch ist zu beachten, dass auch viele Silbenzeichen als Determinativa vorkommen können. Die Bedeutung der Zeichen ist nach Brugsch's Wörterbuch gegeben.

ALTÄGYPTISCH.

Hieroglyphen monumental	Hieroglyphen papyrus	Hieratisch	Bedeutung
			Götter und Dämonen.
			Gott, vornehm, heilige Person
			Göttin, vornehme Frau
			ra *Sonnengott*
			nb *Sphinx*
			amn *Amon*
			asr *Osiris*
			pth, χnm *Schöpfer*
			hpi, nb *Apis-Stier*
			as, hs *Isis*
			mn *Min Erzeuger*
			hr *Horus d. Sperber*
			hrmχi *Sonnengott*
			st *Typhon*
			bs *Kabyre*
			th, tχ, thuti *Thaud*
			anpu *Anubis*
			ma, šu, s *Wahrheit, Sohn, Tochter*
			nfr-tm, atm *Sonnenuntergang*
			ma, mu *Geiergöttin*
			pχt *Pacht*
			npt *Nephthys*
			hthr *Hathor*
			nb, nbti *Göttin*
			nt *Neith*
			nki *Anoki*
			bst *Balsamirung, Göttin, Bast*
			sbk *Sebek*
			nfr, knt, hpi *Affengott*
			rχ *Vogel Rock, Greif, Weisheit*
			χχ *Hippogryph, Phönix*
			ba *Harpye*
			aχm *Wassergott*
			sah *Mumie*
			shr *Abwehrer des Bösen*
			Apophisschlange
			ntr *göttlich, heilig*
			ntr-a *hochheilig*
			Menschen.
			a *Mensch, Person*
			bk *Weib*
			tsr *Ruhe, Grab*
			Vorfahren
			šp *Bild, Schöpfer, vornehme Person*
			sa *Beschützer*
			ati, tn *gr. König*
			ur, sr, s, a *Vornehmer*
			aau, tn *Alter*

ALTÄGYPTISCH.

Hieroglyphen monumental	Hieroglyphen papyrus	Hieratisch	Bedeutung
			ar, sa *Beamter*
			mnfit *Leibwache, Soldat, Truppe*
			shr *Krieger*
			nχt *Krieger, treffen, schlagen*
			ari, nχt *Feind, Bosheit*
			χr *Niederlage, zu Boden fallen*
			nhs *Verbrecher, Feind*
			amn *verborgen*
			ab, st *Priester, rein, heilig*
			ka, haa *preisen*
			anbeten, grüssen
			h *rufen, nennen, lesen*
			a, am *essen, sprechen*
			a *ich, alle*
			bχ, ms, papa *gebären*
			mna, mnt *Amme, Mutter*
			a, s, n, nn, χn, šra *Kind, klein, Nachkommen*
			tut, krs *Todter, begraben, Mumie*
			aft *ruhen, Schwäche*
			an *hin, durch, laufen*
			ab *tanzen, hüpfen*
			sr, tb, ab *Tamburin, spielen, freuen*

Hieroglyphen monumental	Hieroglyphen papyrus	Hieratisch	Bedeutung
			ph-rr *i. Kreise gehen*
			fa, kt *tragen, arbeiten*
			aχ *hoch*
			amn, smt *Oberpriester*
			kt, χus *bauen, mauern*
			hh, nfr *unendlich*
			ba *Ackerbau*
Körpertheile.			
			auf, f *Gliedmassen*
			tp, ap, hr *Kopf, Vorrang, Hinterkopf*
			hr *Gesicht*
			uθa, bk *Sonne, Auge*
			ab *Mond*
			at, ta *Theil, Blick*
			an, na, ma *Auge, bemerken, sehen, wachen, träumen*
			weinen, Traurigkeit, Thräne, Regen
			ar, iri, i, mn, mr *machen, lieben*
			am, sm *Augenbrauen*
			r *Mund, Loch*
			t *Zunge, kosten, essen, sprechen*
			bh, hu *Zunge, Fülle*
			ns, tp *Geschmack, Zunge*
			spt, spr *Lippe, bitten*
			sm, stm, tn, at, st *hören*
			ab *Herz*
			bnt *Busen, Brust*
			s, ss (*Muskel Scheide*)

ALTÄGYPTISCH.

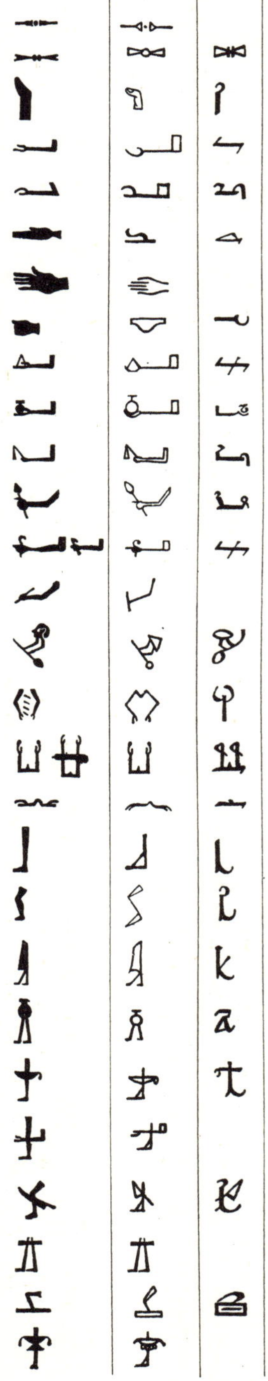

Hieroglyphen monumental	Hieroglyphen papyrus	Hieratisch	Bedeutung
			u,χm *Allerheiligstes*
			ts *zerbrechen*
			tp, θba *Finger*
			a, tt *Arm*
			sp, mh, rmn, nn *messen, Schwert, tragen, Elle, zeigen*
			t (*Hand*)
			šp, kp *Handbreit, Hand*
			am *Faust, fassen*
			tu, t *geben*
			ma, hnk *weihen, darbieten*
			χu *beschützen*
			θsr, tsr *Ruhe des Grabes*
			nχt, hi, sr *schlagen, mächtig, vermehren*
			utn *malen, schreiben*
			χn *rudern*
			χn *umarmen, vereinigen*
			ka, k *Wesenheit, alles*
			nn, n *nicht, abwehren*
			b (*Fuss*)
			pt, rt, uar, mn *Fuss, Schenkel*
			ai *weit ausschreiten, Längenmaas, kommen*
			nn, n, an *hinbringen*
			kb, bk
			ba, ab
			th, nm *verderben, überschreiten*
			sb *hinübergehen*
			kr *fassen, enthalten*
			nb *schmelzen*

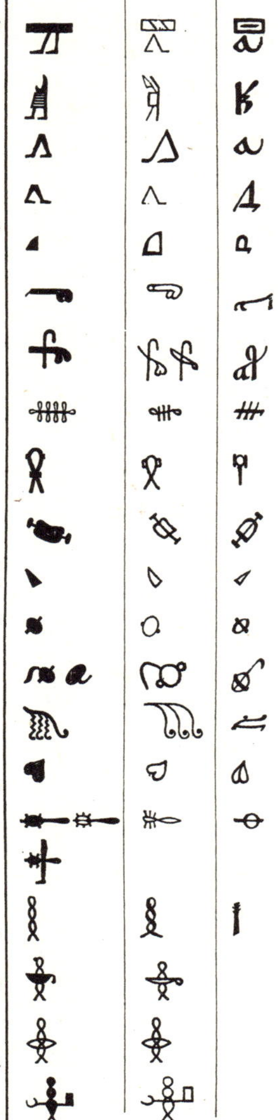

Hieroglyphen monumental	Hieroglyphen papyrus	Hieratisch	Bedeutung
			šm *gehen*
			šs *folgen, begleiten*
			tu, t *gehen*
			an *drehen, wenden, zurückkehren*
			k (*Knie, Eck*)
			ka, bh, mt, ma, θa, t, pr *Phallus, Weg, Pfad, vorne*
			sm *darbieten, führen*
			sa *Rückgrat*
			sa *Rücken*
			aa, a, fua, as *Fleisch, Erbschaft*
			hu *Fülle*
			ut, θt, hsb, a *Knäuel, dörren, Schätzung*
			Salben, Gerüche
			anem, ha, hr *Farbe, Haut, Haar, Schmerz*
			as *Hode*
			χa *Leib, Bauch*
			χb
			h (*Flechte, Zopf*)
			hk
			hr
			ha

Thiere.

Hieroglyphen monumental	Hieroglyphen papyrus	Hieratisch	Bedeutung
			an, a, sa, θd, θ *Affe, Rücken*
			sa, sp, sab, ša, an, i *Hund*
			st, šu *Esel* (*Typhon*)
			m, χft, *Katze*
			un *Hase, sein* (*Leben*)

ALTÄGYPTISCH.

Hieroglyphen monumental	Hieroglyphen papyrus	Hieratisch	Bedeutung
			ka, k *Stier, Vierfüssler*
			nb, hs *Kuh*
			fu, aa *Kalb*
			ab *Durst*
			nfr, sm *Pferd*
			apr *Schwein*
			au, a, ar, š, šs *Ziege*
			ba, b, sr, s *Widder*
			ab *Elephant*
			χb, tp, tb *Nilpferd*
			sr *Giraffe*
			l, ar, šna (*Löwe*)
			ma, šna *Löwe*
			abi *Leopard*
	Thierische Körpertheile.		
			ab *Fell, vierfüssiges Thier*
			st *werfen* (*Jagd*)
			Ochse
			Kalb
			th, ht *Kehle*
			ft, χnt, sn, tp *Nüstern, Nase, Athem, Lust, Freude*
			ap, up, tm *Haupt, Anfang, vereinigen*
			aau *Stand, Würde*
			šs, sš, tntn, kn *losbrechen, überfluthen*
			sft *Tapferkeit*
			ph *Kraft, Ruhm*
			ha *Vordertheil*
			pth *öffnen*
			ph, hk *Hintertheil, Magie*
			am, a *Schenkel*
			nm *wiederholen*
			χn *das Innere*
			us, ha *mächtig, siegreich*
			us, sm *mächtig, brausen*
			ab, ub *Horn*
			s (snb *Schwanz*)
	Vögel.		
			a (*Aar*)
			am
			hr, ntr, bk *Sperber*
			nb *Gott*
			m, am (*Eule*)
			mr, m *sterben*
			ma
			mrt, mt, m, nr, kt *Geier, Mutter, Mensch*
			mk *bedecken, bedenken*
			nh, ti, sh *preisen, anrufen*
			b, ba, bk *Seele*
			χu *tugendhaft*

ALTÄGYPTISCH.

Hieroglyphen monumental	Hieroglyphen papyrus	Hieratisch	Bedeutung
			χu *ausgezeichnet*
			p, pa (*fliegen, Vogel*)
			km, tn *sich erheben*
			hm *fischen*
			θ *aufbrausen, Zorn*
			u (*Huhn*)
			s, sa, r, u, hp *Sohn, Tochter, Vogel im Allgem.*
			mn-t *Ente*
			snt *fürchten*
			st *zittern*
			uš, ak *hineingehen, füttern*
			ur *zahlreich*
			šra *klein, schlecht*
			km, tš *finden, roth*
			tb *Wiedehopf, Ziegelstein*
			ba *Geister*
Theile von Vogelkörpern.			
			χu *tugendhaft*
			θt, pg *ausbreiten, sprechen, singen, spalten*
			mh, sš *Vogelnest, Sumpf*
			'mh *Flügel, Fächer*
			ma, m *klar, wahr*
			šu, š, kb *heiss, glänzen*
			šu *Federn*
			sa, ar *Tochter, Sohn*

Hieroglyphen monumental	Hieroglyphen papyrus	Hieratisch	Bedeutung
Fische, Schlangen und Insekten.			
			an, s *Fisch*
			χa, btu *Leichnam, verboten*
			hfn *Kaulquappe*
			aχ, aš, tm *Eidechse, Ortschaft*
			Schildkröte
			hk *Frosch*
			sbk, sk, ad, n *krank machen, Krokodil*
			nb, r, k, mh *Diadem, Schlange*
			r, ru *Reptilien*
			θ (*Schlange*)
			uθ *grün sein*
			θš
			θs
			f (*Wurm*)
			pr *Haus, Wohnung*
			χsf
			hf
			χpr, χp, ta, t *Käfer, Welt*
			srk *Skorpion*
			af *Fliege*
			af, mn, sχt, χb, kt *Biene, Ägypten, Ruhe, Arbeit*
			sa-nhm *Heuschrecke*

ALTÄGYPTISCH.

Kosmische und Zeitzeichen.

Hieroglyphen monumental	Hieroglyphen papyrus	Hieratisch	Bedeutung
			pt, p, hr, χi, mn *Firmament, Himmel*
			kr *Schlund, Loch, Quelle*
			thn *Gewitter*
			Nacht
			kb, pt *Himmelsgewölbe*
			ntr χr *Unterwelt*
			ra *Sonne*
			χu, am *Glanz, Licht*
			pau *Opfer, Vollmond*
			ab, a *Mond, Monat*
			χ (*dunkel*)
			sb, tu, θ, χbs *Stern*
			šn *scheinen*
			χu, hh *Horizont*
			χa, χ, š *aufleuchten*
			θ (*Feuerzunge*)
			uθ
			spt, sbt *einrichten, Flamme*
			nf *fächeln, Wind*
			ab *Osten*
			mnt, st *Westen*
			rs, kma *Süden*
			ht, mh *Norden, Fülle*
			ap-rnpi *Neujahr*
			rp, rnp, sp *blühen, wachsen*
			tr *Zeit, Jahreszeit*

Erde und Produkte.

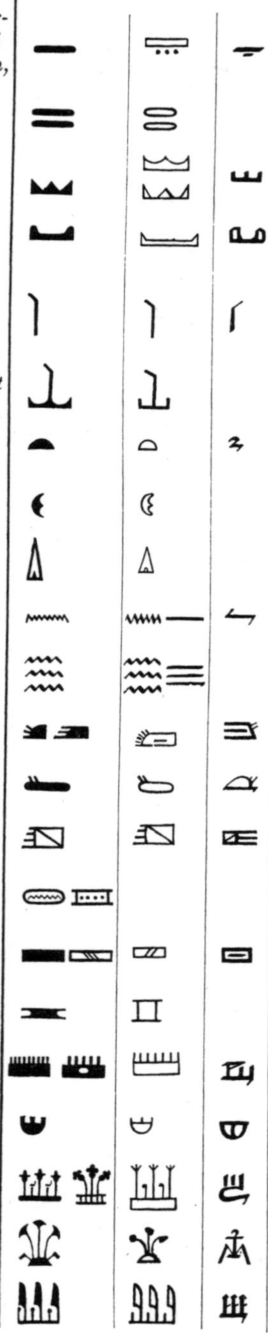

Hieroglyphen monumental	Hieroglyphen papyrus	Hieratisch	Bedeutung
			ta, aa, an *Erde, Welt, Insel, Küste, Kissen*
			tata *Ober- und Unterwelt*
			mn *Land, Volk*
			tu, mn, a, h *Berg, Thal*
			a, am, θa, nh, km, ka *landen, anklopfen, finden, fremdes Volk*
			Provinzen
			t (*Erde, weiblich*)
			χmt *Erz, Kupfer*
			tu, t *Geschenke*
			n *Wasser*
			mu, m *Gewässer*
			km *Ägypten*
			sn *riechen, stinken*
			sa *wissen, erkennen*
			χn, mn, a *Binnenland*
			š *Teich*
			mr, mn *Fülle*
			mn *Freundschaft, Dauer*
			ba, hm, ph *Höhle, Grube*
			š *Garten*
			ha, ath, mh, χb *Honigpflanze*
			sm, s, sχt, u *Feld*

ALTÄGYPTISCH.

Hieroglyphen monumental	Hieroglyphen papyrus	Hieratisch	Bedeutung
			as, hn *Blume, Pflanze im Allg.*
			χn *zählen, messen*
			Körner, Pulver, Mehl etc.
			as, st, bti *eilen, binden, Spelt*
			tr *Zeit, Reife*
			ta *Brod, Speise*
			am *Baum, in*
			a (*Schilfblatt*)
			i
			ab *Opfer*
			χa, χ *messen*
			nθm, nm *süss*
			nn *ähnlich sein*
			su, s *er, Lauch*
			sutn *König*
			sn *Sprosse, Bruder, Schwester, doppelt, Sohn, zweite*
			un *sein, blühen*
			nχb, n *Blume, Freude*
			utb, utn, nhm *ausbreiten*
			uh *wachsen, zunehmen*
			rt, bnr, bn, mar *Rübe, Möhre, Dotter*
			ms *bilden*
			χt, χr, χ *Holz*

Hieroglyphen monumental	Hieroglyphen papyrus	Hieratisch	Bedeutung
			ab, sθb *Zepter, Stock, Unheilstifter*
			arr *Weintraube*
			χsf *Lotos, Oberägypten*
			uθ *Papyrus, Unterägypten*
Gebäude und Hausgeräthe.			
			pr, p *Haus*
			usχ *Raum, Tempel*
			Palast des Königs
			h (*Haus*)
			tn, rr *Kreis* (*das Innere*)
			Kapelle
			ht, h, χ *Haus*
			Festung
			mn *Pyramide*
			mn, tχn, t *dauern, Obelisk*
			χt, ar, a *Treppe*
			χr, a *Treppe*
			anb *Mauer*
			χm *umstürzen*
			an, bχn *Thurm, Säule*
			sa, r, sbχ *Schutz, das Äussere, Thor*
			hi, ht *Thor*
			tt, pst *Stabsäule, Beständigkeit*
			nn, nu *bewohnter Ort, Stadt*

ALTÄGYPTISCH.

Hieroglyphen monumental	Hieroglyphen papyrus	Hieratisch	Bedeutung
			sp, n *Weinberg, Gebiet*
			Feld, Gebiet
			hr, matn *Weg, sich trennen, weit*
			sš, su, uu, ur *Zaun, Wohnort, kreuzen, mischen, vermehren*
			šnt *Haufen, Speicher*
			p (*Boden, Matte*)
			afd, an *Tafel*
			anr, an, mn *Stein, Gegenstände von Stein*
			ap *Häuschen*
			sχt *Vogelfalle*
			tb, θb *Käfig*
			a *Thür*
			χp, šp *ergreifen, fassen*
			m (*Höhle*)
			as, us, mn *Sitz, Thron*
			ts, rs *aufrichten, träumen*
			us, uts *Sänfte, Sitz*
			aft, hr *Truhe, Kiste, Sarg*
			aa *Sitz, Wohnort (Insel), Todtenstadt, Sarg*
			urs *Kopfstütze*
			Stütze für Götterbilder
			sh, ark *beendigen, Halle*
			Netz

Hieroglyphen monumental	Hieroglyphen papyrus	Hieratisch	Bedeutung
			an *Säule, Denkmal*
			ha, ah *Palast, Altar*
			šs *Todtenbett*
			sh *zusammentreffen*
			htp *Vereinigung, Versöhnung*
			Haus
			akp *Ornament*
			mr *Mühle*
			θ, kn *vollenden*
			am (*Balken*)
			nh, hp, kn *richten, Winkel, Ecke*

Fahrzeuge.

Hieroglyphen monumental	Hieroglyphen papyrus	Hieratisch	Bedeutung
			nb, n *alles, jedes*
			hb *Freudenfest*
			hb, afd *Götterbarke*
			χu *heilige Barke*
			am, m, χnt *reisen*
			Untergang
			Fähre
			sh *vereinigen*
			χr *Todtenbarke*
			Kriegswagen
			Ruder

ALTÄGYPTISCH.

Hieroglyphen (monumental, papyrus) – Hieratisch – Bedeutung

Ackergeräthe.

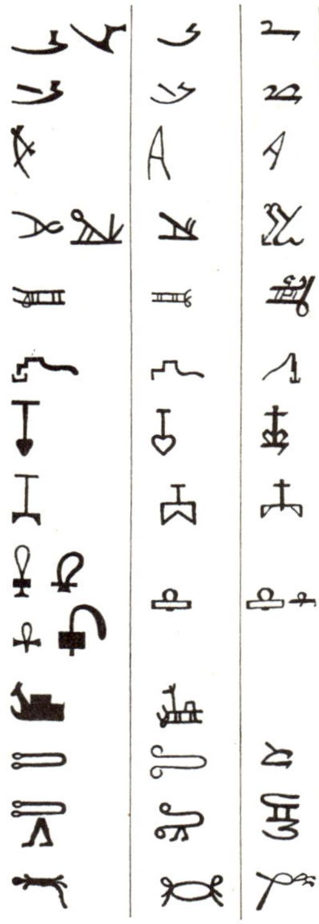

- ma (*Sichel*)
- mr, ma *Hacke*
- hb, pr *Pflug*
- tm *abschliessen*
- nn, stp, anp *trennen*
- sam *vereinigen*
- uθa *öffnen, abwägen*
- sah, sχt *Halskette, Börse*
- ba, ab *bewundern, Schlitten*
- t *Zaum, Zange, Tau*
- tt *fortführen*
- st *Sattel*

Werkzeuge, Waffen.

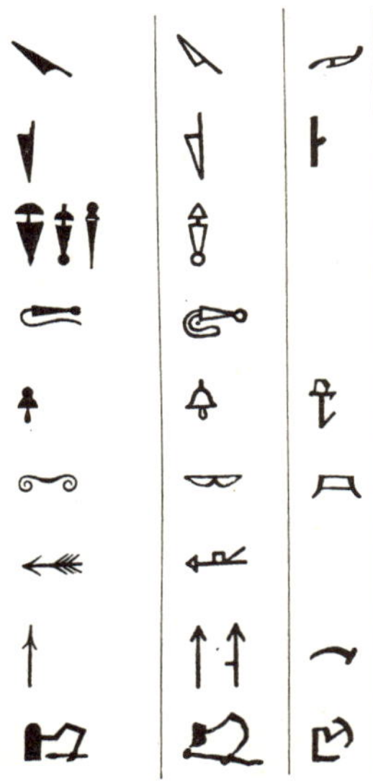

- tm, ts, θs, n *Schwert, schneiden, niederschlagen, opfern*
- kt, st *arbeiten, theilen*
- tp *Dolch*
- mna *Halsband*
- mnχ *formen, bilden*
- pt, kns, χnt *Bogen*
- ua, st, sun *Pfeil, Lohn*
- ua *Lanze*
- χr *kämpfen, streiten*

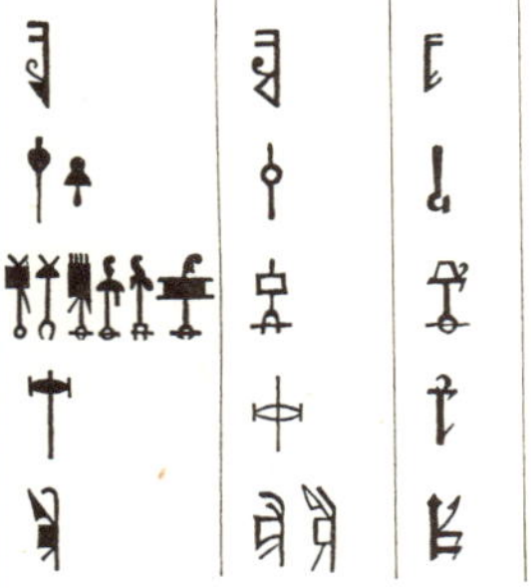

- ab, ks, kn, bt, msn *Werkzeug zu künstl. Arbeiten*
- ut, hp, hθ *meiseln, Schatz*
- ab, ub, am *Bohrer*
- nθ, nt, n *Hammer*
- šs *folgen*

Kleider, Schmuck, Ornamente.

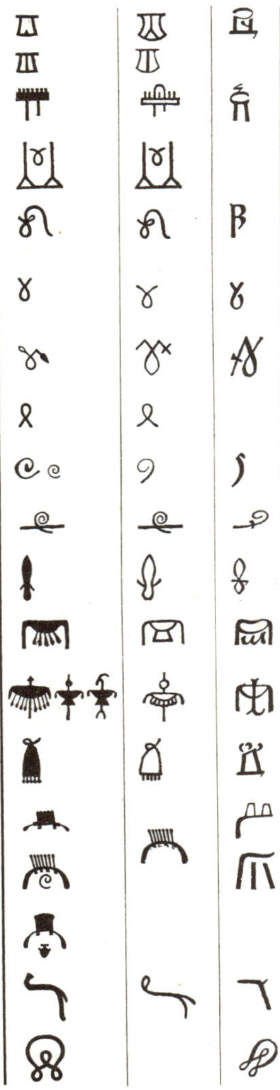

- k (*Rock, Schurz*)
- χr *Schlund*
- s *Gewebe, Schmuck, kleiden*
- mnχ *Handarbeit, Gewebe*
- u (*Fischseil*)
- ks, k, sr, s, šs *Schnur, binden, befestigen, nähen, Kleid*
- rt *Bande, Strick*
- šn *wenden, winden*
- u
- st, us, as *Strick*
- tui *Sandalen*
- nb *Gold*
- hθ *Silber*
- apr *entfalten*
- fu *Weite*
- *Herzensweite*
- mr, mh *Fülle*
- snt *gründen, bilden*

Hieroglyphen monumental	Hieroglyphen papyrus	Hieratisch	Bedeutung
			usχ *Brustschild*
			k, mh *Herrlichkeit*
			nfr, hθ *Oberägypten, weisse Krone*
			nt, n, tšr *rothe Krone, Unterägypten*
			sχt *Doppelkrone*
			atf *Krone*
			nb *Götterkrone*
			nb (?)
			anχ *Leben*
			χu, χ *beschützen*
			tm *vereinigen*
			ha, ah, ab, sχm, χrp *Machthaber*
			Sistrum
			ut *auflösen, erheben, schreiben, anmeiseln*
			hk *Regent*
			ab *Schatten, Sonnenschirm, Abydos*
			nf, sri *Fächer*
			as (*Heroldstab* ?)
			hn *ausrüsten* (*Köcher*?)
			χkr *schmücken, bekleiden*
			aa, a *gross*
			nfr *gut, schön*
			am, ma *Wahrheit, öffnen* (*Flöte*?)
			m, χn *halten*
			nm *Kopftuch* (?)

Gefässe, Masse, Gewichte.

Hieroglyphen monumental	Hieroglyphen papyrus	Hieratisch	Bedeutung
			au, a, ab, hn *Breite, Gefäss, Lebensmittel, spenden*
			ba *Opfer*
			ta *Töpferscheibe* (?)
			tχ *Zunge an der Wage*
			nkr, sp *Sieb, auserlesen*
			ab *Horn, Altar*
			hn, h *weihen, Priester*
			hs *Krug*
			kb *kühl*
			χnt *Gartenland, das Innere*
			χnt *Geschlecht, Anfang*
			tf, pu, ru, ab, ub *benetzen, sein, befeuchten, rein*
			ab, ub *Priester, Reinheit*
			nm, χnm *Kanne, Krug*
			nu, nn, n, mn, χn *Genitiv, das Innere*
			k (katu *Kessel*)
			an, na *schreiben, Verzeichnis*
			ark *umbinden, lesen, schreiben, Wissenschaft*
			htp, ka, msn *Buch, Schrift, Gedanke, Rechnung, Allerheiligstes, Wissen*
			šn *Umfang, versiegeln, Kleinod*
			hr *ein Getreidemass, Tenne, imponiren*
			ma *Gewicht, gleichen*
			mχ *Wage*
			Richtmass

ALTÄGYPTISCHE ZAHLZEICHEN.

Hieroglyphen		Hieratisch	Demot.	Wert
Ziffern	Varianten			
				1
				2
				3
				4
				5
				6
				7
				8
				9
				10
				20
				30
				40
				50
				60
				70
				80
				90
				100
				200
				300
				400
				1000
				10.000
				100.000
				Million
				Hälfte, theilen

Dem. Monatsn. u. Bruchziff.	
Zeichen	Wert
	1
	2
	3
	4
	5
	6
	7
	8
	9
	10
	20
	30
	letzte
	bleibt
	weniger
	mal
	$1/2$
	$1/3$
	$1/4$
	$1/5$
	$1/10$
	$2/3$
	$5/6$
	$1/3+1/12=5/12$
	$1/2+1/12=7/12$
	$1/2+1/4=3/4$
	Drachme
	606 $1/2$ Dr.
	350 $5/12$ Dr.
	8 $1/2$ Dr.
	170 $1/3$ Dr.
	56 $1/2$ Dr.
	35 Dr.
	1227 $1/4$[1] Dr.

DEMOTISCH.

Lautzeichen.

Zeichen	Wert
	a
	a
	a
	a
	ā
	a,e,o
	i
	í
	u
	u
	u
	w
	w
	f, v
	p, b
	p, b
	p, b
	m
	n
	n
	n
	l, r
	r
	r
	s
	s
	d, t
	d, t
	t
	d, t
	h
	h
	h
	h
	k
	k
	k
	k
	k
	χ
	χ
	χ
	š
	š
	θ
	θ

Zusammensetzungen.

Zeichen	Wert
	an
	as
	ak
	ar
	aš
	aθ
	ws
	wn
	wt
	pn
	pt
	pš
	na
	np
	nt
	nh
	sn
	sš
	ti
	tp
	tn
	ka
	ks
	kt
	kk
	ks
	šm
	χn
	χt
	tak
	tn
	aθ
	rp
	št
	as
	hu
	st
	im
	tros
	ks
	nen
	as
	net
	arok
	χet
	ra-u

Silbenzeichen.

Zeichen	Wert
	au
	aā
	am
	ar
	as
	ua
	uaχ
	un
	ur
	ma
	mn
	mh
	mr
	ms
	nu
	ns
	ra, la
	sa
	sa
	sn
	sχ
	ti
	ta
	to
	tm
	ha
	hp
	hr
	hr
	hm
	kt
	χa
	χt
	χw
	χr
	sn
	θa
	θi
	aw

DEMOTISCH.

Zeichen	Bedeutung	Zeichen	Bedeutung	Zeichen	Bedeutung
Wortbilder.			nuw *Gold*		*jung, kindisch*
	Himmel		tho *Land, Region, Erde*		*männlich*
	ra *Sonne*		anm		*unveränderlich, Ruhe*
	aah *Mond*		to *Welt*		*Stärke, Tapferkeit*
	siu *Stern*		*Vierfüssler*		*gehen, Weg*
	ϭorh *Nacht*		*Vogel*		*Wort, sprechen*
	rem *Mensch*		*Fisch*		*Stand*
	Mann		*Schlange*		*Licht, Klarheit*
	hime *Frau*		*Pflanzen, Bäume*		*sanfte Handlung*
	χrot *Kind*		*männl. Pflanzen*		*einwickeln*
	Feind		*Pflanze (Blume)*		*absondern*
	tew *Finger*		*Blume*		*schneiden*
	hu *Hintertheil*		*Holz*		*Geld*
	sowti *Mauer*		*Körner, Arznei*		*Auge*
	hi *Haus, Hof*		*Stein, Monument*		*göttlich*
	as *Platz, Ort*		*Feuer, Hitze*		*König*
	ma *Brot, Nahrung*		*Wasser*		*Krieg*
	hon, *Vase*		*Luft*		*Soldat*
	hiw *Versammlung*		*Körpertheile*		*Cisterne, Tafel*
	renpi *Jahr*		*Haar*		*Augenbrauen*
	Monat		*Horn*		*Zahn*
	hu *Tag*		*Sonne, Zeit*		*Anker*
	un *Stunde*		*Haus, Ort, Tempel*		*Vulva*
	neter *Gott*		*Palast*		*Ei*
	niw *Herr*		*schliessen, einschliessen*		*säen*
	aw *Priester*				*Same*
	sχi *schreiben*		*Wasser, Flüssigkeiten*		*singen, Hymne*
	am *essen*		*schlecht, ärgerlich, traurig*		*der Grosse, Ältere*
	sur *trinken*				*Meister, Lehrer*
	neθ *rächen*		*Metall*		*Osten*
	anχ *Leben*		*klein*		*Westen*
	šui *Glanz*		*Furcht, schlecht*		*Süden*
	hit *Herz*		*schreiben, malen*		*Norden*
	hat *Silber*		*Kindheit*		*Ewigkeit*

KOPTISCH.

Name	Zeichen	Wert	Name	Zeichen	Wert	Name	Zeichen	Wert	Name	Zeichen	Wert
Alpha	Ⲁ ⲁ	a	*Thita*	Ⲑ ⲑ	th	*Pi*	Ⲡ ⲡ	p	*Au*	Ⲱ ⲱ	ū ō
Bida	Ⲃ ⲃ	b v	*Jauta*	Ⲓ ⲓ	i	*Ro*	Ⲣ ⲣ	r	*Šei*	Ϣ ϣ	š
Gamma	Ⲅ ⲅ	g	*Kapa*	Ⲕ ⲕ	k	*Sima*	Ⲥ ⲥ	s	*Fei*	Ϥ ϥ	f
Dalda	Ⲇ ⲇ	d	*Laula*	Ⲗ ⲗ	l	*Tau*	Ⲧ ⲧ	t	*Khei*	Ϧ ϧ	χ
Ei	Ⲉ ⲉ	e	*Mi*	Ⲙ ⲙ	m	*He*	Ⲩ ⲩ	ü	*Hori*	Ϩ ϩ	h
So	Ⲋ ⲋ	6	*Ni*	Ⲛ ⲛ	n	*Phi*	Ⲫ ⲫ	ph	*Džan-džia*	Ϫ ϫ	dž
Zita	Ⲍ ⲍ	dz	*Ksi*	Ⲝ ⲝ	ks	*Khi*	Ⲭ ⲭ	kh	*Tšima*	Ϭ ϭ	tš
Ita	Ⲏ ⲏ	e ī	*O*	Ⲟ ⲟ	o	*Psi*	Ⲯ ⲯ	ps	*Ti*	Ϯ ϯ	ti

Ⲙ̇ ⲙ̇ em, Ⲛ̇ ⲛ̇ en, Ⲣ̇ ⲣ̇ er, Ⲁ̇ ⲁ̇ a, Ⲉ̇ ⲉ̇ e, Ⲏ̇ ⲏ̇ i, Ⲓ̇ ⲓ̇ i, Ⲟ̇ ⲟ̇ o, Ⲩ̇ ⲩ̇ u, Ⲱ̇ ⲱ̇ o.

ⲁⲓ ai, ⲉⲓ ei, ⲟⲓ oi, ⲁⲩ au, ⲉⲩ eu, ⲟⲩ u, ⲟⲟⲩ ou.

Die koptische Schrift ist griechische Uncialschrift, welche als Schrift der neuen Religionsbücher bei den christlichen Ägyptern (*Koptu*) die einheimische Schrift verdrängte. Die Ägypter nahmen auch die Buchstaben ⲇ, ⲅ, ⲭ, ⲑ, ⲫ, obgleich diese Laute ihnen fremd waren, wegen ihrer griechischen Zahlbedeutung auf, wie auch *So* als Ziffer 6, dagegen ergänzten sie das griechische Alphabet durch Hinzufügung mehrerer Zeichen für Laute, welche der ägyptischen Sprache eigenthümlich sind. Diese Zeichen beruhen nach Brugsch (grammaire démotique) auf folgenden Prototypen:

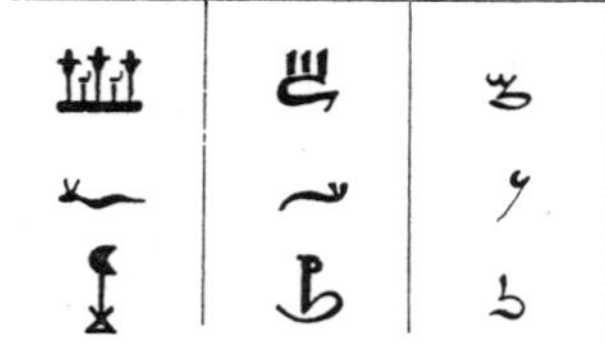

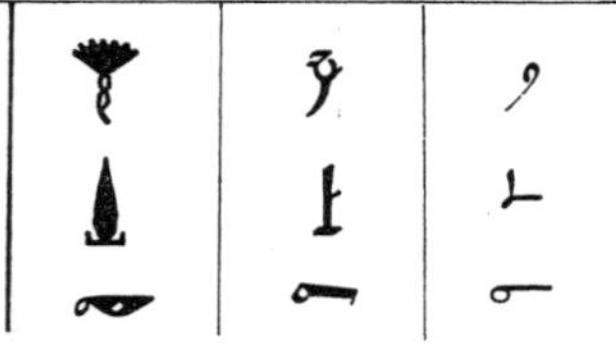

Hieroglph.	Hieratisch	Demotisch	Koptisch	Wert	Hieroglph.	Hieratisch	Demotisch	Koptisch	Wert
			ϣ	š				ϩ	h
			ϥ	f				ϫ	dž
			ϧ	χ				ϭ	tš

Bezüglich der vierten, fünften und sechsten Figur dürfte sich Brugsch geirrt haben, da andere *h*-Formen mehr entsprechen, so ϩ *hr* „Haar", verwandt mit hier. Ϩ dem. hebräisch חֹר „Edler", ϫ kommt jedenfalls von den Typen für „binden, messen", das ist demotisch und entspricht dem hebräischen חח *χoχ* „Dorn, Nestel", durch „messen" verwandt mit גג „Oberfläche", جج *džaddža* „ausbreiten", wie auch خ *χ*, ح *h*, ج *dž*, چ *tš* gleichen Ursprungs sind; ϭ dürfte eher mit ● *χ*, hierat. ϭ, demot. ϭ und *tšima* mit dem arabischen كمه „dunkel werden vor den Augen, blind sein" verwandt sein.

LIBYSCH.

Zeichen	Wert	Zeichen	Wert	Zeichen	Wert	Zeichen	Wert
⊙	b	≻	ṯ	⊐	m	○	r
⌐	g	⟨	y	|	n	⟩	š
⊓	d	⇐ ⇌ ⇐	k	(⧖ ⋈	s	+ ⊐	t
⊓⊓ = ÷	w	||	l	⧗	p	⟩ H Λ	unerklärt

Diese Schrift, welche auch numidisch genannt wird, ist die Mutter der Schrift, deren sich jetzt noch die nordafrikanischen Nomaden bedienen. Diese, welche in Europa als Tuariks bekannt sind, nennen sich selbst Imušar, ihre Sprache Tamašeq, ihr Alphabet Tafinaγ und ihre Schriftzeichen Asekkil.

TAMAŠEQ.

Name	Zeichen	Wert	Name	Zeichen	Wert	Name	Zeichen	Wert	Name	Zeichen	Wert
Taγerit	·	a,i,u	*Yeẕ*	ⵥ ⵥ	ẕ	*Yel*	||	l	*Yeš*	ⵛ	š
Yeb	⊞ ⦶	b	*Yer*	□ ○	r	*Yem*	⊐	m	*Yah*	⋮	h
Yet	+	t	*Yes*	⊡ ⊙	s	*Yen*	|	n	*Yad*	∃	ḏ
Yed	⊔Λ⊓	d	*Yeg*	ⵖ ⵖ	g	*Yek*	∴	k	*Yaχ*	∷	χ
Yež	⌶	ž	*Yeǵ*	⋈	ǵ	*Yaq*	⋯	q	*Yau*	:	ū, w
Yez	⌗	z	*Yef*	ⵃ ⵃ	f	*Yeγ*	⋮	γ	*Ily*	⟨	ī

Ligaturen.

yebt	+⊟	bt	*yert*	⊞	rt	*yegt*	ⵖ+	gt	*yelt*	⊢⊣	lt
yezt	⌗	zt	*yest*	+⊡	st	*yeǵt*	+⋈	ǵt	*yemt*	+⊐	mt

yent † nt, *yešt* +ⵛ št, *yenk* ∴| nk.

Die Schrift wird von rechts nach links geschrieben, Vokale werden oft, auch am Anfang der Wörter unbezeichnet gelassen, *n* wird nach *l* schräg und tiefer geschrieben, z. B. /||∴⊙ (*s k l n*) *isekkilen* „Schriften", die Zeichen werden aneinandergereiht, ohne dass auf die Scheidung der Wörter Rücksicht genommen wird, weshalb die Schrift nur bei genauer Kenntnis der Sprache und vieler Übung im Lesen entziffert werden kann. Eine ausführliche Grammatik dieser Sprache ist von A. Hanoteau (Essai de grammaire de la langue tamachek') veröffentlicht worden.

HIMYARISCH.

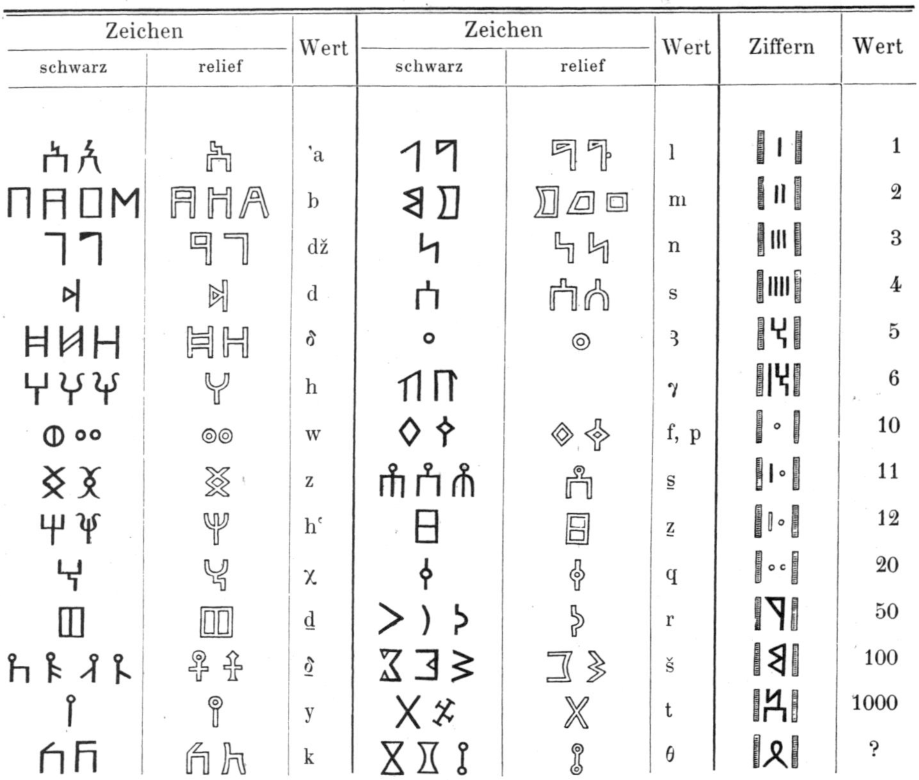

Die himyarische Schrift wurde im südlichen Arabien gebraucht, bis sie durch die mohammedanische Nesχi verdrängt wurde; sie ist hier unter die afrikanischen Schriften einbezogen worden, weil sie die Wurzel der äthiopischen ist und der Schrift der Berber nahe steht.

Die arabischen Schriftsteller nennen sie *Musnad,* welcher Name zu mancherlei Vermuthungen Anlass gegeben hat, indem er durch *sanad* „stützen" erklärt wird und daher „Säulenschrift" oder auch „gestützte Schrift" bedeuten würde, man hat ihn ferner auf Sindh zurückgeführt, und demnach „indische Schrift" übersetzt; endlich wurde darauf hingewiesen, dass *musnad* auch *spurius* bedeutet, danach wäre sie die „sündhafte Schrift der Ungläubigen". Jedenfalls war sie die Schrift des Sabäismus und ging mit diesem unter.

Himyarisch wurde von rechts nach links, aber auch in wechselnden Furchen (*Bustrophedon*) geschrieben; es kommt nur auf Inschriften vor, theils einfach eingegraben, theils erhaben ausgemeiselt. Die Lautwerte sind nach den Angaben Halevy's (Inschriften von San'a), welcher den Zeichen das neu-arabische Lautsystem zu Grunde legte, beigefügt.

Die Ziffern sind stets eingeklammert, die Zeichen 1—4 werden auch verbunden, z. B. ⊓ oder ◻ 2, die Zeichen 5, 10, 100, 1000 sind Sigel, indem die Anfangsbuchstaben (*χamaš, ʒašar, mat, eleph*) die Zahlen vertreten.

Name	Zeich.	Wert	Zeich.	Wert	Zeich.	Wert	Zeich.	Wert	Zeich.	Wert	Zeich.	Wert	Zeich.	Wert
Hoi	ሀ	ha	ሁ	hū	ሂ	hi	ሃ	hā	ሄ	hē	ህ	he̥	ሆ	ho
Lewi	ለ	la	ሉ	lū	ሊ	li	ላ	lā	ሌ	lē	ል	le̥	ሎ	lo
Hʿaut	ሐ	hʿa	ሑ	hʿū	ሒ	hʿi	ሓ	hʿā	ሔ	hʿē	ሕ	hʿe̥	ሖ	hʿo
Mai	መ	ma	ሙ	mū	ሚ	mi	ማ	mā	ሜ	mē	ም	me̥	ሞ	mo
Šaut	ሠ	ša	ሡ	šū	ሢ	ši	ሣ	šā	ሤ	šē	ሥ	še̥	ሦ	šo
Res	ረ	ra	ሩ	rū	ሪ	ri	ራ	rā	ሬ	rē	ር	re̥	ሮ	ro
S³at	ሰ	sa	ሱ	sū	ሲ	si	ሳ	sā	ሴ	sē	ስ	se̥	ሶ	so
Š³at	ሸ	ša	ሹ	šū	ሺ	ši	ሻ	šā	ሼ	šē	ሽ	še̥	ሾ	šo
Qof	ቀ	qa	ቁ	qū	ቂ	qi	ቃ	qā	ቄ	qē	ቅ	qe̥	ቆ	qo
Bet	በ	ba	ቡ	bū	ቢ	bi	ባ	bā	ቤ	bē	ብ	be̥	ቦ	bo
Tau	ተ	ta	ቱ	tū	ቲ	ti	ታ	tā	ቴ	tē	ት	te̥	ቶ	to
Tšau	ቸ	tša	ቹ	tšū	ቺ	tši	ቻ	tšā	ቼ	tšē	ች	tše̥	ቾ	tšo
Kharm	ኀ	χa	ኁ	χū	ኂ	χi	ኃ	χā	ኄ	χē	ኅ	χe̥	ኆ	χo
Naχas	ነ	na	ኑ	nū	ኒ	ni	ና	nā	ኔ	nē	ን	ne̥	ኖ	no
Ńaχas	ኘ	ńa	ኙ	ńū	ኚ	ńi	ኛ	ńā	ኜ	ńē	ኝ	ńe̥	ኞ	ńo
'Alef	አ	'a	ኡ	'ū	ኢ	'i	ኣ	'ā	ኤ	'ē	እ	'e̥	ኦ	'o
Kaf	ከ	ka	ኩ	kū	ኪ	ki	ካ	kā	ኬ	kē	ክ	ke̥	ኮ	ko
Khʿaph	ኸ	χʿa	ኹ	χʿū	ኺ	χʿi	ኻ	χʿā	ኼ	χʿē	ኽ	χʿe̥	ኾ	χʿo
Wau	ወ	wa	ዉ	wū	ዊ	wi	ዋ	wā	ዌ	wē	ው	we̥	ዎ	wo
³Ain	ዐ	³a	ዑ	³ū	ዒ	³i	ዓ	³ā	ዔ	³ē	ዕ	³e̥	ዖ	³o
Zai	ዘ	za	ዙ	zū	ዚ	zi	ዛ	zā	ዜ	zē	ዝ	ze̥	ዞ	zo
Žai	ዠ	ža	ዡ	źū	ዢ	ži	ዣ	žā	ዤ	žē	ዥ	že̥	ዦ	žo
Yaman	የ	ya	ዩ	yū	ዪ	yi	ያ	yā	ዬ	yē	ይ	ye̥	ዮ	yo
Dent	ደ	da	ዱ	dū	ዲ	di	ዳ	dā	ዴ	dē	ድ	de̥	ዶ	do
Džent	ጀ	dža	ጁ	džū	ጂ	dži	ጃ	džā	ጄ	džē	ጅ	dže̥	ጆ	džo
Gamel	ገ	ga	ጉ	gū	ጊ	gi	ጋ	gā	ጌ	gē	ግ	ge̥	ጎ	go
Ttait	ጠ	tta	ጡ	ttū	ጢ	tti	ጣ	ttā	ጤ	ttē	ጥ	tte̥	ጦ	tto
Tšʿait	ጨ	tšʿa	ጩ	tšʿū	ጪ	tšʿi	ጫ	tšʿā	ጬ	tšʿē	ጭ	tšʿe̥	ጮ	tšʿo
Ppait	ጰ	ppa	ጱ	ppū	ጲ	ppi	ጳ	ppā	ጴ	ppē	ጵ	ppe̥	ጶ	ppo
Tsadai	ጸ	tsa	ጹ	tsū	ጺ	tsi	ጻ	tsā	ጼ	tsē	ጽ	tse̥	ጾ	tso
Dzappa	ፀ	dza	ፁ	dzū	ፂ	dzi	ፃ	dzā	ፄ	dzē	ፅ	dze̥	ፆ	dzo
Ef	ፈ	fa	ፉ	fū	ፊ	fi	ፋ	fā	ፌ	fē	ፍ	fe̥	ፎ	fo
Eps	ፐ	pa	ፑ	pū	ፒ	pi	ፓ	pā	ፔ	pē	ፕ	pe̥	ፖ	po

Diphthonge.

Zeich.	Wert	Zeich.	Wert	Zeich.	Wert	Zeich.	Wert	Zeich.	Wert	Zeich.	Wert
ኰ	kwa	ኲ	kwi	ኳ	kwā	ኴ	kwē	ኵ	kwe̥	ጿ	tswa
ጐ	gwa	ጒ	gwi	ጓ	gwā	ጔ	gwē	ጕ	gwe̥	ፏ	fwā
ቈ	qwa	ቊ	qwi	ቋ	qwā	ቌ	qwē	ቍ	qwe̥	ቶ	two
ኈ	χwa	ኊ	χwi	ኋ	χwā	ኌ	χwē	ኍ	χwe̥	ኄ	hālē
ሏ	lwā	ሿ	šwā	ቿ	tšwa	ኗ	nwa	ዷ	dwa	ኄ	hālēlū
ሟ	mwa	ሷ	swa	ቧ	bwa	ዟ	zwa	ጧ	ttwa		
ፙ	mwā	ሯ	rwā	ቷ	twa	ዯ	ywa	ጯ	tšʿwa		

ÄTHIOPISCH UND AMHARISCH.

In der äthiopischen Schrift ist eine offenbar jüngere Bezeichnung der Vokale eingeführt, welche an die indische Vokalbezeichnung erinnert, dagegen entlehnten die Äthiopen die Ziffern von den Griechen, indem sie deren Alphabet Α, Β, Γ u. s. w. als Ziffern annahmen, diese Zeichen aber ebenso wie die Himyaren einklammerten, nur werden die Klammern oben und unten angesetzt. Als die amharische Sprache herrschend wurde, schuf man Zeichen für die der amharischen Sprache eigenthümlichen Laute durch Beifügung eines Striches; so entstand aus ሰ *sa* ሸ *ša,* aus ነ *na* ኘ *ńa,* aus ጠ *tta* ጨ *tš'a,* welches auch ጨ geschrieben wird. Die äthiopisch-amharische Schrift wird von links nach rechts geschrieben, die Buchstabennamen sind den hebräischen ähnlich, doch sind auch Abweichungen vorhanden, welche mit der veränderten Gestalt der Zeichen zusammenhängen.

Ziffern.

፩ 1, ፪ 2, ፫ 3, ፬ 4, ፭ 5, ፮ 6, ፯ 7, ፰ 8, ፱ 9, ፲ 10, ፲ወ፩ 11, ፳ 20,
፴ 30, ፵ 40, ፶ 50, ፷ 60, ፸ 70, ፹ 80, ፺ 90, ፻ 100, ፪፻ 200, ፲፻ 1000,
፼ 10,000, ፲፼ 100,000, ፻፼ 1.000.000.

PUNISCH.

Zeichen	Wert	Zeichen	Wert	Zeichen	Wert	Zeichen	Wert
𐤀 𐤀	a	𐤅 𐤅	w	𐤋 𐤋	l·	𐤑 𐤑 𐤑 𐤑	s̱
𐤁 𐤁 𐤁	b	𐤇 𐤇 𐤇	χ	𐤌 𐤌	m	𐤒	q
𐤂 𐤂	g	𐤈 𐤈	t	𐤍 𐤍	n	𐤓 𐤓 𐤓	r
𐤃 𐤃	d	𐤉 𐤉	y	𐤏	ʒ	𐤔 𐤔 𐤔	š
𐤄 𐤄	h	𐤊 𐤊	k	𐤐 𐤐	p	𐤕 𐤕 𐤕	t

Die punische Schrift ist eine jüngere Form der phönikischen Schrift, doch finden sich bei *a, h, χ, m, š* so auffallende Abweichungen von der phönikischen Schrift, welche in den ersten Jahrhunderten der punischen Herrschaft in Karthago angewendet wurde, dass die Vermuthung eines fremden Einflusses nicht grundlos erscheint, zumal auch die Form des *y* mit den gebräuchlicheren phönikischen Formen nicht harmonirt. Immerhin ist es möglich, dass die punische Schrift eine tachygraphisch vereinfachte Form der phönikischen Schrift ist und sich zu dieser ebenso verhält wie unsere Schreibschrift zu der Mönchsschrift des Mittelalters.

VEI-SCHRIFT.

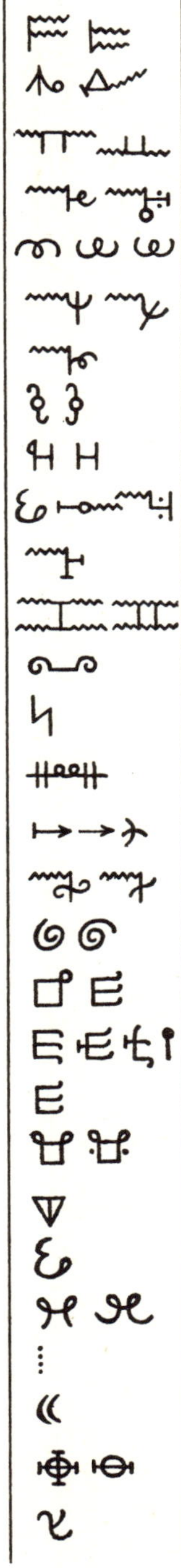
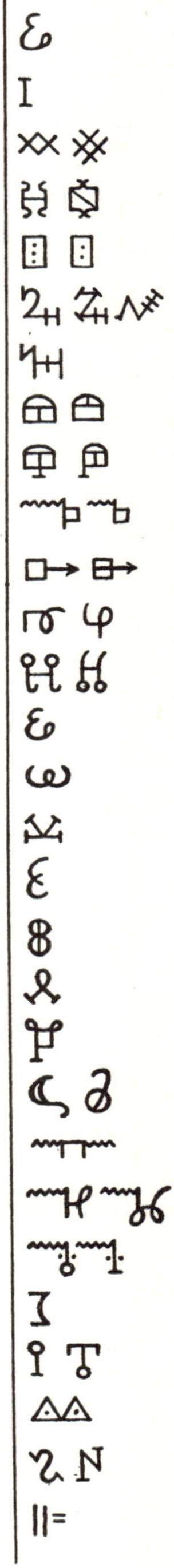

Zeichen	Wert	Zeichen	Wert	Zeichen	Wert	Zeichen	Wert
	a		dže		gbō̱		n
	ba		dži		gbu		na
	bā		džo		ha		ne̱
	bai		džō̱		hā		ni
	baṅ		džoṅ		hă		nī
	be		džu		he		no
	be̱		e		he̱		no̱
	bē̱		e̱		hi		nu
	bi		fa		ho		nū
	bī		fe		hu		ṅa
	bō̱		fe̱		i		ṅe
	bọ		feṅ		ka		ṅi
	bō		fi		kā		ṅo
	bu		fo		kai		ṅ
			fu		kē̱		ṅa
	bili		ga		ke̱		ṅe̱
	da		ge		ke̱ṅ		ṅo
			ge̱		ki		ṅga
	daṅ		gọ		ko		ṅge
	deṅ		gō̱		kō̱		ṅgo
	di		gu		ko̱ṅ		nde
	do		gba		kō̱		ndo
	dō		gbā		kuṅ		o
	dō̱		gbe		m		pa
	doṅ		gbe̱		ma		pe̱
	dō̱ṅ		gbi		me̱		pẹ
	du		gbo		mi		pi
	duṅ		gboṅ		mo		po
	dža		gbō̱		mu		ra la

VEI-SCHRIFT.

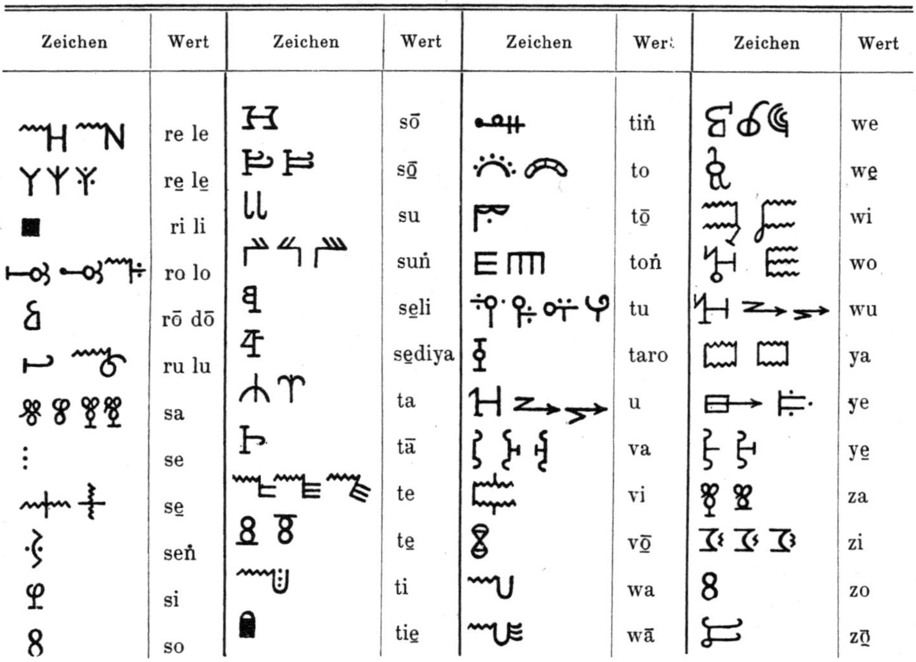

Zeichen	Wert	Zeichen	Wert	Zeichen	Wert	Zeichen	Wert
	re le		sō		tiṅ		we
	re̱ le̱		sō̱		to		we̱
	ri li		su		tō̱		wi
	ro lo		suṅ		toṅ		wo
	rō dō		se̱li		tu		wu
	ru lu		se̱diya		taro		ya
	sa		ta		u		ye
	se		tā		va		ye̱
	se̱		te		vi		za
	seṅ		te̱		vō̱		zi
	si		ti		wa		zo
	so		tie̱		wā		zō̱

Die Kenntnis der vorstehenden Schrift verdanken wir dem Missionär S. W. Kölle (Outlines of a grammar of the Vei language), sie soll, wie dieser berichtet, von einem Eingebornen, namens Doalu Bukere, den Kölle im Jahre 1849 persönlich kennen lernte, erfunden sein. Leider hat Kölle unterlassen, Doalu um das Wichtigste zu fragen, nämlich, wie er eigentlich auf die vorstehenden Zeichen gekommen sei, denn dieselben sind im Grossen und Ganzen keine Bilder der Gegenstände, welche die Silben bezeichnen, und für blosse Willkür enthalten sie zu viel System.

Es ist auffallend, dass die Silben ungleichmässig vertreten sind, neben *baṅ* fehlt *beṅ,* neben *feṅ faṅ,* selbst die einfachen Silben sind nicht vollständig, auch sind die Zeichen nicht, wie in dem japanischen Syllabar, nur Anlaute, sondern auch Auslaute, namentlich die *ṅ*-Laute sind derart vertreten, dass mit *ṅ* lautende Silben, wie *baṅ, feṅ* u. s. w. nicht nothwendig wären, am meisten frappiren die verschiedenen Zeichen derselben Laute, deren Zweck nicht ersichtlich ist; kurz die ganze Schrift macht den Eindruck, als ob sie nicht auf die Landessprache passe und erst auf diese angewendet worden sei.

Es kann daher die von Kölle berichtete Erzählung, Doalu habe geträumt, ihm sei ein weisser Mann mit einem Buche erschienen und habe ihm die Zusammensetzung von Zeichen zu Schriftbildern gelehrt, als keineswegs genügende Erklärung des Räthsels betrachtet werden, welches diese Schrift vorstellt, zumal ähnliche Erzählungen auch bei anderen Schrifterfindern, wie z. B. bei Mesrop, dem Begründer der armenischen Schrift, vorkommen.

ASIEN

CHINESISCH.

Die Chinesen bedienten sich zuerst der geknüpften Schnüre, von denen die im *I-king* vorhandene *Pa-kwa* abstammen mag, deren Grundzeichen folgende sind:
☰ *Himmel,* ☴ *Wind,* ☵ *Wasser,* ☶ *Berg,* ☷ *Erde,* ☳ *Donner,* ☲ *Feuer,* ☱ *Feuchte.*

Diese Schrift wurde durch eine Bilderschrift (*ku-wen*) verdrängt, deren Erfindung (oder Einführung?) Tshaṅke (ca. 2600 v. Chr.) zugeschrieben wird. Ihr ältestes Denkmal ist eine noch vorhandene, aber sehr verwitterte Inschrift des Kaisers Yü (2278 v. Chr).

Die Bilder waren theils nicht ausreichend, theils nicht klar, es wurden daher mehrere Bilder vereinigt, um neue Begriffe und Wörter zu bilden, sobald man aber von der Überlieferung abwich und neue Formen schuf, entstand die Gefahr, dass in den weitläufigen Provinzen des chinesischen Reiches sich selbständige Formen entwickelten und die für die Verwaltung höchst wichtige Schrifteinheit zerstörten. Hiezu kam der Umstand, dass schon früh von Kalligraphen Veränderungen der Zeichen vorgenommen wurden, um ihnen einen zierlichen Charakter zu geben und so entstanden Spielarten, von denen die folgende Seite Proben gibt. Deshalb haben die chinesischen Kaiser stets die Aufrechterhaltung der Orthographie als ihre Hauptaufgabe betrachtet und zu wiederholten Malen durch Gesetze die Form der Schriftzeichen geregelt. Solche Reformen wurden durchgeführt von Tšeu (ca. 800 v. Chr.), dem die *Tšwan*-Form (Rohrschrift) zugeschrieben wird, und von Li-se (in der Mitte des 3. Jahrhunderts v. Chr.), zu dessen Zeiten der Pinsel in Anwendung kam und von Tšiṅ-mo die *Li-* oder Beamtenschrift erfunden wurde. Aus dieser bildete sich im 4. Jahrhunderte n. Chr. die *Kyaï,* d. h. richtige Schrift, welche gegenwärtig in allen Büchern verwendet wird. Noch früher als diese Schrift entstand (1. Jahrhundert n. Chr.) eine flüchtige Schnellschrift (*Tšhao,* d. h. Pflanzenschrift), deren man sich vielfach im gemeinen Leben bedient, welche jedoch wegen ihrer zur Undeutlichkeit sich neigenden Formen in wissenschaftlichen und Gesetzeswerken nicht geduldet wird. Ausserdem wird noch die alte *Tšwan*-Schrift zu Büchertiteln verwendet. Wir geben in Folgendem mehrere Proben chinesischer Schriftarten.

Das Zeichen *Sin* (Herz) in 36 Schriftarten:

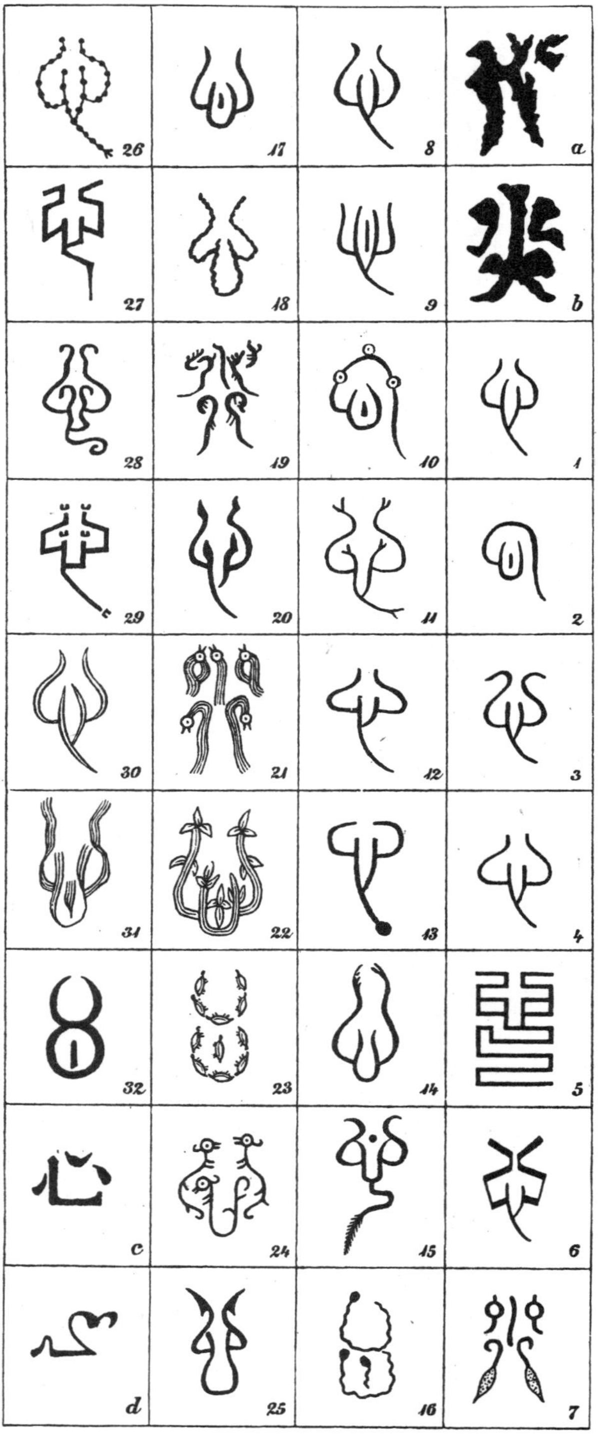

a) *Aus der Inschrift* Yü's.
b) *Dasselbe restaurirt von chin. Paläographen.*

Proben von 32 Schriften aus dem Lobgedicht a. d. Stadt Mukden:

1. Yü-tšu-tšwan: *Schrift der kostbaren Steine.*
2. Tsi-tse-tšwan: *wunderbare Schrift.*
3. Ta-tšwan: *grosse Schrift.*
4. Syao-tšwan: *kleine Schrift.*
5. Šaṅ-faṅ-ta-tšwan: *Schrift der erhabenen Orte.*
6. Fan-šu-tšwan: *Schrift der Grabsteine und Heiratscontracte.*
7. Swi-šu-tšwan: *Ährenschr.*
8. Lyeu-ye-tšwan: *Weidenblattschrift.*
9. Tao-hyai-tšwan: *Hyaiblattschrift.*
10. Tšoan-šu-tšwan: *Sternsch.*
11. Tše-iṅ-tšwan: *Glückseligkeitspflanzenschrift.*
12. Pi-lo-tšwan: *durchscheinende oder durchsichtige Schrift.*
13. Tšwi-lu-tšwan: *Thautropfenschrift.*
14. Luṅ-tšao-tšwan: *Drachenkrallenschrift.*
15. Tšwi-yun-tšwan: *Wolkenschrift.*
16. Ko-teu-šu: *Kaulquappenschrift.*
17. Nyao-ki-tšwan: *Vogelspurschrift.*
18. Tiao-tšuṅ-tšwan: *Würmerschrift.*
19. Lin-šu: *Thierkönigsschrift.*
20. Ku-teu-tšwan: *Schwanenkopfschrift.*
21. Nyao-šu: *Vogelschrift.*
22. Lwan-fuṅ-tšwan: *Phönixschrift.*
23. Kwei-šu: *Schildkrötenschr.*
24. Luṅ-tšwan: *Drachenschrift.*
25. Tsien-tao-tšwan: *Scherenschrift.*
26. Iṅ-lo-tšwan: *Troddelschr.*
27. Sien-tšen-tšwan: *Schrift der aufgehängten Nadeln.*
28. Tšu-tšwan: *Schrift der gebogenen Gerten.*
29. Kin-tswo-tšwan: *Goldfeilenschrift.*
30. Ko-fu-tšwan: *Doppelschr.*
31. Fei-pe-šu: *Schrift des weissen Flugs.*
32. Tšuṅ-tiṅ-tšwan: *Glocken- und Vasenschrift.*

c) Kyaï-šu: *Richtige Schrift.*
d) Tshao-šu: *Pflanzenschrift.*

Die chinesische Schrift ist eine Wortschrift, ein jedes Zeichen stellt einen Begriff dar. Da aber die Zahl der einfachen Begriffszeichen (*wen*) eine beschränkte war, so bildete man neue Begriffe, theils durch Verdopplung, z. B. aus 女 *nyu* „Weib“, 奻 (Weiber), welches aber den Lautwert *wan* und den Begriff „zanken“ erhielt, 姦 (3 Weiber) für *kyan* „Ränke“. Weil nun die zusammengesetzten Bilder genauer bezeichneten, so kamen viele einfache Begriffszeichen ausser Verkehr und dienten nur mehr als Lautzeichen (*tsę*). So bedeutet 舟 *tšeu* „Schiff“, in 洀 gibt es aber nur den Lautwert *tšeu* an, das Wort bedeutet Wasserbecken, was durch das Zeichen 氵 Wasser ausgedrückt ist. Da auch zusammengesetzte Zeichen theils als Lautzeichen, theils als Begriffszeichen dienten, so liess sich die Zahl der Wortzeichen in's Unendliche vermehren.

Gegenwärtig besteht die chinesische Schrift aus circa 50.000 Zeichen, von denen jedoch viele veraltet sind und nur in den Wörterbüchern der Vollständigkeit halber fortgeführt werden. Um diese Zeichenmasse zu ordnen, wurden die Wörterbücher anfangs nach Materien, dann nach Grundzeichen geordnet, welche ungefähr unseren Wurzelwörtern entsprechen. Gegenwärtig werden 214 Zeichen als solche Grundzeichen, auch Klassenhäupter oder Schlüssel genannt, betrachtet, nach denen die Wörterbücher eingerichtet sind. Die Aufstellung derselben geschah von Mei-tan, welcher sein Wörterbuch „Ordnung der Lautzeichen“ im Jahre 1615 beendigte.

Diese Klassenhäupter sind Wörter für sich, manche sind veraltet und ausser Gebrauch gekommen, alle aber bilden zugleich den Hauptbestandtheil anderer Wörter, wobei sie dieselben entweder einschliessen, wie 冂 in 由 und 同, durchschneiden, wie 弓 in 弔, darüberstehen, wie 人 in 㐱 oder darunter, wie 儿 in 克 und 鳥 in 蔦, daneben rechts oder links, wie 鳥 in 鵻 und 䳡 stehen. Die Klassenhäupter werden nach den Strichen, aus denen sie bestehen, in XVII Klassen eingetheilt und zwar gelten alle Zeichen, welche mit einer Pinselbewegung ausgeführt werden, daher auch ㇏ ㇆ ㇒ ㇉ ㇅ ㇇ 丨 亅 乚 für einen Strich.

Die Einfachheit dieser Schriftelemente musste auf den Gedanken führen, statt der Unmasse von Stempeln, welche man zur chinesischen Schrift bedarf und der Unmasse von Lettern, deren Aufsuchung mehr Zeit in Anspruch nimmt, als die complicirteste Zusammensetzung, die chinesische Schrift aus Theilzügen aufzubauen und die k. k. Hof- und Staatsdruckerei hat diesen Versuch auch ausgeführt, wobei jedoch die Schrift zu gross für den gewöhnlichen Gebrauch ausgefallen ist. Wir geben auf den folgenden Tafeln diese Elemente und hier einige so zusammengesetzte Schriftbilder:

是月也樹木

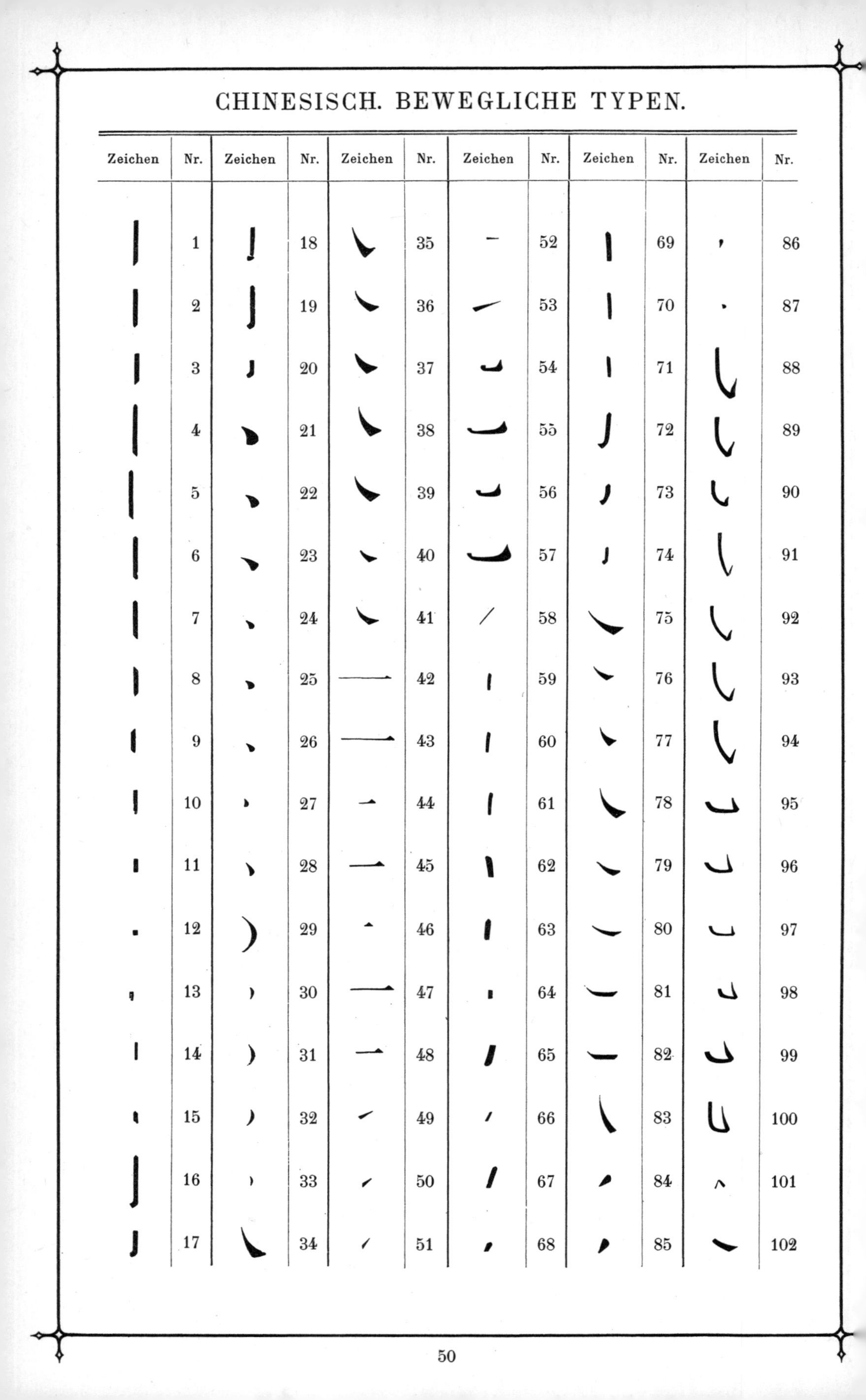

CHINESISCH. BEWEGLICHE TYPEN.

Zeichen	Nr.	Zeichen	Nr.	Zeichen	Nr.	Zeichen	Nr.	Zeichen	Nr.	Zeichen	Nr.
	1		18		35		52		69		86
	2		19		36		53		70		87
	3		20		37		54		71		88
	4		21		38		55		72		89
	5		22		39		56		73		90
	6		23		40		57		74		91
	7		24		41		58		75		92
	8		25		42		59		76		93
	9		26		43		60		77		94
	10		27		44		61		78		95
	11		28		45		62		79		96
	12		29		46		63		80		97
	13		30		47		64		81		98
	14		31		48		65		82		99
	15		32		49		66		83		100
	16		33		50		67		84		101
	17		34		51		68		85		102

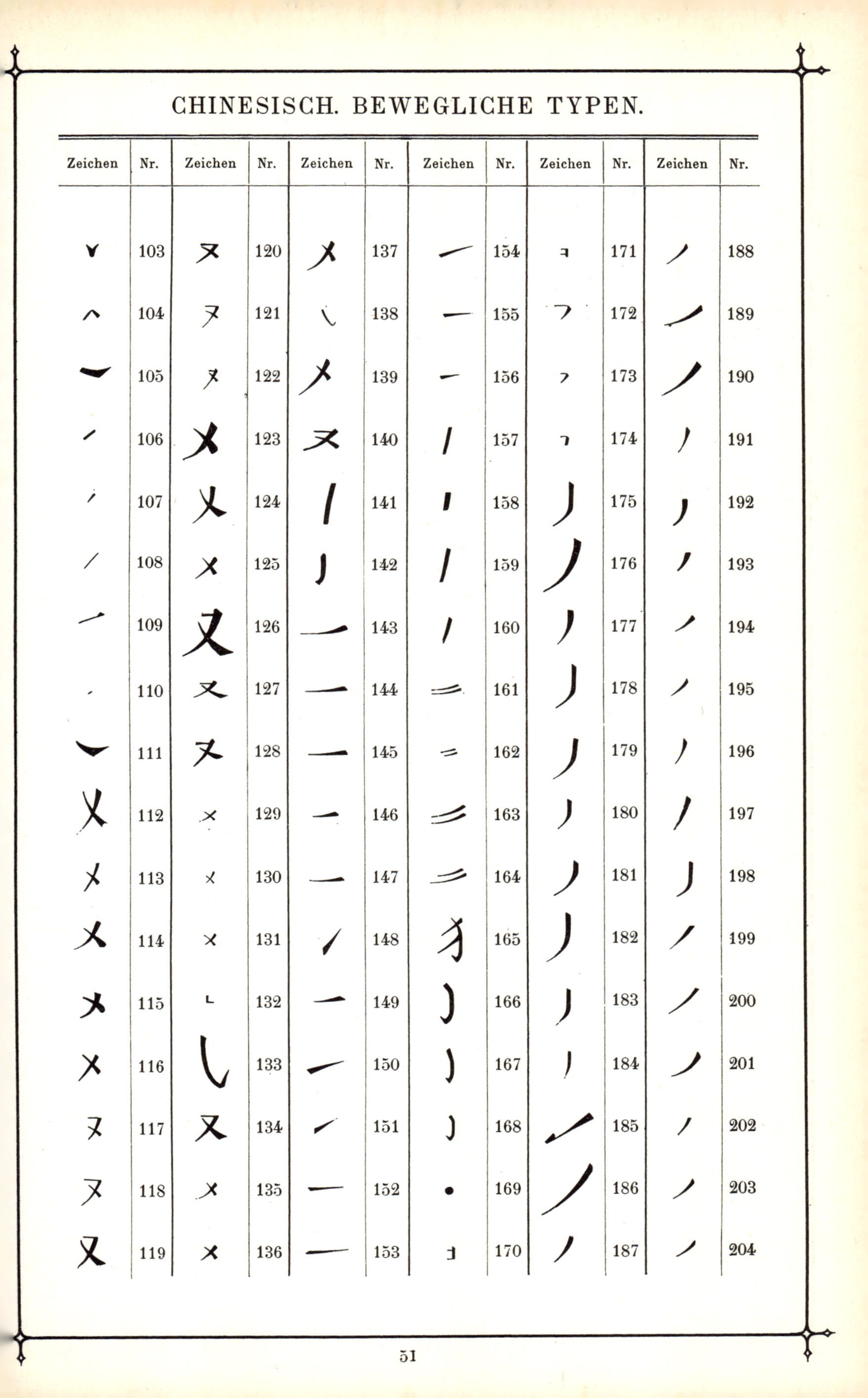

CHINESISCH. BEWEGLICHE TYPEN.

Zeichen	Nr.	Zeichen	Nr.	Zeichen	Nr.	Zeichen	Nr.	Zeichen	Nr.	Zeichen	Nr.
	103		120		137		154		171		188
	104		121		138		155		172		189
	105		122		139		156		173		190
	106		123		140		157		174		191
	107		124		141		158		175		192
	108		125		142		159		176		193
	109		126		143		160		177		194
	110		127		144		161		178		195
	111		128		145		162		179		196
	112		129		146		163		180		197
	113		130		147		164		181		198
	114		131		148		165		182		199
	115		132		149		166		183		200
	116		133		150		167		184		201
	117		134		151		168		185		202
	118		135		152		169		186		203
	119		136		153		170		187		204

CHINESISCH. BEWEGLICHE TYPEN.

Zeichen	Nr.	Zeichen	Nr.	Zeichen	Nr.	Zeichen	Nr.	Zeichen	Nr.	Zeichen	Nr.
㇀	205	幺	220	丨	235	㇋	250	乚	265	丨	280
㇒	206	幺	221	丿	236	㇋	251	乚	266	㇄	281
㇒	207	幺	222	丿	237	㇙	252	[illegible]	267	土	282
㇒	208	丿	223	丿	238	㇙	253	㇄	268	[illegible]	283
㇀	209	㇔	224	丿	239	㇙	254	㇄	269	戈	284
丿	210	⌒	225	丿	240	㇙	255	[illegible]	270	戈	285
丿	211	丿	226	㇀	241	㇄	256	→	271	丄	286
丿	212	网	227	㇄	242	㇄	257	㇗	272	亅	287
丿	213	缶	228	乚	243	㇄	258	㇔	273	㇀	288
㇒	214	(	229	㇄	244	㇄	259	-	274	-	289
㇔	215	一	230	乚	245	㇄	260	㇀	275	一	290
㇀	216	一	231	㇄	246	㇄	261	丨	276	一	291
㇔	217	一	232	㇄	247	㇄	262	丨	277	一	292
幺	218	一	233	乚	248	乚	263	丨	278	一	293
幺	219	一	234	㇋	249	乚	264	丨	279	一	294

Die Aussprache ist eine ziemlich variable, wesshalb auch selten europäische Gelehrte in der Transscription übereinstimmen; je nachdem ein Europäer in diesem oder jenem Theile von China gelebt hat, schreibt er z. B. *ṅan, 'an* oder *an*; *no, vo* oder *'o*. Die beistehenden Klassenhäupter sind im Wesentlichen nach der Aussprachlehre Schott's gegeben, dessen Erklärungen auch acceptirt sind. Alle chinesischen Wörter sind einsilbig und dulden ausser *n, ṅ* keinen konsonantischen Auslaut, im Anlaute fehlen die weichen Laute *b, d, g, ds* und *dž*, dafür haben die Chinesen *p, t, k, ts* und *tš* mit oder ohne folgenden gelinden Hauch *h*. Von Wichtigkeit bei der Aussprache gleicher Wörter sind die unterscheidenden Töne, wir bezeichnen sie nach Lepsius in folgender Weise:

ˏ ist der gleichmässige Ton,
ˊ der steigende,
ˋ der fallende und
ˎ der eingehende, welcher in sehr kurzer Aussprache des Vokals besteht.

Die chinesische Schrift wird in Säulen von oben nach abwärts, und in Zeilen, welche sich von rechts nach links aneinanderreihen, geschrieben.

Die Zahlen werden durch Zeichen ausgedrückt, welche Einheiten von 1—10, dann für 100, 1000 u. s. w. vorstellen; der Zehn werden die Einheiten unterstellt, dagegen werden die darübergestellten multiplicirt, also $\begin{matrix}2\\10\\3\end{matrix}$ heisst $2 \times 10 + 3$, d. i. 23. Es gibt gewöhnliche Zahlen in *Kyaï*- und *Tshao*-Schrift, dann vollständige Zahlen, um Obligationen, Wechsel u. s. w. vor Fälschung zu schützen (gleich unseren geschriebenen Zahlwörtern), endlich eine einfachere Form, deren sich die Kaufleute bedienen (Gewichtszeichen). Ausserdem gibt es noch cyclische Zahlen sowohl für das Decimal- wie für das Duodecimalsystem.

Ziffern.

Name	Kyaï	Gewichts-Zeichen	Wert
*I*ˎ	一	〡	1
*L̥*ˋ	二	〢	2
*San*ˏ	三	〣	3
*Se*ˋ	四	〤	4
*U*ˊ	五	〥	5
*Lu*ˎ	六	〦	6
*Tshi*ˎ	七	〧	7
*Pa*ˎ	八	〨	8
*Kyeu*ˊ	九	〩	9
*Ši*ˎ	十	十	10
*Pe*ˎ	百	百	100
*Tshyan*ˏ	千	千	1000
*Wan*ˋ	萬	万	10,000
*I*ˎ	億		100,000
*Tšao*ˋ	兆		1.000,000
*Kiṅ*ˏ	京		10.000,000
*Kyan*ˏ	澗		1 Billion

CHINESISCH. KLASSENHÄUPTER.

Nr.	Zeichen	Bedeutung
		I. Zeichen mit 1 Strich.
1	一	iˎ *eins*
2	丨	kwen'
3	丶	tšu'
4	丿	phyeˎ
5	乙	iˎ *cyclische Eins*
6	亅	khyueˎ
		II. Zeichen mit 2 Strichen.
7	二	l̥` *zwei*
8	亠	theuˏ
9	人 亻	žinˏ *Mensch*
10	儿	žinˏ *Mensch*
11	入	žiˎ *hineingehen*
12	八 丷	paˎ *acht*
13	冂	khyuṅˏ *äusserste Begrenzung*
14	冖	miˎ *bedecken*
15	冫	piṅˏ *Eis*
16	几	ki' *Bank, Tisch*
17	凵	khanˏ *Behälter, Hülle*
18	刀 刂	taoˏ *Schwert, Messer*
19	力	liˎ *Kraft, Sehne, Nerv*
20	勹	paoˏ *einhüllen*
21	匕	pi' *Löffel*
22	匚	faṅˏ *Behälter, Kiste*
23	匸	hiˏ *verstecken, verhüllen*
24	十	šiˎ *zehn*
25	卜	puˎ *Lose, losen*
26	卩 㔾	tsyeˎ *schriftl. Urkunde, ordnen*

Nr.	Zeichen	Bedeutung
27	厂	han` *steiles Ufer*
28	厶	seˏ *schlecht, verdorben, Haken*
29	又	yeu` *auch, noch einmal, Hand*
		III. Zeichen mit 3 Strichen.
30	口	kheu' *Mund*
31	囗	wei' *Hürde, einschliessen*
32	土 土	thu' *Erde*
33	士	se` *Gelehrter, Staatsbeamter*
34	夂	ži' *hinten nachkommen*
35	夊	swiˏ *schreiten*
36	夕	siˎ *Finsternis, Nacht*
37	大	ta' *gross*
38	女	nyü' *Weib*
39	子	tse' *Sohn*
40	宀	myanˏ *Dach*
41	寸	tshün` *Zollmass*
42	小	syao' *klein*
43	尢	waṅˏ *verdreht, gekrümmtes Bein*
44	尸	šiˏ *Leiche*
45	屮	tšheˎ *keimen*
46	山	šanˏ *Berg*
47	川 巛 巜 〈	tšwanˏ *fliessendes Wasser*
48	工	kuṅˏ *kunstfertig, Kunst, Werk*
49	己	ki' *selbst*
50	巾	kinˏ *Mütze, Tuch*
51	干	kanˏ *Stamm, Schild*

Nr.	Zeichen	Bedeutung
52	幺	yaoˏ *klein, Knabe*
53	广	yanˏ *Dach, Giebel*
54	廴	yenˏ *schreiten*
55	廾	kuṅˏ *mit beiden Händen darreichen*
56	弋	iˎ *schiessen mit Pfeilen*
57	弓	kuṅˏ *Bogen*
58	彐 彑	kiˏ *Kopf eines Igels oder eines Schweins*
59	彡	šanˏ *Federn*
60	彳	tšiˎ *Schritt, Gang*
		IV. Zeichen mit 4 Strichen.
61	心 忄 ⺗ 忄	sinˏ *Herz, Geist, Gemüth*
62	戈	koˏ *Lanze, Waffen*
63	戶 户	hu` *innere Thür*
64	手 扌	šeu' *Hand*
65	支	tšiˏ *Ast, stützen, Extremität*
66	攴 攵	phuˎ *schlagen*
67	文	wenˏ *Literatur, Züge, Schriftbilder, Streifen*
68	斗	teu' *Getreidemass*
69	斤	kinˏ *Beil, chines. Pfund*
70	方	faṅˏ *Viereck, Ort, Gegend*
71	无	wuˏ *nicht sein, ohne*
72	日	žiˎ *Sonne, Tag*
73	曰	yweˏ *sprechen sagen*
74	月	yweˎ *Mond, Monat*
75	木	muˎ *Baum, Holz*

Nr.	Zeichen	Bedeutung
76	欠	khyan *ermangeln, ausathmen*
77	止	tši' *verweilen, stehen bleiben*
78	歹 歺	yaˎ *Knochenreste, Skelett*
79	殳	šüˏ *Stock, Stange*
80	毋	wuˏ *nicht sein, ohne*
81	比	pi' *vergleichen*
82	毛	maoˏ *Federn, Haare*
83	氏	ši' *Geschlecht, Familie*
84	气	khi` *Luft*
85	水 氺 氵	šwi' *Wasser*
86	火 灬 火	ho' *Feuer*
87	爪 爫	tšao' *Klauen, Nägel, Krallen*
88	父	fu` *Vater*
89	爻	hyaoˏ *Zauberlinien*
90	爿	tšhwaṅˏ *Stütze, Lager*
91	片	phyan` *spalten, Holz, theilen*
92	牙	yaˏ *Backenzähne*
93	牛	nyeuˏ *Rindvieh*
94	犬 犭	khyuan' *Hund*

V. Zeichen mit 5 Strichen.

Nr.	Zeichen	Bedeutung
95	玄	hyuanˏ *Himmelsbläue*
96	玉 王	yuˏ *Edelstein, Jaspis*
97	瓜	kwaˏ *melonenartige Früchte*
98	瓦	wa' *Ziegelstein*
99	甘	kanˏ *schmackhaft, süss*
100	生	seṅˏ *Entstehung, Leben, Erzeugung*
101	用	yuṅ` *Verbrauch, Gebrauch*
102	田	thyanˏ *Ackerland*
103	疋	phiˎ *Stück Zeug*
104	疒	*Krankheit*
105	癶	*ausgespreizte Füsse*
106	白	peˎ *weiss*
107	皮	phiˏ *Haut*
108	皿	muṅˏ *Speisegeschirr*
109	目 罒	moˎ *Auge*
110	矛	meuˏ *Hakenspeer*
111	矢	ši' *Pfeil*
112	石	šiˎ *Stein, Felsen*
113	示	khiˏ *Genius der Erde*
114	禸	žeu' *Fusssohle, Spur*
115	禾	hoˏ *Getreidearten*
116	穴	hyueˎ *Höhle, Loch*
117	立	liˎ *stehen, stellen, befördern*

VI. Zeichen mit 6 Strichen.

Nr.	Zeichen	Bedeutung
118	竹 ⺮	tšuˎ *Bambus*
119	米	mi' *Reis*
120	糸 糹	miˎ *Seide, fein*
121	缶 缶	feu' *Thongefässe*
122	网 罓 罒 罓	waṅ' *Fischernetz*
123	羊	yaṅˏ *Schaf, Ziege*
124	羽	yü' *Flügelfedern*
125	老	lao' *hochbejahrt*
126	而	l̥ˏ *und dann, auch*
127	耒	lwi' *Handhabe des Pfluges, Karst*
128	耳	l̥' *Ohr, Henkel*
129	聿	yuˎ *Pinsel, malen*
130	肉	žoˎ *Fleisch*
131	臣	tšinˏ *Minister, Vasall*
132	自	tse` *aus, von, selbst*
133	至	tši` *ankommen, äusserstes, bis zu*
134	臼	kyeu' *Mörser*
135	舌	žeˎ *Zunge*
136	舛	žhwanˏ *einander den Rücken kehren, widersprechen*
137	舟	tšeuˏ *Schiff*
138	艮	ken` *dauerhaft, Grenze, starrsinnig, fest*
139	色	seˎ *Farbe, Mine, Ansehen*
140	艸 艹	tshao' *Kräuter, Gewächse*
141	虍	huˏ *Tiger*
142	虫	tšuṅˏ *kriechende und Schalenthiere*
143	血	hyueˎ *Blut*
144	行	hiṅˏ *wandeln, thun, handeln*
145	衣 衤	iˏ *Kleider, kleiden*
146	襾 覀	waˏ *zudecken*

VII. Zeichen mit 7 Strichen.

Nr.	Zeichen	Bedeutung
147	見	kyan` *sehen*
148	角	kyoˎ *Horn*

Nr.	Zeichen	Bedeutung
149	言 言	yanˏ *Rede, Worte*
150	谷	kuˎ *Thal*
151	豆	teu' *Bohne, hölzernes Opfergefäss*
152	豕	ži' *Schwein*
153	豸	tši' *Thiere mit biegsamem Rücken, Wurm*
154	貝	pei` *Kostbarkeiten, Reichthum, Muschel*
155	赤	tšhiˎ *fleischroth, nackt, aufrichtig*
156	走	tseu' *eilig gehen*
157	足 ⻊	tsuˎ *hinreichen, Fuss, genug sein*
158	身	šinˏ *Körper, selbst*
159	車	tšeˏ *Fuhrwerk*
160	辛	sinˏ *beissender Geschmack, Leid, Bekümmernis*
161	辰	šinˏ *Stunde*
162	辵 ⻌	*gehen*
163	邑 阝	iˎ *kl. Wohnort*
164	酉	yeu' *destillirte Flüssigkeit*
165	釆	pyan` *theilen, unterscheiden*
166	里	li' *Meile, Dorf*

VIII. Zeichen mit 8 Strichen.

Nr.	Zeichen	Bedeutung
167	金	kinˏ *Gold, Metall*
168	長	tšhanˏ *lang*
169	門	menˏ *äussere Thür*
170	阝 阜	feu' *künstliche Anhöhe, Damm*
171	隶	tai` *erreichen, ans Ziel kommen*
172	隹	tšwiˏ *kurzgeschwänzte Vögel*
173	雨 ⻗	yü' *Regen*
174	青	tshinˏ *grün, blau*
175	非	feiˏ *nein, nicht*

IX. Zeichen mit 9 Strichen.

Nr.	Zeichen	Bedeutung
176	面	mian` *Gesicht, Oberfläche*
177	革	kiˎ *ungebeiztes Fell ohne Haare*
178	韋	weiˏ *gebeiztes Fell*
179	韭	kyeu' *Lauch*
180	音	inˏ *Ton, tönen*
181	頁	hyeˎ *Kopf*
182	風	funˏ *Wind*
183	飛	feiˏ *fliegen*
184	食	šiˎ *essen*
185	首	šeu' *Kopf*
186	香	hyanˏ *Wohlgeruch*

X. Zeichen mit 10 Strichen.

Nr.	Zeichen	Bedeutung
187	馬	ma' *Pferd*
188	骨	kuˎ *Knochen*
189	高	kaoˏ *hoch*
190	髟	pyeuˏ *Haare*
191	鬥	theu` *kämpfen, streiten*
192	鬯	tšan` *wohlriechende Kräuter*
193	鬲	liˎ *Dreifuss mit krummen Füssen*
194	鬼	kwei' *Seelen Verstorbener, Dämon*

XI. Zeichen mit 11 Strichen.

Nr.	Zeichen	Bedeutung
195	魚	yüˏ *Fisch*
196	鳥	nyao' *Vogel*
197	鹵	lu' *Salz*
198	鹿	luˎ *Hirsch*
199	麥	meˎ *Weizen*
200	麻	maˏ *Hanf*

XII. Zeichen mit 12 Strichen.

Nr.	Zeichen	Bedeutung
201	黃	hoanˏ *gelb*
202	黍	šü' *Harze*
203	黑	heˎ *schwarz*
204	黹	tši' *stricken, nähen*

XIII. Zeichen mit 13 Strichen.

Nr.	Zeichen	Bedeutung
205	黽	mun' *Frösche*
206	鼎	tin' *dreifüssiges Gefäss mit zwei Handhaben*
207	鼓	ku' *Pauke*
208	鼠	šü' *Nagethiere*

XIV. Zeichen mit 14 Strichen.

Nr.	Zeichen	Bedeutung
209	鼻	pi` *Nase*
210	齊	tshiˏ *ebenmässig, gut anordnen, schmücken*

XV. Zeichen mit 15 Strichen.

Nr.	Zeichen	Bedeutung
211	齒	tšhi' *Vorderzähne*

XVI. Zeichen mit 16 Strichen.

Nr.	Zeichen	Bedeutung
212	龍	lunˏ *Drache*
213	龜	kweiˏ *Schildkröte*

XVII. Zeichen mit 17 Strichen.

Nr.	Zeichen	Bedeutung
214	龠	yoˎ *Flöte*

JAPANISCH.

Die Schriftarten Japan's (richtiger wäre das Wort nach französischer Weise zu lesen, denn es bedeutet *ži-pen* „Sonnenursprung“, also: Ostland) stammen von der chinesischen ab. Ob die Japaner früher eigene Schriftzeichen besassen, ist unbekannt, doch will man in Felsenhöhlen fremdartige Zeichen und Ziffern bemerkt haben. Als im 3. Jahrhundert n. Chr. die Japaner mit den Chinesen in Verbindung traten, drang chinesische Literatur in Japan ein und mit ihr die chinesische Schrift; diese war jedoch ihrer Einsilbigkeit halber auf die mehrsilbige japanische Sprache, welche auch in den Lauten mit der chinesischen nicht übereinstimmt, schwer anzuwenden. Die Chinesen haben kein *r*, die Japaner kein *l*, so dass das chinesische *l* von den Japanern *r* gelesen wird und umgekehrt; die Chinesen haben viele Nasaltöne, die Japaner nur das einfache *n*, statt des *h* spricht der Japaner *f* u. s. w. Obwohl die japanischen Gelehrten sich der chinesischen Sprache und Schrift so bedienen, wie die Deutschen in früherer Zeit der lateinischen Sprache, so wurde doch für die allgemeinere Verbreitung des Wissens die Schaffung einer eigenen Schrift nothwendig, welche sich der japanischen Sprache anpasste und so entstand die japanische Silbenschrift.

Die älteste dürfte die *Manyokanna* sein, d. h. „Zeichen der zehntausend Blätter“, sie soll ihren Namen von einer alten Sammlung von Versen führen, bei der sie zuerst zur Anwendung kam. Sie besteht aus vollständigen chinesischen *Kyaï*-Zeichen, doch gibt es auch eine Cursivform derselben, gleichwie der chinesischen *Kyaï*-Schrift die *Tshao*-Schrift gegenüber steht.

Die gebräuchlichste ist die *Katakanna*, d. h. „entlehnte Bruchstücke zur Lautbezeichnung“, sie wurde im 8. Jahrhundert von Simo-mitsino, der unter dem Namen Kobo-Daizi (*daizi* heisst grosser Lehrer) berühmt wurde, aufgestellt. Die meisten Zeichen, wie *ro, ni, fo, ri, nu, wa, ka, yo, so, tsu, na, ra, u, no, ku, ya, fu, ko, e, te, ki, me, mi, ye, fi, mo, se, su* sind vereinfachte Formen der *Manyokanna*. Die Schriftzeichen haben nach Art unseres *ABC* eine eigene Anordnung, welche nach den Anfangsbuchstaben *I-ro-fa* heisst.

Die Varianten entstehen dadurch, dass die Zeichen manchmal verbunden werden, z. B. シ zu し *si*, ヲ zu ツ und ツ *tsu*, ヘ zu マ *ma* u. s. w. (Rosny grammaire japonaise). Das Zeichen: ゛ (*nigori*) erweicht die Silbe; daher wird aus ツ *tsu* ヅ *dzu*; ° (*maru*) verstärkt die Silbe, daher wird aus ハ *fa* パ *pa*, die Zeichen ヽ ヾ 〱 verdoppeln die Silbe oder das Wort. Verschiedenheiten in der Orthographie ergeben sich durch den Wechsel der Zeichen; so wechselt イ *i* mit ヰ *wi*, ヒ *fi* mit ヰ *wi* und イ *i*, ヱ *e* mit エ *ye*, ヘ *fe* mit ヱ *e* und エ *ye*, ハ *fa* mit ワ *wa*, ホ *fo* mit ヲ *wo*, ヂ *dzi* mit ジ *zi*, ヅ *dzu* mit ズ *zu*. Folgt auf den Vokal *a* ein *u*, so entsteht daraus *ō*; *e* und *u* geben den Diphthong *eo*, welcher sich oft dem *o* nähert; *i* vor *y* fällt weg, daher wird aus *ni-ya*, *nya* oder *ńa*; *tsu* in der Mitte der Wörter verliert vor einer starken Silbe seinen eigenen Wert und geht in den folgenden Laut über, daher wird aus *ni-tsu-fo-n*: *Nippon*. Häufig findet man neben chinesischen Texten den japanischen in *Katakanna*, da aber die Wortstellung eine verschiedene ist, denn der Chinese spricht z. B. *ńo-pu-tši tši* (ich nicht wissen das), der Japanese *watakowa korewo sira zu* (ich das wissen nicht), so wird durch eigene Zeichen angegeben, wie zu lesen ist, nämlich 丨 1 二 2, 三 3, oder 上 oben, 中 Mitte, 下 unten, レ bedeutet die Umkehrung der Wörter. Diese Zeichen werden links an den chinesischen Text gesetzt, die *Katakanna* rechts.

Die Zahlen werden durch chinesische Zeichen gegeben oder lautlich geschrieben, z. B. *sen* 1000, *si-bu-san* 3/4 (von vier Theilen drei). (Rosny, grammaire japonaise.)

Ebenso gebräuchlich ist die *Firakanna*, d. h. „entlehnte Schriftzeichen zur Lautbezeichnung". Wie in der *Manyokanna* chinesische *Kyaï*-Formen, so werden in der *Firakanna* chinesische *Tshao*-Formen zur Bezeichnung japanischer Silben benützt. In der *Firakanna* herrscht eine freiere Bewegung als in der *Katakanna*, die Zeichen werden nicht nur verbunden und erhalten deshalb Verbindungsstriche, wie て *te* auch て て て geschrieben wird, es beruhen auch die Zeichen gleichen Lautes auf verschiedenen Prototypen, so wird *fa* gebildet aus dem chinesischen 八 zu ハ ハ は, dagegen zu な nach dem chinesischen 者, は nach dem chinesischen 波. Hieraus erklärt sich die grosse Mannigfaltigkeit der *Firakanna*, in die auch rein chinesische Wörter eingemengt werden.

Ausser diesen besitzen die Japaner noch zwei Schriftarten: die *Yamatokanna*, d. i. die japanische Schrift *kat'exochen* und die Schrift *Zyak-seo's*. Beide Schriftarten sind im Style der chinesischen *Tshao*-Schrift gehalten, die *Yamatokanna* schliesst sich ziemlich eng an die *Manyokanna*, die Schrift *Zyak-seo's* an die *Firakanna* an, so bildet die *Yamatokanna fe* aus dem chinesischen 皿 zu 四, die Schrift *Zyak-seo's* ∩ nach dem chinesischen 乀 (*Katakanna* ヘ, *Firakanna* へ), manche Zeichen stimmen im Wesen ganz überein, so *nu* chinesisch und *Manyokanna* 奴 cursiv (Tshao), *Manyokanna* ぬ, *Katakanna* ヌ, *Firakanna* ぬ, *Yamatokanna* ぬ, *Zyak-seo's* ぬ.

JAPANISCH. KATAKANNA.

Zeichen	Wert	Zeichen	Wert	Zeichen	Wert	Zeichen	Wert
イ	i	ヲ	wo	ノ	no	ザ ザ	za
ロ	ro	ワ	wa	オ オ	o	キ	ki
ハ	fa	カ	ka	ク	ku	ギ	gi
バ	ba	ガ	ga	グ グ	gu	ユ	yu
パ	pa	ヨ	yo	ヤ	ya	メ メ メ	me
ニ	ni	タ	ta	マ マ マ マ マ	ma	ミ ミ ミ ミ ミ ミ ミ	mi
ホ ホ ホ	fo	ダ	da				
ボ	bo	レ レ	re	ケ	ke	シ シ	si, ši
ポ	po	ソ	so	ゲ	ge	ジ ジ	zi, ži
ヘ ヘ ヘ	fe	ゾ ゾ	zo	フ	fu	ヱ	ye
ベ ベ	be	ツ ツ ツ	tsu	ブ	bu	ヒ ヒ	fi
ペ	pe	ヅ	dzu	プ	pu	ビ	bi
ト	to	ツ゚	tu	コ	ko	ピ	pi
ド	do	ネ ネ ネ	ne	ゴ	go	モ モ	mo
チ チ チ	tsi, tši	ナ	na	ヱ	e	セ セ	se
ヂ	dzi, dži	ラ ラ ラ	ra	テ	te	ゼ	ze
リ リ	ri	ム ム ム ム	mu	デ	de	ス	su
ヌ	nu	ウ ウ	u	ア ア	a	ズ ズ	zu
ル ル	ru	ヰ ヰ	wi	サ	sa	ン ン	n

Ligaturen.

云	iu, ii	[illegible]	tsumi	[illegible]	yami	乎	mina
𪜈゙	domo	[illegible]	umi	ミ	mama	乎	mia
玉	tama	[illegible]	kuri	[illegible]	fumi	ヿ	koto
〻	tsudzu	[illegible]	kumi	ザ	sazi	メ	site

Verdopplungszeichen.

〱 〱 〱゙ ゞ 、

Verbindungs- und Lesezeichen.

丨	二	三	丨	レ	上	中	下
itsi	ni	san			syo	tsyo	ka

JAPANISCH. FIRAKANNA.

Zeichen	Wert
[illegible]	a
[illegible]	a
[illegible]	e
い い い い い / い い	i
お お お お お / お	o
う う う う う / う	u
[illegible]	wa
ゐ ゐ ゐ ゐ	wi
を を を を	wo
[illegible]	wo
や や や や や / や	ya
[illegible]	ya
え え え	ye
よ よ よ よ よ	yo
世 世 世 世	yo
[illegible]	yo
ゆ ゆ 由 由 由 / 由	yu
[illegible]	ka
加 加	ka

Zeichen	Wert
け け け け	ke
[illegible]	ke
げ げ げ	ge
[illegible]	ge
き き き き き / き	ki
紀	ki
ぎ ぎ ぎ ぎ	gi
こ こ こ こ こ / こ こ	ko
子 [illegible]	ko
小 小 小	ko
ご ご ご ご ご / ご	go
[illegible]	go
く く く く く / く く	ku
[illegible]	ku
ぐ ぐ	gu
さ さ さ さ さ / さ さ	sa
佐	sa
左 左	sa
ざ ざ ざ ざ ざ	za
せ せ せ せ せ	se

Zeichen	Wert
[illegible]	se
ぜ ぜ ぜ ぜ	ze
志 志 士	si
四 四	si
し し し	si
[illegible]	zi
じ じ	zi
そ そ そ そ そ	so
ぞ ぞ ぞ ぞ	zo
[illegible]	su
す す す す す	su
[illegible]	su
[illegible]	zu
ず ず ず	zu
[illegible]	zu
た た た た た / た た	ta
多	ta
だ だ だ	da
て て て て て / て	te
[illegible]	te
で で で で で / で	de

JAPANISCH. FIRAKANNA.

Zeichen	Wert	Zeichen	Wert	Zeichen	Wert
ち ち ち ち	tsi	む む む	mu	ら ら ら	ra
ぢ ぢ ぢ	dzi	ハ ハ ハ ハ ハ ハ ハ ハ ハ	fa	れ れ れ	re
と と と と と と と	to	は は は は は	fa	れ れ れ れ	re
と と	to	は	fa	り り り り	ri
ど ど ど ど ど ど	do	バ バ バ バ	ba	り り り り り	ri
つ つ	tsu	ば ば ば ば ば	ba	ろ ろ ろ	ro
つ つ つ	tsu	ば	ba	る る る る る	ru
つ つ つ つ つ つ つ つ つ	tsu	へ へ へ へ へ へ	fe	な な な な な な な な	na
づ づ	dzu	へ	fe	な	na
づ づ づ づ づ	dzu	べ べ べ べ べ	be	ね ね ね ね ね ね	ne
ま ま ま ま ま ま ま ま ま ま	ma	ひ ひ ひ ひ ひ	fi	ね ね ね	ne
ま ま ま ま ま	ma	ひ	fi	に に に に に に に に に	ni
め め め	me	ひ ひ ひ	fi	に に に	ni
め め	me	び び び	bi	に	ni
み み み み み み	mi	ほ ほ ほ ほ ほ	fo	の の の	no
み み み み	mi	ほ	fo	の の の の の の	no
み み み み	mi	ぼ ぼ ぼ ぼ	bo	ぬ ぬ ぬ ぬ	nu
も も も も も も も も	mo	ふ ふ ふ ふ ふ ふ	fu	ん ん ん	n
		ふ ふ ふ ふ	fu	○	
		ぶ ぶ ぶ	bu		
		ら ら ら ら ら	ra		

JAPANISCH. FIRAKANNA.

Zeich.	Wert	Zeich.	Wert	Zeich.	Wert	Zeich.	Wert	Zeich.	Wert	Zeich.	Wert
ろし	rosi	かしと	kasito	なし	nasi	まし	masi	さし	sasi	ずし	zusi
はじ	fazi	がし	gasi	なじ	nazi	まじ	mazi	さじ	sazi	んし	nsi
ばし	basi	がし	gasi	なじ	nazi	げし	gesi	ざし	zasi	んじ	nzi
にし	nisi	よし	yosi	なじ	nazi	ふじ	fuzi	きし	kisi	し	si
ほし	fosi	よし	yosi	らし	rasi	ぶし	busi	めし	mesi	〱	Verdopplungszeichen
ほし	fosi	たし	tasi	らし	rasi	こと	koto	めし	mesi	く	
ぼし	bosi	だし	dasi	らし	rasi	こと	koto	めじ	mezi	ぐ	
どし	dosi	れし	resi	うじ	uzi	こと	koto	みし	misi	く	
りし	risi	れし	resi	くし	kusi	こと	koto	しを	siwo	ぐ	
るし	rusi	つづ	tsudzu	くし	kusi	ごと	goto	しも	simo	ぐ	
るべし	rubesi	づし	dzusi	くし	kusi	ごと	goto	えじ	yezi	ぐ	
をを	wowo	づし	dzusi	くじ	kuzi	こし	kosi	ひ	fi	ぐ	
をし	wosi	なし	nasi	くる	kuru	あ	a	びし	bisi	〳〵	
かん	kan	なし	nasi	ぐし	gusi	あし	asi	も	mo	、	
かへし	kayesi	なし	nasi	まし	masi	さ	sa	もし	mosi		
かはし	kawasi										

Chinesische (Tshao) Zeichen.

Zeich.	Wert	Zeich.	Wert	Zeich.	Wert	Zeich.	Wert	Zeich.	Wert	Zeich.	Wert
秋	aki	石	isi	海	umi	男	wotoko	山	yama	四	yotsu
一	itsi	石	isi	[illegible]	ugenda	男	wotoko	山	yama	[illegible]	ka
家	iye	犬	inu			男	wotoko	衛門	yemon	梶	kadzi
家	iye	内	utsi	女	wonna	長	wosa	分	yori	影	kage
今	ima	上	uye	女	wonna	若	waka	[illegible]	yosai		

Zeich.	Wert	Zeich.	Wert	Zeich.	Wert	Zeich.	Wert	Zeich.	Wert	Zeich.	Wert
[illegible]	kado	米	kome	[illegible]	tori	七	sitsi	[illegible]	mato	[illegible]	be
川	kawa	言	goto	年	tosi	[illegible]	sima	[illegible]	matsi	一	fito
[illegible]	kawa	[illegible]	gorosai	[illegible]	tosi	[illegible]	simano-suke	[illegible]	matsi	[illegible]	fiaku
[illegible]	kawa	[illegible]	kuni	[illegible]	tokoro	[illegible]	zi	[illegible]	matsu	百	fiaku
川	kawa	[illegible]	kuni	[illegible]	do	十	ziu	[illegible]	matsu	百	fiaku
[illegible]	kadzu-mura	[illegible]	kuni	[illegible]	dō	[illegible]	ziusisai	[illegible]	matsu	[illegible]	fiaku
[illegible]	kane	[illegible]	kuru	[illegible]	sai	[illegible]	soro	[illegible]	midzu	[illegible]	fiakuriō
[illegible]	ki	[illegible]	taro	[illegible]	sai	[illegible]	soro	[illegible]	midzu-ma	二	futa
[illegible]	kitsi	[illegible]	tara	[illegible]	sai	[illegible]	soro	[illegible]	mosi	[illegible]	bu
吉	kitsi	[illegible]	tama	[illegible]	saizo	[illegible]	sosiu	[illegible]	moto	[illegible]	rio
[illegible]	kitsi	[illegible]	tamon	[illegible]	saizo	[illegible]	zō	末	moku	[illegible]	rio
[illegible]	kitsi	[illegible]	tamai	[illegible]	saka	[illegible]	zō	[illegible]	muro	[illegible]	riu
九	kiū	[illegible]	tai	三	san	血	tsi	月	fa	[illegible]	riu
[illegible]	kokoro	[illegible]	tai	[illegible]	sama	[illegible]	tsitsi	[illegible]	fan	[illegible]	na
[illegible]	kokoro	[illegible]	tai	[illegible]	sakitsi	[illegible]	tsitsi	[illegible]	fana	[illegible]	na
[illegible]	kokoro	代	dai	[illegible]	sai-gio	中	tsiu	[illegible]	fana	[illegible]	nari
[illegible]	kokoro	[illegible]	dai	千	sen	[illegible]	tsiu	[illegible]	fana	六	roku
[illegible]	kokoro	[illegible]	dan	千	sen	月	tsuki	母	fawa	二	ni
[illegible]	kono	[illegible]	tatsi	[illegible]	suke	[illegible]	tsuki	母	fawa	人	nin
[illegible]	kono	亭	tei	[illegible]	suke	万	man	[illegible]	fawa	人	nin
[illegible]	kono	天	ten	助	suke	[illegible]	man	[illegible]	fatsi	日	nitsi
[illegible]	koto	[illegible]	tori	七	sitsi	[illegible]	mata	[illegible]	fatsiu-ziu	[illegible]	niozi
[illegible]	koto					又	mata	番	ban	[illegible]	noyama
								平	fei	[illegible]	no-tsikai
								[illegible]	be		

KOREANISCH.

Zeichen alt	Zeichen neu	Wert	Name	Zeichen alt	Zeichen neu	Wert	Zeichen alt	Zeichen neu	Wert
ㅏ	ㅏ	a	*Kiok*	ㄱ	ㄱ	k	ㅋ	ㅋ	kh
ㅑ	ㅑ	ia	*Niun*	ㄴ	ㄴ	n	ㅌ	ㅌ	th
ㅓ	ㅓ	ŏ ö	*Tikut*	ㄷ	ㄷ	t	ㅍ	ㅍ	ph
ㅕ	ㅕ	iŏ ię	*Liul*	ㄹ	ㄹ	l	ㅈ	ㅈ	dz
ㅗ	ㅗ	o	*Miom*	ㅁ	ㅁ	m	ㅊ	ㅊ	ts
ㅛ	ㅛ	io	*Piup*	ㅂ	ㅂ	p	ㅎ	ㅎ	h
ㅜ	ㅜ	ū	*Sios*	ㅅ	ㅅ	s	ㅎ	ㅎ	h
ㅠ	ㅠ	iū	*Yi*	ㅣ	ㅣ	y, i	ㆆ	ㆆ	n
ㅡ	ㅡ	u	*Heiń*	ㅇ ㅿ	▷ ㅿ	h	ㆁ	ㅿ	ń

Die koreanische Schrift hat nichts mit der chinesischen gemein, dagegen ist sie der Palischrift ähnlich; ihrer Einfachheit nach zu urtheilen, hat sie ein sehr hohes Alter, und dürfte jedenfalls schon im Gebrauch gewesen sein, als im 4. Jahrhunderte unserer Zeitrechnung der König KYU-SYAO-KU-WAŃ chinesische Lehrer und chinesische Literatur in sein Land kommen liess und bald darauf buddhistische Missionäre nach Korea kamen, da die Koreaner, wenn sie keine Schrift besessen hätten, die chinesische oder indische Schrift angenommen haben würden.

Aus dem vorstehenden Alphabet lässt sich klar erkennen, dass die Koreaner ursprünglich nur 9 Zeichen besassen, nämlich jene, deren Buchstabennamen vorhanden sind. Aus diesen wurden später die übrigen gebildet, nämlich aus *yi* die Vokale; *h*, dessen Name *h* und *ń* enthält, wurde zu diesen Lauten; die Laute *kh, th, ph, dz, ts* entstanden durch Differenzirung, indem den einfachen Zeichen *k, t, p, s* noch ein Strich beigefügt wurde, wie man in europäischen Alphabeten durch einen Accent aus *s* ein *ś* bildet.

Seit die Koreaner die chinesische Schrift und den Pinsel kennen lernten, erhielt die koreanische Schrift ein chinesisches Ansehen, man findet sogar die Lautzeichen zu quadratischen den chinesischen ähnlichen Wortbildern vereinigt, z. B. 손 *son*, 참 *tsam*. Die Schrift wird wie die chinesische von oben nach abwärts geschrieben.

KEILSCHRIFTEN.

Eine eigenthümliche Schrift entstand im hohen Alterthum an den Ufern des Euphrat und Tigris, sie wurde in feuchten Thon geritzt und ihre Elemente sind sämmtlich keilförmig: oder , sie wird daher Keilschrift genannt. Mit dieser Schriftart dürfte auch der Name der babylonischen Priester, Chaldäer (hebr. *Kasdim*), zusammenhängen, denn *χaled* bedeutet im Syrischen „eingraben" (arab. *kašad* „einschneiden") und *χal* ist in der Sprache der Keilschriften „der Pfeil". Da der Keil Symbol des Hermes ist, keilförmige Steine auf alten Gräbern vorkommen, und die Hieroglyphe *hu* „Fülle" identisch mit (Gott *Ao*) ist, so liegt dieser Schriftform jedenfalls eine religiöse Idee zu Grunde, welche auch die Beibehaltung dieser Formen bei den Assyrern, Medern und Persern erklärt.

Ursprünglich vereinigten sich in diesen Zeichen Laut und Begriff, sie waren Ideogramme; mit dem Wachsen der Sprache entwickelte sich jedoch eine Verschiedenheit sowohl der Form als der Bedeutung. So waren und ursprünglich identische Zeichen der Gottheit, noch jetzt bedeutet den Gott wie das Land *Assur*, aber *tiš* hat seine Bedeutung *dise* „Göttin" verloren und heisst nur noch „gegen, zu", es steht aber auch vor den Eigennamen, während Zeichen für „Frau, Herrscherin, Göttin" wurde. bedeutete ursprünglich etwas Getheiltes, wie z. B. den Zwischenraum der Finger, die Spanne; daraus entwickelten sich die Begriffe „nehmen, erreichen, ankommen, Land (das ausgedehnte), Berg (entweder die Ausdehnung in die Höhe oder das Gewölbte, Verbergende)" mit den verschiedenen Lautwerten *mat, šat, kur, lat.* Denselben Begriff der Entfernung hat *a*, welches ausserdem noch „Wasser" und „Sohn" bedeutet; letzteres kann in diesem Sinne „der Same", oder mit Beziehung auf „Entfernung", welcher Begriff auf „messen" beruht, „der Erbe" sein.

Diese Verschiedenheit der Bedeutungen mussten darauf führen, die Wörter zu erklären und wahrscheinlich geschah dies wie im Chinesischen dadurch, dass man allgemein bekannte Zeichen als Aussprache dazu schrieb, z. B. durch *u-ṣu-ur* als *uṣur* erklärte oder blos die Endung dazu schrieb, z. B. *(ut) akšud* „ich nehme", *(ti) kišidet* „Wegnahme", *(χa) naphaχ* „Osten" *(u) šadu* „Berg", oder (*i*) *šadi* „die Berge“. Die erstere Umschreibung führte, wie auch in anderen Schriften, dazu, dass die Zeichen ihre Begriffsbedeutung mehr und mehr verloren und reine Lautzeichen wurden, namentlich als die Assyrer Herren des Landes geworden waren und ihre Sprache die Sprache des Landes wurde.

Diese Lautzeichen sind entweder reine Vokale oder offene Silben mit einem vokalischen Anlaut oder Auslaut, ausserdem gibt es noch geschlossene Silben, welche aber gleichfalls in offene aufgelöst werden können. Auf eine Silbe mit Vokalauslaut kann nur eine Silbe mit demselben Vokalanlaut folgen, z. B. *ku-ur=kur*, *ma-at=mat*, statt beider kann aber auch das Wortzeichen stehen, welches sowohl *kur* als *mat* bedeutet. Die Verschiedenheit dieser Bedeutungen erlaubt es nicht, Ideogramme, welche nicht an anderen Stellen oder auf den aufgefundenen Glossarien in Lautzeichen übertragen sind, mit Lautwerten wiederzugeben, da solche ganz falsche Lesearten ergeben würden; so wird der Name eines babylonischen Königs mit folgenden Charakteren geschrieben: *an-pa-ša-du-šiš*, wäre derselbe Name nicht an anderen Stellen mit Lautzeichen: *Nabukudurrusur* geschrieben, so hätte man keine Ahnung, dass dies derselbe König sei, der in der Bibel als נבוכדנאצר oder נבוכדראצר und bei griechischen Schriftstellern als Ναβοκοδροσορος vorkommt. Wahrscheinlich war *Anpašadušiš* der Name in der alten Sprache, wie auch Begriffswörter theils in der alten, theils in der jüngeren semitischen Sprache vorkommen, so *an-ī* „Himmel“ als *ša-mi-ī* שמי, *ki-ti* „Erde“ als *ir-ṣi-it* ארצת.

Wie in der Sprache, so ist auch in der Schrift ein Unterschied zu bemerken, es gibt nämlich eine ältere complizirtere und eine jüngere einfachere Schrift, z. B. alt: , neu: *an* (Gott, Stern), alt: , neu: *pa* (Scepter), alt: , neu: *u* (Feld), alt: , neu: *la* (das erstere, zwei Hände in verschiedener Richtung, erklärt die Bedeutung „nicht“ als entsprechend dem ägyptischen *nen* „nicht, abwehren“), alt: , neu: *bab* (Thor), alt: , neu: *it* (eine), alt: , neu: *bu* (Knoten).

Aber auch die jüngere Keilschrift, die assyrische und neubabylonische (von der Wiederaufrichtung des babylonischen Reiches nach dem Zusammenbruche des assyrischen) zeigt mancherlei Varianten, bei denen eine Unterscheidung zwischen assyrisch und babylonisch, wie sie versucht worden ist, nicht zweckmässig erscheint, da sogenannte assyrische Formen auch in babylonischer Schrift auftreten und umgekehrt. Aus diesen Varianten geht hervor, dass weder die Zahl noch die Richtung der Keile streng eingehalten wurde; so wird nicht nur die Vielzahl, welche im Babylonischen meist vier ist, im Assyrischen durch drei ersetzt, z. B.

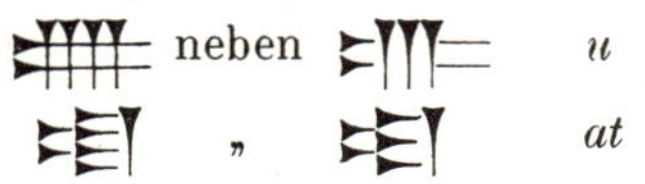

man findet auch:

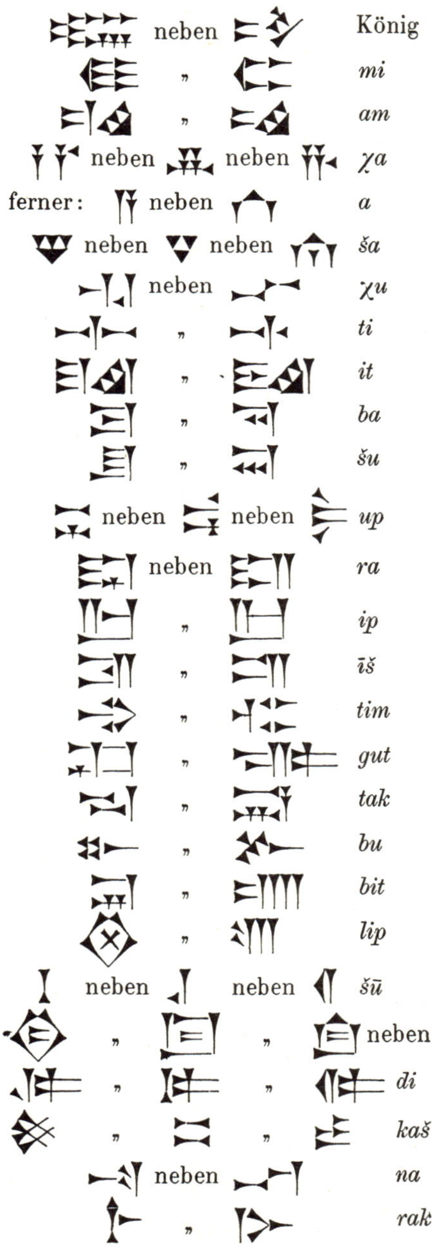

Verfolgt man diese Erscheinung in ihrer Consequenz, so würde sich die Zahl der Lautzeichen bedeutend verringern, aber in demselben Masse die Zahl der Wortbedeutungen der Lautwerte vermehren. Eine solche Unternehmung könnte jedoch nur in etymologischem Sinne vorgenommen werden, in praktischer Beziehung dürften die Lautverzeichnisse, wie sie von den Keilschriftforschern aufgestellt wurden, jene fixe Form darstellen, welche sich in Assyrien herausgebildet hatte.

Bezüglich der Lautwerte ist zu bemerken, dass im Allgemeinen die semitischen Lautformen den Keilschrift-Lautzeichen entsprechen, doch wird am Ende der Silben zwischen harten und weichen Lauten (*t d*, *p b*, *k g*) nicht unterschieden, ferner ist ein Unterschied zwischen *m* und *v* nicht vorhanden (übrigens ist auch im Hebräischen zu bemerken, dass die Anlaute härter ausgesprochen werden als die Auslaute, nicht blos in בָּבֶל „*Babel*“, sondern auch in בָּבָה *baba* „Höhle“, כָּכָה *kaχa* „so“, גַּג *gaγ* „Dach“, דַּד *daδ* „Brust“, דָּדָה *daδa* „langsam gehen“, ferner fehlen im Hebräischen die Anlaute *w* fast gänzlich, wogegen die Anlaute *m* sehr zahlreich auftreten).

Die Wörter werden am Ende nicht abgebrochen, sondern es wird das letzte Zeichen bis ans Ende der Zeile hinausgerückt, oder bei kürzeren Zwischenräumen tritt eine Verlängerung des Querstriches ein, was die Juden in der Verlängerung ihrer Buchstaben nachgeahmt haben, z. B.:

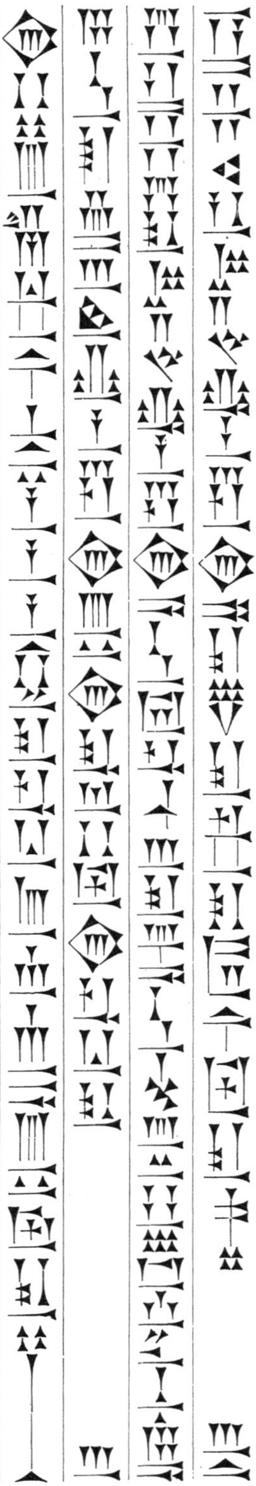

Nabu-kudurr-uṣur sar Bab-ilu za-ni-in Bit-sag-ga-tu u Bit-zi-da pallu Nabu-pall-uṣur sar Bab-ilu a-na-ku ī-nu-ma hekal a-na mu-ša-ab sar-ru-ti-ya i-na ir-ṣi-it Bab-ilu ša ki-rib Ba-bi-lu ī-pu-uš-va itti bi-tu uk-ka šimmu an Marduk bit ī-pu-šu la la-a-ša lu-uš-bu-u

Nabukudurruṣur, König von Babylon, Erbauer der Pyramide und des Thurmes, Sohn Nabupalluṣurs, Königs von Babylon, ich sage: die Burg zum Sitze meines Königreiches in der Stadt Babylon, welches ist der Mittelpunkt Babylons, habe ich gemacht, mit deinem Beistande, erhabener Gott Merodach! habe ich den Palast gemacht, dass er nie wird umgeworfen werden können.

In der assyrisch-babylonischen Keilschrift gibt es zwei Arten von Ziffern: das Decimalsystem 1, 2, 3, 4, 5, 6, 7, 8, 9, 10, 100, 1000, und das neben diesem gebrauchte Sechziger-System, wobei die grosse Einheit, die 60 *šuš* (Schock) darstellt; diese Rechnung ist verwickelter, sie bildet 61 (1×60+1), 62, 70, 114 (60+50+4), 120 (2×60), 143 (2×60+20+3), 716 (11×60+50+6), 3376 (56 × 60 + 16).

Von 3599 oder 59×60+59 fängt eine neue Reihe an, wovon *šar* 60^3 die Einheit ist und welche in derselben Weise vor die anderen beiden gestellt wird, z. B. 4096 (1×3600 +8×60+16), 9261 (2×3600+34×60+21), 24389 (6 × 3600 + 46 × 60 +29). Beispiele von 60^4 oder 216.000 sind noch nicht gefunden worden. (Wir sehen hier an dem Duodecimalsystem dieselbe Bezeichnungsart, welche wir noch jetzt bei dem Decimalsystem anwenden, z. B. 126 = 1×100+2×10 +6.) Die Bruchziffern sind: $^1/_2$, $^1/_6$, $^1/_3$, $^2/_3$, $^5/_6$, eigentlich $^{30}/_{60}$, $^{10}/_{60}$, $^{20}/_{60}$, $^{40}/_{60}$, $^{50}/_{60}$ u. s. f.

Der folgenden Zusammenstellung liegen zu Grunde: die Tabellen von Oppert (Expédition scientifique en Mésopotamie), von Norris (Assyrian Dictionary) und Schrader (die assyrisch babylonischen Keilinschriften, Zeitschrift der deutsch-morgenländischen Gesellschaft 1872).

BABYLONISCH-ASSYRISCHE KEILSCHRIFT.

Zeichen	Wert	Zeichen	Wert
	a, ruk *Tropfen, Wasser, weit, Sohn*		ku, dur, tus, χum, *dienen, Anbetung, Vertrauen*
	i, mih *majestätisch, erhaben*		qa
	u, sam, sav, šam, šav *Mass*		qi, kin *Festung*
	ā		qu, qum, quv *ermüden*
	ī, kip *Gewölbe, sprechen, Wort*		ga
	ū, gī *Hilfe, Gott Ao, 10*		gi *Stiftung, verbannen*
	ha		gu *Auge, Ohr, Mass*
	ai		ak, ag *machen, schaffen, überwachen*
	au *guter Gedanke*		ik, ig, gub, zul *Säule, Fensterstütze*
	ya		uk
	χa *Fisch*		kat, kap
	χi, tum, tuv *glücklich machen, gut sein, Knie*		kit, saχ *Abgrund*
	χu, pak *Vogel*		kip
	aχ *Weite*		kam, kav, *Ordnungszahl*
	iχ		kim, kiv, gim, giv *wie, gleichwie*
	uχ		kan, gan, zil *Wolke, Regen*
	χap, kir, kil, gil, rim, riv, šam		kun, gun *Schweif*
	χar, mur *schleudern*		kar, qir, biš, dit
	χir, sar, šar *schreien*		kar *Festung*
	χal *Pfeil, spalten, tödten, Tigris*		kur, mat, nat, lat, šat, nal *Hand, nehmen, kommen, gehen, Land*
	χil, rik		kal, lap, rip, tan, dan, ṣan, zan
	χaš, zik *zerbrechen*		kul, zir *Samen, Mass, Rasse, anbeten*
	χas tar, šil, kut *stellen, abschneiden, herrschen*		kiš, kis *Legion, Schaar*
	χuš, χus, gap, duχ *schreiben*		kuš
	ka, pit, dik *heirathen, Haut, Fell, Mund*		kas, raš *beide, zwei*
	kā *Thor*		qar, gar
	ki, rup *Erde, Stadt, Platz*		qal, gal *gross*

Zeichen	Wert	Zeichen	Wert
	qur, pap *sich empören, feindlich sein*		tun
	gik *unzudringlich*		tir *Sprache, Richter*
	guk		tur *Sohn*
	gut, qut, riš, šak, sak *Kopf, Anfang, Scheitel*		tul *Festung, Hügel*
	gam, gav, luš		taš
	gir *spalten*		tiš, diš, šuš *in, ein, bei, gegen*
	gur *spalten*		ṯak *Stein*
	gas̱ *tödten*		ṯam, ṯav, dam, dav
	ta *von*		ṯar
	ti *Basilisk, schleudern*		ṯur, šan
	tī *Eckstein, Grundstein*		ṯil
	tu *eintreten, passiren*		ṯup *Tafel*
	ṯu *Drachme*		dak, pir
	da, ṯa		duk
	di, ṯi *sich niederlegen, richten, endigen*		dup
	du, gin *gehen, sein, bestehen, Besitzthum*		dum
	at, ad *Vater*		dun, šul
	it, id *eine*		dir
	ut, ud, tam, tav, taš, par, liχ *Sonne, Tag, Fluss, Wasser*		dūr *Stadt, Burg*
	taχ		pa, χat *salben*
	tak, šum, šuv		pi *Ohr, Tropfen*
	tik, mur, vur *Wächter, nahe, Ufer*		pu
	tuk *gleich sein*		ba *zerreissen, theilen*
	tap, dap *einrichten, ausbreiten, zugeben*		bi, kaš
	tim, tiv, ṯim, ṯiv, dim, div *Wasser*		bī, bat, mit, vit, til, mik, vik, χur *Leichnam*
	tum, tuv *Furcht, Esel*		bu, sir *Knoten, binden, fern*
	tin, din *Stamm, Wurzel, Leben*		ap, ab *Thal*
			āp, āk, kak *geben, machen, bauen, Gesammtheit*
			ip, dar *Geschlecht, Rasse*

Zeichen	Wert	Zeichen	Wert
	up, ār *Nase*		mut
	paχ, lul, nar, lub, lib		mum, vum, muv, vuv, di *rosten*, *Eisenkette*
	pat		man, van, niš *König*, *zwanzig*
	pam, pav *gedenken*		mun, vun
	pin *Ausgrabung* (?)		mar, var *Weg*
	par, pir, ṣap, zap, liχ *Schaar*, *Leute*		mir, vir
	pur *erklären*		mul, vul *Stern*
	pal, bal *Alter*, *Zeit*, *Jahr*, *herabsteigen*, *überschreiten*, *Schwert*		miš viš *Plural* (*Anhöhe*)
	pul, būl		muš, vuš, sir
	puš *Uterus*, *Mutter*, *geräumig*		mas
	bit, mal, val, nis *Haus*		mis, vis, rit, šit, lak *Heft*, *Schrift*, *rufen*, *nennen*
	but *Fort*, *Wohnung*, *Stadt*		na
	bam		ni, ṣal, zal *Schaufel*
	bar, maš *Schwert*, *Kreis*		nī, kum, bil, ~~gul~~ *Feuer*, *tragen*
	bir		nu *Bild*
	bur		an *Stern*, *Gott*, *bewahren*
	bil		in
	ma, va *gedenken*, *Erde*		īn, bīl *Herr*, *sein*
	mi, vi, gak *Dunkelheit*, *Nacht*		un *Mensch*, *Welt*
	mī, vī *hundert*		ūn *mitten*, *vor*
	mu, vu *Name*, *gedenken*, *Jahr*, *geben*		nak
	am, av *erhöht*, *Säule*		nit *Diener*
	im, iv *himmlische Region*		nap *Tag*
	um, uv, tip, mus, vus, diχ *Tafel*, *Register*, *anhängen*		nam, nav *Anhörung*
	maχ, vaχ *erhöht*		nim, num, niv, nuv *Welt*
	muχ, vuχ *auf*, *über*		nun, han *Fisch*, *Schiff*, *Herr*, *gross*
	mak, vak, nin *Frau*, *Herrscherin*		nir
	muk, vuk		nīr *Seite*, *Gegend*

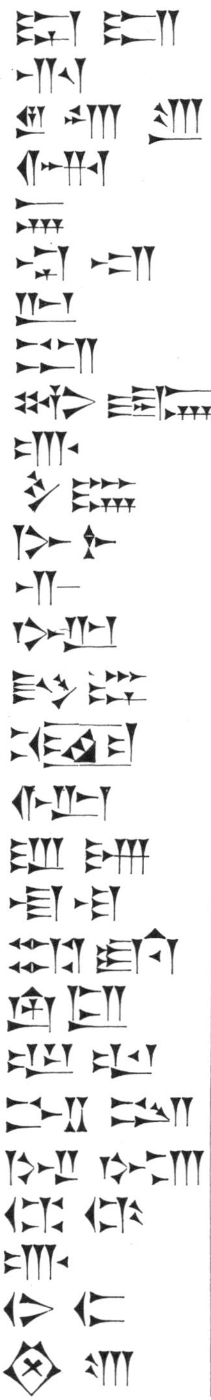

Zeichen	Wert
	ra *überschwemmen*
	ri, tal *Hügel*
	ru, gir
	ar
	ir
	īr *Stadt, ausbreiten, vervielfältigen*
	ur, tas, lik, lis, ran *Hund*
	ūr *wägen, gleichmachen*
	raχ
	riχ, luχ *König*
	ruχ, gum *Mensch*
	rak, šal, sal *Frau, weiblich*
	rat
	rut
	rap, rab
	ram, rav
	ruš
	ras
	la
	li, gup *erhöht, Metall*
	lu, dip, tip, *Schaf, erbeuten, weiterziehen*
	al
	il
	īl *glänzen*
	ul *stechen, durchbohren*
	laχ *Klugheit*
	lit *Mond, Monat*
	lip *Herz, Mitte, Ursache*

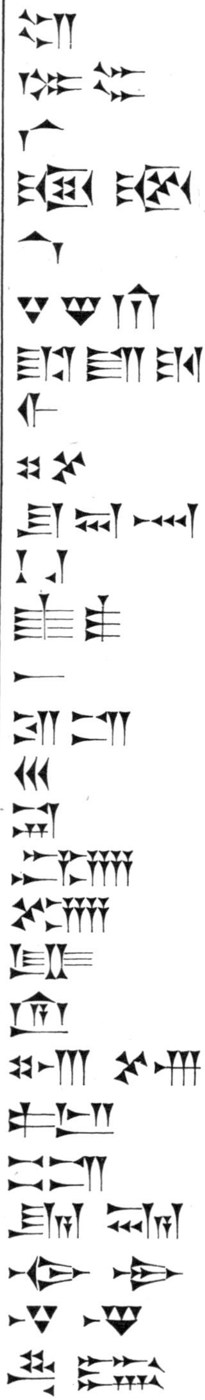

Zeichen	Wert
	lam, lav
	lum, luv, χum, χuv
	lal *ausfüllen, abwägen, nehmen*
	lil
	liš
	ša, gar *Licht, machen, gewähren, in Übereinstimmung bringen*
	šā *Gedanken, Prüfung*
	ši, lim, liv, pan *Auge, Gesicht, tausend*
	šī, suk *Ende, Glück, Segen*
	šu, qat, gat *Hand*
	šū, ṯir *Legion, Herrscher*
	aš *messen, Recht*
	aš, rum, ruv, dil *in, Assyrien, Sohn*
	iš, mil, vil *Schild, Gewitter*
	īš, sin *dreissig, Monat*
	uš *männlich, benetzen, ausspannen*
	šah
	šik *gefärbter Stoff*
	šuk, zuk
	šut
	šap, sap
	šim, šiv
	šun
	šir *Licht*
	šur, zur
	šiš, *Bruder, beschützen*

Zeichen	Wert	Zeichen	Wert
	šuš, suš		sur
	sa *geben, stellen*		s̱a, za *Bild*
	si *Horn, Schlag*		s̱i *sehen*
	su, sim, siv *vervielfältigen, Haut, Fell*		s̱u, χul
	sī *geben*		s̱ik
	as, az		s̱ip *Befehl, Massstab*
	is, giš *Holz, Baum*		s̱un, zun *viel, Menge*
	us		s̱ar, zar
	suχ		s̱ur *Cyclus*
	sik		zi *Seele*
	sip		zu *Same, Thierkreiszeichen*
	sun		zak

Determinativa.

	Gott, heilig		*Holz*
	König, Mensch		*Edelmetall*
	Stadt		*Thier*
	Stadt		*Weltgegend*
	Land		*männlich*
	Fluss		*weiblich*
	Gebäude		*Name*

Monate.

	Monat des Anfangs		*Monat der Dämme*
	„ „ *Stiers*		„ „ *Gründung*
	„ *der Ziegelsteine*		„ „ *Wolken*
	„ „ *Hand*		„ *des Regens*
	„ *des Feuers*		„ *der Vermessung*
	„ „ *Gipfels*		„ *des Endes.*

MEDISCHE KEILSCHRIFT.

Zeichen	Wert	Zeichen	Wert	Zeichen	Wert	Zeichen	Wert
	a		ut		ir		har
	i		t̲u		ur		pir
	u		pa		la		pat
	ā		pi		li		bar
	ī		ba		lu		man, van
	ū		bi, bat		ul		mar var
	ha		bu		ša		maš, vaš
	hi		ap		ši		muš, vuš
	hu		ip		šu		mas, vas
	ya		up		šī		tan
	ki		ma, va		aš		tah
	ku		mi, vi		iš		tuk
	qa		mu, vu		sa		tik
	ga		im		su		tar
	gi		um		s̲a		tur
	ak		na		s̲i		daš
	ik		ni		s̲u		nap
	uk		nu		as		rak
	ta		an		is		rab
	ti		in		kam, kav		raš
	tu		un		kan		nun
	da		ra		kar, gar		šik
	du		ri		kur		šin
	at		ru		kaš		šir

Die medische Keilschrift ist offenbar von der assyrischen entlehnt, die Lautzeichen stimmen ziemlich überein, doch sind nur wenige geschlossene Silben aufgenommen worden. Manche assyrische Wortbilder sind als Ideogramme ins Medische aufgenommen, nämlich: *König,* *Monat,* *Mensch,* *Gott,* *Wasser,* *Thier,* *Weg.* Hinter jedem Ideogramm steht das Zeichen, welches wahrscheinlich Fremdwort bedeutet, z. B. *Thier kur-ra* (Pferd).

PERSISCHE KEILSCHRIFT.

Zeichen	Wert	Zeichen	Wert	Zeichen	Wert	Zeichen	Wert	Zeichen	Wert
𐎠	ā	𐎦	g (u)	𐎭	d (a)	𐎵	n (u)	𐎺	va (u
𐎡	i	𐎨	tš	𐎮	d (i)	𐎶	m (a)	𐎻	v (i)
𐎢	u	𐎩	dž(a,u)	𐎯	d (u)	𐎷	m (i)	𐎿	s
𐎣	k (a, i)	𐎪	dž (i)	𐎱	p	𐎸	m (u)	𐏁	š
𐎤	k (u)	𐎫	t (a, i)	𐎳	f	𐎹	y	𐏀	z
𐎧	χ	𐎬	t (u)	𐎲	b	𐎼	r (a, i)	𐏃	h
𐎥	g (a, i)	𐎰	θ	𐎴	n (a, i)	𐎽	r (u)	𐏂	θr
								𐎾	q

Wortzeichen und Ziffern.

Zeichen	Wert	Zeichen	Wert	Zeichen	Wert	Zeichen	Wert	Zeichen	Wert
𐏌	*Volk*	𐏈	*König*	𐏑	1	𐏒𐏒	4	𐏑𐏓	60
𐏍	*Land*	𐏐	Wort-theiler	𐏒	2	𐏓	10	𐏕	100
𐏏	*Erde*			𐏒𐏑	3	𐏔	20	[illegible]	1000

Die persische Keilschrift kommt in den Inschriften der Achämeniden gleichzeitig mit der medischen und assyrischen Keilschrift vor, von denen sie sich wesentlich unterscheidet. Nicht nur stimmen Zeichen und Laute nicht überein, auch das Princip der Schrift ist ein anderes. Die persische Keilschrift ist nicht Silbenschrift, sondern Lautschrift, mehrere Konsonanten haben verschiedene Zeichen, je nachdem sie vor *a, i* oder *u* stehen. Lepsius schliesst daraus, dass die Konsonanten dann auch eine andere Aussprache gehabt hätten, z. B. *ka, k'u, ma, vi, m'u, da, ďi, d'u* u. s. w. Das kurze *a* wurde nicht geschrieben, wie in der indischen Schrift. Mit den nordindischen Alphabeten hat die persische Keilschrift auch ein Lautzeichen für *θr* gemein, welches jedoch Lepsius mit *ś* umschreibt.

Eigenthümlich ist der persischen Keilschrift der Worttheiler, welcher das Lesen gegenüber der ununterbrochenen Aufeinanderfolge der Keile in der medischen und assyrischen Schrift ausserordentlich erleichtert.

Die Ziffern weisen nur das Decimalsystem auf, doch hat 60 ein eigenes Zeichen.

KYPRISCH.

Zeichen	Wert	Zeichen	Wert	Zeichen	Wert	Zeichen	Wert	Zeichen	Wert
𐠀 𐠀 𐠀	a	𐠁 𐠁	e	𐠂 𐠂	i	𐠃 𐠃	o	𐠄	i̯
𐠭	ta	𐠮	te	𐠯	ti	𐠰	to	𐠱	ti̯
[illegible]	ga								
𐠊	ka	𐠋	ke	𐠌	ki	𐠍	ko	𐠎	ki̯
𐠞	pa	𐠟	pe	𐠠	pi	𐠡	po	𐠢	pi̯
𐠏	la	𐠐	le	𐠑	li	𐠒	lo		
𐠔	ma	𐠕	me	𐠖	mi	𐠗	mo		
𐠙	na	𐠚	ne	𐠛	ni	𐠜	no		
𐠣	ra	𐠤	re	𐠥	ri	𐠦	ro		
𐠨	sa	𐠩 𐠩	se	𐠪	si	𐠫	so	𐠬	si̯
𐠲	va	𐠳	ve			𐠵	vo		

Von dieser Schrift fand man zuerst auf Münzen einige Zeichen, in jüngster Zeit ist sie mit Hilfe einer Tafel entziffert worden, welche eine längere Inschrift enthält und deren Sprache sich als ein griechischer Dialekt erwies. Die Schrift (wahrscheinlich Eigenthum der Keta's, die mit dem Ägypterkönige Ramses kämpften und in der Bibel *Beni-Khet, Khittim* und *Kittim* genannt werden) weist manche Eigenthümlichkeiten auf, welche auf ein hohes Alter derselben schliessen lassen, denn 1. ist sie eine Silbenschrift und 2. sind in derselben stumme, tönende und Hauchlaute nicht unterschieden; *ta* gilt für *da* und *θa*, *te* für *de* und *θe*, *ke* für *ge* und *χe*, nur für *ga* ist ein eigenes Zeichen bemerkt worden, *pa* gilt für *ba* und *pha* u. s. w., auch ist ein Unterschied der Vokale wie im ältesten Griechischen zwischen ε und η, ο und ω nie bemerkbar und der *Spiritus asper* nicht nachzuweisen.

Zusammengesetzte Konsonanten sind immer durch offene Silben wiedergegeben und zwar werden Silben gleichen Vokals verwendet, daher *treχnia* durch *te-re-χi-ni-a*, für Endlaute werden Silben mit *e* gebraucht, z. B. *Abdimilkon A-bi-di-mi-li-ko-ne* geschrieben, *n* vor Konsonanten wird (wie im Hebräischen) unterdrückt, daher *anθropos* durch *a-to-ro-po-se, anti* durch *ati, panta* durch *pata* wiedergegeben.

Die Schrift wurde gewöhnlich von rechts nach links geschrieben, doch auch umgekehrt, man findet von rechts nach links z. B. 𐠩𐠛𐠖𐠏𐠨 *Salamis*, von links nach rechts: 𐠊𐠮𐠩𐠋𐠄𐠀𐠩 *Kateskeuase*.

Um die Entzifferung dieser Schrift haben sich verdient gemacht: Lang, Smith, Birch, Brandis, besonders aber Moriz Schmidt durch die Schrift: „die Inschrift von Idalion und das kyprische Syllabar.“

DIE BUCHSTABENSCHRIFT.

Nach Überlieferungen der Griechen und Römer wurde die Buchstabenschrift in Phönikien erfunden, die älteste mit Lautzeichen geschriebene Inschrift ist die des Moabiterkönigs Meša ca. 900 vor Chr., sie beruht auf einem Alphabet von 22 Zeichen, deren Namen uns die Juden und Syrer, wie es scheint, ziemlich treu überliefert haben. In meinen „Neuen Untersuchungen über die Entstehung der Buchstabenschrift“ habe ich durch Vergleichung mit den hieratischen Schriftbildern der Ägypter nachgewiesen, dass diese Namen den Zeichen entsprechen, sowie dass die Anordnung des Alphabets nicht dem Zufall ihr Dasein verdankt. Das Alphabet besteht aus drei Abtheilungen:

א	ל	ה	ע	ט	ר
ב	מ	ו	פ	י	ש
ג	נ	ז	צ	כ	ת
ד	ס	ח	ק		

wovon die erste 8 Zeichen und zwar die Grundlaute enthält, während die zweite, ebenfalls 8 Laute umfassend, die den ersten vier verwandten Laute aufführt, wobei nur eine Umstellung der beiden letzten Reihen, der Kehl- und Zungenlaute (קחנג, צזסד), stattgefunden hat. Beachtenswerth ist, dass diese Lautzeichen zugleich Zahlzeichen sind, woraus sich die getreue Überlieferung der Zeichenfolge erklärt.

Nach meiner Vermuthung bestand die Erfindung der Buchstabenschrift darin, dass man diese Zeichen, welche man schon viel früher als Zahlzeichen kannte, zur Schreibung von Wörtern verwendete, ohne sie mit den in Ägypten üblichen Silbenzeichen zu mischen oder Determinativa beizufügen. Nachdem dieses Verfahren nicht die Undeutlichkeit zur Folge hatte, der die Ägypter durch ihre Determinativa vorbeugen wollten, wurde dasselbe von den Nachbarvölkern nachgeahmt, die jedoch meistens ihre gewohnten Zahlzeichen beibehielten. Jedenfalls lässt sich nur auf diese Weise der Zeichenwechsel erklären, der in manchen Alphabeten offenkundig zu Tage tritt.

Da nicht anzunehmen ist, dass Kulturvölker jeglichen Gebrauches der Schrift entbehrt hätten, dieselben vielmehr jedenfalls eine wenn auch unvollkommene und mehrdeutige Verständigung mittelst einzelner Zeichen kannten, so scheint die Verwendung der Zahlzeichen zur Lautbezeichnung eine Erfindung gewesen zu sein, die an die bekannte Erzählung vom Ei des Columbus erinnert.

KANAANITISCHE SCHRIFTEN.

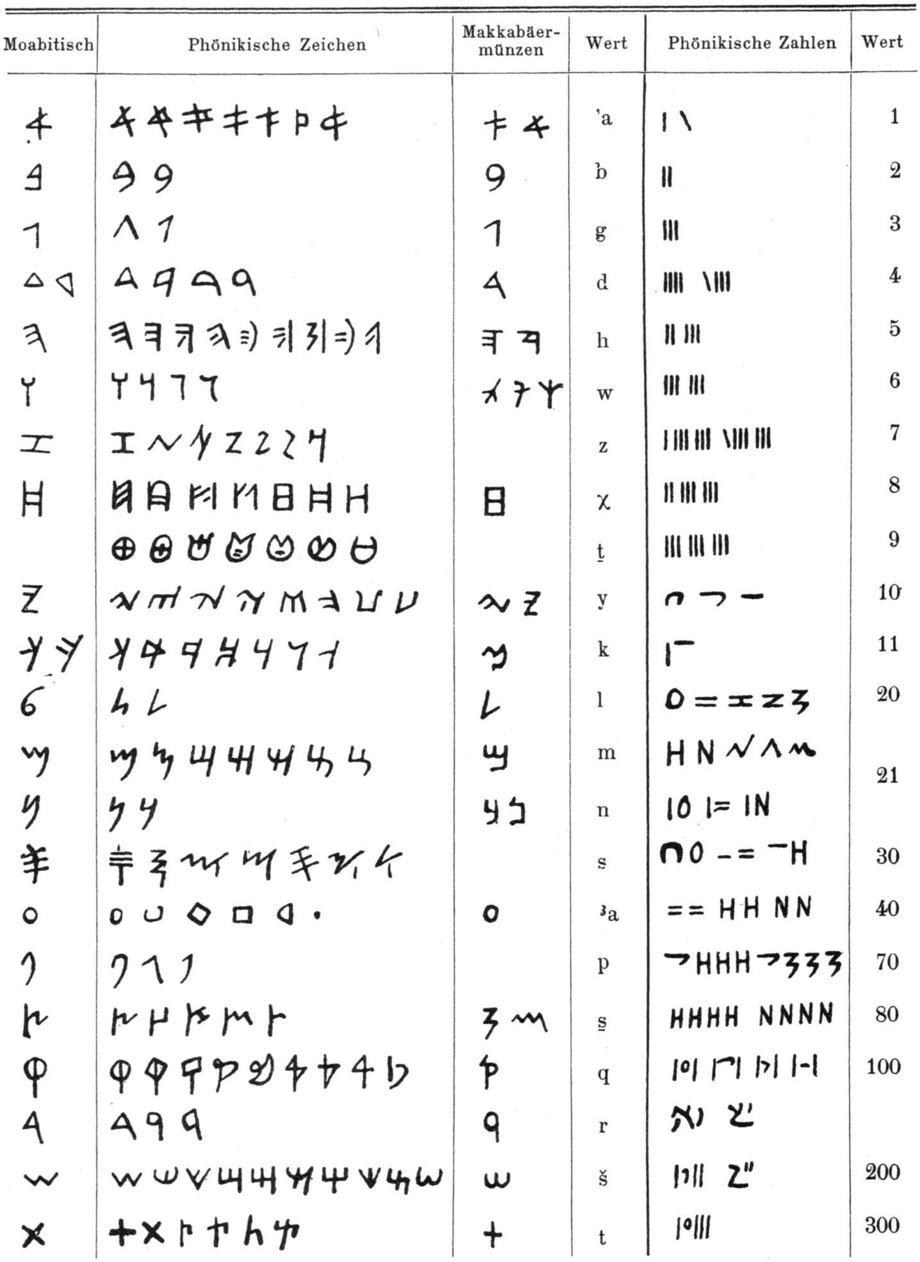

Die ältesten kanaanitischen Schriftzeichen sind: die moabitischen, von der eine Inschrift des Königs Meša jüngst aufgefunden wurde; die phönikische, welche aus vielen Inschriften bekannt ist (sie hat manche Varianten, deren wichtigste hier zusammengestellt sind); endlich die Schriftzeichen der Makkabäermünzen, welche mit der samaritanischen Schrift eng verwandt sind.

Diese, sowie die folgenden Schriften, schreibt man von rechts nach links.

ARAMÄISCH.

Die aramäische Schrift findet man sowohl neben der Keilschrift wie selbstständig in Inschriften und auf Papyrus, in Assyrien und in Ägypten. Die hier mit „Babylonisch" bezeichneten Buchstaben sind den Inschriften entnommen, welche Layard bei seinen Ausgrabungen auf 8 irdenen Schüsseln fand.

SAMARITANISCH.

Name	Zeichen	Wert	Ziffer	Name	Zeichen	Wert	Ziffer	Name	Zeichen	Wert	Ziffer
Aleph	ࠀ	'a	1	*Tet*	ࠈ	ṯ	9	*Pe*	ࠐ	p	80
Beth	ࠁ	b	2	*Yod*	ࠉ	y	10	*Ṣade*	ࠑ	ṣ	90
Gimel	ࠂ	g	3	*Kaph*	ࠊ	k	20	*Quph*	ࠒ	q	100
Daleth	ࠃ	d	4	*Lamed*	ࠋ	l	30	*Reš*	ࠓ	r	200
He	ࠄ	h	5	*Mem*	ࠌ	m	40	*Šin*	ࠔ	š	300
Waw	ࠅ	w	6	*Nun*	ࠍ	n	50	*Tau*	ࠕ	t	400
Zain	ࠆ	z	7	*Samex*	ࠎ	s	60		. :	Pausen	
Kheth	ࠇ	χ	8	*ʾAin*	ࠏ	ʾa	70		∴ ·:·		

Obiges Alphabet zeigt die schöne Form der samaritanischen Schrift in den Büchern, aus derselben entstand später eine cursivere Form, welche jedoch nur unbedeutende Unterschiede von der Druckschrift zeigt. Die samaritanische Schrift war in ältester Zeit die gemeinsame Schrift der Juden. Der weggeführte Theil derselben änderte die Schrift im Exil und bildete dort die Quadratschrift aus, während die Samaritaner ihre Schrift, von der sie behaupten, sie sei die des Moses, beibehielten.

HEBRÄISCHE QUADRATSCHRIFT.

Name	Zeichen	Final	Wert	Ziffer	Name	Zeichen	Final	Wert	Ziffer
Aleph	א		ʾa	1	*Lamed*	ל		l	30
Beth	ב		b, v	2	*Mem*	מ	ם	m	40
Gimel	ג		g, γ	3	*Nun*	נ	ן	n	50
Daleth	ד		d, ð	4	*Sameχ*	ס		s	60
He	ה		h	5	*ʒAin*	ע		ʒ	70
Waw	ו		w	6	*Pe*	פ	ף	p, f	80
Zain	ז		z	7	*Ṣade*	צ	ץ	ṣ	90
Kheth	ח		χ	8	*Qoph*	ק		q	100
Tet	ט		ṯ	9	*Reš*	ר		r	200
Yod	י		y	10	*Šin*	ש		š, ś	300
Kaph	כ	ך	k, χ́	20	*Taw*	ת		t, θ	400

Die hebräische Quadratschrift heisst *K̥etab merubbaʒ* (viereckige Schrift) oder *K̥etab aššurit* (assyrische Schrift).

Die Form der Buchstaben deutet darauf hin, dass die hebräische Schrift einst, wie noch jetzt die syrische, verbunden wurde; hieraus erklären sich auch die Finalbuchstaben. Um die Wörter am Ende einer Zeile nicht zu brechen, werden einzelne Buchstaben verlängert, nämlich א ה ח ל ם ת.

Ursprünglich wurde die hebräische Schrift ohne Vokale geschrieben. Als die hebräische Sprache eine todte Sprache der Bücher geworden war, führten die Masorethen, welche durch Vergleichung und Prüfung der Texte die Reinheit des Gesetzes zu erhalten suchten, eine Erweiterung der Bezeichnung ein, welche jedoch die Form der Wörter nicht veränderte und sich deshalb auf Punkte und Striche beschränkte, die über, unter oder in die Konsonanten gesetzt wurden. Diese sind:

1. *Dageš*, ein Punkt in den Buchstaben: ב ג ד כ פ ת, welcher diesen Zeichen eine härtere Aussprache gibt, im Gegensatze zu der weichen aspirirten Aussprache, welche sie sonst haben, daher ב *w* בּ *b*, ג *γ* גּ *g*, ד *ð* דּ *d*, כ *χ́* כּ *k*, פ *f* פּ *p*, ת *θ* תּ *t*, auch wurde ש durch einen darüber gesetzten Punkt in שׂ *ś* und שׁ *š* unterschieden, bei den übrigen Konsonanten bezeichnet *Dageš* die Verdopplung derselben, z. B. לּ *ll*, מּ *mm* u. s. w., in הּ zeigt der Punkt an, dass dasselbe am Ende der Wörter hörbar ist. Den Gegensatz zum *Dageš* bildet ¯*Raphe* (Erweichungszeichen), z. B. פֿ *f*.

2. die Vokale: *Qameṣ* ◌ָ ā, *Ṣere* ◌ֵי ē, *Khireq* ◌ִי ī, *Kholem* וֹ ō, *Šureq* וּ ū, *Pataχ* ◌ַ a, *Segol* ◌ֶ e, *Khireq* ◌ִ i, *Qameṣ χaṭuph* ◌ָ ŏ, *Qibbus* ◌ֻ u, *Khaṭeph pataχ* ◌ֲ ă, *Khaṭeph segol* ◌ֱ ĕ, *Khaṭeph qameṣ* ◌ֳ ŏ. Die Vokale stehen unter den Konsonanten, nach welchen sie lauten, ausgenommen *Pataχ* unter den Gutturalen, z. B. רוּחַ *ruaχ* aber רוּחִי *ruχi*.

3. *Šwa* (◌ְ). Dieses Zeichen, dessen Name „Leere" bedeutet, steht unter den Konsonanten, welche keinen Vokal nach sich haben, nur am Ende wird es

weggelassen, ausgenommen in ךְ und in den seltenen Fällen, wo zwei vokallose Konsonanten aufeinander folgen, z. B. נֵרְדְּ *nerd* (Narde). Da Konsonanten ohne Vokallaut nicht ausgesprochen werden könnten, so wird *Šwa* im Anfange als *ḙ* gelesen, eine gleiche Kürze der Aussprache gibt es den Vokalen *Pataχ*, *Segol* und *Qameṣ*. In der Mitte der Wörter ist es Silbentheiler, doch drückt es auch hier ein *ḙ* aus: nach einem langen Vokal, z. B. קוֹטְלָה *qotḙla*, nach einem andern *Šwa*, z. B. יִקְטְלוּ *yiq-tḙlu* und wenn zwei gleiche Konsonanten aufeinander folgen, z. B. הַלְלוּ *halḙlu*, dagegen הַלּוּ *hallu*.

4. *Meteg* ֽ (Zaum) zeigt an, dass man den Vokal, wiewohl er unbetont sei, nicht übereilen, sondern gehörig anhalten soll, es steht bei einem langen Vokal unmittelbar vor einer Tonsilbe, bei jedem Vokal, der in der zweiten Silbe vor dem Tone steht und bei allen Vokalen, auf welche ein mit *Šwa* verbundener Vokal folgt, in allen diesen Fällen theilt es die Silbe.

5. *Accente*. Dieselben sind entweder Tonzeichen oder auch Unterscheidungszeichen. In letzterer Hinsicht betrachtet man jeden Vers als eine Periode, die mit dem *Silluq* ֽ (Versabtheiler) schliesst oder, wie sich die bildliche Sprache der Grammatiker ausdrückt, als ein Gebiet (*ditio*), welches von dem grossen *Distinctivus* am Ende (*Silluq* oder *Imperator*) beherrscht wird. Je nachdem der Vers lang oder kurz ist, stehen unter ihm grössere und kleinere *Domini*.

Kaiser: *Silluq* ֽ, *Atnaχ* (i. d. Mitte) ֑, *Merka mahpaχat* ֥֤.

Könige: *Segolta* ֒, *Sakeph-katon* ֔, *Sakeph-gadol* ֕, *Tiphχa finale* ֖.

Herzoge: *Rebia* ֗, *Sarka* ֮, *Pašta* ֙, *Yetib* ֚, *Tebir* ֛, *Doppel-Merka* ֦, *Šalšelet* ֓, *Tiphχa initiale* ֖.

Grafen: *Paser* ֡, *Karne-phara* ֟, *Gross-Teliša* ֠, *Gereš* ֜, *Doppel-Gereš* ֞.

Nur Nominativ, Genitiv, Substantiv und Adjektiv werden durch Konjunktive verbunden, diese sind:

Merka ֥, *Mahpaχ* ֤, *Darga* ֧, *Munaχ* ֣, *Kadma* ֨, *Yeraχ* ֪, *Klein-Teliša* ֩, *Tiphχa* ֖, *Merka sarkat* ֥֮, *Mahpaχ sarkat* ֤֮.

Zwei Konjunktive dürfen nicht verbunden werden, fordert aber der Sinn eine enge Verbindung der Wörter, so werden sie durch ־ *Makkeph* verbunden.

Unterscheidungszeichen sind noch: ׃ *Soph-pasuk* (Versabtheiler) und ׀ *Pesik*.

6. Ein Strich an dem Buchstaben z. B. א׳ bedeutet, dass derselbe als Zahlzeichen dient. Diese werden von א bis ט als Einheiten (1—9), von י bis צ als Zehner (10—90) verwendet, ק bis ת geben die Zahlen 100—400, um die Zahlen bis 900 auszufüllen dienen die Finalbuchstaben ך 500, ם 600, ן 700, ף 800, ץ 900 oder durch ת 400 mit Anfügung der übrigen Zahlen, z. B. תק 500. Die Tausende werden durch die Einer bezeichnet mit darüber gesetzten Punkten, z. B. א̈ 1000, die übrigen Zahlen werden durch Zusammensetzung gebildet, nämlich 11 durch יא, aber 15 nicht durch יה (weil der Gottesname so anfängt), sondern durch טו (9 + 6), ebenso 16 durch טז statt יו.

7. Das Zeichen ״ zeigt Abkürzungen von Wörtern an (s. den Anhang).

HEBRÄISCHE CURRENTSCHRIFT

des 11. und 12. Jahrhunderts.

Zeichen	Wert	Zeichen	Finale	Wert	Zeichen	Finale	Wert	Zeichen	Wert
א	'a	ז		z	מ	ם	m	ק	q
ב	b, v	ח		χ	נ	ן	n	ר	r
ג	g, γ	ט		t̲	ס		s	ש	š
ד	d, ð	י		i, y	ע		ʒ, e	ת	t, θ
ה	h	כ	ך	k, χ́	פ	ף	p, f		
ו	w	ל		l	צ	ץ	ṣ, ts		

SPANISCH-LEVANTINISCH.

Zeichen	Wert	Zeichen	Finale	Wert	Zeichen	Finale	Wert	Zeichen	Wert
א	'a	ז		z	מ	ם	m	ק	q
ב	b, v	ח		χ	נ	ן	n	ר	r
ג	g, γ	ט		t̲	ס		s	ש	š
ד	d, ð	י		i, y	ע		ʒ, e	ת	t, θ
ה	h	כ	ך	k, χ́	פ	ף	p, f		
ו	w	ל		l	צ	ץ	ṣ, ts		

RASCHI.

Zeichen	Wert	Zeichen	Finale	Wert	Zeichen	Finale	Wert	Zeichen	Wert
א	'a	ז		z	מ	ם	m	ק	q
ב	b, v	ח		χ	נ	ן	n	ר	r
ג	g, γ	ט		t̲	ס		s	ש	š
ד	d, ð	י		y	ע		ʒ	ת	t, θ
ה	h	כ	ך	k, χ́	פ	ף	p, f		
ו	w	ל		l	צ	ץ	ṣ		

Während für die heiligen Bücher und für die Synagogenrollen die Quadratschrift als heilige Schrift in sorgfältiger Ausführung zur Anwendung kam, wendeten die Juden schon in früher Zeit neben derselben eine cursive Form an, welche sich in verschiedenen Ländern eigenthümlich gestaltete; man unterscheidet die spanisch-levantinische, die italienische (Raschi) und die deutsche. Die Raschi wird auch in Deutschland, besonders zu hebräischen Texten verwendet, während die „Weiberdeutsch“ genannte Schrift für deutsche Wörter auch in Raschitexten gebraucht wird.

DEUTSCH-HEBRÄISCH (WEIBERDEUTSCH).

Zeichen	Wert	Zeichen	Finale	Wert	Zeichen	Finale	Wert	Zeichen	Finale	Wert
א	a	ו		v, u, o	כֿ	ךֿ	χ́	פֿ	ףֿ	f, pf
אָ	o	וו		w	ל		l	צ	ץ	ts
ב	b	ז		z	מ	ם	m	ק		kk, q
בֿ	v, f	ח		χ	נ	ן	n	ר		r
ג	g	ט		t	ס		s	ש		s, š
ד	d	י		i, y, ĕ	ע		ē	ת		t·
ה	h	כ	ך	k	פ	ף	p	תּ		tt

Die übrigen Vokale sind: אוי *au*, ײ *ei*, וײ *eu*, עֶ *e*, וי *ö*, *ü*. Auch in deutscher Sprache wird von rechts nach links geschrieben.

HEBRÄISCHE SCHREIBSCHRIFT.

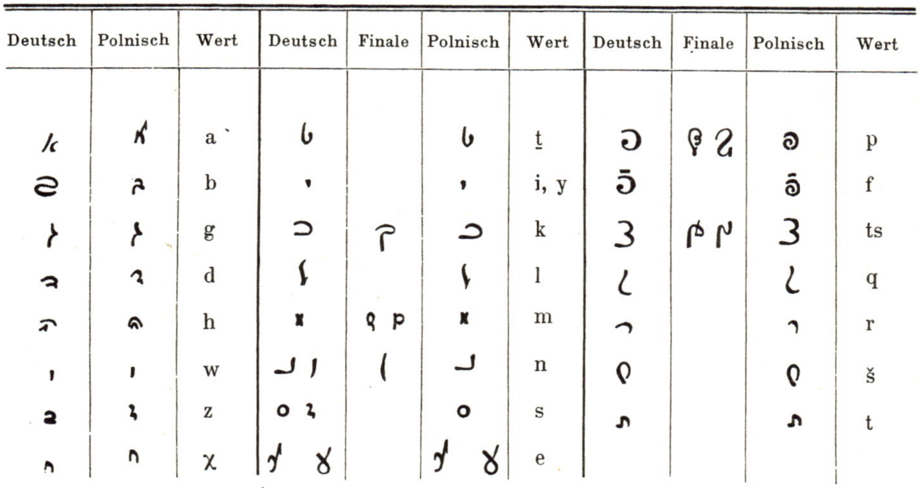

Ligaturen.

Die jüngste Form der Cursiv ist die obenstehende Schreibschrift, in der ein deutscher und ein etwas eckiger polnischer Duktus unterschieden wird. Diese Schreibschrift wird allgemein von den Juden auch zu hebräischen Texten verwendet; schnell geschrieben ist sie etwas undeutlich. In deutschen Texten findet die bei Weiberdeutsch angegebene Orthographie Anwendung.

SCHRIFTEN IM OSTEN PALÄSTINA'S.

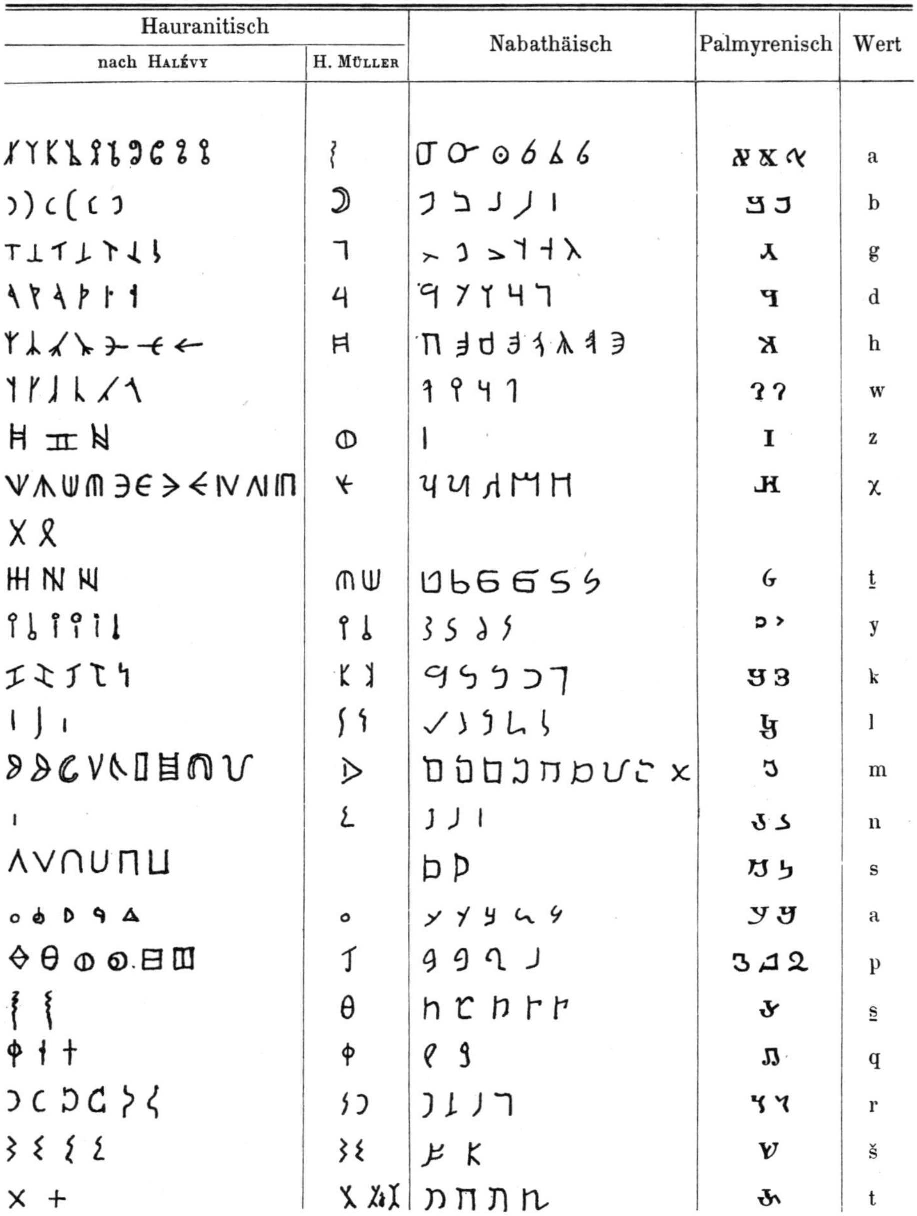

In der Wüste Hauran, welche sich zwischen Palästina und Arabien erstreckt, befinden sich Ruinen mit merkwürdigen Inschriften, welche ein Mittelglied zwischen himyarischen und aramäischen Formen bilden. An sie schliessen sich die palmyrenische und die Schrift der Nabathäer, deren Hauptstadt Petra war; die hier gegebenen Zeichen sind theils den Münzen aus dem 2. Jahrhundert v. Chr., theils den sinaitischen Inschriften entnommen, deren Entzifferung besonders den Studien Levy's zu verdanken ist.

ESTRANGELO.

Name	Ende	Mitte	Anfang	Isolirt	Wert	Name	Ende	Mitte	Anfang	Isolirt	Wert
Aleph	ܐ			ܐ	a	*Lomad*	ܠ	ܠ	ܠ	ܠ	l
Beth	ܒ	ܒ	ܒ	ܒ	b, v	*Mim*	ܡ	ܡ	ܡ	ܡ	m
Gomal	ܓ	ܓ	ܓ	ܓ	g, γ	*Nun*	ܢ	ܢ	ܢ	ܢ	n
Dolath	ܕ			ܕ	d, δ	*Sĕmkath*	ܣ	ܣ	ܣ	ܣ	s
He	ܗ			ܗ	h	*Ee*	ܥ	ܥ	ܥ	ܥ	ʒ
Vav	ܘ			ܘ	w	*Pe*	ܦ	ܦ	ܦ	ܦ	p, f
Zain	ܙ			ܙ	z	*S̱ode*	ܨ			ܨ	s̱
Kheth	ܚ	ܚ	ܚ	ܚ	χ	*Qoph*	ܩ	ܩ	ܩ	ܩ	q
Teth	ܛ	ܛ	ܛ	ܛ	ṯ	*Riš*	ܪ			ܪ	r
Jud	ܝ	ܝ	ܝ	ܝ	y	*Šin*	ܫ	ܫ	ܫ	ܫ	š
Koph	ܟ	ܟ	ܟ	ܟ	k, χ́	*Tau*	ܬ			ܬ	t, θ

Vokale und Accente.

Name	Zeichen	Wert	Name	Zeichen	Wert
Pthoχo	◌ܰ ◌ܲ	a	*Ruχoχ*	◌݂	Aspiration
Rvos̱o	◌ܶ ◌ܸ	e	*Kušoi*	◌݁	nicht aspirirt
Khvos̱o	◌ܺ ◌ܻ	i	*Ribui*	◌̈	Plural
Zkopho	◌ܳ ◌ܵ	ō	*Mhagyono*	◌݀	ai
Es̱os̱o	◌ܽ ܘ	u	*Marχtono*	◌݃	vokallos, auch Zahl, Abkürzung
Mpagdono	◌݂	mittler Vokal			

Das Wort Estrangelo wird durch *s̱atar* „Schrift“ und *ăngelo* „Evangelium“ erklärt, weil mit dieser Schrift die heiligen Bücher der syrischen Christen geschrieben wurden.

Anfangs war sie ohne Vokale, nur in schwierigen Fällen wurde *a* durch ◌ܲ, *e, i* durch ◌ܸ, *o ŭ* durch ◌ܽ oder ◌ܳ bezeichnet und durch einen Doppelpunkt ◌̈ (*Ribui*) der Plural angezeigt. Durch den Bischof Jakob von Edessa wurde die Vokalbezeichnung verbessert, indem ein Punkt über dem Buchstaben den dunklen breiten Laut, unter dem Buchstaben den hellen Laut und ein Doppelpunkt (oben oder unten) den mittleren Ton bezeichnet. Auch die Punkte *Rukoχ* und *Kušoi* werden ihm zugeschrieben. Im 8. Jahrhundert n. Chr. wurden wahrscheinlich durch Theophilus von Edessa die griechischen Vokale eingeführt, welche aber nicht mit der Schrift vermischt, sondern an die Seite gesetzt wurden. Da die syrische Schrift in Säulen von oben nach abwärts geschrieben (aber, quer gelegt, von rechts nach links gelesen) wurde, so erklärt sich die anscheinend verkehrte Gestalt der griechischen Buchstaben, welche neben die Säulen der Schrift geschrieben wurden.

Interpunktionen sind: · : ⸫ .. ⸪ ⁝ ⁖ ⁘

CHALDÄISCH.

Ende	Mitte	Anfang	Isolirt	Wert	Ende	Mitte	Anfang	Isolirt	Wert
ܐ			ܐ	'a	ܠ	ܠ	ܠ	ܠ	l
ܒ	ܒ	ܒ	ܒ	b, v	ܡ	ܡ	ܡ	ܡ	m
ܓ	ܓ	ܓ	ܓ	g, γ	ܢ	ܢ	ܢ	ܢ	n
ܕ			ܕ	d, δ	ܣ	ܣ	ܣ	ܣ	s
ܗ			ܗ	h	ܥ	ܥ	ܥ	ܥ	ʒ
ܘ			ܘ	w, u	ܦ	ܦ	ܦ	ܦ	p, f
ܙ			ܙ	z	ܨ ܨ			ܨ	s̱
ܚ	ܚ	ܚ	ܚ	χ	ܩ	ܩ	ܩ	ܩ	q
ܛ	ܛ	ܛ	ܛ	ṯ	ܪ			ܪ	r
ܝ	ܝ	ܝ	ܝ	y	ܫ	ܫ	ܫ	ܫ	š
ܟ	ܟ	ܟ	ܟ	k, χ́	ܬ ܬ			ܬ	t, θ

Ligaturen: ܢܐ na, ܬܐ ta, ܠܠ ll, ܡܢ mn, ܠܐ ܠܐ la.

Ziffern:

١ 1, ٢ 2, ٣ 3, ٤ 4, ٥ 5, ٦ 6, ٧ 7, ٨ 8 ٩ 9, · 0.

Interpunktionen:

⁝ : . ⁘ ✠

Die christlichen Bewohner Chaldäas, welche die nestorianische Lehre bewahrt haben, bedienen sich der obigen Schrift, welche dem älteren Estrangelo-Charakter mehr entspricht als die Pešitoschrift der östlichen Syrer. Nur das Aleph zeigt einen abweichenden und der Pešitoschrift ähnlichen Charakter. Gegenwärtig ist die syrische Sprache in Chaldäa nur mehr die der Kirchenbücher, die Nestorianer haben die arabische Sprache angenommen, wie sie auch die arabischen Zahlzeichen entlehnt haben. Auch im Gebrauch der Vokal- und Lesezeichen unterscheiden sich die Nestorianer von den Maroniten oder westlichen Syrern, indem diese die griechischen Vokalzeichen anwenden, während die Nestorianer die ältere Bezeichnung durch Striche und Punkte, welche durch den Bischof Jakob von Edessa eingeführt wurden, beibehalten haben. Ausserdem gebrauchen sie noch Punkte, um die arabischen Laute auszudrücken, in derselben Weise, wie die Araber د und ذ, ص und ض u. s. w. unterscheiden. Diese Schrift heisst *Karšuṅ* und ihre Einführung war um so leichter, als das Arabische auch nur 22 Zeichen hatte.

Die vorstehenden Typen sind auf Anregung und unter Aufsicht des nestorianischen Erzbischofs Monsignor Bartatar in Brüssel geschnitten worden.

MALABARISCH-SYRISCH.

Zeichen	Wert	Zeichen	Wert	Zeichen	Wert	Zeichen	Wert	Zeichen	Wert	Zeichen	Wert
ܐ	a	ܘ	w	ܟ	k	ܥ	ʒ	ܫ	š	ട	ṭ
ܒ	b	ܙ	z	ܠ	l	ܦ	ph	ܬ	t	ള	ḷ
ܓ	g	ܚ	χ	ܡ	m	ܨ	s	ണ	n	ഴ	ṛ
ܕ	d	ܛ	ṯ	ܢ	n	ܩ	q	ഞ	ń	ഷ	ṣ̌
ܗ	h	ܝ	y	ܣ	s	ܪ	r	ങ	ṅ	റ	ṙ

Durch die Missionäre der Nestorianer gelangte die syrische Schrift auch nach Malabar, wo die christlichen Nachkommen der von diesen Bekehrten den Namen der St. Thomaschristen führen. Durch diese wurde die syrische Schrift auch auf die dravidischen Sprachen angewendet und durch mehrere dem Mayalam entlehnte Zeichen vermehrt. Die Schrift hat noch den alterthümlichen Zug der syrischen Schrift des 8. Jahrhunderts.

SYRISCH.

Zeichen				Wert	Zeichen				Wert	Zeichen	Wert
Ende	Mitte	Anfang	Isolirt		Ende	Mitte	Anfang	Isolirt			
ܐ			ܐ	'a	ܠ	ܠ	ܠ	ܠ	l	Ligaturen.	
ܒ	ܒ	ܒ	ܒ	b, v	ܡ	ܡ	ܡ	ܡ	m	ܠܐ	l'a
ܓ	ܓ	ܓ	ܓ	g, γ	ܢ	ܢ	ܢ	ܢ	n	ܠܐ	l'a
ܕ			ܕ	d, δ	ܣ	ܣ	ܣ	ܣ	s	ܐܠ	'al
ܗ			ܗ	h	ܥ	ܥ	ܥ	ܥ	ʒ	ܠܠ	ll
ܘ			ܘ	w, u	ܦ	ܦ	ܦ	ܦ	p, f	ܓܓ	gg
ܙ			ܙ	z	ܨ			ܨ	ṣ		
ܚ	ܚ	ܚ	ܚ	χ	ܩ	ܩ	ܩ	ܩ	q		
ܛ	ܛ	ܛ	ܛ	ṭ	ܪ			ܪ	r		
ܝ	ܝ	ܝ	ܝ	y	ܫ	ܫ	ܫ	ܫ	š		
ܟ	ܟ	ܟ	ܟ	k, χ	ܬ			ܬ	t, θ		

Vokalzeichen:

— a, ܝ — ē, — e, — ĕ, ܝ — ī, — o, ܘ — u.

Interpunktionen:

: ⁖ ⁘ :: ⁘

Die syrische Schrift, *Pešito* genannt, ist den westlichen Syrern, den Maroniten und Jakobiten, oder vielmehr den römisch-katholischen Syrern im Gegensatz zu den nestorianischen, eigen; sie ist eine sehr cursive Form der Estrangelo, wie dies namentlich in ܕ ܪ ܝ und ܬ hervortritt.

MANDÄISCH.

Isolirt	Verbunden	Wert	Isolirt	Verbunden	Wert	Isolirt	Verbunden	Wert
ࡀ	ࡀ ࡀ	a	ࡈ	ࡈ	t̲	ࡏ ࡏ	ࡏ ࡏ	ʒ
ࡁ	ࡁ ࡁ	b	ࡉ	ࡉ	y	ࡐ	ࡐ	f
ࡂ	ࡂ ࡂ	g	ࡊ	ࡊ	k	ࡑ	ࡑ	s̲
ࡃ	ࡃ	d	ࡋ	ࡋ	l	ࡒ	ࡒ	q
ࡄ	ࡄ	h, χ	ࡌ	ࡌ	m	ࡓ	ࡓ	r
ࡅ	ࡅ	v	ࡍ	ࡍ	n	ࡔ ࡔ	ࡔ ࡔ	š
ࡆ	ࡆ	z	ࡎ ࡎ	ࡎ ࡎ	s	ࡕ	ࡕ	t

Ligaturen.

Zeichen	Wert	Zeichen	Wert	Zeichen	Wert
ࡖ	di, de	ࡍࡃ	nd	ࡑࡅ	s̲v
ࡊࡃ	kd	ࡍࡅ	nv	ࡑࡋ	s̲l
ࡊࡓ	kr	ࡍࡉ	ny	ࡑࡓ	s̲r
ࡊࡉ	ky	ࡍࡕ	nt	ࡍࡒ	nq
ࡊࡋ	kl	ࡐࡅ	pv	ࡅࡕ	vt
ࡊࡅ	kv	ࡐࡋ	pl	ࡔ	š
ࡊࡕ	kt	ࡐࡓ	pr		

Die Umgebungen von Wasith, Howaizah und Bassora werden noch jetzt von einem Volke bewohnt, welches sich S̲abier, Nazaräer oder Mandäer nennt. Die Araber nennen sie auch Nabathäer, Galiläer oder St. Johannes-christen. Der Glaube dieses Volkes ist eine Mischung von christlichen Lehren mit den alten Landestraditionen. Ihre Sprache ist die aramäische und nähert sich der talmudisch-babylonischen. Die Schrift unterscheidet sich von den verwandten dadurch, dass יוא Vokale sind, die Gutturale ה und ח, sowie א und ע nicht unterschieden werden und geschrieben, wie gesprochen wird, daher auch alle Vokale geschrieben werden; das *n* dient als Konsonantenverdopplung. Die Schrift zeigt alterthümliche, an das Aramäische sich lehnende Formen.

PERSISCHE SCHRIFTEN DES MITTELALTERS.

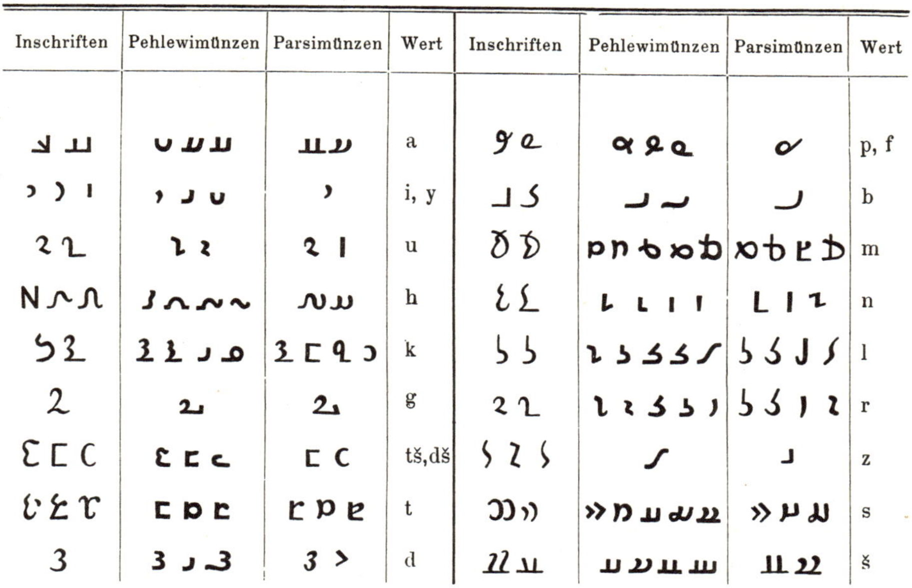

Inschriften	Pehlewimünzen	Parsimünzen	Wert	Inschriften	Pehlewimünzen	Parsimünzen	Wert
			a				p, f
			i, y				b
			u				m
			h				n
			k				l
			g				r
			tš, dš				z
			t				s
			d				š

Ligaturen in Münzschriften.

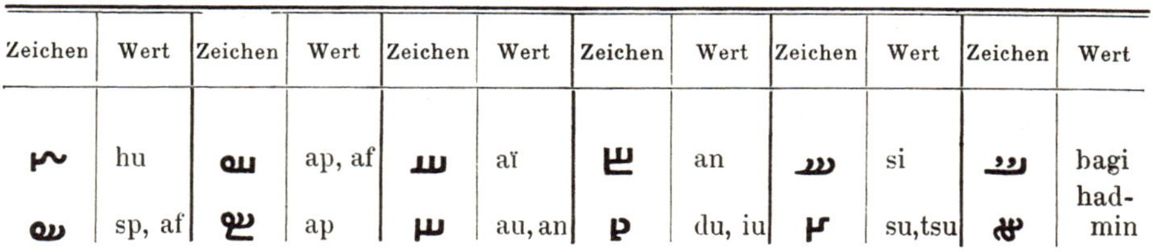

Zeichen	Wert	Zeichen	Wert	Zeichen	Wert	Zeichen	Wert	Zeichen	Wert	Zeichen	Wert
	hu		ap, af		aï		an		si		bagi
	sp, af		ap		au, an		du, iu		su, tsu		had-min

Die Perser bedienten sich bis zur Eroberung ALEXANDER des Grossen der Keilschrift; unter den griechischen Herrschern dürfte wahrscheinlich die griechische Schrift angewendet worden sein, welche man auch auf baktrischen Münzen findet. Um 250 v. Chr. gründete ARSAKES I. ein ganz unabhängiges parthisches Reich, welches sich bis 226 n. Chr. bis zum Indus ausdehnte, worauf es von ARDEŠIR BABEGAN (ARTAXERXES) dem Enkel SASAN's gestürzt wurde, welcher das Königshaus der Sasaniden gründete. In diese Zeit gehören die Inschriften der Sasaniden zu Nakši-Rustam und Kirmanšah, denen das oben unter „Inschriften" aufgeführte Alphabet entnommen ist, aus derselben Zeit stammen die Zeichen der Pehlewimünzen 226—651, denen die Münzen in Parsisprache 700—800 folgen. Die Zeichen derselben, von DE SACY, OLSHAUSEN, DORN, MORDTMANN u. A. entziffert, bilden die Grundlage der Schrift der Pehlewi- und Zendbücher, deren Ursprung in Dunkel gehüllt ist, denn die Zeit, zu der ZOROASTER, der Gründer der Parsireligion lebte, lässt sich nicht bestimmen. Mit den syrischen Schriften hat sie sehr wenig Ähnlichkeit, doch läuft sie wie diese von der Rechten zur Linken.

PEHLEWI.

Zeichen	Wert	Zeichen	Wert	Zeichen	Wert	Zeichen	Wert	Zeichen	Wert	Zeichen	Wert
	a		h χ		tš, dž		p		l		š
	i y		k		dz		b		r		z
	u w		g		t		m		s		ž
	e		γ		d		n		s		

Ligaturen.

Zeichen	Wert	Zeichen	Wert	Zeichen	Wert	Zeichen	Wert
	ai, ae		āγ		gu, du, yu		māu
	ae, ab, ib, db		ām		gr		mām
	ae		aim, aam		gdm, ydm, ism, sm		mhm
	aw, an		amn		dā		mdm
	āa, ai, iš		šm, džm, gam, dam		daa, yaa, ša		mu, mn
	aau, aan, išn, ašu, dšn		āy, āb		dāt		mhmmn
	ayu, agu, ain, agn, dsn		yab, iab		dadž, yadž, yaf, šg		rā
	ai, is		yn		iab, dab		ru
	aa, ai, iš, at		it, gt, dt		iab, dāb		rrn
	āt, dit		idž, ip, gdž, ddž		du		rdž, rf
	aat		is		dn		rm
	af, adž		sn, su, din, diu, igu, iin		dm, gm, im		rmn
	agn		īr		di, gi, dg, ii		šu, din, diu, igu
	adž		ir, gr		džs, ds, ys, sy		šā
	adu		ga		zk		šan
	asan, dšau, gian		ga, dža, da, ya		zr		šin, yagin
	yadž, aidž		gm, dm, im		bb		sn, din, diu
			gn		māā		ssk

Interpunktion. Die Wörter werden in den Büchern durch leere Räume getrennt, ein ∘ dient als Ruhepunkt der Rede, ∘∘ für eine grössere Abtheilung.

Die vorstehende Schrift findet man in Büchern, welche Übersetzungen aus dem Avesta in die Pehlewi- oder Huzvarešsprache enthalten, aus der Zeit der Sasaniden. Sie ist schwer zu lesen, da die Zeichen verschiedener Laute einander sehr ähnlich, ja mitunter gleich sind, wie *a* und *χ*, *u, w, n,* noch mehr tritt dies in den Ligaturen hervor.

Die Schrift wird von rechts nach links geschrieben. Die Wörter werden durch Punkte getrennt, wie in der Keilschrift durch den schrägen Keil. (Vergl. Spiegel Huzvarešsprache.)

ZEND-AVESTASCHRIFT.

Zeichen	Wert		Zeichen	Wert		Zeichen	Wert		Zeichen	Wert	
	alt	neu		alt	neu		alt	neu		alt	neu
𐬀	a	a	𐬅	ã̄	ñ	𐬛	d	d	𐬯	s	s
𐬁	ā	ā	𐬃	å	å	𐬜	dh	dh	𐬱	š	š
𐬌	i	i	𐬵	h	h	𐬜	ð	ð	𐬳	ś	ś
𐬍	ī	ī	𐬐	k	k	𐬞	p	p	𐬰	z	z
𐬎	u	u	𐬑	kh	χ	𐬟	ph	f	𐬲	ž	ž
𐬏	ū	ū	𐬗	k'	tš	𐬠	b	b	𐬴	ẓ̌	ż
𐬈	e̱	e̱	𐬔	g	g	𐬡	bh	v	𐬫	ẏ	ẏ
𐬉	ē̱	ē̱	𐬕	gh		𐬢	ṅ	ṅ	𐬪	y	
𐬆	ẹ	ẹ	𐬖	γ	γ	𐬣	ṅh	ṅh	𐬭	r	r
𐬇	ẹ̄	ẹ̄	𐬘	ǵ	dž	𐬥	n	n	𐬮	rh	rh
𐬊	o	o	𐬙	t	t	𐬧	ṅ	ñ́	𐬬	w	w
𐬋	ō	ō	𐬚	th	θ	𐬨	m	m	𐬓	hw	χw
𐬄	ã	ã	𐬝	θ	θ	𐬩	mh	mh			

Ligaturen.

Zeichen	Wert	Zeichen	Wert	Zeichen	Wert	Zeichen	Wert
[illegible]	daô	[illegible]	żū	[illegible]	be	[illegible]	ah
[illegible]	dāô	[illegible]	żd	[illegible]	bd		
[illegible]	dadh	[illegible]	żb	[illegible]	sk		
[illegible]	żud	[illegible]	bū	[illegible]	st		

Zahlen.

[illegible] 1, [illegible] 2, [illegible] 3, [illegible] 4, [illegible] 5, [illegible] 6, [illegible] 7, [illegible] 8, [illegible] 9, [illegible] 10, [illegible] 20, [illegible] 30, [illegible] 40, [illegible] 50, [illegible] 60, [illegible] 70, [illegible] 80, [illegible] 90, [illegible] oder [illegible] 100, [illegible] 200, [illegible] oder [illegible] 1000, u. s. w.

Die hier vorstehende Schrift ist die Schrift des Zend-Avesta, des Religionsbuches der Parsen oder Anhänger der zoroastrischen Religion; sie wird von Ibn Muqaffa unter dem Namen دين دبيره *din debīreh* „Schrift des Gesetzes“ aufgeführt. Sie ist eng verwandt mit der Huzvarešschrift, jedoch zeichenreicher. Die Vervollständigung des Avesta-Alphabets ist meist durch Anfügung diakritischer Zeichen erfolgt, auf diese Art werden lange Vokale von kurzen unterschieden.

Man unterscheidet eine ältere und eine neuere Aussprache in der oben nach Lepsius angegebenen Weise.

Die Schrift wird von rechts nach links geschrieben.

ARMENISCH.

Name	Druckschrift		Cursiv		Aussprache		Ziffern	Wert
					mechithar.	asiatisch		
Aib	Ա	ա	Ա	ա	a	a	ա	1
Ben	Բ	բ	Բ	բ	p	b	բ	2
Gem	Գ	գ	Գ	գ	k	g	գ	3
Da	Դ	դ	Դ	դ	t	d	դ	4
Yedž	Ե	ե	Ե	ե	y	e	ե	5
Za	Զ	զ	Զ	զ	z	z	զ	6
E	Է	է	Է	է	ē	ē	է	7
Eth	Ը	ը	Ը	ը	e̥	e̥	ը	8
Tto	Թ	թ	Թ	թ	th	tt	թ	9
Že	Ժ	ժ	Ժ	ժ	ž	ž	ժ	10
Ini	Ի	ի	Ի	ի	i	i	ի	20
Liun	Լ	լ	Լ	լ	l	l	լ	30
Khe	Խ	խ	Խ	խ	χ	χ	խ	40
Tsa	Ծ	ծ	Ծ	ծ	dz	ts	ծ	50
Ken	Կ	կ	Կ	կ	g	k	կ	60
Ho	Հ	հ	Հ	հ	h	h	հ	70
Dsa	Ձ	ձ	Ձ	ձ	ts	dz	ձ	80
Γat	Ղ	ղ	Ղ	ղ	γ	γ	ղ	90
Tže	Ճ	ճ	Ճ	ճ	dž	tš	ճ	100
Men	Մ	մ	Մ	մ	m	m	մ	200
H'i	Յ	յ	Յ	յ	h', y	h'	յ	300
Nu	Ն	ն	Ն	ն	n	n	ն	400
Ša	Շ	շ	Շ	շ	š	š	շ	500
O	Ո	ո	Ո	ո	uo	o	ո	600
Dža	Չ	չ	Չ	չ	tš	dž	չ	700
Pe	Պ	պ	Պ	պ	b	p	պ	800
Tše	Ջ	ջ	Ջ	ջ	dš	ttš	ջ	900
Ra	Ռ	ռ	Ռ	ռ	rr	rr	ռ	1000
Se	Ս	ս	Ս	ս	s	s	ս	2000
Wew	Վ	վ	Վ	վ	w	w	վ	3000
Tiun	Տ	տ	Տ	տ	d	t	տ	4000
Re	Ր	ր	Ր	ր	r	r	ր	5000
Ttšo	Ց	ց	Ց	ց	ddz	tts	ց	6000
Hiun	Ւ	ւ	Ւ	ւ	u	u	ւ	7000
Ppiur	Փ	փ	Փ	փ	ph	pp	փ	8000
Khe	Ք	ք	Ք	ք	kh	kk	ք	9000
O	Օ	օ	Օ	օ	o	ō	օ	10000
Fe	Ֆ	ֆ	Ֆ	ֆ	f	f	ֆ	20000

Ligaturen.

մե = մ ե me, մէ = մ է mē, մի = մ ի mi, մն = մ ն mn, մխ = մ խ mχ,
մկ = մ կ mk, վն = վ ն wn, եւ = ե ւ yew.

Abbreviaturen.

ած = աստուած Gott, ա = ամենայն alles, ա = աշխարհ Welt, ժմնկ = ժամանակ Zeit,
իէլ = իսրայէլ Israel, յս = յիսուս Jesus, քս = քրիստոս Christus, սբ = սուրբ heilig,
տր = տէր Herr, ըւ = ընդ mit, ըս = ըստ nach, ա = այս ինքն das ist, թի = թիւն,
թե = թեան, թէ = թենէ, թբ = թեամբ etc.

Accente.

՛ Acut, ` Gravis, ՞ Circumflex, ῾ Spiritus asper, ᾿ Spiritus lenis, ՟ Zeichen der Länge, ° Zeichen der Kürze, ՟ Abbreviationszeichen, ՚ Apostroph, , Komma, ։ Kolon, . Punkt, - Divis.

Die Armenier besassen bis zum 5. Jahrhundert unserer Zeitrechnung keine eigene Schrift, die Felsen-Inschriften von Wan sind mit Keil-Inschriften assyrischer Art bedeckt, später schrieben die östlichen Armenier mit sasanidischen, die westlichen mit griechischen Zeichen. Keines dieser Alphabete genügte für die zahlreichen Laute der armenischen Sprache, weshalb Bischof Mesrop im 5. Jahrhundert ein vollständiges Alphabet aufstellte (Fr. Müller, über den Ursprung der armenischen Schrift).

Bezüglich der Aussprache sind zwei Lesarten zu bemerken, die jüngere der Türkisch-Armenier, welche in Europa am meisten durch die Mechitharisten-Konvikte zu Venedig und Wien bekannt ist und die ältere, welche sich noch in Tiflis erhalten hat, und welche hier nach Lepsius Standard-Alphabet unter der Überschrift „asiatisch" beigefügt ist; die harten Laute in der armenischen Sprache haben wir durch die Verdopplung der Konsonanten angedeutet. Ursprünglich hatte die Schrift eine Uncialform, aus der sich die Minuskel und die Versalien bildeten, eine Probe von dieser Uncialschrift veröffentlichte Prof. Fr. Müller in der hier citirten Abhandlung; ferner ist in dem Alphabetum armenum der Congregatio de propaganda fide, Rom 1784 auch eine aus Thieren, vorzüglich Vögeln gebildete Schrift abgedruckt, die die Form der alten Uncial genau wiedergibt. Die jüngste Form der Schrift ist die Cursiv.

Auch die Schrift der benachbarten Georgier soll von Mesrop herrühren, dieselbe besitzt aber keine Ähnlichkeit mit der armenischen Schrift. Mit dem griechischen und semitischen Alphabete stimmen diese Schriften nur in der alphabetischen Anordnung überein, doch ist diese Reihenfolge besonders in der armenischen Schrift vielfach durchbrochen.

Die armenische und die georgische Schrift werden von links nach rechts geschrieben, die Accente sind der griechischen Schrift entlehnt.

GEORGISCH.

Name	Khutsuri	Mχedruli	Wert	Ziffer	Name	Khutsuri	Mχedruli	Wert	Ziffer
An	Ⴀ ⴀ	ა	a	1	*Ttan*	Ⴒ ⴒ	ტ	tt	300
Ban	Ⴁ ⴁ	ბ	b	2	*Un*	Ⴓ ⴓ	უ	u	400
Gan	Ⴂ ⴂ	გ	g	3	*Vi*	Ⴣ ⴣ	ჳ	vi	
Don	Ⴃ ⴃ	დ	d	4	*Par*	Ⴔ ⴔ	ფ	p	500
Eni	Ⴄ ⴄ	ე	e	5	*Kan*	Ⴕ ⴕ	ქ	k	600
Win	Ⴅ ⴅ	ვ	w	6	*Γan*	Ⴖ ⴖ	ღ	γ	700
Zen	Ⴆ ⴆ	ზ	z	7	*Qar*	Ⴗ ⴗ	ყ	q	800
He	Ⴡ ⴡ	ჱ	h′	8	*Šin*	Ⴘ ⴘ	შ	š	900
Than	Ⴇ ⴇ	თ	tʻ	9	*Tšin*	Ⴙ ⴙ	ჩ	tš	1000
In	Ⴈ ⴈ	ი	i	10	*Tsan*	Ⴚ ⴚ	ც	ts	2000
Kan	Ⴉ ⴉ	კ	kk	20	*Dzil*	Ⴛ ⴛ	ძ	dz	3000
Las	Ⴊ ⴊ	ლ	l	30	*Tsil*	Ⴜ ⴜ	წ	tts	4000
Man	Ⴋ ⴋ	მ	m	40	*Ttšar*	Ⴝ ⴝ	ჭ	ttš	5000
Nar	Ⴌ ⴌ	ნ	n	50	*Khan*	Ⴞ ⴞ	ხ	χ	6000
Je	Ⴢ ⴢ	ჲ	y	60	*Khar*	Ⴤ ⴤ	ჴ	χʻ	7000
On	Ⴍ ⴍ	ო	o	70	*Dšan*	Ⴟ ⴟ	ჯ	dž	8000
Par	Ⴎ ⴎ	პ	pp	80	*Hae*	Ⴠ ⴠ	ჰ ჰ	h	9000
Žan	Ⴏ ⴏ	ჟ	ž	90	*Hoe*	Ⴥ ⴥ	ჵ	hoi	10000
Rae	Ⴐ ⴐ	რ	r	100	*Fa*	Φ φ	ჶ	f	
San	Ⴑ ⴑ	ს	s	200			ჷ	e̥	

Interpunktionen:

- Bindestrich, ჻ Ende einer längeren Periode, ⁚ Punkt, · Strichpunkt, ʼ Komma.

Die georgische Schrift zerfällt in eine ältere priesterliche, *Khutsuri*, welche zu Inschriften, in der Bibel und in Kirchenbüchern gebraucht wird, und in die *Mχedruli*, welche die gewöhnliche Schrift des bürgerlichen Verkehrs ist. Sie soll von Mesrop mit Hilfe eines gewissen griechisch-armenischen Dolmetsch Namens Sharah ausgearbeitet worden sein. Die georgische oder grusinische Sprache besitzt ausser den Fortes und Lenes noch eine dritte Klasse von sehr harten Lauten, welche hier wie bei der armenischen Schrift durch die Verdopplung der Konsonanten angedeutet ist. Die *Mχedruli* besitzt keine Initialen wie die armenische und die *Khutsuri*-Schrift.

ARABISCHE SCHRIFTEN.

Die arabische Schrift ist eine der verbreitetsten Schriften der Erde. Als die heilige Schrift des Qorân hat sie sich mit diesem bis nach Marokko und Indien verbreitet. Ihrer bedienen sich, wenn auch mit Veränderungen, die Mosleminen von Marokko, Algier, Tunis, Ägypten, die Türken Europas, die Syrer, selbst die christlichen im profanen Verkehr, die Perser, Afγanen, die mohammedanischen Indier und die Tataren.

Es gibt verschiedene Arten der arabischen Schrift:

1. *Kufisch*, nach der Stadt Kufa benannt, ist eine grosse breite und dicke Schrift, sie ist die älteste der mohammedanischen Schriften und wird insbesondere zu Qorânexemplaren angewendet, weil auch alte Priester mit geschwächtem Augenlicht sie zu lesen vermögen. Die Punkte sind in solchen Exemplaren in helleren Farben.

2. *Karmathisch* (Nordarabien) ist eine zierlichere Form der kufischen Schrift.

3. Die *Nesχi* soll im 4. Jahrhundert der arabischen Zeitrechnung durch den Wezir Ibn Moqla erfunden worden sein (wahrscheinlich wurde sie von diesem in die Bücher eingeführt, denn es sind Nesχischriften höheren Alters vorhanden). Die Nesχi ist eine schöne schlanke Schrift, welche allgemein in Büchern und daher in Europa fast ausschliesslich zum arabischen Druck gebraucht wird.

4. *Taʿalik* wird von den Persern angewendet und soll von Jakut herrühren; sie hat einen sehr cursiven Zug, der z. B. das arabische س zu einem einzigen breiten Striche auflöst.

5. *Diwany*, die Schrift der vornehmen Türken und besonders der türkischen Kanzleien, ist eine sehr verzogene Nesχi.

6. *Tült* (genau *Θülθ*, von den Türken *Sülüs* gesprochen) oder *Rihani*, nach Rihan genannt, der auch die Nesχi in Arabien eingeführt haben soll, ist eine Art arabischer Fraktur, welche man zu Inschriften und Büchertiteln gebraucht, wobei die Buchstaben in einander verschlungen werden, z. B.:

كتاب القرائت و المنشات عثمانى *Kitab-ul-kraet we-el-munšeat osmani* (Osmanisches Lese- und Aufsatzbuch). Auch der Namenszug des Sultans (die *Thugra*)

ist in dieser Schriftart ausgeführt. Dieser Namenszug bildet die Figur einer Hand mit ausgestreckten fünf Fingern, das Symbol des Propheten, dessen Stellvertreter der Khalif ist; im Mittelalter kam es auch vor, dass der Sultan-Khalif selbst seine Hand in die Tinte tauchte und sie als Unterschrift unter den Vertrag druckte. Wir geben hier die Probe einer Thugra:

عبد المجيد خان ابن محمود المضفر دايما *Abdu-'l-Medžid khan ibn Mahʿmud el-mus̱afir daiman* „Abd-ul-Medžid Khan, Sohn des Mahmud des immer Siegreichen."

7. *Rokai* oder *Rika'a* ist die cursive Schrift der Araber und Türken und wird in Privatbriefen und Rechnungen gebraucht; sie ist nur eine entartete Nesχi.

8. Die *Maγreb*, welche im nördlichen Afrika statt der *Nesχi* gebraucht wird, schliesst sich mehr der kufischen und karmathischen Schrift an.

Ausserdem gibt es noch verschiedene Spielarten der arabischen Schrift, welche sich jedoch wenig von den hier aufgezählten Arten unterscheiden.

Die arabischen Schriften werden, wie die syrische und chaldäische, von rechts nach links verbunden geschrieben, die Zeichen erleiden demnach Veränderungen, je nachdem sie am Anfange, in der Mitte oder am Ende stehen. Die Zeichen و ز ر ذ د ا können nur mit vorausgehenden, nie mit folgenden Zeichen verbunden werden. Am Ende und freistehend haben die Zeichen einen frei auslaufenden Schnörkel, die Urtype ist am treuesten im Anlaut bewahrt.

Die jetzige Reihenfolge des Alphabets ist eine Anordnung der Grammatiker, und beruht auf dem Streben, die verwandten Zeichen nebeneinander zu stellen, dadurch wurde die ursprüngliche Reihenfolge, welche die alten Zahlenwerte der Buchstaben (vergl. Kufisch) erkennen lässt, zerrissen.

Der alte Zahlwert der Buchstaben, welcher mit dem der syrischen identisch ist, wurde aufgegeben, nachdem die Araber die indischen Zahlzeichen kennen lernten und das indische Decimalsystem annahmen.

Doch sind die Zahlzeichen nicht gleich, andere Zahlzeichen hat die *Nesχi*, andere die *Maγreb* (*Gobar*- oder Staub-Ziffern), anderer Zahlzeichen bedienten sich endlich die Janitšaren, deren Schrift *Syakat* heisst. Wir lassen hier eine Zusammenstellung derselben folgen:

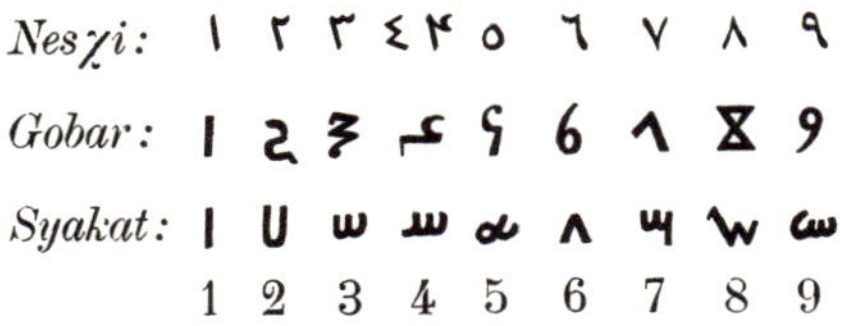

• wird wie unsere Null gebraucht. Die Zahlzeichen werden nach indischer Weise von der Linken zur Rechten geschrieben, daher ١٨٨٠ 1880.

Die Vokale wurden ursprünglich, wie im Syrischen und Hebräischen, nicht geschrieben und bleiben auch gegenwärtig noch in vielen Schriften unbezeichnet, indessen wurde auch in der arabischen Schrift eine genaue Vokalbezeichnung nothwendig und sie erfolgte wie im Hebräischen durch diakritische Zeichen mit oder ohne Verbindung von ا و ى. Die Vokalzeichen sind ein kleiner schräger Strich ´ (ein verkürztes *Elif*) über den Buchstaben für *a*, unter den Buchstaben für *i*; ein verkürztes *Waw* über den Buchstaben für *u*. Diese Zeichen heissen: ´ *Fath'a*, *Kesre*, ᾿ *Δamma*.

In der neuern Aussprache dient das *Fath'a* auch für *e̠* und *ĕ*, *Kesre* auch für *e*, *Δamma* auch für *o*. *Fath'a* bezeichnet, wenn es senkrecht geschrieben wird ', den langen Vokal *ā*. Eine Verdopplung der Vokalzeichen ergibt ً *an*, ٍ *in*, ٌ *un*. Diese Vokalverdopplung heisst *Tanwin* oder, weil ein *n* angehängt ist, *Nunation*. Diphthonge sind ـَيْ *ai* und ـَوْ *au*, dieselben werden manchmal einfach *a* und *u* gelesen und das ى hat dann nur die Bedeutung des *iota subscriptum* im Griechischen.

Ausserdem dienen als Lesezeichen:

° *Sukun* oder *Džasm*, Silbentheiler, über dem letzten Buchstaben einer zusammengesetzten Silbe, zeigt an, dass die Silbe eine geschlossene und der mit ° überschriebene Konsonant mit dem vorhergehenden Vokale auszusprechen ist.

ّ *Tešdid* oder *Šedda*, Verdopplung der Konsonanten; in afrikanischen Handschriften hat es die Form: ˆ und ˄.

ء *Hamza* steht über oder unter dem *Elif*, um anzuzeigen, dass dieses Konsonant ist, und als Hauch mit *a* oder (wenn unten) mit *i* zu lesen ist, manchmal steht es im gleichen Sinne über dem *Ye* und *Waw*. In kufischen Qorânen ist es ein kleiner grüner Strich, in maurischen Handschriften ein grüner oder gelber Punkt.

ٱ *Vesla*, Verbindungszeichen, zeigt an, dass *Elif* mit dem vorhergehenden Worte zusammengezogen wurde und daher den Vokal verliert, z. B. سورة ٱلبقرة *suratu 'l baqarati*.

ٓ *Madda* zeigt das gedehnte *a* an.

KUFISCH.

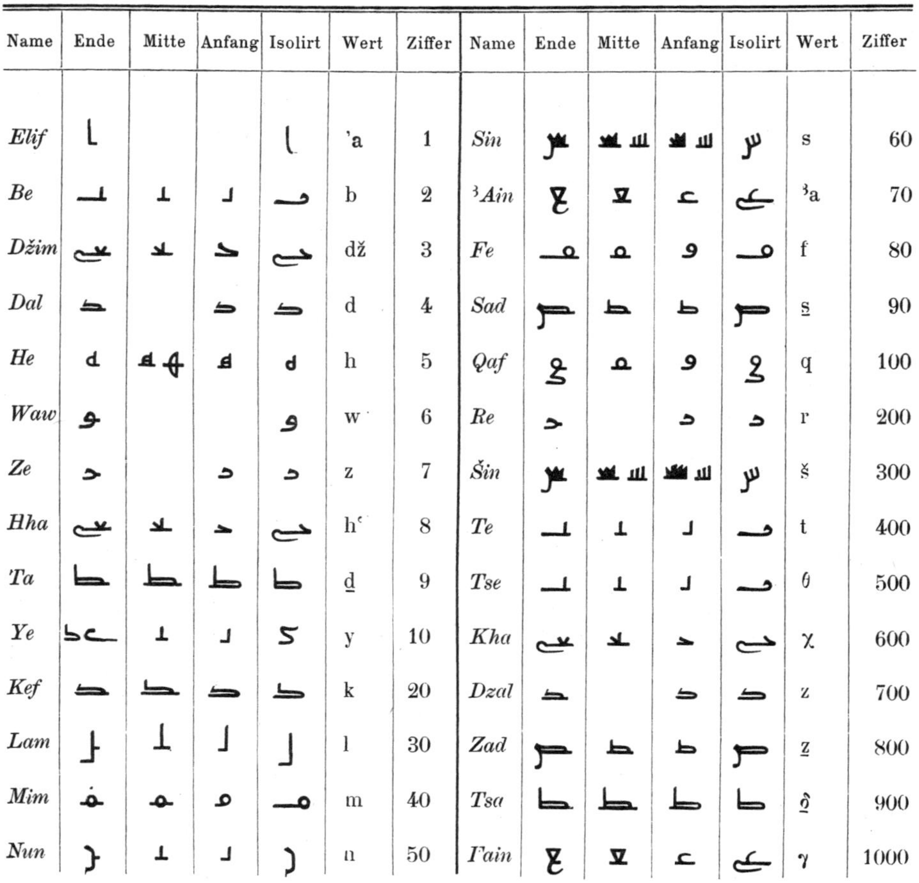

Name	Ende	Mitte	Anfang	Isolirt	Wert	Ziffer	Name	Ende	Mitte	Anfang	Isolirt	Wert	Ziffer
Elif					'a	1	*Sin*					s	60
Be					b	2	*³Ain*					³a	70
Džim					dž	3	*Fe*					f	80
Dal					d	4	*Sad*					s̲	90
He					h	5	*Qaf*					q	100
Waw					w	6	*Re*					r	200
Ze					z	7	*Šin*					š	300
Hha					hʿ	8	*Te*					t	400
Ta					d̲	9	*Tse*					θ	500
Ye					y	10	*Kha*					χ	600
Kef					k	20	*Dzal*					z	700
Lam					l	30	*Zad*					z̲	800
Mim					m	40	*Tsa*					ẑ̲	900
Nun					n	50	*Γain*					γ	1000

Die vorstehende Reihenfolge der Zeichen ist nach den Zahlen geordnet.

Die Zeichen für *dž* und *hʿ* bestehen aus zwei verschiedenen Formen, die den syrischen Zeichen ܓ *g* und ܟ *χ* entsprechen, es scheinen daher diese Laute (ursprünglich *g* und *χ*) anfangs nicht unterschieden worden zu sein, dies in Betracht gezogen, erscheint die kufische Schrift aus 18 Zeichen gebildet, welche später auf 28 vermehrt worden sind (um die Zahl 1000 zu erreichen ?). Als Unterscheidungszeichen dienten in ältester Zeit Buchstaben, wie: م (لازم) die nothwendige Pause, wo man nicht fortlesen darf, ohne dass der Sinn entstellt würde, ط (مطلق) die allgemein angenommene Pause am Ende eines Satzes, ج (جائز) die zulässige Pause, wo es gleichgiltig ist, ob man anhält oder fortliest, ز (مجوز لوجه) ist die in gewisser Hinsicht gestattete Pause, ص (مرخص ضرورة) welche aus Nothwendigkeit geduldet ist, wo man nur wegen der Länge des Satzes innehalten muss, um Athem zu holen. Wo nicht innegehalten werden soll, setzt man لا (nicht), als Versetheiler setzt man einen kleinen Kreis ☼. (Schier die arabischen Handschriften.)

KUFISCH (ANDERE FORM).

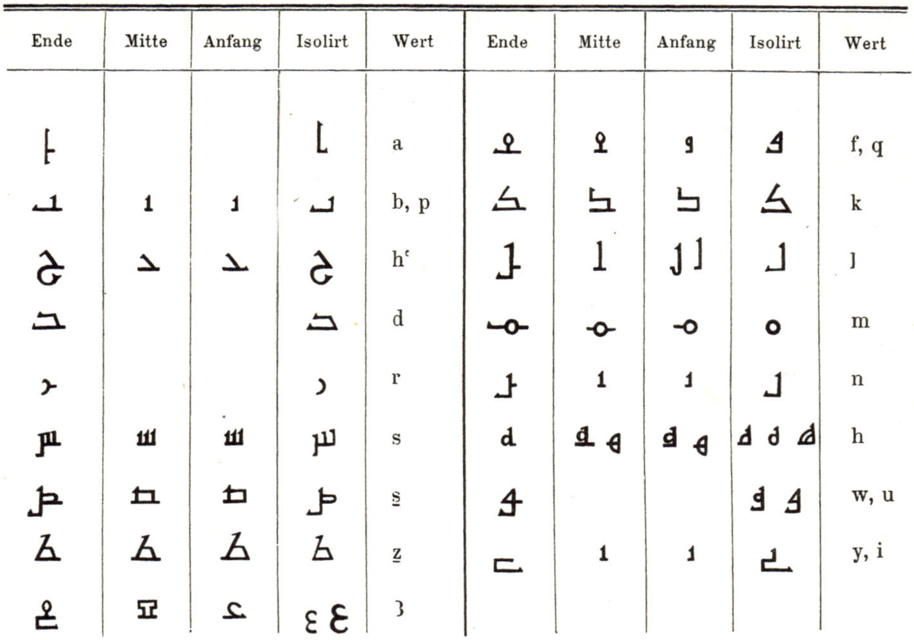

Ligaturen: la, lh, ly.

KARMATHISCH.

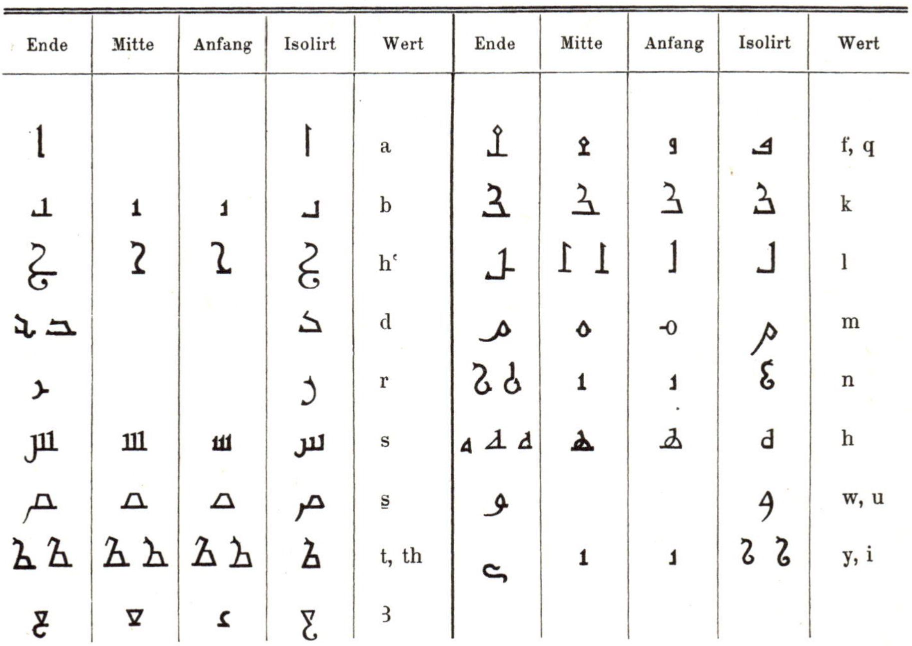

Ligatur: la.

MAΓREB.

Ende	Mitte	Anfang	Isolirt	Wert	Ende	Mitte	Anfang	Isolirt	Wert
ـا			ا	Vokal	ـم ـم	ـمـ	مـ	م	m
ـب	ـبـ	بـ	ب بـ	b	ـن	ـنـ	نـ	ن ں	n
ـت	ـتـ	تـ	ت تـ	t	ـص	ـصـ	صـ	ص	s̱
ـث	ـثـ	ثـ	ث ثـ	θ	ـض	ـضـ	ضـ	ض	ẕ
ـج	ـجـ	جـ	ج	dž	ـع	ـعـ	عـ	ع	ʒ
ـح	ـحـ	حـ	ح	hʿ	ـغ	ـغـ	غـ	غ	γ
ـخ	ـخـ	خـ	خ	χ	ـڢ	ـڢـ	ڢـ	ڢ	f
ـد			د	d	ـق	ـقـ	قـ	ق ڧ	q
ـذ			ذ	ð			ڭ ڨ		g
ـر ـر			ر ر	r	ـس	ـسـ	سـ	س	s
ـز ـز			ز ز	z	ـش	ـشـ	شـ	ش	š
ـط	ـطـ ـطـ	طـ	ط	d̲	ـڜ	ـڜـ	ڜـ	ڜ	tš
ـظ	ـظـ ـظـ	ظـ	ظ	ð̲	ـة ـه	ـهـ	هـ	ة	h
ـك	ـكـ ـكـ	كـ كـ	ك ك	k	ـو			و	w
ـل	ـلـ	لـ	ل	l	ـي ـى ـى	ـيـ	يـ	ي ى ي	y, i

Ligaturen.

Zeichen	Wert	Zeichen	Wert	Zeichen	Wert	Zeichen	Wert	Zeichen	Wert
بي بي	by	شم	šm	ذه	ðh	لخ	lχ	۶	ۦ
في	fy	تم	tm	نح	nhʿ	لحج	lhʿdž	،،	۶
ني	ny	يم يم	ym	عح	ʒhʿ	ﻻ ﻻ	la	v	ـ
سح	shʿ	هم هم	hm	لم	lm	ﻻ ﻻ	la	٦	Interpunktionen
صح	s̱hʿ	لي	ly	مج	mdž	ﻻ ﻻ	la	،،،	
سم	sm	ده ده	dh	لح	lhʿ	ﻻ	ala	۞	

ARABISCHE NESKHI.

Name	Ende	Mitte	Anfang	Isolirt	Wert	Name	Ende	Mitte	Anfang	Isolirt	Wert
Elif	ـا			ا	'a	*Ta*	ـط	ـطـ	طـ	ط	d̲
Be	ـب	ـبـ	بـ	ب	b	*Tza*	ـظ	ـظـ	ظـ	ظ	ð̲
Te	ـت	ـتـ	تـ	ت	t	*ʒAin*	ـع	ـعـ	عـ	ع	ʒ
θe	ـث	ـثـ	ثـ	ث	θ	*Γain*	ـغ	ـغـ	غـ	غ	γ
Džim	ـج	ـجـ	جـ	ج	dž	*Fe*	ـف	ـفـ	فـ	ف	f
Hha	ـح	ـحـ	حـ	ح	hʿ	*Qaf*	ـق	ـقـ	قـ	ق	q
Kha	ـخ	ـخـ	خـ	خ	χ	*Kef*	ـك	ـكـ	كـ	ك	k
Dal	ـد			د	d	*Lam*	ـل	ـلـ	لـ	ل	l
Dzal	ـذ			ذ	ð̂	*Mim*	ـم	ـمـ	مـ	م	m
Re	ـر			ر	r	*Nun*	ـن	ـنـ	نـ	ن	n
Ze	ـز			ز	z	*He*	ـه	ـهـ	هـ	ه	h
Sin	ـس	ـسـ	سـ	س	s		ـة			ة	t
Šin	ـش	ـشـ	شـ	ش	š	*Waw*	ـو			و	w
Sad	ـص	ـصـ	صـ	ص	ṣ	*Ye*	ـى	ـيـ	يـ	ى	y
Zad	ـض	ـضـ	ضـ	ض	z̲	*Lam-elif*	ـلا			لا	la

Ligaturen.

Zeichen	Wert	Zeichen	Wert	Zeichen	Wert	Zeichen	Wert	Zeichen	Wert
بمـ بم	bm	تهـ ته	th	ثى ثى	θy	كا كا	ka	مجـ مج	mdž
تمـ تم	tm	ثهـ ثه	θh	نى نى	ny	كل كل	kl	مم مم	mm
ثمـ ثم	θm	نهـ نه	nh	يى يى	yy	كم كم	km	نمج	nmdž
نمـ نم	nm	يهـ يه	yh	فى	fy	لج لج	ldž	سج	sdž
يمـ يم	ym	بى بى	by	قى	qy	لم لم	lm	سم سم	sm
بهـ به	bh	تى تى	ty	قم قم	qm	له له	lh	سه سه	sh

Für die Satzweise der Nes*χ*i gibt es folgende Regeln:

1. Vor ـجـ ـچـ ـحـ ـخـ kommt das kleine höherstehende ـهـ, z. B. مج.

2. Statt بـ پـ تـ ثـ نـ يـ werden vor ـجـ ـچـ ـحـ ـخـ die Formen بـ پـ تـ ثـ نـ يـ angewendet.

3. Nach ـجـ ـچـ ـحـ ـخـ setzt man die breiteren بـ پـ تـ ثـ نـ يـ.

4. Wenn einem oder zweien Buchstaben höherer Linie ein ـجـ ـچـ ـحـ ـخـ folgt, so werden die breiten höherstehenden بـ پـ تـ ثـ نـ يـ genommen.

5. Wenn سـ شـ صـ ضـ einem ـجـ ـچـ ـحـ ـخـ vorausgehen, so werden sie سجـ شچـ صحـ ضخـ gesetzt. (Ligaturen aus سـ شـ صـ ضـ sind hier zu empfehlen.)

6. Vor ـهـ ـوـ ـعـ ـغـ ـطـ ـظـ ـصـ ـشـ ـسـ werden die grossen بـ پـ تـ ثـ نـ يـ verwendet.

7. Vor ا und ـا werden die geschlossenen ـجـ ـچـ ـحـ ـخـ verwendet.

8. سـ شـ صـ ضـ und ـر werden سر شر صر ضر zusammengesetzt.

9. Vor den Buchstaben ى م ر kommt das kleine ـهـ, z. B. هى هم هر.

10. Folgt ى auf سـ شـ صـ ضـ, so verwendet man die kleinen سـ شـ صـ ضـ und das grosse ى.

11. Folgt auf ا ـا ein gewöhnliches ک, so kommt eine kleine, folgt ein kleines ک, eine mittlere Verlängerung.

12. Folgt auf ک ک ein ا oder ـا, so steht das kleine ک ک. (Bei لا ist dies nicht unumgänglich nöthig.)

13. Wenn einem ـسـ oder ـشـ zwei von den Buchstaben بـ پـ تـ ثـ نـ يـ vorausgehen oder nachfolgen, ebenso wenn drei von diesen Buchstaben nebeneinander stehen, so kommt für den mittleren Buchstaben immer einer von den schmalen بـ پـ تـ ثـ نـ يـ z. B.: بيت كتبه نيشان.

14. Werden بـ پـ تـ ثـ نـ يـ mit ر ز ن zusammengesetzt, so nimmt man das geschwungene بـ پـ تـ ثـ نـ يـ und das höherstehende ر ز ن, z. B. خبر عين.

(In alten Nes*χ*ischriften findet man auch die Ligaturen بر پر تر ثر نر ير.)

15. Statt ـجـ ـچـ ـحـ ـخـ ـعـ ـغـ ـفـ ـقـ ـهـ ـمـ ـكـ setzt man ج چ ح خ ع غ ف ق ه م ك, z. B. احمد (م ist Ligatur).

16. Zum Ausfüllen der Zeile bedient man sich eines breiten ـل oder halbbreiten ـل, der breiten ـك ـک und der kleinen, halbbreiten und breiten Verlängerung - - —, z. B. سلطان.

17. Nach einzelnen Buchstaben gibt man keine Verlängerung.

18. Die Verlängerung in einem Worte wird gewöhnlich vor dem letzten Buchstaben eingefügt.

19. Nach سـ شـ kommt beim Ausfüllen der Zeile gewöhnlich eine ganz breite Verlängerung.

20. Wenn ء nach ى ه ة zu stehen kommt, so wird es über oder neben dieselben gesetzt, z. B. ىٔ هٔ ةٔ.

21. Werden سـ شـ صـ ضـ mit ـهـ verbunden, so geschieht dies durch das breite ـهـ und die kleinen سـ شـ صـ ضـ, z. B. سهـ شهـ صهـ ضهـ.

22. سـ شـ صـ ضـ und م werden durch سم شم صم ضم oder سم شم صم ضم gebildet.

23. Soll سـ شـ صـ ضـ mit ء verbunden werden, so geschieht dies durch das

höherstehende ـد ـشـ ـصـ ـضـ und ـعـ, z. B. ضعصعشعسع oder ضعصعشعسع.

24. Wenn ـعـ, oder den Ligaturen ـعـ ـغـ ـفـ ـقـ mehr als zwei von den Buchstaben ـبـ ـتـ ـثـ ـنـ ـيـ vorausgehen, so nimmt man ـعـ oder die Ligaturen ـبـ ـتـ ـثـ ـنـ ـيـ, welche auf die Schreiblinie hinunterreichen, z. B. تسمعون.

25. ش س ض ص ش س oder ش س ض ص werden aus den kleinen ـد ـشـ ـصـ ـضـ oder ـسـ ـشـ ـصـ ـضـ und dem Endstücke ں zusammengesetzt.

26. ـبر ـتر ـثر ـنر ـير und ـبر ـتر ـثر ـنر ـير ferner بى تى ثى نى يى und بى تى ثى نى يى sind Ligaturen.

27. ع م ء bestehen aus ـعـ ـمـ ـءـ und dem Endstriche ـ.

28. Die Form ـر wendet man gewöhnlich nur nach den Buchstaben ـجـ ـحـ ـخـ ـسـ ـشـ ط ظ ع غ ـفـ ـقـ ـكـ ـلـ ـمـ ـهـ schönheitshalber an.

29. Folgt im Arabischen auf ذّ ein أ, so erhält dasselbe kein Hareket, د hingegen erhält ٓ. Der gleiche Fall tritt ein, wenn ا der Träger von ـٔ ؤ ئ ist.

30. Für die übrigen Sprachen, welche das arabische Alphabet nur um einige Buchstaben vermehrt haben, wie z. B. Türkisch, Afɣanisch, Puŝto, Malayisch etc., gelten für die differencirten Buchstaben dieselben Regeln, wie für die einfachen, so hat z. B. im Malayischen ڠ die Regeln des ع, ڤ die Regeln des ف, ڽ ٿ die Regeln des ن u. s. f.

Abbreviaturen sind: صلعم für صلّى الله عليه وسلّم *salle allah* *ʾalih use'llem* „Gott sei ihm gnädig und gebe ihm seinen Frieden“, عَمْ für عليه السلام *ʾalih ess'lam* „der Friede sei über ihm“. In manchen Wörterbüchern bezeichnet ج den Plural جمع *dž'maʾ*, جَ für جواب *dž'wab* „Antwort“, سَ für سؤال *sual* „Frage“, م steht für معروف *maʾruf* „bekannt“, ع für موضع *muza* „Ortsname“, د für بلد *b'led* „Stadt, Land“, ة oder ة für بلدة *beldat* „Marktflecken“, الخ für إلى آخره *ila aχeruh* „bis zu Ende“ (unser „etc.“), ebenso werden statt der Monatsnamen blos deren Anfangsbuchstaben geschrieben.

Verwandt mit den obigen Abbreviaturen sind die mystischen Buchstaben, welche im Qorân vorkommen, es sind dies folgende:
الم *A. L. M. amar li Muhammad* „befohlen hat mir Muhammad“. المص *A. L. M. S̱. amar li Muhammad ṣadiq* „befohlen hat mir Muhammad der Wahrhaftige“. الر *A. L. R. amar li Rabbi* „befohlen hat mir mein Herr“. المر *A. L. M. R. amar li Muhammad rabbi* „befohlen hat mir Muhammad mein Herr“. ص *S̱ ṣadqun* „die Wahrheit“. ق *Q* = قضى للامر *quzy lilamur* „die Sache ist beschlossen“. طه *TaH* „St. Stille“. Einige andere Abbreviaturen sind ihres dunklen Sinnes wegen nicht richtig zu erklären.

Als Unterscheidungszeichen dienen: der bei der kufischen Schrift erwähnte Kreis ✡ oder auch einfache, manchmal bunte Punkte. Auch fängt in Handschriften oft ein neuer Abschnitt mit einem roth geschriebenen Wort an.

TÜRKISCHE NESKHI.

Name	Ende	Mitte	Anfang	Isolirt	Wert	Name	Ende	Mitte	Anfang	Isolirt	Wert
Elif	ـا			ا	Vokal	*Zad*	ـض	ـضـ	ضـ	ض	ẕ
Be	ـب	ـبـ	بـ	ب	b, p	*Thy*	ـط	ـطـ	طـ	ط	t, th
Pe	ـپ	ـپـ	پـ	پ	p	*Zy*	ـظ	ـظـ	ظـ	ظ	z
Te	ـت	ـتـ	تـ	ت	t	*Ain*	ـع	ـعـ	عـ	ع ع	ʒ
Se	ـث	ـثـ	ثـ	ث	θ, s	*Gain*	ـغ	ـغـ	غـ	غ غ	g
Džim	ـج	ـجـ	جـ	ج	dž	*Fe*	ـف	ـفـ	فـ	ف	f
Tšim	ـچ	ـچـ	چـ	چ	tš, š	*Qaf*	ـق	ـقـ	قـ	ق	q, kh
Hha	ـح	ـحـ	حـ	ح ح	hʿ	*K'ef*	ـك	ـكـ	كـ	ك	k′
Chy	ـخ	ـخـ	خـ	خ	χ, χ́	*G'ef adžemi*	ـگ	ـگـ	گـ	گ	g′
Dal	ـد			د	d, t	*Saγir Nun*	ـڭ	ـڭـ	ڭـ	ڭ	ṅ
Dzal	ـذ			ذ	dz, ð̂	*L'am*	ـل	ـلـ	لـ	ل	l
Ry	ـر			ر ر	r	*Mim*	ـم	ـمـ	مـ	م	m
Ze	ـز			ز	z	*Nun*	ـن	ـنـ	نـ	ن	n
Sin	ـس	ـسـ	سـ	س	s	*He*	ـه ـه	ـهـ ـهـ	هـ	ه	h
Šin	ـش	ـشـ	شـ	ش	š	*Waw*	ـو			و	v
Sad	ـص	ـصـ	صـ	ص	ṣ	*Ye*	ـى	ـيـ	يـ	ى	y, i

َ *Üstün* a, e, ِ *Esre* i̱, i, ُ *Ötürü* o, u, ö, ü, ً *Iki üstün* (doppelt *Üstün*) en, ٍ *Iki esre* in, ٌ *Iki ötürü* on, un, ْ *Tšasm* Silbentheiler, ّ *Tešdid* oder *Šedde* Verdopplung, ٓ *Meddelif* oder *Medde* a, ٔ *Hamzelif* oder *Hamze* (vergleiche die Erklärung S. 97).

Die Türken haben nach ihrer Bekehrung zur mohammedanischen Religion die arabische Schrift angenommen, doch ist die Aussprache namentlich der arabischen Laute und die Vokalbezeichnung ungenau.

Die Aussprache wird durch Nebenlaute beeinflusst, َ ِ ُ werden vor harten Lauten *a, i̱, o* oder *u*, vor weichen *e, i, ö* oder *ü* ausgesprochen; nach *Te, Se, Džim, Chy, Sin, Šin, Sad, Thy, Qaf, G'ef* wird *b* als *p*, *dž* als *tš*, *d* als *t*, *n* wird vor *b* als *m* gelesen.

Neben der *Nesχi* gebrauchen die Türken die *Rikaʿa* und die *Diwany*.

TÜRKISCHE RIKAʒA.

Ende	Mitte	Anfang	Isolirt	Wert
ـا			ا	a
ـب	ـبـ	بـ	ب	b, p
ـپ	ـپـ	پـ	پ	p
ـت	ـتـ	تـ	ت	t
ـح	ـحـ	حـ	ح	hʿ
ـخ	ـخـ	خـ	خ	χ
ـد			د	d, t
ـر			ر	r
ـس	ـسـ	سـ	س	s
ـش	ـشـ	شـ	ش	š
ـص	ـصـ	صـ	ص	s̲
ـض	ـضـ	ضـ	ض	z̲
ـط	ـطـ	طـ	ط	t, th
ـع	ـعـ	عـ	ع	ʒ
ـف	ـفـ	فـ	ف	f
ـق	ـقـ	قـ	ق	q, kh
ـك	ـكـ	كـ	ك	k'
ـل	ـلـ	لـ	ل	l
ـم	ـمـ	مـ	م	m
ـن	ـنـ	نـ	ن	n
ـو			و	w
ـه	ـهـ	هـ	ه	h, t
ـلا			لا	la
ـی	ـیـ	یـ	ی	y, i

TÜRKISCHE DIWANY.

Ende	Mitte	Anfang	Isolirt	Wert
ـا			ا	a
ـب	ـبـ	بـ	ب	b, p
ـپ	ـپـ	پـ	پ	p
ـت	ـتـ	تـ	ت	t
ـح	ـحـ	حـ	ح	hʿ
ـخ	ـخـ	خـ	خ	χ
ـد			د	d, t
ـر			ر	r
ـس	ـسـ	سـ	س	s
ـش	ـشـ	شـ	ش	š
ـص	ـصـ	صـ	ص	s̱
ـض	ـضـ	ضـ	ض	ẕ
ـط	ـطـ	طـ	ط	t, th
ـع	ـعـ	عـ	ع	ʒ
ـف	ـفـ	فـ	ف	f
ـق	ـقـ	قـ	ق	q, kh
ـك	ـكـ	كـ	ك	k′
ـل	ـلـ	لـ	ل	l
ـم	ـمـ	مـ	م	m
ـن	ـنـ	نـ	ن	n
ـو			و	w
ـه	ـهـ	هـ	ه ة	h, t
ـلا			لا	la
ـی	ـیـ	یـ	ی	y, i

PERSISCHE NESKHI.

Name	Ende	Mitte	Anfang	Isolirt	Barb Trans.	Wert	Name	Ende	Mitte	Anfang	Isolirt	Barb Trans.	Wert
Älyf	ﺎ ﺄ			ا أ	*a, æ*	å	*Z̲åd*	ﺾ	ﻀ	ﺿ	ض	*ʒ*	z̲, z
Bäj	ﺐ	ﺒ	ﺑ	ب	*b*	b	*Täj*	ﻂ	ﻄ	ﻃ	ط	*τ*	d̲
Päj	ﭗ	ﭙ	ﭘ	پ	*p*	p	*Zäj*	ﻆ	ﻈ	ﻇ	ظ	*ʒ*	ð̲, z
Täj	ﺖ	ﺘ	ﺗ	ت	*t*	t	*ʿÄjn*	ﻊ	ﻌ	ﻋ	ع	*ȷ*	ʿ
Säj	ﺚ	ﺜ	ﺛ	ث	*ƨ*	θ, s	*Γäjn*	ﻎ	ﻐ	ﻏ	غ	*r*	γ
Džim	ﺞ	ﺠ	ﺟ	ج	*ǧ*	dž	*Fäj*	ﻒ	ﻔ	ﻓ	ف	*f*	f
Tšim	ﭻ	ﭽ	ﭼ	چ	*č*	tš	*Qåf*	ﻖ	ﻘ	ﻗ	ق	*q*	q, g
Hʿäj	ﺢ	ﺤ	ﺣ	ح	*ḥ*	hʿ, h	*Kåf*	ﻚ	ﻜ	ﻛ	ك	*k*	k
Khäj	ﺦ	ﺨ	ﺧ	خ	*χ*	χ	*Gåf*	ﮓ	ﮕ	ﮔ	گ	*g*	g
Dål	ﺪ			د	*d*	d	*Låm*	ﻞ	ﻠ	ﻟ	ل	*l*	l
S̱ål	ﺬ			ذ	*з*	s̱	*Mim*	ﻢ	ﻤ	ﻣ	م	*m*	m
Räj	ﺮ			ر	*r*	r	*Nun*	ﻦ	ﻨ	ﻧ	ن	*n*	n
Zäj	ﺰ			ز	*z*	z	*Häj*	ﺔ ﻪ	ﻬ	ﻫ	ة ه	*h*	h
Žäj	ﮋ			ژ	*ž*	ž	*Wåv*	ﻮ			و	*v, ʋ*	v
Sin	ﺲ	ﺴ	ﺳ	س	*s*	s	*Yäj*	ﻰ	ﻴ	ﻳ	ى	*y, í*	y
Šin	ﺶ	ﺸ	ﺷ	ش	*š*	š	*Låm-älyf*	ﻼ			لا	*la*	la
Såd	ﺺ	ﺼ	ﺻ	ص	*ſ*	s̤, s							

Auch die Perser haben gleich den Türken mit dem Qorân arabische Wörter und Laute aufgenommen, welche ihre Zunge nicht wiederzugeben im Stande ist, der Perser macht in der Aussprache keinen Unterschied zwischen أ und ع, ق und ك, ح und ه, ط und ت, ظ und ز, ص und س, ض und ز, auch die Zeichen ث und ذ werden wie *s* und *z* ausgesprochen, die Vokale *e* und *o* werden in der Schrift von *a* und *u* nicht unterschieden, überhaupt die Vokalzeichen selten geschrieben. Die Vokale sind: ´ *ä*, آ *å*, ـِ *y*, ىِ *ī*, ’ *o*, *ŭ*, وُ *ū*, ىَ *äi*, وَ *au*, اى *åi*, وى *ŭi*.

Es sind hier auch die Transcriptionszeichen beigegeben, welche Herr Hofrath Barb in Wien eingeführt hat.

PERSISCHE TAʾALIK.

Zeichen				Wert	Zeichen				Wert
Ende	Mitte	Anfang	Isolirt		Ende	Mitte	Anfang	Isolirt	
ـا ـا			آ ا	'â	ـص	ـصـ	صـ	ص	s
ـب	ـبـ	بـ	ب	b	ـض	ـضـ	ضـ	ض	z
ـپ	ـپـ	پـ	پ	p	ـط	ـطـ	طـ	ط	t
ـت	ـتـ	تـ	ت	t	ـظ	ـظـ	ظـ	ظ	ż
ـث	ـثـ	ثـ	ث	ṡ	ـع	ـعـ	عـ	ع	ʒ
ـج	ـجـ ـجـ	جـ جـ	ج	dž	ـغ	ـغـ	غـ	غ	γ
ـچ	ـچـ ـچـ	چـ چـ	چ	tš	ـف	ـفـ ـفـ	فـ فـ	ف	f
ـح	ـحـ ـحـ	حـ حـ	ح	hʿ	ـق	ـقـ ـقـ	قـ قـ	ق	q
ـخ	ـخـ ـخـ	خـ خـ	خ	χ	ـک	ـکـ ـکـ ـکـ ـکـ	کـ کـ کـ	ک	k
ـد			د	d	ـل ـل	ـلـ	لـ	ل	l
ـذ			ذ	z	ـم ـم	ـمـ ـمـ	مـ مـ	م	m
ـر ـر			ر	r	ـن ـن	ـنـ	نـ	ن	n
ـز			ز	z	ـو			و	w, u
ـس	ـسـ	سـ سـ	س	s	ـه ـه	ـهـ	هـ	ة ه	h, t
ـش	ـشـ ـشـ	شـ شـ	ش	š	ـی	ـیـ	یـ	ی	y, ì

Ligaturen.

Zeichen	Wert	Zeichen	Wert	Zeichen	Wert	Zeichen	Wert
با	ba	بخـ	bχ	بر	br	بشـ	bš
بحـ	bhʿr	بحا	bhʿma	بز	bz	بکـ بک بکا بکا	bk
بجـ	bdž	بد	bd	بهر	bhr	بکا	bka
بچـ	btš	بن	bdh	بهز	bhz	بکک بکک	bkk
بحـ	bhʿ	بله	blh	بس	bs	با	bl

PERSISCHE TAꜥALIK.

Zeichen	Wert	Zeichen	Wert	Zeichen	Wert	Zeichen	Wert
بم بم	bm	تن	tdh	ثش	sš	صر	sr
بمر	bmr	تر	tr	ثک ثک ثک ثک	sk	ضر	zr
بے بی	by	تز	tz	ثکا	ska	طر	tr
پا	pa	تھر	thr	ثکک ثکک	skk	ظر	zr
پد	pd	تہر	thr	ثل	sl	طہ	th
پن	pdh	تہز	thz	ثلہ	slh	ظہ	zh
پر	pr	تس	ts	ثم ثم	sm	عہ عہ	ꜥah
پز	pz	تش	tš	ثمر	smr	غہ غہ	γh
پہر	phr	تک تک تک تک	tk	ثے ثی	sy	عبر	ꜥabr
پہز	phz	تکا	tka	جر جر	džr	عپر	ꜥapr
پس	ps	تکک تکک	tkk	چر چر	tšr	عتر	ꜥatr
پش	pš	تل	tl	حر حر	hʿr	عثر	ꜥasr
پک پک پک پک	pk	تلہ	tlh	خر خر	χr	عنر	ꜥanr
پکا	pka	تم تم	tm	جم	džm	عیر	ꜥayr
پکک پکک	pkk	تمر	tmr	جہا	džha	عر عر	ꜥar
پل	pl	تے تی	ty	چم	tšm	عبز	ꜥabz
پلہ	plh	ثا	sa	حم	hʿm	عپز	ꜥapz
پم پم	pm	ثد	sd	خم	χm	عتز	ꜥatz
پمر	pmr	ثن	sdh	خط	χtr	عثز	ꜥasz
پے پی	py	ثر	sr	سا سا	sa	عنز	ꜥanz
تا	ta	ثز	sz	سد	sd	عیز	ꜥayz
تح	thʿ	ثہر	shr	سر	sr	غبر	γbr
تحر	thʿr	ثہز	shz	شا شا	ša	غپر	γpr
تد	td	ثس	ss	شر	šr	غتر	γtr

PERSISCHE TAʾALIK.

Zeichen	Wert	Zeichen	Wert	Zeichen	Wert	Zeichen	Wert
غثر	γsr	كلا	kla	مك	mk	نله	nlh
غنر	γnr	كم كم	km	ملك	mlk	نم نم	nm
غير	γyr	كی	ky	نا	na	نمر	nmr
غر غر	γr	لا لا لا	la	نج نج	ndž	نمز	nmz
غبز	γbz	لب	lb	نچ نچ	ntš	نے نی	ny
غپز	γpz	لپ	lp	نح نح	nhʿ	ها	ha
غتز	γtz	لت	lt	نخ نخ	nχ	هل	hl
غثز	γsz	لث	ls	نحر	nhʿr	هلا	hla
غنز	γnz	لن	ln	نجر	ndžr	هده	hdh
غيز	γyz	لی	ly	نچر	ntšr	یا	ya
غز غز	γz	له	lh	نخر	nχr	یحر	yhʿr
فر فر	fr	لد	ld	ند	nd	یحز	yhʿz
فز فز	fz	لذ	lz	نذ	nz	ید	yd
فم	fm	لر	lr	نده	ndh	یذ	yz
فه	fh	لز	lz	نر	nr	یده	ydh
فی	fy	لك	lk	نز	nz	یر یر	yr
قر	qr	لم لم	lm	نهر	nhr	یز یز	yz
قز	qz	لله لله	llh	نهز	nhz	یهر	yhr
قم	qm	لی	ly	نس	ns	یهز	yhz
قلك	qlk	ما ما	ma	نش	nš	یس	ys
قس	qś	مبر	mbr	نك نك نك	nk	یش	yš
قی	qy	مد	md	نكا	nka	یك یك یك	yk
كا كا	ka	مذ	mz	نكك نكك	nkk	یكك	ykk
كل كا كل	kl	مظ	mz	نل	nl	یی یے	yy

Die Taʿalikwörter werden stufenweise abwärts geneigt geschrieben, wesshalb die Lettern in 10 Linien gegossen sind, z. B. . . . . So wird der bekannte arabische Spruch: بسم الله الرحمن الرحيم *bismi 'llâhi 'rrehmâni 'rrehîmi* („im Namen Gottes des Barmherzigen und Allerbarmenden") in folgender Weise gesetzt:

بسم ! 4. L. ـــ 1. L. م 1. L.

الله ا 1*. L. لله 1. L.

الرحمن ا 1*. L. ر 2. L. ح 2. L. ن 3. L.

الرحيم ا 1*. L. ر 2. L. ح 2. L. يم 4. L.

* zeigt an, dass das betreffende Zeichen tiefer als die Schreiblinie des Wortes steht. Die Punkte und Lesezeichen sind ebenfalls nach Linien geordnet und müssen neben die Buchstaben gesetzt werden. Der letzte Buchstabe gibt stets den Linienlauf des ganzen Wortes an, in dieser Beziehung dienen, mit einigen Ausnahmen, als unveränderliche Basis die Buchstaben

der ersten Linie:

ت کا ع ی ف د لله لله كلام ف ع ح ـ کا

فا ه ر ما ز حو ل لا ن م ک کم جا بر ملک

ک ـــس ر ر م ـــ س س ی ن خ

حا ہ

der zweiten Linie:

حرع ف نم ع فا ما ن ـــے حد لی مد ا ا

ت تک بی ی ، حا بکا ا م ق ـه ـنـ ش

کل نی ذ ـجـ نا ک ل ند که نی د یـ ما عا کا آ

لحد ب ب لی ت بر م د ند ہر عر کـ

لر فا ـ خ س ن ص

der dritten Linie:

ی ن و و بر نه ند کا نر ن ہا ض یم نہ

عد فر عا م ـه ـنه بن ن ع ہر س ہر

der vierten Linie:

ح د ا ف نم شر سر

der fünften Linie:

خ شا سا

Auch mehrere der obigen Zeichen haben verschiedene Linien, so ist يم wegen der daneben zu setzenden, untenstehenden Punkte in dritter Linie, während es sonst in zweiter Linie steht. Zum Ausfüllen der Zeile dient ـــ (eigentlich ـــ *s*), man setzt z. B. بسم statt بسم, شد statt شد, ـس statt سا oder سا; ferner wird ـــے statt ی ی gebraucht, z. B. نے statt نی, doch ist dieses breite ـــے auch unterschnitten und dann wird es blos schönheitshalber benützt, z. B. علے statt علی. Eine Eigenheit der mohammedanischen Schriften ist, die Jahreszahl gewöhnlich über das Wort *senet* „Jahr" zu setzen, z. B. ١٢٩٧ سنه *senet 1297* „Jahr 1297" nach der Hedžira.

Die Punkte des ersten Buchstabens werden mit denen des folgenden zusammengezogen, z. B. das Wort کفت statt گفت *gŭft* „er sagt".

Statt dem Spationiren eines Wortes (Eigennamens u. dgl.) setzt man über dasselbe eine Linie, z. B. در وينياه *der wiyénâh* „in Wien". Die Taʿalik hat ausserdem noch zahlreiche Ligaturen.

AFΓANISCHE NESKHI.

Ende	Mitte	Anfang	Isolirt	Wert	Ende	Mitte	Anfang	Isolirt	Wert
ـا			ا	Vokal	ـش	ـشـ	شـ	ش	š
ـب	ـبـ	بـ	ب	b	ـښ	ـښـ	ښـ	ښ	š, χ′
ـپ	ـپـ	پـ	پ	p	ـص	ـصـ	صـ	ص	s̱
ـت	ـتـ	تـ	ت	t	ـض	ـضـ	ضـ	ض	ẕ
ـټ	ـټـ	ټـ	ټ	ṭ	ـط	ـطـ	طـ	ط	ḏ
ـث	ـثـ	ثـ	ث	θ	ـظ	ـظـ	ظـ	ظ	ẓ̂
ـڅ	ـڅـ	څـ	څ	ts	ـع	ـعـ	عـ	ع	ʒ
ـځ	ـځـ	ځـ	ځ	dz	ـغ	ـغـ	غـ	غ	γ
ـج	ـجـ	جـ	ج	dž	ـف	ـفـ	فـ	ف	f
ـچ	ـچـ	چـ	چ	tš	ـق	ـقـ	قـ	ق	q
ـح	ـحـ	حـ	ح	hʿ	ـك	ـكـ	كـ	ك	k
ـخ	ـخـ	خـ	خ	χ	ـګ	ـګـ	ګـ	ګ	g
ـد			د	d	ـنګ	ـنګـ	نګـ	نګ	ń
ـډ			ډ	ḍ	ـل	ـلـ	لـ	ل	l
ـذ			ذ	δ	ـم	ـمـ	مـ	م	m
ـر			ر	r	ـن	ـنـ	نـ	ن	n
ـړ			ړ	ṛ	ـڼ	ـڼـ	ڼـ	ڼ	ṇ
ـز			ز	z	ـه	ـهـ ـهـ	هـ	ه	h
ـږ			ږ	ž, γ̇	ـو			و	v
ـژ			ژ	ž	ـء	ـئـ	ئـ	ء	ą
ـس	ـسـ	سـ	س	s	ـی	ـیـ	یـ	ی	y

Vokale:

ۀ å, اَ a, آ ā, اِی ē, اِ i, اِی ī, اَو o, اُ u, اُو ū, اَیْ ai, اَوْ au.

INDISCHE NESKHI.

Zeichen	Wert	Zeichen	Wert	Zeichen	Wert	Zeichen	Wert	Zeichen	Wert	Zeichen	Wert
أَ	a	اَو	au	ج	dž	ت	t	م	m	خ	χ
آ	ā	ڙ	ṛ	جھ	džh	تھ	th	ی	y	ق	q
اَی	ē	ک	k	ڄ	dždž	د	d	ر	r	ط	d̲
اِ	i	کھ	kh	ڃ	ń	دھ	dh	ل	l	ظ	ð̲
اِی	ī	ڭ	g	ٽ	ṭ	ن	n	و	w	ص	s̲
اَو	o	ڭھ	gh	ٽھ	ṭh	پ	p	س	.s	ض	z̲
اُ	u	ڳ	gg	ڎ	ḍ	پھ	ph	ش	š	ث	θ
اُو	ū	ڱ	ṅ	ڎھ	ḍh	ب	b	ع	ʒ	ذ	ð
اَںْ	ã	چ	tš	ڏ	ḍḍ	بھ	bh	غ	γ	ز	z
اَیْ	ai	چھ	tšh	ڻ	ṇ	ٻ	bb	ح	hʿ	ف	f

Mit dem Qorân gelangte auch die arabische Schrift zu den Indern und wurde von denen, die sich zu Mohammed's Lehre bekannten, auch für ihre heimische Sprache angewendet, insbesondere für die hindostanische und Sindhsprache, deren Laute im vorstehenden Alphabete vereinigt sind. Bei der Armuth an Zeichen in der arabischen Schrift konnte dem indischen Lautreichthum nur durch Punktirung oder Zusammensetzung entsprochen werden.

Ausser den Lauten, die das Sanskrit in alle indischen Dialekte getragen hat, besitzt das Sindh, ein altes Prakrit, noch vier Laute, die selbst in der Devanagari keine Formen haben und auch in dieser durch Punkte ausgezeichnet werden mussten, es sind ग़ *gg*, ज़ *dždž*, ड़ *ḍḍ* und ब़ *bb*, nur erfolgt die Aussprache mit Nachdruck, Verlängerung und Verhärtung der Laute gleichsam wie *gga*, *dždža* oder *gdža*, *ṛa*, *ḍḍa*, *bba*.

Da durch den Qorân auch arabische Wörter in die indische Sprache übergingen, so war man auch in der Devanagari genöthigt, für die fremden Laute eigene Zeichen aufzustellen; dies geschah durch Punktirung der lautverwandten Zeichen, als:

ع अ़ غ ग़ ح ह़ خ ख़ ط त़ ظ स़ ص स़ ض स़ ث स़ ذ ज़ ز ज़ ف फ़

MALAYISCHE NESKHI.

Name	Isolirt	Ende	Mitte	Anfang	Wert	Name	Isolirt	Ende	Mitte	Anfang	Wert
Alif	ا	ـا			a, e	*La, lam*	ل	ـل	ـلـ	لـ	l
He	ه	ـه	ـهـ	هـ	h	*Sa, sin*	س	ـس	ـسـ	سـ	s
Ya	ى	ـى	ـيـ	يـ	i, ẹ, i̯	*Tsa*	ث	ـث	ـثـ	ثـ	θ
Wa, waw	و	ـو			u, o, w	*Hʿa*	ح	ـح	ـحـ	حـ	hʿ
Ka, kaf	ك	ـك	ـكـ	كـ	k	*Kha*	خ	ـخ	ـخـ	خـ	χ
Ga	ڬ	ـڬ	ـڬـ	ڬـ	g	*Zal*	ذ	ـذ			ð
Ṅa	ڠ	ـڠ	ـڠـ	ڠـ	ṅ	*Za*	ز	ـز			z
Ksa	چ	ـچ	ـچـ	چـ	ks, tš	*Šim*	ش	ـش	ـشـ	شـ	š
Dža, džim	ج	ـج	ـجـ	جـ	ž, dž	*Sad*	ص	ـص	ـصـ	صـ	s
Ńo	ڽ	ـڽ	ـڽـ	ڽـ	ń	*Dlad*	ض	ـض	ـضـ	ضـ	dl, l
Ta	ت	ـت	ـتـ	تـ	t	*Ṭa*	ط	ـط	ـطـ	طـ	ṭ
Da, dal	د	ـد			d	*Tla*	ظ	ـظ	ـظـ	ظـ	tl, l
No, nun	ن	ـن	ـنـ	نـ	n	*Ain*	ع	ـع	ـعـ	عـ	a, e, ẹ, i, o, u
Pa	ڤ	ـڤ	ـڤـ	ڤـ	p	*Rhain, γain*	غ	ـغ	ـغـ	غـ	γ
Ba	ب	ـب	ـبـ	بـ	b	*Fa*	ف	ـف	ـفـ	فـ	f, p
Ma, mim	م	ـم	ـمـ	مـ	m	*Kaf*	ق	ـق	ـقـ	قـ	q
Ra	ر	ـر			r						

Auch die Malayen nahmen mit der mohammedanischen Religion die arabischen Schriftzeichen an, welche sie durch Hinzufügung von Punkten vermehrten (Favre, grammaire de la langue malais). Die Schriftrichtung ist die der arabischen Schrift von rechts nach links.

Lesezeichen sind:

َ بارس داتس *bāris-di-ātas,* a, e,

ِ بارس دباوه *bāris-di-bāwah,* i, ẹ,

ُ بارس دهداڤن *bāris-di-hadāpan,* u, o,

ْ oder ْ جزم *džesm* oder *džazam* stumm,

ٓ مد *medd* oder مده *meddah* ā,

ّ تشديد *tešdīd* Verdopplung,

ٱ وصله *weslah* Elision, Assimilirung,

ء همزه *hamzah* Verhärtung,

٢ *anka,* Verdopplung eines Wortes.

TATARISCHE SCHRIFTEN.

Die Uiguren oder Osttürken wurden im 7. Jahrhundert von syrischen Missionären zum Christenthume bekehrt und nahmen die syrische Schrift an; sie behielten die letztere selbst dann noch bei, als sie Mohammedaner wurden, indem sie durch Accente eigene Zeichen für ح ع ه bildeten, vergassen sie jedoch später, als die grössere Beschäftigung mit dem Qorân ihnen die arabische Schrift geläufig machte. Während der Zeit, als die syrische Schrift benützt wurde, scheint auch eine grössere Literatur bestanden zu haben, da mohammedanische Schriftsteller derselben oft erwähnen, doch ist wenig auf uns gelangt. Die syrisch-uigurische Schrift gab den Anstoss zu den übrigen tatarischen Schriften, wie Kalmückisch, Mongolisch und Mandžu, welche sich anscheinend durch die von oben nach abwärts gehenden Zeilen von unseren Querzeilen unterscheiden, doch ist bereits bei dem Estrangelo hervorgehoben worden, dass das Schreiben in Säulen auch eine Eigenheit der Syrer war und dies hat Lenormant (Essai II 50 ff) auch geschichtlich nachgewiesen. Das hier gegebene Alphabet ist nach Vámbéry.

UIGURISCH.

Ende	Mitte	Anfang	Wert	Ende	Mitte	Anfang	Wert	Ende	Mitte	Anfang	Wert
			a, e				m				š
			i, y				l				v, u
			o, u, ö, ü				r				ḣ, ح
			n				t, d				ȝ, ع
			b, p, f, v				i, y				h, ه
			k, g				tš, dž				
			k, χ				s, z				

MONGOLISCH.

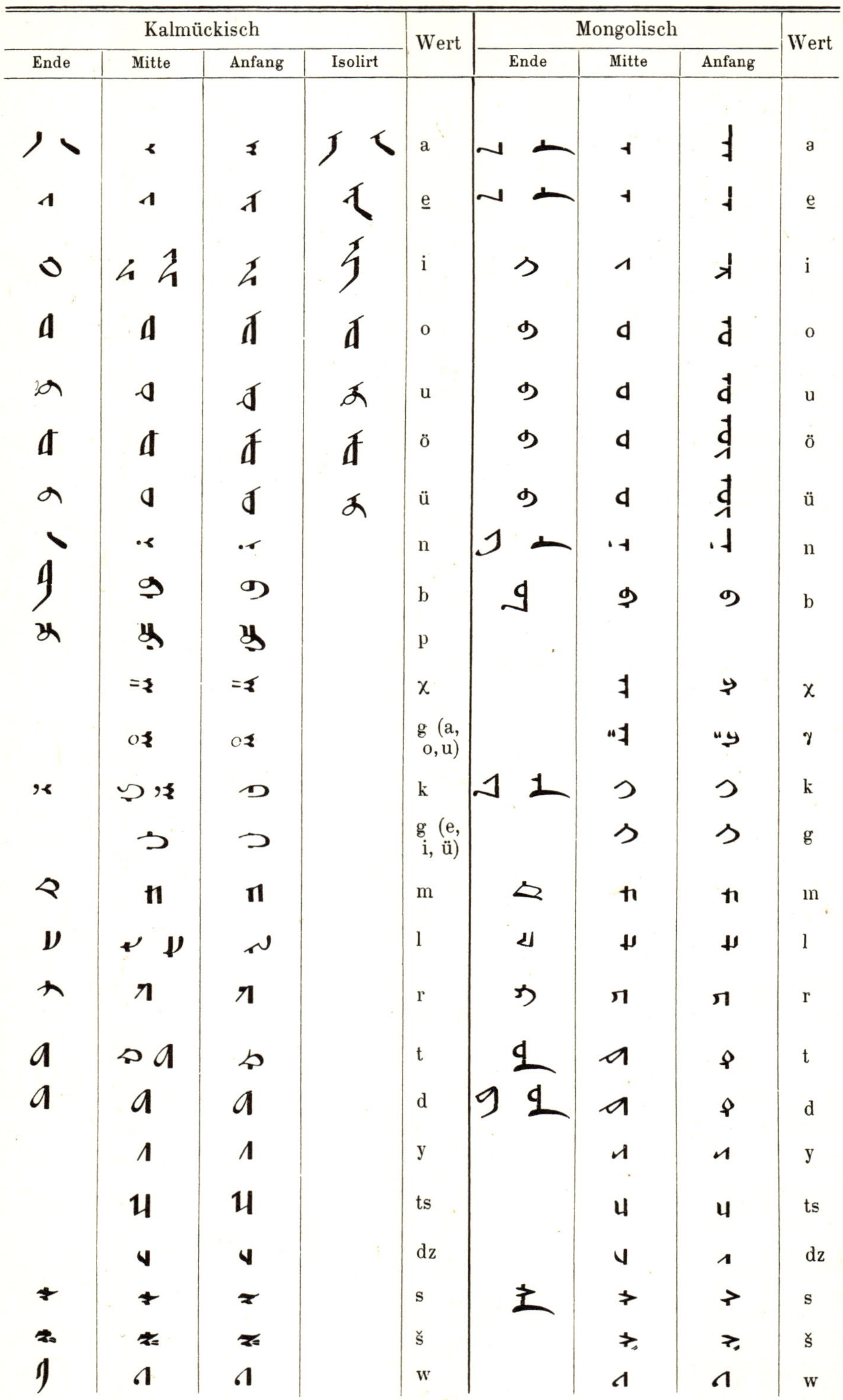

Kalmückisch
Ende
Mitte
Anfang
Isolirt
Wert
Mongolisch
Ende
Mitte
Anfang
Wert
a
e̱
i
o
u
ö
ü
n
b
p
χ
g (a, o, u)
k
g (e, i, ü)
m
l
r
t
d
y
ts
dz
s
š
w
ə
e̱
i
o
u
ö
ü
n
b
χ
γ
k
g
m
l
r
t
d
y
ts
dz
s
š
w

GALIK.

Zeichen	Wert	Zeichen	Wert	Zeichen	Wert	Zeichen	Wert	Zeichen	Wert	Zeichen	Wert
	a		au		ga		ṭha		pa		sa
	ā		ã		gha		ḍa		pha		ša
	i		aḥ		ṅa		ḍha		ba		š̌a
	ī		r̥, ri		tša		ṇa		bha		ha
	u		r̥̄, rī		tšha		ta		ma		ksa
	ū		l̥, li		dža		tha		ra		Pause
	e		l̥̄, lī		džha		da		la		Punkt
	ai		ka		ńa		dha		ya		
	o		kha		ṭa		na		wa		

Durch den Kaiser Džingizkhan wurde die syrisch-uigurische Schrift bei den Mongolen eingeführt, sie bedurfte nur geringer Modifikationen, um den Lauten dieser Sprache zu entsprechen. Dieselben Modifikationen unterscheiden die westmongolische oder kalmückische Schrift und die ostmongolische, welche *Akšar* heisst. Eine Erweiterung fand die letztere, als Kubilaikhan den Lama Saadža Bandida aus Tibet berief, um den Buddhismus in der Mongolei zu verbreiten. Obzwar die heiligen Bücher dieser Religion in tibetanischer Schrift geschrieben sind, suchten die Mongolen doch die heimische Schrift den durch die indische Religion eingedrungenen neuen Wörtern anzupassen, indem sie das Alphabet durch Zusammensetzung und diakritische Striche vermehrten. Dieses Alphabet heisst *Galik.*

Die mongolische Schrift soll im Jahre 1599 auf Befehl des Kaisers Taitsutergi von seinen Schreibern Erdeni Bakši („der köstliche Gelehrte") und Gagai Džargutsi auf die mandžurische Sprache übertragen worden und im Jahre 1641 von Dakhai Bakkhi auf kaiserlichen Befehl durch Zufügung von Häkchen und Punkten das Alphabet vermehrt worden sein. Die Laute *k'h, g'h, χ'h, tšh, džh, ts, dz, ž* und *i̯* sind chinesisch. Interpunktionszeichen sind ˇ bei kleinen Pausen, ˇˇ Punkt.

MANDŽU.

Ligaturen.

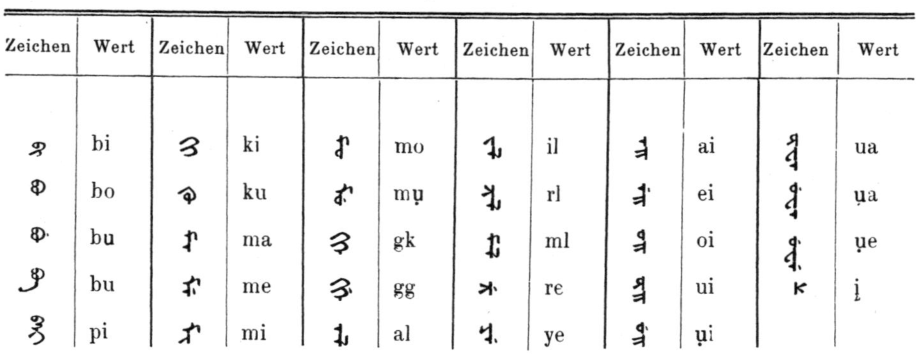

Die Laute *k, g, χ, t, d* haben vor den Vokalen *a, o, u* eine gutturale und guttural-dentale Aussprache, vor *e, u, i* eine palatale und dentale; im ersten Falle lauten sie *k, g, χ, t, ḏ,* im zweiten durch *k′, g′, χ′, t, d.*

INDISCHE SCHRIFTEN.

Die indischen Schriften zeichnen sich durch ihren Reichthum an Lautzeichen, durch das ihnen eigenthümliche System der Vokalbezeichnung und durch ihr Ziffernsystem aus, welches letztere von den Arabern angenommen wurde und von diesen nach Europa gelangte. Die älteste der bekannten indischen Schriften ist die *magadhische* aus dem 3. Jahrhundert v. Chr., welche als die Mutter sämmtlicher indischer Schriften betrachtet wird. Da jedoch die *Devanagari* Zeichen enthält, welche nicht aus der magadhischen Schrift stammen, so müssen mehrere Schriften vereinigt worden sein, um die Schrift der Veda-Bücher herzustellen. Diese Vermuthung wird bestärkt durch den natürlichen Gang der menschlichen Entwicklung, der vom Einfachen zum Complicirten führt. In dieser Beziehung gewinnen die Volksschriften des nordwestlichen Indiens, die *Sindh-* und *Multan*-Schrift ein paläographisches Interesse, da diese, ebenso wie die kanaanitischen Schriften, ohne Vokale sind, ihre Formen sich an die mittelpersischen Zeichen anlehnen und die Prototypen mancher Devanagari-Figuren offenbar enthalten. Endlich scheinen die *dravidischen* und *malayischen* Schriften ein originales Gepräge zu tragen. Daher ist es wahrscheinlich, dass mehrere indische Kulturcentren und Schriften bestanden, welche im Westen, Norden, Süden und Osten lagen. Vergegenwärtigen wir uns, dass die Arier aus dem Westen in Indien eindrangen und die indischen Ureinwohner unterwarfen, so werden wir auch den Gang der Schriftbildung in derselben geographischen Schriftrichtung suchen müssen, welche in der nachfolgenden Zusammenstellung befolgt ist. Den Culminationspunkt dieser Sprach- und Schriftvermischung bildete die Schrift der Brahmanen, die *Devanagari.* Im 5. Jahrhundert v. Chr. entstand die buddhistische Religion, welche eine Zeit lang die brahmanische verdrängte, dann aber im 4. und 5. Jahrhundert nach Ceylon und Hinterindien verdrängt wurde. Wie das Pali, die Sprache der buddhistischen Religionsbücher, Elemente aus dem Volksmunde aufnahm, so zeigt auch die Pali-Schrift andere Zeichen als die Devanagari, die Schrift der brahmanischen Religionsbücher. Die Zeichenordnung ist eine neuere grammatische, bei welcher die verwandten Laute zusammengestellt sind. Die frühere Ordnung ist unbekannt.

KABULISCH.

Zeichen	Wert	Zeichen	Wert	Zeichen	Wert	Zeichen	Wert
	a		tša		ta		ya
	i		tšha		tha		ra
	u		dža		da		la
	e		džha		dha		va
	o		ńa		na		sa
	ã		ṭa		pa		š́a
	ka		ṭha		pha		ša
	kha		ḍa		ba		ḥa
	ga		ḍha		bha		
	gha		ṇa		ma		

Ligaturen.

Zeichen	Wert	Zeichen	Wert	Zeichen	Wert	Zeichen	Wert	Zeichen	Wert	Zeichen	Wert
	ko		tsa		phsa		yu		rã		š́i
	ku		tra		bu		yã		li		š́o
	khsa		tro		bhra		re		lu		š́wa
	tšu		di		mā		ri		wi		ška
	tšhe		dhi		me		rta		ha		šṭa
	ṭhi		ni		mi		rdha		sā		stra
	tta		pi		mo		rma		se		sta
	tā		pu		mu		rmi		si		spa
	ti		pra		mã		rwa		sya		
	to		pã		ye		rš		š́e		

Die vorstehende Schrift war zu Anfang unserer Zeitrechnung in Kabul in Gebrauch, man findet sie in Inschriften und auf Münzen. Mit der indischen Schrift ist sie durch die Vokalbezeichnung und die Zahl der Zeichen verwandt, welche sich in Kabul nur dadurch erklären lässt, dass indische Worte in dieser Schrift ausgedrückt werden sollten. Grundverschieden von der indischen Schrift ist jedoch die Richtung der Schrift von rechts nach links und die Form der Zeichen, welche in gleicher Bedeutung in keinem bekannten Alphabete vorkommen. Von einer Entlehnung des Alphabetes aus dem Indischen kann um so weniger die Rede sein, als die gleichen Zeichen verschiedene Bedeutung haben, so z. B. wenn wir die fast gleichzeitige magadhische Schrift vergleichen: + Kabulisch *tha,* Magadhisch *ka,* ∧ Kabulisch *ya,* Magadhisch *ga,* ʔ Kabulisch *a,* Magadhisch *kha;* dagegen scheinen die in Pali-Schriften vorkommenden Laute ⊓ *ša,* ⫯ *ša* der kabulischen Schrift entnommen zu sein.

SINDH- UND MULTANSCHRIFT.

Sindh		Multan		Sindh		Multan		Sindh		Multan	
Zeichen	Wert	Zeichen	Wert	Zeichen	Wert	Zeichen	Wert	Zeichen	Wert	Zeichen	Wert
	a		a		ṅa, ńa				pha		pha
	i		i		ṭa				ba		ba
	u		u		ṭha				bha		
	ka		ka		ḍa		ḍa		ma		ma
	kha		kha		ṇa		ṇa		ya		ya
	ga		ga		ta		ta		ra		ra
	gha				tha		tha		la		la
	tša		tša		da		da		va		va
	tšha		tšha		dha		dha		sa		sa
	dža		dža		na		na		ha		ha
	džha				pa		p̓a		tra		tra

Die vorstehenden Schriften sind in doppelter Art beachtenswert, erstens weil sie in gleicher Weise wie die semitischen Schriften die Vokale in der Mitte der Wörter nicht schreiben, z. B. Sindhisch *tuhidžo*, zweitens weil ihre Zeichen sich an die semitischen Schriften anlehnen, anderseits sich in der Devanagarischrift vorfinden, wenn diese von der Paliform abweicht; so hat dieselbe Bedeutung auf Pehlewi-Münzen, entspricht dem im Aramäischen, erinnert an die phönikische Form 𐤇 χ, an das phönikische *š*. Den von den Inschriftformen abweichenden Devanagarizeichen क *ka* entspricht Multan, dem ख *kha* (Inschrift 𑀔) entspricht Sindh *gha*, ग kann ebensowohl von der Inschrift 𑀕, wie von Sindh *ga* abstammen, dem छ *tšha* entspricht Sindh *tšha*, dagegen Inschrift 𑀙 *tšha* dem Devanagari ळ *la*, Devanagari ण hat seine Analogie nur in Sindh (dagegen Inschrift 𑀡 *ṇa*), ebenso प Sindh (Inschrift 𑀧), फ *p*, Sindh (Inschrift 𑀨).

Die auffallenden Abweichungen der beiden Schriften von Sindh und Multan beweisen, dass von einer einfachen Entlehnung keine Rede sein kann, denn wir finden Sindh *tša* als Multan *ra*, Sindh *tha* als Multan *pha*, dagegen befindet sich Multan *tšha* in Übereinstimmung mit Sindh *tša*.

Mit Rücksicht auf die Einwanderung der arischen Stämme von Norden liegt die Vermuthung nahe, dass die vorstehenden Schriften des nördlichen Indiens den Grundstock der vedischen Schrift abgaben. Durch die Herrschaft der magadhischen Schrift während der Zeit, wo in ganz Vorderindien der Buddhismus herrschte, wurde die heimische Schrift in den Schatten gestellt. Man zog die fremde Schrift wegen ihres Reichthums an Zeichen und wegen ihrer festen Schreibregeln vor. So kam es, dass die heimische Schrift, welche sich trotzdem im Volke erhielt, zu den gelehrten Werken nicht verwendet und diesfalls die Devanagarischrift vorgezogen wurde.

GUDŽARATISCH.

Zeichen	Wert	Zeichen	Wert	Zeichen	Wert	Zeichen	Wert	Zeichen	Wert	Zeichen	Wert
અ અ	a	ઓ ઓ	o	છ	tšha	ણ	ṇa	ફ	pha	વ	va
આ આ	ā	ઔ ઔ	au	જ	dža	ત	ta	બ	ba	સ	sa
ઇ	i	ક	ka	ઝ	džha	થ	tha	ભ ભ	bha	શ	ša
ઉ	u	ખ	kha	ટ	ṭa	દ	da	મ	ma	હ	ha
ઊ	ū	ગ	ga	ઠ	ṭha	ધ	dha	ય	ya	ળ	ṛa
ઋ	r̥	ઘ	gha	ડ	ḍa	ન	na	ર	ra		
એ એ	e	ચ	tša	ઢ	ḍha	પ	pa	લ	la		

Ligaturen.

કા	kā	છુ	tšhu	ડુ	ḍu	દૂ	dū	મૂ	mū	શા	šā
કુ	ku	છૂ	tšhū	ડૂ	ḍū	ધા	dhā	યા	yā	શુ	šu
કૂ	kū	જા	džā	ઢા	ḍhā	ધુ	dhu	યુ	yu	શૂ	šū
ખા	khā	જા	džā	ઢુ	ḍhu	ધૂ	dhū	યૂ	yū	હા	hā
ખુ	khu	જુ	džu	ણા	ṇā	ના	nā	રા	rā	હુ	hu
ખૂ	khū	જૂ	džū	ણુ	ṇu	નુ	nu	રુ	ru	હૂ	hū
ગા	gā	ઝા	džhā	ણૂ	ṇū	નૂ	nū	રૂ	rū	ક્ર	kra
ગુ	gu	ઝુ	džhu	તા	tā	પા	pā	લા	lā	ફ્ય	phya
ગૂ	gū	ઝૂ	džhū	તુ	tu	પુ	pu	લુ	lu	ક્ષ	kša
ઘા	ghā	ટા	ṭā	તૂ	tū	બા	bā	લૂ	lū	ક્ષા	kšā
ઘુ	ghu	ટુ	ṭu	ત્ર	tra	બુ	bu	વા	va		
ઘૂ	ghū	ટૂ	ṭū	થા	thā	બૂ	bū	વુ	vu		
ચા	tšā	ઠા	ṭhā	થુ	thu	ભા ભા	bhā	વૂ	vū		
ચુ	tšu	ઠુ	ṭhu	થૂ	thū	ભુ	bhu	સા	sā		
ચૂ	tšū	ઠૂ	ṭhū	દા	dā	મા	mā	સુ	su		
છા	tšhā	ડા	ḍā	દુ	du	મુ	mu	સૂ	sū		

Vokale: ક ka, કા kā, કિ ki, કી kī, કુ ku, કૂ kū, કે ke, કો ko, કૌ kau, કં kã, અર્ક ark.

Diese Schrift hat nichts gemein mit jenen Inschriften aus den Zeiten der Gupta-Dynastie, welche in Gudžarati gefunden wurden, dagegen nimmt sie eine Mittelstellung zwischen der *Sindh*-schrift und der *Devanagari* ein. Noch fehlen ihr mehrere Zeichen (wie *ṅ, ń*), noch sind die Zeichen unverbunden, noch findet nur die einfache Nebeneinanderstellung statt, wenn der Vokal fehlt, z. B. સ્વરગમા *swargmā* (dagegen im Sanskrit स्वर्गस्थ *swargastha*), jedoch treten bereits Vokalzeichen, ähnlich wie in der Devanagari, ein. In dem von Lepsius veröffentlichten Alphabete sind die Laute *i, ū, ai, au, ṅa, ńa, ša* durch Devanagarizeichen ersetzt und eingeklammert.

SIKH.

Zeichen	Wert	Zeichen	Wert	Zeichen	Wert	Zeichen	Wert	Zeichen	Wert	Zeichen	Wert
ਅ	a	ਔ	au	ਝ	džha	ਦ	da	ਰ	ra	ਰ੍ਹ	rha
ਆ	ā	ਕ	ka	ਞ	ńa	ਧ	dha	ਲ	la	ਲ੍ਹ	lha
ਇ	i	ਖ	kha	ਟ	ṭa	ਨ	na	ਵ	va	ੜ੍ਹ	rha
ਈ	ī	ਗ	ga	ਠ	ṭha	ਪ	pa	ੜ	ṛa	ਸ਼	š
ਉ	u	ਘ	gha	ਡ	ḍa	ਫ	pha	ਸ	sa	ਜ਼	z
ਊ	ū	ਙ	ṅa	ਢ	ḍha	ਬ	ba	ਹ	ha	ਲ਼	ḷa
ਏ	e	ਚ	tša	ਣ	ṇa	ਭ	bha	ਗ੍ਯ	gya	ਤ੍ਰ	tr
ਐ	ai	ਛ	tšha	ਤ	ta	ਮ	ma	ਨ੍ਹ	nha		
ਓ	o	ਜ	dža	ਥ	tha	ਯ	ya	ਮ੍ਹ	mha		

Vokale: ਕਾ kā, ਕਿ ki, ਕੀ kī, ਕੁ ku, ਕੂ kū, ਕੇ ke, ਕੈ kai, ਕੋ ko, ਕੌ kau, ਕਂ kã, ਕ੍ਰ kr̥a.

Ziffern: ੧ 1, ੨ 2, ੩ 3, ੪ 4, ੫ 5, ੬ 6, ੭ 7, ੮ 8, ੯ 9.

Die Schrift der Sikh heisst *Gurmukhi;* sie hat die Verbindung durch die Schreiblinie aber keine Verbindung der Konsonanten unter sich. ੱ kürzt die Wörter ab, unter gewissen Umständen vertritt es ਙ ਞ ਣ ਨ ਮ.

KAŠMIRISCH.

Zeichen	Wert	Zeichen	Wert	Zeichen	Wert	Zeichen	Wert	Zeichen	Wert	Zeichen	Wert
𑆃	a	𑆋	l̥	𑆓	ga	𑆛	ṭa	𑆣	dha	𑆫	ra
𑆄	ā	𑆌	l̥̄	𑆔	gha	𑆜	ṭha	𑆤	na	𑆬	la
𑆅	i	𑆍	e	𑆕	ṅa	𑆝	ḍa	𑆥	pa	𑆮	va
𑆆	ī	𑆎	ai	𑆖	tša	𑆞	ḍha	𑆦	pha,fa	𑆱	sa
𑆇	u	𑆏	o	𑆗	tšha	𑆟	ṇa	𑆧	ba	𑆰	s̆a
𑆈	ū	𑆐	au	𑆘	dža,za	𑆠	ta	𑆨	bha	𑆯	ša
𑆉	r̥	𑆑	ka	𑆙	džha	𑆡	tha	𑆩	ma	𑆲	ha
𑆊	r̥̄	𑆒	kha	𑆚	ńa	𑆢	da	𑆪	ya		

Ligaturen.

Zeichen	Wert	Zeichen	Wert	Zeichen	Wert	Zeichen	Wert	Zeichen	Wert	Zeichen	Wert
𑆑𑇀𑆪	kya	𑆠𑇀𑆩	tma	𑆤𑆶	nu	𑆩𑇀𑆥	mpa	𑆱𑇀𑆩	sma	𑆖𑇀𑆪	tšya
𑆖𑆶	tšu	𑆠𑆶	tu	𑆤𑇀𑆪	nya	𑆫𑇀𑆘	rdža	𑆱𑇀𑆮	swa	𑆗𑇀𑆪	tšhya
𑆘𑇀𑆪	džya	𑆤𑇀𑆖𑆶	ntšu	𑆥𑇀𑆫	pra	𑆯𑆶	šu	𑆲𑇀𑆪	hya		

Vokalverbindung: का kā, कि kī, कु ku, के ke, कं kã, क् k.

Ziffern: 𑇑 1, 𑇒 2, 𑇓 3, 𑇔 4, 𑇕 5, 𑇖 6, 𑇗 7, 𑇘 8. 𑇙 9, 𑇐 0.

MARAṬHISCH.

Zeichen	Wert	Zeichen	Wert	Zeichen	Wert	Zeichen	Wert	Zeichen	Wert
𑘀	a	𑘎	ka	𑘗	ńa	𑘡	na	𑘯	ḷa
𑘁	ā	𑘏	kha	𑘘	ṭa	𑘢	pa	𑘪	va
𑘂	i	𑘐	ga	𑘚	ḍa	𑘣	pha	𑘭	sa
𑘄	u	𑘑	gha	𑘛	ḍha	𑘤	ba	𑘫	śa
𑘆	ṛ	𑘒	ṅa	𑘜	ṇa	𑘥	bha	𑘬	ša
𑘊	e	𑘓	tša, tsa	𑘝	ta	𑘦	ma	𑘮	ha
𑘋	ai	𑘔	tšha, tsha	𑘞	tha	𑘧	ya		
𑘌	o	𑘕	dža, dza	𑘟	da	𑘨	ra		
𑘍	au	𑘖	džha, dzha	𑘠	dha	𑘩	la		

Ligaturen.

𑘭𑘿𑘪	swa	𑘢𑘿𑘨	pra	𑘪𑘰	wā	𑘎𑘿𑘬	kša	𑘡𑘿𑘝	nta
𑘭𑘿𑘞	stha	𑘢𑘵	pr	𑘮𑘰	hā	𑘎𑘿𑘬𑘿𑘧	kšya	𑘟𑘿𑘠	ddha
𑘝𑘿𑘨	tra	𑘬𑘿𑘛	šḍha	𑘝𑘳	tu	𑘦𑘿𑘮	mha	𑘎𑘿𑘝	kta
𑘕𑘿𑘧	džya	𑘎𑘿𑘨	kra	𑘝𑘿𑘧	tya	𑘟𑘿𑘧	dya		

Vokalverbindung: 𑘎𑘰 kā, 𑘎𑘱 ki, 𑘎𑘳 ku, 𑘎𑘹 ke, 𑘎𑘺 kai, 𑘎𑘻 ko, 𑘎𑘼 kau, 𑘨𑘿𑘎 rk, 𑘎𑘽 kã.

Die Marațhen, welche einen Theil des Dekhan erobert haben, sind die einzigen Bewohner dieses Theiles von Indien, welche sich der Sanskritsprache bedienen, sie schreiben dieselbe entweder mit *Devanagari* und nennen diese Schrift *Bālbodh* oder mit ihrer eigenen Schrift, die *Moḍ* heisst. Diese Schrift schwankt zwischen *Gudžaratisch* und *Devanagari*, die Form 𑘒 *ńa* scheint eine Zusammenziehung von *Sindh* 𑊺 *ka* und *Devanagari* न zu sein. Mit der Devanagari hat sie die Verbindung der Zeichen sowohl durch die Schreiblinie (welche aber nicht wie bei uns unter, sondern über den Buchstaben hinläuft) als auch die Verbindungen der Konsonanten gemein, doch ist der herabreichende Strich noch nicht so konsequent ausgebildet und selbst bei manchen *ā*-Formen nicht isolirt, während andere mit der Devanagari übereinstimmen, z. B. या *yā*. Die Unterscheidung zwischen *i* und *ī*, *u* und *ū* ist nicht zu bemerken, auch scheint kein eigenes Zeichen für *tha* vorhanden zu sein, denn dieses wird durch *ta* oder auch durch 𑘝 wiedergegeben.

Die Sanskritlaute *tš, dž* lauten nur vor *e, i* und *ī* in gleicher Weise, vor *a, o, u, ṛ, ḷ* wie *ts* und *dz;* um *tša* und *dža* zu schreiben wird von manchen Schreibern ein *ya* eingeschoben oder ein Punkt unter die Zeichen gesetzt.

MAGADHISCH.

Zeichen	Wert	Zeichen	Wert	Zeichen	Wert	Zeichen	Wert	Zeichen	Wert	Zeichen	Wert
𑀅	a	𑀑	o	𑀙	tšha	𑀠	ḍha	𑀧	pa	𑀮	la
𑀆	ā	𑀓	ka	𑀚	dža	𑀡	ṇa	𑀨	pha	𑀯	va
𑀇	i	𑀔	kha	𑀛	džha	𑀢	ta	𑀩	ba	𑀲	sa
𑀉	u	𑀕	ga	𑀜	ńa	𑀣	tha	𑀪	bha	𑀳	ha
𑀊	ū	𑀖	gha	𑀝	ṭa	𑀤	da	𑀫	ma		
𑀏	e	𑀗	ṅa	𑀞	ṭha	𑀥	dha	𑀬	ya		
𑀐	ai	𑀘	tša	𑀟	ḍa	𑀦	na	𑀭	ra		

Ligaturen.

𑀔𑀸	khā	𑀚𑁂	dže	𑀢𑁄	to	𑀫𑁆𑀳	mha	𑀲𑁄	so	𑀲𑁆𑀲𑀺	ssi
𑀔𑁂	khe	𑀜𑀸	ńā	𑀢𑀸	tā	𑀫𑁆𑀳𑀺	mhi	𑀲𑁆𑀢	sta	𑀳𑁄	ho
𑀔𑁄	kho	𑀜𑁂	ńē	𑀤𑁄	do	𑀬𑁄	yo	𑀲𑁆𑀢𑀸	stā	𑀲𑁆𑀬	sya
𑀓𑁆𑀬	kya	𑀜𑁄	ńo	𑀦𑁄	no	𑀭	ra	𑀲𑁆𑀢𑀺	sti		
𑀕𑁄	go	𑀝𑁂	ṭe	𑀧𑁄	po	𑀭𑁄	ro	𑀲𑁆𑀢𑁂	ste		
𑀖𑁄	gho	𑀡𑁂	ṇe	𑀪𑀼	bhu	𑀮𑁄	lo	𑀲𑁆𑀢𑁆𑀭𑀺	stri		
𑀘𑀽	tšū	𑀡𑁄	ṇo	𑀪𑁄	bho	𑀯𑁄	wo	𑀲𑁆𑀫	sma		

Vokalverbindung: 𑀓𑀸 kā, 𑀓𑀺 ki, 𑀓𑀻 kī, 𑀓𑀼 ku, 𑀓𑀽 kū, 𑀓𑁂 ke, 𑀓𑁄 ko, 𑀓𑀁 kã.

Magadha (jetzt *Bihār*) war die Hauptstadt des gleichnamigen, am Ganges gelegenen Landes, in welchem die buddhistische Religion aufkam und von wo sie sich über ganz Indien verbreitete. Durch diesen Umstand scheint auch die magadhische Schrift den Einfluss auf die übrigen indischen Schriften erhalten zu haben, der bei einer Vergleichung der Alphabete auffallend hervortritt.

In der magadhischen Schrift sind die Zeichen nicht verbunden, ausser wenn mehrere Konsonanten ohne Vokale aufeinander folgen, in welchem Falle die Zeichen untereinandergesetzt werden; hieraus geht unzweifelhaft hervor, dass jedes alleinstehende Konsonantenzeichen mit nachfolgendem *a* gelesen werden musste.

Aus der Vergleichung dieser Schrift mit den vorstehenden ergibt sich, dass dieselbe weder die Tochter noch die Mutter derselben ist, es ist vielmehr anzunehmen, dass in verschiedenen Bildungscentren verschiedene Schriften aufgestellt wurden und so, wie die *Sindh-* und *Multan*-Schrift Eigenthum des Westens, die *magadhische* Schrift die des Nordostens von Vorderindien ist, welche sich mit der buddhistischen Religion nach Süden und Osten verbreitete. Nach dem Muster der magadhischen Schrift bildete sich die *Pali* aus, auch die Devanagari hat manches aus der magadhischen Schrift angenommen.

INSCHRIFTEN DER GUPTA-DYNASTIE.

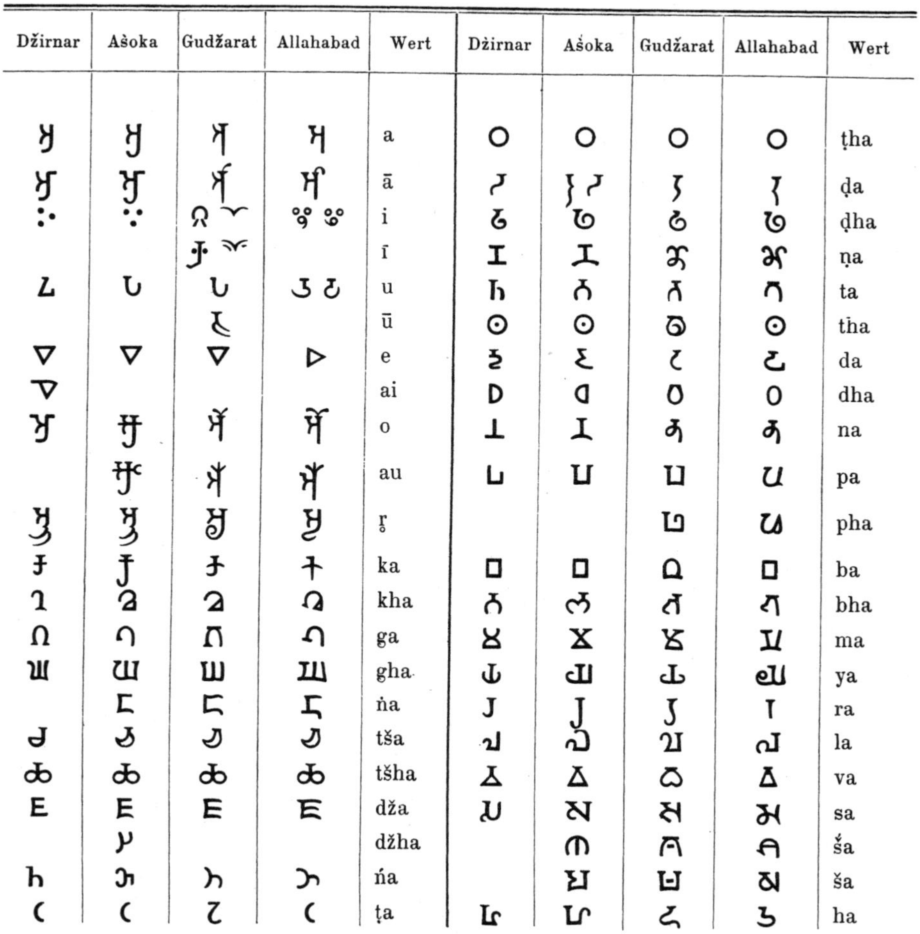

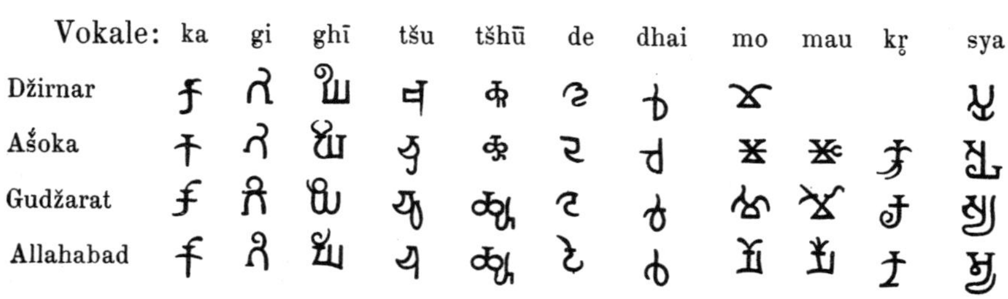

Diese Alphabete aus Inschriften, die in verschiedenen Theilen Indiens gefunden wurden, scheinen sämmtlich zur magadhischen Schrift zu gehören, da die geringen Abweichungen theils der Zeit (die *Ašoka*-Inschrift stammt aus dem 3. Jahrhundert v. Chr., die von *Gudžarat* aus dem 2. Jahrhundert n. Chr., die von *Allahabad* aus dem 5. Jahrhundert), theils fremden Einflüssen zugeschrieben werden können. In diesen Schriften tritt auch der Bindestrich allmählig hervor, der anfangs wohl *a* bedeutete und bei Völkern aufgekommen sein dürfte, welche früher eine vokallose Schrift hatten (vergl. *Sindh*).

TIBETANISCH.

Utšen	Umin	Khyugayi	Wert	Utšen	Umin	Khyugayi	Wert	Utšen	Umin	Khyugayi	Wert
ཨ	ཨ	ཨ	a	ཉ	ཉ	ཉ	ńa	ཝ	ཝ	ཝ	wa
ཨི	ཨི	ཨི	i	ཏ	ཏ	ཏ	ta	ཞ	ཞ	ཞ	ža
ཨུ	ཨུ	ཨུ	u	ཐ	ཐ	ཐ	tha	ཟ	ཟ	ཟ	sa
ཨེ	ཨེ	ཨེ	e	ད	ད	ད	ta	འ	འ	འ	’a
ཨོ	ཨོ	ཨོ	o	ན	ན	ན	na	ཡ	ཡ	ཡ	ya
ཀ	ཀ	ཀ	ka	པ	པ	པ	pa	ར	ར	ར	ra
ཁ	ཁ	ཁ	kha	ཕ	ཕ	ཕ	pha	ལ	ལ	ལ	la
ག	ག	ག	ka	བ	བ	བ	pa	ཤ	ཤ	ཤ	ša
ང	ང	ང	ṅa	མ	མ	མ	ma	ས	ས	ས	s̤a
ཅ	ཅ	ཅ	tša	ཙ	ཙ	ཙ	tsa	ཧ	ཧ	ཧ	hʿa
ཆ	ཆ	ཆ	tšha	ཚ	ཚ	ཚ	tsha				
ཇ	ཇ	ཇ	tša	ཛ	ཛ	ཛ	tsa				

Ziffern: ༡ 1, ༢ 2, ༣ 3, ༤ 4, ༥ 5, ༦ 6, ༧ 7, ༨ 8, ༩ 9, ༠ 0.

Die tibetanische Schrift wurde im 7. Jahrhundert n. Chr. von den Indern entlehnt, und von Tonmi-Sambhoda der tibetanischen Sprache angepasst. Der ältere Ductus derselben, *Utšen*, hat sich in den heiligen Schriften treu erhalten, er ist den Formen der *Gupta*-Inschriften ähnlich. Später entstand ein cursiver Charakter, *Umin*, und eine noch flüchtigere Schrift, *Khyugayi*. Wie eine Vergleichung der Lautzeichen lehrt, mussten Zeichen für *ts* aus *tš* gebildet werden, sowie einige andere Zeichen; später trat noch eine weitere Vermehrung ein, um Sanskritwörter schreiben zu können, es wurden die Vokalzeichen vermehrt, aus den Dentalzeichen durch Umkehrung Formen für die Cerebrallaute gebildet und für स ein Zeichen aufgestellt, daher ist obiges Alphabet noch durch folgende Zeichen zu ergänzen:

Utšen	Umin	Khyugayi	Wert	Utšen	Umin	Khyugayi	Wert	Utšen	Umin	Khyugayi	Wert
ཨཱ	ཨཱ	ཨཱ	ā	ཨཽ	ཨཽ	ཨཽ	au	ཎ	ཎ	ཎ	ṇa
ཨཱི	ཨཱི	ཨཱི	ī	ཊ	ཊ	ཊ	ṭa	ཥ	ཥ	ཥ	स
ཨཱུ	ཨཱུ	ཨཱུ	ū	ཋ	ཋ	ཋ	ṭha				
ཨཻ	ཨཻ	ཨཻ	ai	ཌ	ཌ	ཌ	ṭa				

Der tibetanischen Sprache fehlen die weichen Laute *g, dž, d, b, dz,* dieselben werden hart ausgesprochen; die härteren Laute zerfallen in Gutturale und Palatale, daher ཀ *ka* (guttural), ཁ *kha* (palatal), ག *ka.*

Die Vokale werden wie im Indischen durch Vokalzeichen angedeutet, འ wird zur Bildung der Diphthonge verwendet, daher ཀི *ki,* ཀུ *ku,* ཀེ *ke,* ཀའི *kai,* ཀའུ *kau,* ཀེའི *kei,* ཀའོ *kao.*

Acht Zeichen verbinden sich mit *ya,* wobei auch die Konsonanten Lautveränderungen erleiden:
ཀྱ་ *tya,* ཁྱ་ *tya, tšhya,* གྱ་ *tya,* པྱ་ *tša,* ཕྱ་ *tšha,* བྱ་ *tsa,* མྱ་ *ńa,* ྱ་ *ya.*

Vierzehn Zeichen verbinden sich unter ähnlichen Lautveränderungen mit *ra.*
ཀྲ་ *ta,* ཁྲ་ *tha,* གྲ་ *ta,* ཏྲ་ *ta,* ཐྲ་ *tha,* དྲ་ *ta,* ནྲ་ *nra,* པྲ་ *ta,* ཕྲ་ *tha,* བྲ་ *pa,* མྲ་ *mra,* ཤྲ་ *ša,* སྲ་ *sa,* ཧྲ་ *ha.*

Überhaupt ist die Orthographie in dieser Schrift eine überaus verwickelte, häufig sind Konsonanten stumm, so am Anfang vor Konsonanten: ག ད བ མ འ, daher གས་ *sa,* གཞ་ *ša,* གཉ་ *ńa,* དཔ་ *pa,* དང་ *ṅa,* དགུ་ *ńa,* བས་ *sa,* བཚ་ *tsa,* བད་ *ta,* མཉ་ *ńa,* མཚ་ *tsa,* མཛ་ *dza,* འཆ་ *tša,* འཁ་ *kha,* འག་ *gda.* Am Ende: ག ཁ ག ད ས, daher མས་ *ma,* གས་ *ka,* གཟགས་ *sa,* འཕགས་ *pha,* གཞགས་ *ža.*

r wird vor Konsonanten durch ་ über dem Zeichen ausgedrückt, bleibt aber meist stumm, z. B. རྟོ་རྗེ་གྲགས་ལྡན་ *to-rdze-tra-den.* Beachtenswert sind:
ཀླ་ *la,* གླ་ *la,* བླ་ *la,* ཟླ་ *da,* རླ་ *la,* སླ་ *la,* ལྐ་ *ka,* རྐ་ *ka,* རྔ་ *ṅa,* ལྕ་ *tša,* ལྗ་ *dža,* ལྟ་ *ta,* ལྤ་ *pa,* ལྦ་ *ba,* ལྷ་ *lha,* སྐ་ *ka,* སྒ་ *ga,* སྔ་ *ňa,* སྙ་ *ńa,* སྟ་ *ta,* སྡ་ *da,* སྣ་ *na,* སྤ་ *pa,* སྥ་ *pha,* སྦ་ *ba,* སྨ་ *ma,* སྩ་ *tsa,* རྫ་ *tsa,* སྐྲ་ *tra,* སྒྲ་ *tra,* སྤྲ་ *pra,* སྦྲ་ *bra,* སྨྲ་ *mra,* སྣྲ་ *nra,* སྐྱ་ *kya,* སྒྱ་ *kya,* སྤྱ་ *tšya,* ཕྱ་ *tšhya,* སྦྱ་ *tšya,* སྨྱ་ *ńya.*

Diese Unterscheidung durch stumme Zeichen hat ihren Grund in der Einsilbigkeit der tibetanischen Schrift und in der Vieldeutigkeit dieser Silben, so wird unterschieden: ང་ *ṅa* ich, ཇ་ *ṅa* Tamburin, ངག་ *ṅa* Rede, སྔགས་ *ṅa* Magie; དབུ་ *u* Haupt, དབུས་ *u* Mittelpunkt, མཆོག་ *tšo* Gott, ཆོས་ *tšo* Gesetz, སྤྱོད་ *tšyo* Werk, Thatsache; སྟུ་ *tu* Mühle, གདུག་ *tu* Dämon; བཅུ་ *tšhu* zehn, ཆུ་ *tšhu* Wasser, ཕྱག་ *tšya* Hand, ལྕགས་ *tšya* Eisen, ཇའ་ *tšah* Theepflanze; དཔལ་ *phel* ausgezeichnet, ཕལ་ *phel* viel; བ་ *pa* Kuh, བོ་ *pa* Strömung, སྦ་ *pa* Schlupfwinkel, དབའ་ *pa* Macht; ཉ་ *ńa* Fisch, རྙ་ *ńa* Nacken; ཀླུ་ *lhu* Schlange, ལྷུ་ *lhu* hoch, erhaben, ལུ་ *lu* Körper, ལ་ *la* (Artikel), ཟླ་ *la* angrenzend, ལག་ *lah* Hand, Ellbogen, ལྷ་ *lha* Gott, göttlich, གདོང་ *toṅ* Gesicht, སྟོང་ *toṅ* tausend, སྒོ་ *ko* Thür, བསྒོས་ *ko* Wahl, དགྲ་ *tra* feindlich, སྒྲ་ *tra* Stimme, ཁྲགས་ *tra* Blut.

Fremde Laute werden in folgender Weise ausgedrückt:

འབ *b,* མད oder འད oder ཌ *d,* ཕ *f,* འཇ oder མཇ oder ཛྷ *dž,* འག oder མག *g,* ཀུ *qu,* ཀྵ *ks,* འཛ', མཛ', མཛ *dz.*

Am Anfang der Bücher steht das Anfangszeichen ༄༅ ||, als Komma dient །, die Silben theilt ་.

PASSEPA.

Zeichen	Wert mong.	Wert chines.	Zeichen	Wert mong.	Wert chines.	Zeichen	Wert mong.	Wert chines.	Zeichen	Wert mong.	Wert chines.
	a	yā		ka	ko		na			ha	ho
	i	i		kha	kho		pa	po		ya	ya
	ī	ī		ka	ko		pha	pho		ya	yē
	u	wū		ṅa	ṅo		pa	po		ra	'lō
	ū	hiu		tša	tše		ma	ma		la	lo
	o			tšha			tsa	tsa		ša	še
	ō	u		tša	tše		thsa			sa	ša
	au	oa		ńa	ńi		tsa	že		ha	hʿō
	ē	yē		ta	tan		va	fō		fa	fa
	ai			tha	tha		ža	žo		ʿa	hia
	hu	kwa		ta	ta		za	sa		ko	ʿo

Als der Mongolenkaiser Kubilai-Khan Herr von China geworden war, beauftragte er gelehrte Männer an seinem Hofe, eine Schrift für die Mongolen herzustellen. Unter diesen Gelehrten befand sich ein begabter junger Mann, namens Bašbah (nach chinesischer Aussprache Passepa), ein geborner Tibetaner, welcher das vorstehende Alphabet für die mongolische und chinesische Sprache aufstellte.

Der Kaiser, dem diese Schrift gefiel, befahl ihre allgemeine Einführung in allen von ihm abhängigen Ländern. Hätte seine Absicht dauernden Erfolg gehabt, so wäre die chinesische Wortschrift durch eine Lautschrift verdrängt worden, doch wurde nach seinem Tode dieser Versuch wieder aufgegeben.

Obige Schrift, augenscheinlich die quadratisch geformte tibetanische, von den Mongolen *Dörböldskhin,* von den Tibetanern *Horyik* oder *Sop* genannt, wurde auf chinesische Weise von oben nach abwärts geschrieben, wie diess der folgende Anfang einer chinesischen Inschrift in Passepa und chinesischen Charakteren zeigt. Die mongolischen Zeilen laufen im Gegensatz zu den chinesischen von links nach rechts.

Wert		Mongolisch	Chinesisch	
šaṅ	kĕōn	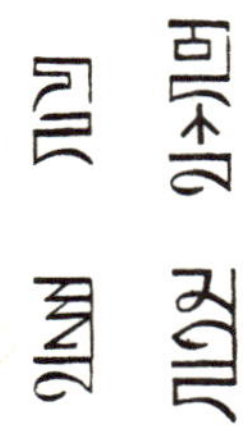	眷	上
then	mīn		命	天

INSCHRIFTEN VON KUTILA UND ASSAM.

Vokalverbindung:

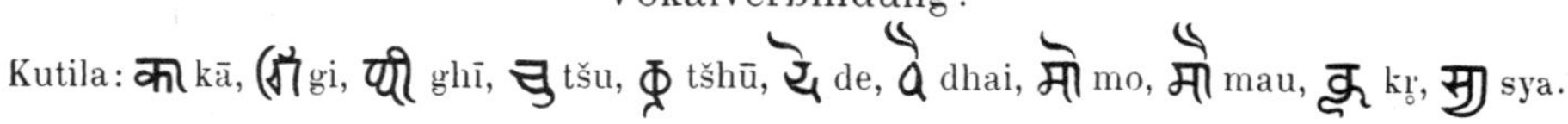

Die Inschrift von *Kutila* stammt aus dem 10. Jahrhundert n. Chr.; von gleichem Alter dürfte, nach den Formen zu urtheilen, die Inschrift von *Assam* sein.

Die Inschrift von Kutila ist der Devanagari sehr ähnlich, die von Assam der bengalischen Schrift.

Beide vorstehende Schriften sind nicht als Volksschriften aufzufassen (eine Assamschrift befindet sich auf S. 145), sie bilden vielmehr nur eine Episode in dem Entwicklungsgange der Schrift Indiens, speciell der Devanagari.

Assam oder richtiger *Asam* ist der Sanskritname des Landes, welches in der Palisprache *Ahåm* heisst (ein gleicher Wechsel fand zwischen Zend und Sanskrit statt, indem Zend-*h* dem Sanskrit-*s* entspricht, auch die Verwendung des tibetanischen ས *s* als stummer Laut lässt sich nur dadurch erklären, dass dasselbe nicht nur die Aussprache von *s*, sondern auch von *h* hatte).

Die Inschriften von Kutila und von Assam sind desshalb sehr merkwürdig, weil sie den Übergang in die Devanagarischrift erkennen lassen, insbesondere hat die Kutila-Inschrift schon fast ganz den Devanagaricharakter, während die Assam-Inschrift die Vorläuferin der bengalischen Schrift zu sein scheint.

DEVANAGARI.

(Ältere Druckschrift nach A. W. v. SCHLEGEL.)

Zeichen	Wert	Zeichen	Wert	Zeichen	Wert	Zeichen	Wert	Zeichen	Wert	Zeichen	Wert
अ	a	ऌ	l̥	ग	a	ट	ṭa	ध	dha	र	ra
आ	ā	ॡ	l̥̄	घ	ha	ठ	ṭha	न	na	ल	la
इ	i	ए	e	ङ	ṅa	ड	ḍa	प	pa	ळ	ḷa
ई	ī	ऐ	ai	च	tša	ढ	ḍha	फ	pha	व	va
उ	u	ओ	o	छ	tšha	ण	ṇa	ब	ba	स	sa
ऊ	ū	औ	au	ज	dža	त	ta	भ	bha	श श	śa
ऋ	r̥	क	ka	झ	džha	थ	tha	म	ma	ष	ša
ॠ	r̥̄	ख	kha	ञ	ńa	द	da	य	ya	ह	ha

Ligaturen.

क्	k-	ख्व	khva	च्च	tštša	ट्श	ṭša	त्र	tra	द्ब्र	dbra
क्क	kka	ग्	g-	च्ञ	tšńa	ट्स	ṭsa	त्व	tva	द्भ	dbha
क्त	kta	ग्न्	gn-	च्र	tšra	ठ्म	ṭhma	थ्	th-	द्भ्य	dbhya
क्त्य	ktya	ग्न	gna	च्व	tšva	ठ्य	ṭhya	दु	du	द्भ्र	dbhra
क्त्र	ktra	ग्र्	gr-	छ्म	tšhma	ड्ड	ḍḍa	दू	dū	द्म	dma
क्त्व	ktva	ग्र	gra	छ्य	tšhya	ड्ढ	ḍḍha	दृ	dr̥	द्य	dya
क्न	kna	घ्	gh-	छ्र	tšhra	ड्भ	ḍbha	द्ग	dga	द्र	dra
क्न्य	knya	घ्न	ghna	छ्व	tšhva	ड्य	ḍya	द्ग्य	dgya	द्र्य	drya
क्म	kma	घ्र	ghra	ज्	dž-	ढ्ण	ḍhṇa	द्ग्र	dgra	द्व	dva
क्य	kya	घ्ल	ghla	ज्ञ	džna	ढ्म	ḍhma	द्घ	dgha	द्व्य	dvya
क्र	kra	ङ्क	ṅka	ज्र	džra	ढ्य	ḍhya	द्घ्र	dghra	द्व्र	dvra
क्र्य	krya	ङ्क्ष	ṅkša	ञ्	ń-	ण्	ṇ-	द्द	dda	ध्	dh-
क्ल	kla	ङ्ख	ṅkha	ञ्च	ńtša	ण्ण	ṇṇa	द्द्र	ddra	ध्न	dhna
क्व	kva	ङ्ग	ṅga	ञ्ज	ńdža	त्	t-	द्द्व	ddva	ध्र	dhra
क्ष्	kš-	ङ्घ	ṅgha	ञ्ञ	ńńa	त्त	tta	द्ध द्ध	ddha	ध्व	dhva
क्ष	kša	ङ्ङ	ṅṅa	ट्त्स	ṭtsa	त्त्र	ttra	द्ध्न	ddhna	न्	n-
ख्	kh-	ङ्म	ṅma	ट्प	ṭpa	त्त्व	ttva	द्ध्य	ddhya	न्त्	nt-
ख्न	khna	ङ्य	ṅya	ट्म	ṭma	त्न्	tn-	द्न	dna	न्त	nta
ख्र	khra	च्	tš-	ट्य	ṭya	त्न	tna	द्ब	dba	न्त्र्	ntr-

DEVANAGARI.

Zeichen	Wert	Zeichen	Wert	Zeichen	Wert	Zeichen	Wert	Zeichen	Wert	Zeichen	Wert
न्त्र	ntra	प्व्य	pvya	म्व	mva	श्च	š́tša	स्	s-	ह्न	hna
न्त्र्य	ntrya	फ्	ph-	य्	y-	श्न	š́na	स्न	sna	ह्म	hma
न्त्व	ntva	फ्म	phma	र्	r-	श्र	š́ra	स्त्र	stra	ह्य	hya
न्न	nna	फ्य	phya	रु	ru	श्ल	š́la	स्र्	sr-	ह्र	hra
न्र	nra	ब्	b-	रू	rū	श्व	š́va	स्र	sra	ह्र्य	hrya
प्	p-	ब्र	bra	ल्	l-	ष्	š-	स्ल	sla	ह्ल	hla
प्त्	pt-	भ्	bh-	ल्न	lna	ष्ट	šṭa	स्व	sva	ह्व	hva
प्त	pta	भ्र	bhra	ल्ल	lla	ष्ट्य	šṭya	हु	hu	ह्व्य	hvya
प्न	pna	म्	m-	व्	v-	ष्ठ	šṭha	हू	hū		
प्र	pra	म्न	mna	व्र	vra	ष्ठ्य	šṭhya	हृ	hṛ		
प्ल	pla	म्र	mra	व्ल	vla	ष्ण	šṇa	हॄ	hṝ		
प्व	pva	म्ल	mla	श् श्	š́-	ष्व	šva	ह्ण	hṇa		

Zahlzeichen: १ 1, २ 2, ३ 3, ४ 4, ५ 5, ६ 6, ७ 7, ८ 8, ९ 9, ० 0.

Die *Devanagari* oder die Schrift der Götterstadt (*Benares* oder *Varanasi*) ist die Schrift der heiligen Bücher der Brahmanen, somit die Schrift der Religions- und der Rechtssprache, auf welche in lautlicher wie auch in schönheitlicher Beziehung die genaueste Sorgfalt verwendet wurde. In ihr ist das Prinzip der indischen Vokalbezeichnung und der Konsonantenverbindung allein zur höchsten Vollkommenheit gelangt.

Die Entstehung der *Devanagari*schrift lässt sich an den vorangehenden Alphabeten ganz genau verfolgen. Als die vollkommenste Schrift Indiens hat sie später auf andere Schriften als Muster eingewirkt und ist Ursache zur Vermehrung der Zeichen dieser Schriften geworden. Mit ihr werden geschrieben: *Sanskrit,* die heilige Sprache der Brahmanen, *Hindi,* die Sprache vom Centrum Nord-Indiens, die fast in ganz Indien verstanden wird, und die Sprache von *Sindh,* wo sie neben der älteren unvollkommneren Schrift angewendet wird.

Die Aussprache der Palatalgruppe soll früher *k', g', k'ʿ, g'ʿ* gewesen sein, doch werden diese Zeichen gegenwärtig wie *tš, dž, tšh, džh* gelesen. Nachdem mit der mohammedanischen Religion arabische und persische Wörter nach Indien eingedrungen waren, wurden einige Devanagarizeichen mit Punkten versehen, um die fremden Laute dieser Sprachen ausdrücken zu können. Diese fremden Zeichen, sowie die Vokalverbindungen sind auf S. 134 aufgeführt.

DEVANAGARI.

Neuere Druckschrift nach alten Handschriften.

Zeichen	Wert	Zeichen	Wert	Zeichen	Wert	Zeichen	Wert	Zeichen	Wert	Zeichen	Wert
अ	a	ऌ	ḷ	ग	ga	ट	ṭa	ध	dha	र	ra
आ	ā	ॡ	ḹ	घ	gha	ठ	ṭha	न	na	ल ल	la
इ	i	ए	e	ङ	ṅa	ड	ḍa	प	pa	ळ	ḷa
ई	ī	ऐ	ai	च	tša	ढ	ḍha	फ	pha	व	va
उ	u	ओ	o	छ	tšha	ण	ṇa	ब	ba	स	sa
ऊ	ū	औ	au	ज	dža	त	ta	भ	bha	श श	śa
ऋ	ṛ	क	ka	झ	džha	थ	tha	म	ma	ष	ša
ॠ	ṝ	ख	kha	ञ	ńa	द	da	य	ya	ह	ha

Ligaturen.

क्	k-	क्ष	kša	घ्य	ghya	ज्झ	dždžha	ढ्र	ḍhra	त्त्र	ttra
क्क	kka	क्ष्म	kšma	घ्र	ghra	ज्ञ्	džń-	ण्	ṇ-	त्न	tna
क्त	kta	क्ष्य	kšya	ङ्ख	ṅkha	ज्ञ	džńa	ण्ट	ṇṭa	त्म	tma
क्त्व	ktva	क्ष्व	kšva	ङ्ग	ṅga	ज्य	džya	ण्ठ	ṇṭha	त्म्य	tmya
क्थ	ktha	ख्	kh-	ङ्घ	ṅgha	ज्र	džra	ण्ड	ṇḍa	त्य	tya
क्न	kna	ख्य	khya	ङ्घ्र	ṅghra	ज्व	džva	ण्ढ	ṇḍha	त्र	tra
क्म	kma	ग्	g-	च्	tš-	झ	džha	ण्ण	ṇṇa	त्र्य	trya
क्य	kya	ग्न्य	gnya	च्च	tštša	ञ्	ń-	ण्य	ṇya	त्व	tva
क्र	kra	ग्र	gra	च्छ	tštšha	ञ्च	ńtša	ण्व	ṇva	त्स	tsa
क्र	kra	ग्र्य	grya	च्म	tšma	ञ्ज	ńdža	त्	t-	त्स्न	tsna
क्ल	kla	घ्	gh-	छ्र	tšhra	ट्ट	ṭṭa	त्क	tka	त्स्य	tsya
क्व	kva	घ्न	ghna	ज्	dž-	ठ्य	ṭhya	त्त	tta	थ्	th-
क्ष्	kš-	घ्म	ghma	ज्ज	dždža	ठ्र	ṭhra	त्त्य	ttya	थ्य	thya

DEVANAGARI. LIGATUREN.

Zeichen	Wert	Zeichen	Wert	Zeichen	Wert	Zeichen	Wert	Zeichen	Wert	Zeichen	Wert
दृ	dr̥	ध्व	dhva	प्व	pva	म्य	mya	श्च	š́tša	स्त्र	stra
द्ग	dga	न्	n-	प्स	psa	म्र	mra	श्च्य	š́tšya	स्थ	stha
द्घ	dgha	न्त	nta	ब्	b-	म्स	msa	श्न	š́na	स्न	sna
द्द	dda	न्त्र	ntra	ब्घ	bgha	य्	y-	श्र	š́ra	स्प	spa
द्ध	ddha	न्द	nda	ब्ज	bdža	य	ya	श्ल	š́la	स्फ	spha
द्ध्य	ddhya	न्द्र	ndra	ब्ट	bṭa	य्य	yyȧ	श्व	š́va	स्म्य	smya
द्न	dna	न्ध	ndha	ब्ध	bdha	रु	ru	श्श	š́š́a	स्य	sya
द्ब	dba	न्न	nna	ब्ब	bba	रू	rū	ष्	š-	स्र	sra
द्भ	dbha	न्म	nma	ब्भ	bbha	ल्	l-	ष्ट	šṭa	स्व	sva
द्भ्य	dbhya	न्य	nya	ब्र	bra	ल्क	lka	ष्ट्न्य	šṭnya	ह्	h-
द्म	dma	न्र	nra	भ्	bh-	ल्प	lpa	ष्ट्य	šṭya	हृ	hr̥
द्य	dya	न्स	nsa	भ्न	bhna	ल्म	lma	ष्ट्र	šṭra	ह्ण	hṇa
द्र	dra	प्	p-	भ्य	bhya	ल्य	lya	ष्ट्र्य	šṭrya	ह्म	hma
द्व	dva	प्त	pta	भ्र	bhra	ल्ल	lla	ष्ट्व	šṭva	ह्य	hya
द्व्य	dvya	प्न	pna	म्	m-	ल्व	lva	ष्ठ	šṭha	ह्र	hra
ध्	dh-	प्प	ppa	म्न	mna	व् व्	v-	ष्ण	šṇa	ह्ल	hla
ध्न	dhna	प्म	pma	म्प	mpa	व्य	vya	ष्म	šma	ह्व	hva
ध्म	dhma	प्य	pya	म्प्र	mpra	व्र	vra	ष्य	šya		
ध्य	dhya	प्र	pra	म्व	mva	व्व	vva	स्	s-		
ध्र	dhra	प्ल	pla	म्भ	mbha	श् श्	ś-	स्ख	skha		

Vokalverbindung:

का kā, कि ki, की kī, कु ku, कू kū, कृ kr̥, कॄ kr̥̄, कॢ kl̥, कॣ kl̥̄, के ke, कै kai,

को ko, कौ kau, कं kã, कँ kã, कः kaḥ, क+ kaχ, क‿ kaf̣, र्क rk, र्के rke, क् k.

Fremde Zeichen:

अ़ ʾa, ह़ hʿa, क़ qa, ख़ χa, ग़ γa, स़ δa, s̤a, z̤a, त़ d̠a, ज़ δa, za, फ़ fa, अं़ ã, इ़ ı.

Zahlzeichen:

१ 1, २ 2, ३ 3, ४ 4, ५ 5, ६ 6, ७ 7, ८ 8, ९ 9, ० 0.

LEPTŠA ODER ROṄ.

Konsonantenzeichen								Finalzeichen		Vokalzeichen	
Zeichen	Wert	Zeichen	Wert	Zeichen	Wert	Zeichen	Wert	Zeichen	Wert	Zeichen	Wert
ᰀ	ka	ᰉ	tha	ᰓ	tsha	ᰢ	wa	◌ᰭ	k	ᰣ	a
ᰂ	kha	ᰊ	da	ᰔ	za	ᰁ	kla	◌ᰮ	m	◌ᰦ	ā
ᰃ	ga	ᰋ	na	ᰚ	ya	ᰄ	gla	◌ᰯ	l	◌ᰧ	i
ᰅ	ṅa	ᰌ	pa	ᰛ	ra	ᰏ	pla	◌ᰰ	n	◌ᰧᰶ	ī
ᰆ	tša	ᰍ	pha	ᰜ	la	ᰒ	fla	◌ᰱ	b, p	◌ᰨ	o
ᰇ	tšha	ᰎ	fa	ᰝ	ha	ᰔ	bla	◌ᰲ	r	◌ᰩ	ō
ᰈ	ža	ᰐ	ba	ᰟ	va	ᰖ	mla	◌ᰳ	t	◌ᰪ	u
ᰉ	ńa	ᰕ	ma	ᰠ	sa	ᰞ	hla	◌ᰴ	ñ	◌ᰫ	ū
ᰊ	ta	ᰗ	tsa	ᰡ	ša			◌ᰵ	ṅ	◌ᰬ	e

Ligaturen.

Zeichen	Wert	Zeichen	Wert	Zeichen	Wert	Zeichen	Wert	Zeichen	Wert	Zeichen	Wert
ᰀᰤ	kya	ᰍᰤ	phya	ᰟᰤ	vya	ᰞᰤ	hlya	ᰐᰥ	bra	ᰎᰥᰤ	frya
ᰂᰤ	khya	ᰎᰤ	fya	ᰁᰤ	klya	ᰣᰤ	aya	ᰕᰥ	mra	ᰐᰥᰤ	brya
ᰃᰤ	gya	ᰐᰤ	bya	ᰄᰤ	glya	ᰀᰥ	kra	ᰝᰥ	hra	ᰕᰥᰤ	mrya
ᰊᰤ	tya	ᰕᰤ	mya	ᰏᰤ	plya	ᰃᰥ	gra	ᰀᰥᰤ	krya	ᰝᰥᰤ	hrya
ᰋᰤ	thya	ᰛᰤ	rya	ᰒᰤ	flya	ᰅᰥ	ṅra	ᰃᰥᰤ	grya	ᰊᰥ	tra
ᰌᰤ	dya	ᰜᰤ	lya	ᰔᰤ	blya	ᰌᰥᰤ	prya	ᰅᰥᰤ	ṅrya	ᰋᰥ	thra
ᰌᰤ	pya	ᰝᰤ	hya	ᰖᰤ	mlya	ᰎᰥ	fra	ᰌᰥᰤ	prya	ᰌᰥ	dra

Vokalverbindung: ᰀᰶ ᰀᰦ ᰀᰧ ᰀᰧᰶ ᰀᰨ ᰀᰩ ᰀᰪ ᰀᰫ ᰀᰬ
k'a, kā, ki, kī, ko, kō, ku, kū, ke.

Silben mit Finalzeichen: ᰀᰭ ᰀᰮ ᰀᰯ ᰀᰰ ᰀᰱ ᰀᰲ ᰀᰳ ᰀᰴ ᰀᰵ
kak, kam, kal, kan, kap, kar, kat, kañ, kaṅ.

Ziffern: ᱁ 1, ᱂ 2, ᱃ 3, ᱄ 4, ᱅ 5, ᱆ 6, ᱇ 7, ᱈ 8, ᱉ 9, ᱀ 0.

Die *Leptša* oder *Roṅ* bewohnen das Land *Sikim*, welches im Himalayagebirge zwischen *Nepal, Tibet* und *Butan* liegt. Ihre Schrift stimmt mit keiner indischen überein. Eigenthümlich ist der Gebrauch von Finalbuchstaben für die Konsonanten, welcher nur in der amerikanischen *Kri-* und *Tinne*-Schrift seines Gleichen findet. Ausser den Vokalzeichen kommt auch ein Accent ◌ᰶ vor, welcher dem Vokale einen gutturalen Laut und dem *i* die Länge gibt. (Vgl. Mainwaring G. B., a Grammar of the Ron [Lepcha] Language. Calcutta 1876.)

NIPALISCHE SCHRIFTEN.

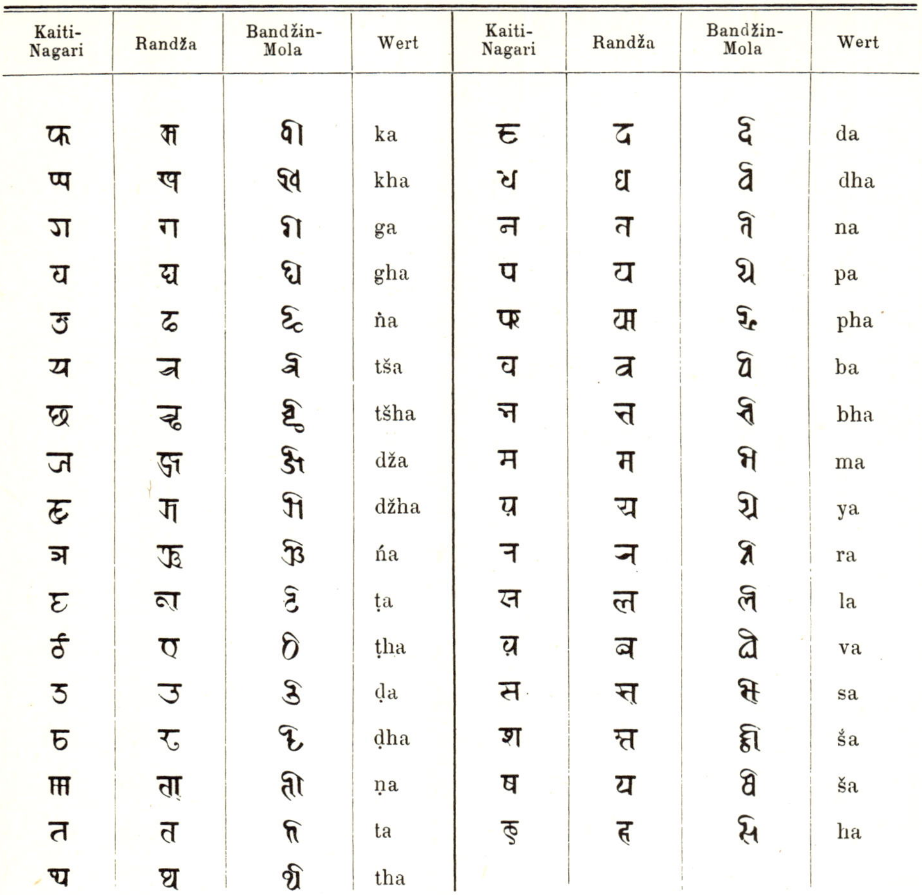

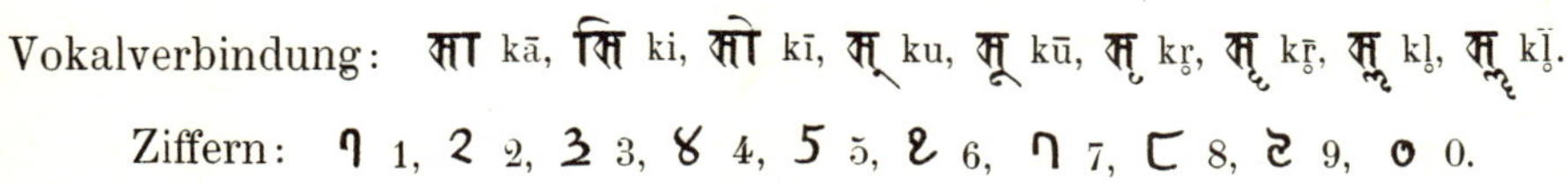

In Nipal, wo sich der Buddhismus bis auf unsere Tage erhalten hat, sind die Bücher in vier Schriftarten geschrieben: 1. in der *Nevari*, welche fast ganz mit der *Devanagari* übereinstimmt, 2. der *Kaiti-Nagari*, 3. der *Randža* und 4. der *Bandžin-Mola*. Alle diese Schriften sind unter einander eng verwandt; die zweite und dritte haben die verbindende Schreiblinie, die vierte aber dafür einen Haken, wobei es fraglich bleibt, ob dieser Haken zum wagrechten Strich wurde oder umgekehrt der Strich zum Haken. Ersteres wäre natürlicher, da der Haken T das *a* bezeichnet. Wenn dieses der Fall war, so war die *Bandžin-Mola* der Übergang von der getrennten zur verbundenen Schrift. Damit stimmt auch der Umstand überein, dass die Formen der *Bandžin-Mola* mit den *Nevari*formen die grösste Übereinstimmung zeigen.

Die Vokalbezeichnung ist die der Devanagari. Die Ziffern sind von dieser verschieden, den bengalischen ähnlich.

BENGALISCH.

Zeichen	Wert	Zeichen	Wert	Zeichen	Wert	Zeichen	Wert	Zeichen	Wert	Zeichen	Wert
অ	a	এ	e	ঙ	ṅa	ড	ḍa	প	pa	ল	la
আ	ā	ঐ	ai	চ	tša	ঢ	ḍha	ফ	pha	স	sa
ই	i	ও	o	ছ	tšha	ণ	ṇa	ব	ba	শ	š́a
ঈ	ī	ঔ	au	জ	dža	ত	ta	ভ	bha	ষ	ša
উ	u	ক	ka	ঝ	džha	থ	tha	ম	ma	হ	ha
ঊ	ū	খ	kha	ঞ	ńa	দ	da	য	ya		
ঋ	r̥	গ	ga	ট	ṭa	ধ	dha	য়	ia		
ঌ	l̥	ঘ	gha	ঠ	ṭha	ন	na	র	ra		

Ligaturen.

টি	ṭi	শ্রী	š́rī	ছু	tšhu	শ্ত	š́ta	ধু	dhu	✝	Anfang
ক্ল	kl̥a	ক্র	kr̥a	ড়	ra ڑ	ক্ষ	khya	ষ্ণ	š́ńa	*	End-zeich. eines Verses
শূ	š́ū	চ্চ	tštša	ঢ়	rha ڑھ	প্র	pra	ত্র	tr̥a	✳	
র্ণ	rna	ন্ন	nna	শ্র	š́r̥a	গু	gu	।	Vers-theiler		

Vokalverbindung:

ক ka, কা kā, কি ki, কী kī, কু ku, কূ kū, কৃ kr̥, কৢ kl̥, কে ke, কৈ kai, কো ko, কৌ kau.

Ziffern: ১ 1, ২ 2, ৩ 3, ৪ 4, ৫ 5, ৬ 6, ৭ 7, ৮ 8, ৯ 9, ০ 0.

Die *Bengalische* oder *Gaura*sprache (nach der alten mit Ziegelsteinen gebauten und jetzt in Trümmern liegenden Hauptstadt *Gauḍa* oder *Gaur*) steht der Sanskritsprache am nächsten. Sie wurde, nachdem die Sanskrit eine todte Sprache geworden war, tonangebend an hohen Schulen gelehrt und in wissenschaftlichen Werken angewendet. Ihre Zeichen haben manche alterthümliche Formen, welche auf den *Sindh* charakter zurückgehen, dagegen auch eine Eigenthümlichkeit, welche in den *Pali*-Schriften vorkommt, nämlich das Vorsetzen des *e*-Vokals und die Einschliessung der Consonanten durch die Zeichen von *o* und *au*.

Die Verbindungslinie ist in dieser Schrift öfter unterbrochen als in der Devanagari. Das *Virama* fehlt.

ORISSISCH.

Zeichen	Wert	Zeichen	Wert	Zeichen	Wert	Zeichen	Wert	Zeichen	Wert	Zeichen	Wert
ଅ	a	ଓ	o	ଛ	tšha	ଣ	ṇa	ବ	ba	ଶ	śa
ଆ	ā	ଔ	au	ଜ	dža	ତ	ta	ଭ	bha	ଷ	ša
ଇ	i	କ	ka	ଝ	džha	ଥ	tha	ମ	ma	ହ	ha
ଈ	ī	ଖ	kha	ଞ	ńa	ଦ	da	ଯ	ya	ଫ଼	f̓a
ଉ	u	ଗ	ga	ଟ	ṭa	ଧ	dha	ର	ra		
ଊ	ū	ଘ	gha	ଠ	ṭha	ନ	na	ଲ	la		
ଏ	e	ଙ	ṅa	ଡ	ḍa	ପ	pa	ଵ	va		
ଐ	ai	ଚ	tša	ଢ	ḍha	ଫ	pha	ସ	sa		

Ligaturen:

କୀ	kī	ଜ୍ଜ	dždža	ତ୍ର୍ଥ	trtha	ଯୀ	yī	ଲ୍ଲ	lla	ଷ୍ଟ	šta
କୁ	ku	ଡ଼	ḍ	ଥି	thi	ଯୁ	yu	ଲ୍ୟ	lya	ଶ୍ୟ	šya
କୃ	kr	ଢ୍ମ	ḍhma	ଦୀ	dī	ର	ra	ସ୍ଥ	stha	ଶ୍ଚ	štš
କ୍ରି	kri	ଢ୍ୟୁ	ḍhyu	ଦ୍ଭ	dbha	ରୀ	rī	ସ୍ପ	spa	ଶ୍ର	šr
କ୍ଷ	kša	ଢ୍ର	ḍhr	ଦ୍ୱ	dwa	ରୁ	ru	ସ୍ୱ	swa	ଶୁ	šu
ଖ୍ରୀ	khrī	ଣ୍ଠ	ṇṭha	ଦ୍ବ	dba	ର୍ଧ	rdha	ସ୍ଦ	sda	ହ୍ଲ	hl
ଗୁ	gu	ଣ୍ଟ	ṇṭa	ନ୍ଦ	nda	ର୍ଯ୍ୱ	ryva	ସ୍ହ	sha		
ଙ୍କ	ṅka	ଣ୍ଡ	ṇḍa	ପ୍ଦ	pda	ଳ	l	ସ୍ସ	ssa		
ଞ୍ଚ	ńtša	ତ୍ର	tra	ପ୍ର	pra	ଳା ଳା	lā	ସ୍କ	ska		
ଞ୍ଛ	ńtšha	ତ୍ୟ	tya	ବ୍ର	br	ଳି	li	ସ୍ପ	spa		
ଞ୍ଛା	ńtšhā	ତ୍ୱ	twa	ମ୍ଭ	mbha	ଲ୍ପ	lpa	ଷ୍ୱ	šwa		

Wie aus der vorstehenden Tabelle hervorgeht, erhalten die Konsonanten, welche ohne Vokal auf andere Konsonanten folgen oder diesen vorhergehen, verkürzte Zeichen: ୍ୟ *y* (hinter dem Konsonanten), ୍ର *r*, ୍ୱ *v* (unter dem Konsonanten), ୍ଳ *l*, ୍ଞ *ń*, ୍ନ *n*, ୍ମ *m*, ୍କ *k*, ୍ଚ *tš*, ୍ଡ *ḍ*, ୍ଜ *dž*, ୍ଢ *ḍh*, ୍ତ *t*, ୍ଥ *th*, ର୍ *r*.

Vokalverbindung:

କା kā, କି ki, କୀ kī, କୁ ku, କୂ kū, କୃ kr̥, କ୍ରୁ kṛu, କେ ke, କୈ kai, କୋ ko, କୌ kau, କଁ kã, କଃ kaḥ.

Ziffern: ୧ 1, ୨ 2, ୩ 3, ୪ 4, ୫ 5, ୬ 6, ୭ 7, ୮ 8, ୯ 9, ୦ 0.

NERBADDA.

Zeichen	Wert	Zeichen	Wert	Zeichen	Wert	Zeichen	Wert	Zeichen	Wert	Zeichen	Wert
	a		ga		ńa		ta		pha		la
	ā		gha		ṭa		tha		ba		va
	i		ṅa		ṭha		da		bha		sa
	ī		tša		ḍa		dha		ma		ś̌a
	ka		tšha		ḍha		na		ya		ša
	kha		dža		ṇa		pa		ra		ha

Vokalverbindung: kā, ke, ki, ku, ko, kša.

KISTNA.

Zeichen	Wert	Zeichen	Wert	Zeichen	Wert	Zeichen	Wert	Zeichen	Wert	Zeichen	Wert
	a		gha		ṭha		da		bha		sa
	ā		ṅa		ḍa		dha		ma		ś̌a
	i		tša		ḍha		na		ya		ša
	ka		dža		ṇa		pa		ra		ha
	kha		ńa		ta		pha		la		
	ga		ṭa		tha		ba		va		

Vokalverbindung: kā, ke, ki, ku, ko, kša, dźńa.

Die schönen, an den Flüssen Nerbadda und Kistna in Indien gefundenen Inschriften bieten ein besonderes Interesse dadurch, dass sie den Übergang aus den Inschriften der *Gupta*-Dynastie zu den Formen der *telingischen* und *karnatischen* Schrift erkennen lassen und die sonst unverständlichen Eigenthümlichkeiten der letzteren Schriften erklären. Die *Nerbadda*-Schrift schliesst sich eng an die Inschriften der *Gupta*-Dynastie an, die *Kistna*-Schrift zeigt cursive Änderungen und die flüchtigere Form der letzteren ist die telingische Schrift. Die Verzierungen sind nur andere Formen des Verbindungsstriches in der Devanagari.

Die telingische Schrift scheint ursprünglich viel ärmer an Zeichen gewesen zu sein, denn viele Buchstaben sind durch einen untergesetzten Strich in verwandte Zeichen umgewandelt worden, um mit der Schrift den Reichthum der Sanskritlaute wiederzugeben.

TELINGISCH.

Zeichen	Wert	Zeichen	Wert	Zeichen	Wert	Zeichen	Wert	Zeichen	Wert
అ	a	ఏ	ē	ఛ ఛ	tšha	ద	da	ల	la
ఆ	ā	ఐ	ai	జ	dža, dza	ధ	dha	ళ	ḷa
ఇ	i	ఒ	o	ఝ ఝ	džha	న న	na	స స	sa
ఈ	ī	ఓ	ō	ఞ ఞ	ńa	ప ప	pa	శ	śa
ఉ ఉ	u	ఔ	au	ట	ṭa	ఫ ఫ	pha	ష ష	ša
ఊ ఊ	ū	క క	ka	ఠ ఠ	ṭha	బ	ba	హ హ	ha
ఋ	r̥	ఖ	kha	డ	ḍa	భ	bha	ఱ	t'a
ౠ	r̥̄	గ గ	ga	ఢ ఢ	ḍha	మ మ	ma		
ఌ	l̥	ఘ ఘ	gha	ణ	ṇa	య య	ya		
ౡ	l̥̄	ఙ ఙ	ṅa	త	ta	వ వ	va		
ఎ	e	చ చ	tša, tsa	థ	tha	ర ర	ra		

Ligaturen.

Zeichen	Wert	Zeichen	Wert	Zeichen	Wert	Zeichen	Wert	Zeichen	Wert	Zeichen	Wert
క్ష	kša	డు	ḍu	డ్డు	ddu	పొ	po	యా	yā	శి	ši
ఘా	ghā	తె	te	డ్ఢా	ddhā	ప్పు	ppu	రా	rā	షా	šā
చి	tši	త్తూ	ttū	ధా	dhā	భూ	bhū	్ల	-l	ష్ట	šṭa
ఝా	džā	త్ర	tra	నా	nā	మా	mā	ల్ల	lla	సా	sā
ఞా	ńā	దా	dā	న్న	nna	మ్మ	mma	వ్వ	vva	స్తా	stā

Vokalverbindung: కా kā, కి ki, కీ kī, కు ku, కూ kū, కృ kr̥, కౄ kr̥̄, కె ke, కే kē, కై kai, కొ ko, కో kō, కౌ kau.

Ziffern: ౧ 1, ౨ 2, ౩ 3, ౪ 4, ౫ 5, ౬ 6, ౭ 7, ౮ 8, ౯ 9, ౦ 0.

Die telingische oder Teluguschrift ist die Schrift eines südlichen Volkes, welches mit den Tamilen und Karnaten zum dravidischen Sprachstamme gehört. Die Schrift steht der Inschrift am Kistnaflusse so nahe, dass auch die oberen Haken der Buchstaben der Kistnaschrift sich hier wiederfinden.

KARNATISCH.

Zeichen	Wert	Zeichen	Wert	Zeichen	Wert	Zeichen	Wert	Zeichen	Wert
ಅ	a	ಎ	e	ಙ	ṅa	ಣ	ṇa	ಮ	ma
ಆ	ā	ಏ	ē	ಚ	tša	ತ	ta	ಯ	ya
ಇ	i	ಐ	ai	ಛ	tšha	ಥ	tha	ವ	va
ಈ	ī	ಒ	o	ಜ	dža	ದ	da	ರ	ra
ಉ	u	ಓ	ō	ಝ	džha	ಧ	dha	ಲ	la
ಊ	ū	ಔ	au	ಞ	ña	ನ	na	ಸ	sa
ಋ	ṛ	ಕ	ka	ಟ	ṭa	ಪ	pa	ಶ	śa
ೠ	ṝ	ಖ	kha	ಠ	ṭha	ಫ	pha	ಷ	ša
ಌ	ḷ	ಗ	ga	ಡ	ḍa	ಬ	ba	ಹ	ha
ೡ	ḹ	ಘ	gha	ಢ	ḍha	ಭ	bha	ಳ	$\text{t}^{\text{r}}\text{a}$

Ligaturen.

Zeichen	Wert	Zeichen	Wert	Zeichen	Wert	Zeichen	Wert	Zeichen	Wert	Zeichen	Wert
ಕು	ku	ಗೈ	gai	ತೈ	tai	ನ್	-n	ಭೂ	bhū	ವು	vu
ಕೆ	ke	ಙಾ	ṅā	ತ್ತು	ttu	ನಾ	nā	ಮ್ಮಾ	mmā	ವೂ	vū
ಕೋ	kō	ಙು	ṅu	ತ್ತೆ	tte	ನಿ	ni	ರಾ	rā	ವೃ	vṛ
ಕ್ಷ	kša	ಡೆ	ḍe	ತ್ರ	tra	ನೀ	nī	ರೆ	re	ವೄ	vṝ
ಗಾ	gā	ಡೋ	ḍō	ದಾ	dā	ನು	nu	ಲಾ	lā	ವೆ	ve
ಗೀ	gī	ತಿ	ti	ದಿ	di	ನೆ	ne	ಲೂ	lū	ವ್ವು	vvu
ಗು	gu	ತೀ	tī	ದೀ	dī	ನ್ನ	nna	ಲೋ	lō	ಷಾ	šā
ಗೆ	ge	ತು	tu	ದೆ	de	ಪು	pu	ಯಾ	yā	ಷ್ಟ	šṭa
ಗೇ	gē	ತೆ	te	ದ್ರಿ	dri	ಪ್ರ	pra	ವಾ	vā	ಹೋ	hō

Vokalverbindung: ಕಾ kā, ಕಿ ki, ಕೀ kī, ಕು ku, ಕೂ kū.

Die karnatische Schrift ist mit der telingischen benachbart und eng verwandt. Im vorstehenden Alphabete sind Doppelformen aufgenommen worden, da die Handschriften in Einzelheiten abweichen.

TAMULISCH.

Zeichen	Wert	Zeichen	Wert	Zeichen	Wert	Zeichen	Wert	Zeichen	Wert
அ	a	இ	i	ஈ	ī	உ	u	ஊ	ū
க	ka	கி	ki	கீ	kī	கு	ku	கூ	kū
ச	tša	சி	tši	சீ	tšī	சு	tšu	சூ	tšū
ட	ṭa	டி	ṭi	டீ	ṭī	டு	ṭu	டூ	ṭū
ற	t^ra	றி	t^ri	றீ	t^rī	று	t^ru	றூ	t^rū
த	ta	தி	ti	தீ	ī	து	tu	தூ	tū
ப	pa	பி	pi	பீ	pī	பு	pu	பூ	pū
ங	ṅa	ஙி	ṅi	ஙீ	ṅī	ஙு	ṅu	ஙூ	ṅū
ஞ	ńa	ஞி	ńi	ஞீ	ńī	ஞு	ńu	ஞூ	ńū
ண	ṇa	ணி	ṇi	ணீ	ṇī	ணு	ṇu	ணூ	ṇū
ன	ǹa	னி	ǹi	னீ	ǹī	னு	ǹu	னூ	ǹū
ந	na	நி	ni	நீ	nī	நு	nu	நூ	nū
ம	ma	மி	mi	மீ	mī	மு	mu	மூ	mū
ய	ya	யி	yi	யீ	yī	யு	yu	யூ	yū
ள	ḷa	ளி	ḷi	ளீ	ḷī	ளு	ḷu	ளூ	ḷū
ல	la	லி	li	லீ	lī	லு	lu	லூ	lū
ழ	ṛa	ழி	ṛi	ழீ	ṛī	ழு	ṛu	ழூ	ṛū
ர	ra	ரி	ri	ரீ	rī	ரு	ru	ரூ	rū
வ	va	வி	vi	வீ	vī	வு	vu	வூ	vū

Ziffern:

௧ 1, ௨ 2, ௩ 3, ௪ 4, ௫ 5, ௬ 6, ௭ 7, ௮ 8, ௯ 9, ௰ 10, ௱ 100, ௲ 1000.

Die Vokale எ *e*, ஏ *ē*, ஐ *ai*, ஒ *o*, ஓ *ō*, ஔ *au* werden nicht verbunden, sondern die Vertreter für *e* vor das Wort, die von *a* hinter dasselbe gestellt, also கெ *ke*, கே *kē*, கை *kai*, கொ *ko*, கோ *kō*, கௌ *kau*; ஆ *ā* wird nur mit t^r zu றா t^r*ā*, *ṇ* zu ணா *ṇā* und *ǹ* zu னா *ǹā* verbunden, sonst als ா hinter die Konsonanten gesetzt. Ein Punkt über den Konsonanten zeigt die Abwesenheit des Vokales an, z. B. க் *k*, ட் *t*. ௐ *Om* heiliger Ausruf.

Die tamulische Sprache hat drei Lautklassen: sechs explosive Laute *k*, *tš*, *ṭ*, *t*, *p*, t^r, sechs Nasale: *ṇ*, *ṅ*, *ń*, *ǹ*, *n*, *m*, und sechs Halbvokale: *y*, *r*, *ṛ*, *l*, *ḷ*, *v*.

MALABARISCH (MALAYALIM, GRANTHAM).

Alt	Neu	Wert	Alt	Neu	Wert	Alt	Neu	Wert	Alt	Neu	Wert
അ	അ	a	ഒ	ഒ	o	ട	ട	ṭa	ഭ	ഭ	bha
ആ	ആ	ā	ഓ	ഓ	ō	ഠ	ഠ	ṭha	മ	മ	ma
ഇ	ഇ	i	ഔ	ഔ	au	ഡ	ഡ	ḍa	യ	യ	ya
ഈ	ഈ	ī	ക	ക	ka	ഢ	ഢ	ḍha	ര	ര	ra
ഉ	ഉ	u	ഖ	ഖ	kha	ണ	ണ	ṇa	റ	റ	ṛa
ഊ	ഊ	ū	ഗ	ഗ	ga	ത	ത	ta	ല	ല	la
ഋ	ഋ	ṛ	ഘ	ഘ	gha	ഥ	ഥ	tha	ള	ള	ḷa
ൠ	ൠ	ṝ	ങ	ങ	ṅa	ദ	ദ	da	വ	വ	va
ഌ	ഌ	ḷ	ച	ച	tša	ധ	ധ	dha	സ	സ	sa
ൡ	ൡ	ḹ	ഛ	ഛ	tšha	ന	ന	na	ശ	ശ	ša
എ	എ	e	ജ	ജ	dža	പ	പ	pa	ഷ	ഷ	ša
ഏ	ഏ	ē	ഝ	ഝ	džha	ഫ	ഫ	pha	ഹ	ഹ	ha
ഐ	ഐ	ai	ഞ	ഞ	ńa	ബ	ബ	ba		○	dʳa

Ligaturen (Neu).

Zeichen	Wert	Zeichen	Wert	Zeichen	Wert	Zeichen	Wert	Zeichen	Wert	Zeichen	Wert
കു	ku	ച്ചു	tštšu	ദ്ധ	ddha	ബ്ര	bra	യ്യു	yyu	ഷ്ട	šṭa
കൂ	kū	ജ്ജ	dždža	ദ്യ	dya	ഭു	bhu	രു	ru	ഷ്ഠ	šṭha
കൃ	kṛ	ഞ്ച	ńtša	ൻ	-n	ഭൂ	bhū	രൂ	rū	ഷ്പ	špa
ക്കു	kku	ഞ്ഞു	ńńu	നു	nu	ഭൃ	bhṛ	ർഗ്ഗ	rgga	സൂ	sū
ക്കൂ	kkū	ടു	ṭu	നൃ	nṛ	ഭ്ര	bhra	ർഥ	rtha	സ്ത	sta
ക്ര	kra	ട്ടു	ṭṭu	ന്ത	nta	മു	mu	ൽ	-l	സ്ത്ര	stra
ക്ല	kla	ണ്ക	ṇka	ന്തു	ntu	മൂ	mū	ലു	lu	സ്ഥ	stha
ക്ഷ	kša	ണ്ടു	ṇṭu	ന്ത്ര	ntra	മൃ	mṛ	ല്ക്കു	lkku	സ്മ	sma
ക്സ	ksa	ണ്മ	ṇma	ന്ദ	nda	മ്മ	mma	ല്പ	lpa	സ്ര	sra
ഗു	gu	തു	tu	ന്ധ	ndha	മ്ല	mla	ല്മ	lma	സ്സു	ssu
ഗൃ	gṛ	തൂ	tū	ന്ന	nna	്യ	-ya	ല്ല	lla	സ്സ	sha
ഗ്ദ	gda	തൃ	tṛ	ന്മ	nma	യു	yu	ല്ലു	llu	ഹു	hu
ഗ്ന	gna	ത്ത	tta	ന്വ	nva	യ്ക	yka	്വ	-v	ഹൂ	hū
ഗ്ര	gra	ത്തു	ttu	പു	pu	യ്ക്ക	ykka	വു	vu	ഹൃ	hṛ
ഘ്ര	ghra	ത്മ	tma	പൂ	pū	യ്ക്കു	ykku	വൃ	vṛ	ൾ	ḷ
ങ്ക	ṅka	ത്ര	tra	പ്ത	pta	യ്ത	yta	വ്വ	vva	ള്ള	ḷḷa
ങ്കു	ṅku	ത്രു	tru	പ്ന	pna	യ്തു	ytu	ശു	šu	റു	ṛu
ങ്ങ	ńńa	ത്സ	tsa	പ്പ	ppa	യ്മ	yma	ശ്ച	štša	റ്റു	ṛtu
ചൂ	tšū	ദൂ	dū	പ്ര	pra	യ്മ	yma	ശ്രു	šru	ദ്രു	dru
ച്ഛ	tštšha	ദൃ	dṛ	ബു	bu	യ്യ	yya	ശ്ശ	šša		

Vokalverbindung:

ക ka, കാ kā, കി ki, കീ kī, കു ku, കൂ kū, കെ ke, കൈ kai, കൊ ko, കൌ kau.

Ziffern: ൧ 1, ൨ 2, ൩ 3, ൪ 4, ൫ 5, ൬ 6, ൭ 7, ൮ 8, ൯ 9, ൰ 10.

SINGALESISCH.

Zeichen	Wert	Zeichen	Wert	Zeichen	Wert	Zeichen	Wert	Zeichen	Wert	Zeichen	Wert
අ	a	ඓ	ai	ඝ	gha	ඨ	ṭha	න	na	ල	la
ආ	ā	ඔ	o	ඞ	ṅa	ඩ	ḍa	ප	pa	ළ	ḷa
ඉ	i	ඕ	ō	ච	tša	ඪ	ḍha	ඵ	pha	ව	va
ඊ	ī	ඇ	e̱	ඡ	tšha	ණ	ṇa	බ	ba	ස	sa
උ	u	ඈ	ē̱	ජ	dža	ත	ta	භ	bha	ශ	,śa
ඌ	ū	ක	ka	ඣ	džha	ථ	tha	ම	ma	ෂ	ša
එ	e	ඛ	kha	ඤ	ńa	ද	da	ය	ya	හ	ha
ඒ	ē	ග	ga	ට	ṭa	ධ	dha	ර	ra		

Ligaturen.

ක්	k	ත්ව	tva	න්	n	භු	bhu	රී	rī	සි	si
ක්‍ර	kra	දා	dā	නි	ni	මි	mi	ර්ග	rga	සු	su
ක්‍ෂ	kša	දි	di	නු	nu	මු	mu	ල්	l	ස්ව	sva
ග්	g	දු	du	න්ව	nva	ඹ	mba	ලු	lu	හි	hi
ඥ	ńńa	දැ	de̱	ප්	p	්‍ය	y	ලූ	lū		
ටි	ṭi	ද්‍ර	dra	පි	pi	ර්‍	r	ව්	v		
ටී	ṭī	ද්‍රි	dri	පු	pu	රා	rā	වී	vī		
ත්	t	ද්ධ	ddha	බ්	b	රි	ri	ස්	s		

Vokalverbindung: කා kā, කි ki, කී kī, කු, කු, කු ku, කූ, කූ kū, කෙ ke, කේ kē, කෛ kai, කො ko, කෝ kō, කැ ke̱, කෑ kē̱, කං kã, ක් k.

Ziffern: ෧ 1, ෨ 2, ෩ 3, ෪ 4, ෫ 5, ෬ 6, ෭ 7, ෮ 8, ෯ 9, ෦ 0.

Ceylon war schon den Zeitgenossen Alexanders unter dem Namen Ταπροβάνη (nach der Stadt *Tambapanni,* im Pali *Tamraparni*) bekannt, Ptolemäus nennt es Σαλική (indisch *Sinhala* Löwenreich), woraus das arabische *Serendib* (*dib* Insel) und das europäische *Zeilon* oder *Ceylon* entstand.

Die Schrift schliesst sich der benachbarten *malabarischen* an, nur ist sie zierlicher und sind die Striche mehr geknickt, ihr Grundcharakter ist der der *Pali,* da die buddhistische Religion schon im Jahre 322 v. Chr. eindrang.

Eigenthümlich ist die Gestalt des *Virama* ්, welches über die Konsonanten gestellt wird und nicht nur am Ende, sondern auch mitten im Worte steht, wesshalb in dieser Schrift ein Unterstellen der Konsonantenzeichen, wie in der *Devanagari*- und *Pali*schrift nicht nothwendig ist, und die Ligaturen sich somit nur auf die Vokalverbindungen beschränken. Dasselbe Zeichen bezeichnet bei *e* die Länge und macht aus *o* das *au.* Bei *b* und *w* ist das *Virama* durch Verdopplung der Endschleife: බ් *b,* ව් *w* ersetzt.

AHOM (ASSAM).

Zeichen	Wert	Zeichen	Wert	Zeichen	Wert	Zeichen	Wert	Zeichen	Wert	Zeichen	Wert
	a		ńa		ta, da		pa, ba		ya		va
	ka, ga		tša, dža		tha, dha		pha, bha		ra		sa
	kha, gha		ńa		na		ma		la		ha

Vokalverbindung:

ka, kā, ki, kī, ku, kū, ke, kē, ko,
kō, kį, kai, kaį, kau, keu, koi.

Die einheimische Schrift von Ahom oder Assam ist mit der birmanischen, noch mehr aber mit der peguanischen verwandt, von welch letzterer sie wahrscheinlich abstammt; die Vokale haben manche Eigenthümlichkeiten.

PEGUANISCH.

Zeichen	Wert	Zeichen	Wert	Zeichen	Wert	Zeichen	Wert	Zeichen	Wert	Zeichen	Wert
	a		ṅa		ta, da		pa, ba		ya		va
	ka, ga		tša, dža		tha, dha		pha, bha		ra		sa
	kha, gha		ńa		na		ma		la		ha

Vokalverbindung:

ka, kā, ki, kī, ku, kū, ke, kē, ko, kō, kį,
kai, kaį, kau, keu, koi.

Die Sprache von Pegu heisst *Mon* und so nennen sich auch die Einwohner des Landes. Die Schrift von Pegu ist dieselbe wie die der Shyan, sie ist mit der birmanischen verwandt und scheint auf diese eingewirkt zu haben. Pegu war früher ein mächtiges Reich, wurde aber von den Birmanen und Siamesen erobert, wodurch die Peguaner die Sklaven dieser Völker wurden. Das Volk scheint früher ein sehr kultivirtes und ackerbautreibendes gewesen zu sein, da noch gegenwärtig die meisten Ackerbauer in Siam Peguaner sind.

PALI-BIRMANISCH.

Inschrift	Gemalt	Geritzt	Wert	Inschrift	Gemalt	Geritzt	Wert
အ	အ	အ	a	ဍ ဍ ဍ	ဍ	ဍ	ḍa
အာ	အာ	အာ	ā	ဎ	ဎ	ဎ	ḍha
ဣ	ဣ	ဣ	i	ဏ	ဏ	ဏ	ṇa
ဤ	ဤ	ဤ	ī	တ တ	တ	တ	ta
ဥ	ဥ	ဥ	u	ထ	ထ	ထ	tha
ဦ	ဦ	ဦ	ū	ဒ ဒ	ဒ	ဒ	da
ဧ	ဧ ေ	ဧ ေ	e ē	ဓ	ဓ ဓ	ဓ	dha
ဩ	ဩ	ဩ	o	န န	န	န န	na
ဪ	ဪ	ဪ	ō	ပ	ပ	ပ	pa
က	က	က	ka	ဖ ဖ	ဖ	ဖ	pha
ခ	ခ ခ	ခ	kha	ဗ ဗ	ဗ	ဗ	ba
ဂ	ဂ	ဂ	ga	ဘ ဘ	ဘ	ဘ	bha
ဃ	ဃ	ဃ	gha	မ	မ	မ	ma
င	င	င	ṅa	ယ	ယ	ယ	ya
စ စ	စ	စ	tša	ရ ရ	ရ	ရ	ra
ဆ ဆ	ဆ	ဆ	tšha	လ လ	လ	လ	la
ဇ ဇ	ဇ ဇ	ဇ	dža	ဝ	ဝ ဝ	ဝ	va
ဈ	ဈ	ဈ	džha	သ သ	သ	သ	sa
ဉ	ဉ	ဉ	ńa				śa
ဋ ဋ	ဋ	ဋ	ṭa				ṣa
ဌ ဌ	ဌ	ဌ	ṭha	ဟ	ဟ	ဟ	h

Zeichen	Wert	Zeichen	Wert	Zeichen	Wert	Zeichen	Wert	Zeichen	Wert
	kya		dždža		tva		bba		ru
	gā		ńtša		tvā		bbā		si
	gi		ṭi		ddha		mmā		ṣī
	ghā		ṭṭa		dva		mu		sī
	tši		ṇḍa		nu		mba		ssa
	tši		tā		nta		mbu		ūlhi
	tši		tā		ndha		yā		ã
	tštša		ti		nna		yya		ḥ
	tštšha		tū						
	tšya								

Pali oder *Bali* ist die Sprache der heiligen Bücher der Buddhisten und mit dem Sanskrit verwandt, wahrscheinlich ein Volksdialekt des letzteren, da die Buddhisten ihre Priester aus allen Volksklassen wählten. Im Jahre 397 n. Chr. gelangte die buddhistische Religion nach Pegu und den übrigen Staaten Hinterindiens, wo sie bis jetzt herrscht.

Die heiligen Schriften der Birmanen zeigen drei, der Form nach engverwandte, nur in der kalligraphischen Ausführung abweichende Schriftarten: eine Quadratschrift, eine fette mit dem Pinsel gemalte und eine kleine geritzte Schrift. Die letztere wird noch von den Birmanen angewendet.

Die Quadratschrift kommt in verschiedenen Zeichen vor, welche mitunter sehr verschieden sind, z. B.  und  für *da*. Hieraus geht unzweifelhaft hervor, dass in der Pali-Schrift mehrere Schriften vereinigt wurden wie dies auch bei den vorderindischen Schriften zu bemerken ist.

Eine Eigenthümlichkeit der Pali-Schriften und der mit ihnen verwandten Schriften liegt darin, dass das *e*-Zeichen vor den Konsonanten gesetzt und derselbe von den Merkmalen für *o* und *au* eingeschlossen wird. Folgen Konsonanten ohne zwischenlautenden Vokal aufeinander, so wird der zweite Konsonant unter den ersten gesetzt, für *i* stehen die Zeichen über dem Buchstaben, so dass jede Zeile eigentlich aus drei Zeilen besteht, nämlich aus der Hauptzeile und den darüber oder darunter geschriebenen Zeichen.

Wir verweisen bezüglich dieser Verbindungen auf die nachfolgenden hinterindischen Alphabete, welche sowohl die Vokalverbindung, wie die Verbindungen der Konsonantenzeichen ausführlich behandeln.

BIRMANISCH.

Zeichen	Wert	Zeichen	Wert	Zeichen	Wert	Zeichen	Wert	Zeichen	Wert
အ	a	ဪ	au	ဆ	tšha	တ	ta	မ	ma
အာ	ā	အံ	ã	ဇ	dža	ထ	tha	ယ	ya
ဣ	i	အား	aḥ	ဈ	dźha	ဒ	da	ရ	ra
ဤ	ī	က	ka	ည	ńa	ဓ	dha	လ	la
ဥ	u	ခ	kha	ဋ	ṭa	န	na	ဠ	ḷa
ဦ	ū	ဂ	ga	ဌ	ṭha	ပ	pa	ဝ	va
ဧ	e	ဃ	gha	ဍ	ḍa	ဖ	pha	သ	sa
အဲ	ai	င	ṅa	ဎ	ḍha	ဗ	ba	ဟ	ha
ဩ	o	စ	tša	ဏ	ṇa	ဘ	bha		

Ligaturen.

Zeichen	Wert	Zeichen	Wert	Zeichen	Wert	Zeichen	Wert	Zeichen	Wert	Zeichen	Wert
ကွ	kva	ကြွ	krva	တျီ	tyī	လှ	lha	ျွ	yva	ြှ	hra
ကျ	kya	ချိ	tšhi	ညှ	ńha	န္ဒြ	ndra	ြွ	rva	ွှ	hva
ကျွ	kyva	ဋု	ṭu	မြှု	mhru	ည္မု	ńmu	ှ	h		
ကြ	kra	ဋူ	ṭū	ဂြွီ	grvī	ဇ္ဈ	dždžha	ျှ	hya		

Vokalverbindung:

က် k, ကာ kā, ကိ ki, ကီး kī, ကု ku, ကူး kū, ကေး ke, ကဲ kai, ကော့ ko, ကော် kau, ကံး kã, ကား kaḥ.

Ziffern: ၁ 1, ၂ 2, ၃ 3, ၄ 4, ၅ 5, ၆ 6, ၇ 7, ၈ 8, ၉ 9, ၁၀ 10.

Die Konsonantenzeichen haben Namen, welche jedoch neueren Ursprungs zu sein scheinen, nämlich က *kakyīḥ*, „*gross ka*“, ခ *khakhve*, „*gewundenes kha*,“ wovon auch das Alphabet den Namen „*Kakyi-khakhve*“ (nach den ersten beiden Zeichen) hat.

Das *a* wird ausser durch den Zusatz ာ auch durch ါ bezeichnet, z. B. ခါ *kha*, die Laute က် ဉ် တ် ပ် geminiren, daher ပက်လက် *pellek*, nach ဉ *ń* und besonders nach ာ (*a*) werden die harten Laute ပ *pa*, တ *ta*, က *ka* etc. weich ausgesprochen (*ba*, *da*, *ga*).

PALI-SIAMESISCH.

Boromat	Phāti-mokkha	Wert	Boromat	Phāti-mokkha	Wert	Boromat	Phāti-mokkha	Wert
អ	អ	a	ឆ	ឆ	tšha	ន	ន	na
អា	អា	ā	ជ	ជ	dža	ប	ប	pa
ឥ	ឥ	i	ឈ		džha	ផ	ផ	pha
ឧ	ឧ	u	ញ	ញ	ńa	ព	ព	bạ
ឯ	ឯ	e	ដ	ដ	ṭa	ភ	ភ	bha
ឱ	ឱ	o	ឋ	ឋ	ṭha	ម	ម	ma
ក	ក	ka	ឍ	ឍ	ḍha	យ	យ	ya
ខ	ខ	kha	ណ	ណ	ṇa	រ	រ	ra
គ	គ	ga	ត	ត	ta	ល	ល	la
ឃ	ឃ	gha	ថ	ថ	tha	វ	វ	va
ង	ង	ṅa	ទ	ទ	da	ស	ស	sa
ច	ច	tša	ធ	ធ	dha	ហ	ហ	ha

Ligaturen.

Zeichen	Wert	Zeichen	Wert	Zeichen	Wert	Zeichen	Wert	Zeichen	Wert
កា	kā	ចិ	tši	រូ	rū	ញ្ច	ńtša	ត្ថ	ttha
គា	gā	ណិ	ṇi	ភូ	bhū	ច្ឆ	tštšha	ទ្ទ	dda
ជា	džā	តិ	ti	ចេ	tše	ជ្ជ	dždža	ទ្ធ	ddha
ដា	ṭā	តី	tī	រោ	ro	ម្ជ	mdža	ន្ន	nna
តា	tā	ធិ	dhi	ក្ក	kka	ញ្ជ	ńdža	ប្ប	ppa
នា	nā	រិ	ri	ង្ក	ṅka	ជ្ឈ	dždžha	ម្ប	mpa
រា	rā	វិ	vi	ក្ខិ	kkhi	ដ្ឋ	ṭṭha	ព្ព	bba
យា	yā	សិ	si	ង្គ	ṅga	ណ្ឋ	ṇṭha	ព្ភ	bbha
វា	vā	វូ	wū	គ្ឃ	ggha	ណ្ឌ	ṇḍa	ម្ម	mma
កិ	ki	រូ	rū	ច្ច	tštša	ត្ត	tta	ស្ម	sma

SIAMESISCH.

Zeichen	Wert	Zeichen	Wert	Zeichen	Wert	Zeichen	Wert	Zeichen	Wert	Zeichen	Wert
อ	a	ฤๅ	r̥̄	อำ	ã	จ	tža	ท	t'a	ย	ya
อา	ā	ฦ	l̥	อะ	aḥ	ฉ	tšha	ธ	dha	ร	ra
อิ	i	ฦๅ	l̥̄	ก	ka	ช	tš'a	น	na	ล	la
อี	ī	เอ	e	ข	kha	ซ	śa	บ	ba	ฬ	ḷa
อึ	i̯	แอ	ē	ฃ	χ'a	ฌ	džha	ป	pa	ว	va
อื	ī̯	ไอ	ai	ค	k'a	ญ	ńa	ผ	pha	ส	sa
อุ	u	ใอ	ei	ฅ	χa	ด	da	ฝ	fa	ห	ha
อู	ū	โอ	ō	ฆ	gha	ต	ta	ภ	bha	ฮ	ao
ฤ	r̥	เอา	au	ง	ṅa	ถ	tha	ม	ma		

Vokalverbindung:

ก ka, กา kā, กิ ki, กี kī, กึ ki̯, กื kī̯, กุ ku, กู kū, เก ke, แก kē, ไก kai, ใก kei, โก ko, เกา kau, กำ kã, กะ kaḥ, กน kŏn, กัน kăn, กอน kōn, กวน kven, เกียน kyen, เกือน kui̯en, เกิน keun. Accente: ก ka̤, ก่ kā, ก้ kà, ก๊ kạ, ก๋ ká.

Pallegoix drückt die Accente durch die nebenstehenden Noten aus:

Lesezeichen: ์ *stumm, z. B.* สงฆ์ saṅgh, *sprich* saṅ, ฯ *Ende des Tones, zugleich Abbreviatur,* ฯะ *Schluss,* ๏ *Anfang,* ๛ *Ende des Buches.*

Ziffern: ๑ 1, ๒ 2, ๓ 3, ๔ 4, ๕ 5, ๖ 6, ๗ 7, ๘ 8, ๙ 9, ๐ 0.

Die Sprache der Siamesen heisst *Tai*, die Schrift ist der Pali entlehnt, hat aber schon in den buddhistischen Büchern eine eckigere Form als die birmanische Pali angenommen, wie die auf Seite 149 gegebenen Alphabete zeigen; dieselben sind aus den Büchern Boromat und Phātimokkha durch Bournouf und Lassen (Essay sur le Pali) entnommen.

Die Aussprache der Zeichen ist nach Lepsius gegeben, welcher zwischen manchen Zeichen, wie ข ฃ ค und ฅ lautlich unterscheidet, während andere Grammatiker diese Zeichen als gleichwertig hinstellen.

Die siamesische Sprache ist eine einsilbige und unterscheidet wie die chinesische gleichlautende Wörter durch verschiedene Betonung, welche oben nach Pallegoix' grammatica lingua Thai mit Hilfe der Musiknoten wiederzugeben versucht wurde.

Die Wörter werden ohne Zwischenräume aneinandergereiht, da wo ein Zwischenraum vorkommt, bezeichnet derselbe, wie unser Komma und Semikolon, den Abschnitt eines Satzes.

LAOS.

Zeichen	Wert	Zeichen	Wert	Zeichen	Wert	Zeichen	Wert	Zeichen	Wert
ᨠ	ka	ᨩ	dža	ᨱ	ṇa	ᨹ	pha	ᩅ	va
ᨡ	kha	ᨫ	džha	ᨲ	ta	ᨻ	ba	ᩈ	sa
ᨣ	ga	ᨬ	na	ᨳ	tha	ᨽ	bha	ᩉ	ha
ᨥ	gha	ᨭ	ṭa	ᨴ	da	ᨾ	ma		
ᨦ	ṅa	ᨮ	ṭha	ᨵ	dha	ᨿ	ya		
ᨧ	tša	ᨯ	ḍa	ᨶ	na	ᩁ	ra		
ᨨ	tšha	ᨰ	ḍha	ᨷ	pa	ᩃ	la		

Die Sprache von Lao oder *Lawa* (woraus die Portugiesen *Laos* gemacht haben) ist mit der siamesischen verwandt, auch die Schrift ist der siamesischen ähnlich, doch dürfte sich die letztere eher aus der Schrift der Laos gebildet haben als umgekehrt, zumal die Siamesen selbst ihre Gesetze und Religion von den Laos herleiten. In der That steht auch die Schrift der Laos nicht der vulgär-siamesischen, sondern mehr der pali-siamesischen nahe, insbesondere dem Alphabet aus dem Boromat (siehe S. 149).

PALI-KAMBODŽA.

Zeichen	Wert	Zeichen	Wert	Zeichen	Wert	Zeichen	Wert	Zeichen	Wert	Zeichen	Wert
អ	a	ឰ	ai	ង	na	ឋ	ṭha	ធ	dha	យ	ya
អា	ā	ឱ	o	ច	tša	ឌ	ḍa	ន	na	រ	ra
ឥ	i	ឳ	au	ឆ	tšha	ឍ	ḍha	ប	pa	ល	la
ឦ	i	ក	ka	ជ	dža	ណ	ṇa	ផ	pha	ឡ	ḷa
ឧ	u	ខ	kha	ឈ	džha	ត	ta	ព	ba	វ	va
ឩ	ū	គ	ga	ញ	ńa	ថ	tha	ភ	bha	ស	sa
ឯ	e	ឃ	gha	ដ	ṭa	ទ	da	ម	ma	ហ	ha

Die vorstehende Schrift ist innig verwandt mit der pali-siamesischen und dem entsprechend auch mit den Palilauten umschrieben worden; die vulgäre Sprache in Kambodža weicht wesentlich von der Pali-Sprache, auch in Bezug auf die Aussprache der Zeichen ab, dieselbe wird bei dem folgenden Alphabete, welches eine cursivere Form des obigen ist, eingehender behandelt.

KAMBODŽA CURSIV.

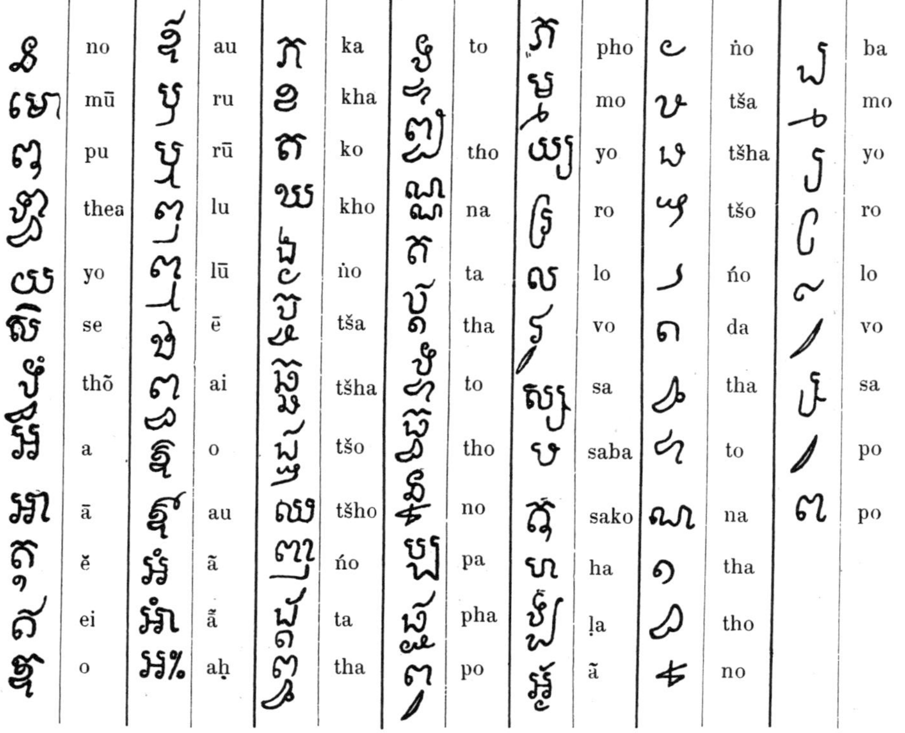

Nomu				Kakha						Tšeuṅ			
Zeich.	Wert	Zeich.	Wert	Zeich.	Wert	Zeich.	Wert	Zeich.	Wert	Zeich.	Wert	Zeich.	Wert
	no		au		ka		to		pho		ṅo		ba
	mū		ru		kha				mo		tša		mo
	pu		rū		ko		tho		yo		tšha		yo
	thea		lu		kho		na		ro		tšo		ro
	yo		lū		ṅo		ta		lo		ńo		lo
	se		ē		tša		tha		vo		da		vo
	thõ		ai		tšha		to		sa		tha		sa
	a		o		tšo		tho		saba		to		po
	ā		au		tšho		no		sako		na		po
	ĕ		ã		ńo		pa		ha		tha		
	ei		ã̃		ta		pha		ḷa		tho		
	o		aḥ		tha		po		ã		no		

Die Kambodža-Schrift besteht nach M. Aymonier (Cours de Cambodgien) aus zwei Alphabeten, welche nach den ersten Buchstaben *Nomu* und *Kakha* heissen. Die ersten 7 Zeichen des *Nomu* sind keine Lautzeichen, sondern eine religiöse Formel, sie bedeuten: „Ehre sei Buddha!" Von *a* an beginnen die Lautzeichen und zwar enthalten die Zeichen des *Nomu* die Vokale, die des *Kakha* die Konsonanten. Die Zeichen sind ursprünglich Palizeichen, und mit den siamesischen nahe verwandt, bei ihrer Anwendung auf die Kambodža-sprache haben sie aber ihren ursprünglichen Lautwert verändert, *ṛ* und *ḷ* lösten sich in *ru* und *lu* auf, die stummen und harten Zeichen der Pali-Konsonantengruppen wurden gleich ausgesprochen, doch erhielten jene den *a*-Laut, diese den *o*-Laut, genauer gesagt: jene haben das *ā*, diese das kurze *å*. Bei den Zeichen, *aksar* genannt, unterscheidet man den oberen Theil (*sak* das Haar), den mittleren Theil (*khluon* Körper) und den unteren Theil (*tšeuṅ* Fuss). Die Körper verlieren das Haar, wenn sie als Fuss dienen, obgleich hier nicht immer, wie im Pali, der Vokal ausfällt, wenn ein Buchstabe unter den andern gesetzt wird. Die Verbindung der Vokale zeigt die folgende Tabelle:

KAMBODŽA CURSIV.

Vokalverbindung der *a*-Laute						Vokalverbindung der *o*-Laute					
Zeichen	Wert	Zeichen	Wert	Zeichen	Wert	Zeichen	Wert	Zeichen	Wert	Zeichen	Wert
ក	ka	កួ	kuo	កោ	ko̱	គ	ko	គួ	kuo	គោ	koū
កា	kā	កើ	kō	កៅ	kaū	គា	kẹa	គើ	ke̱u	គៅ	kou
កិ	kĕ	កៀ	kị	កុំ	kŏ̆	គិ	kĭ	គៀ	kị	គុំ	kũ
កី	kei	កេ	kĕ	កំ	kō̄	គី	kī	គេ	kẹ	គំ	kõ
កុ	kŏ̱	កែ	kē	កាំ	kă̆	គុ	kŭ	គែ	kẹ̄	គាំ	kã
កូ	kau	កៃ	kai	កះ	kaḥ	គូ	kū	គៃ	kẹi	គះ	keaḥ

Da aber manche Laute mit *a* (*sa, ha, la*) keine Äquivalente mit *o*, oder umgekehrt, solche mit *o* (*ṅo, ńo, mo, yo, ro, lo, vo*) keine Äquivalente mit *a* haben, so wird entweder ein Haar oder es werden zwei Striche (″) darüber gesetzt, manchmal auch ein *a* untergeschrieben, um den Lautwechsel anzudeuten, wie die folgenden Konsonantenverbindungen zeigen, welche zugleich die der Kambodža-Sprache eigenthümlichen Silben enthalten.

Ligaturen.

Zeichen	Wert	Zeichen	Wert	Zeichen	Wert	Zeichen	Wert	Zeichen	Wert	Zeichen	Wert
ក្ប	kapa	ក្រ	kra	ខ្ម	khma	ខ្វ	khvo	ឈ្ម	tšhmo	ម៉្ន	mena
ក្ត	kata	គ្រ	kro	ឃ្ម	khmo	ច្ប	tšepa	ឆ្ន	tšhna	ម្ន	meno
ក្ន	kena	ខ្ច	khtša	ខ្ន	khna	ច្រ	tšera	ឈ្ន	tšhno	ម្រ	mero
ក្ង	kaṅa	ខ្ជ	khtšo	ខ្ន	khno	ជ្រ	tšero	ឆ្វ	tšhva	ន្រ	nero
ក្ង	keṅo	ខ្យ	khyo	ខ្ញ	khńa	ឆ្ល	tšhla	ឈ្វ	tšhvo	ប្រ	pra
ក្ម	kmo	ខ្ល	khla	ខ្ញ	khńo	ឈ្ល	tšhlo	ល្ប	lopa	ព្រ	pro
ក្ន	keno	ឃ្ល	khlo	ខ្វ	khv	ឆ្ម	tšhma	ល្ហ	loha		

KAMBODŽA CURSIV. LIGATUREN.

Zeichen	Wert	Zeichen	Wert	Zeichen	Wert	Zeichen	Wert	Zeichen	Wert	Zeichen	Wert
ផ្យ	phya	ស្ប	sepa	ស្ន	sno	ស្ញ៉	seña	ទ្រ	tro	ធ្ល	thlo
ភ្យ	phyo	ស្ក	seka	ស្ព	spo	ស្វ៉	sva	ទ្ន	teno	ធ្ម	thmo
ផ្ល	phla	ស្គ	sko	ស្ទ	sto	ស្វ	svo	ថ្ប	thpa	ធ្ន	thno
ភ្ល	phlo	ស្ម៉	sma	ស្ថ	stha	ត្ប	tepa	ថ្ល៉	thla	ហ្វ៉	hva
ផ្ស	phsa	ស្ម	smo	ស្ត	sta	ត្ន៉	tena	ថ្ម៉	thma	ហ្វ	hvo
ផ្ទ	phto	ស្ន៉	sna	ស្រ៉	sra	ត្រ	tra	ថ្ន៉	thna		

Stumm sind meist die Auslaute: *v* nach *au, u, aū, ou*; *r* und *h* nach *ę, ē, o*; *m* nach *ŏ*; auch *y* bleibt stumm als Final, dagegen verliert sich der Nasal ° vor *ń*. Die Endkonsonanten werden von den Silbenzeichen nicht unterschieden, so dass es dem Leser überlassen bleibt, einen Vokal mitzulesen oder nicht. Zu bemerken ist, dass *p* sowohl durch *po* als durch *pa* ausgedrückt wird, für *k, n, t* sind die Zeichen *ka, no, ta* gebräuchlicher, als *ko, na, to*, deren Anwendung in einigen Fällen die Orthographie verlangt. Das Accentzeichen ʹ bedeutet die Kürze der Silben, ᶜ macht den Vokal dumpf. Wenn ein Wort sich wiederholt, schreibt man es nur einmal und setzt „zwei“ darnach, wiederholt es sich vor mehreren Wörtern, so schreibt man diese untereinander und macht einen vertikalen Strich dahinter, also: *me* *srok*/*prei* | heisst *me srok me prei*.

Ziffern gibt es dreierlei: gewöhnliche, abgekürzte kaufmännische und die siamesischen Ziffern.

Gewöhnliche Ziffern: ១ ២ ៣ ៤ ៥ ៦ ៧ ៨ ៩ ០

Abgekürzte Ziffern: 

1, 2, 3, 4, 5, 6, 7, 8, 9, 0.

Die Kambodža gewährt interessante Einblicke in die Struktur der indischen Schriften, sie bestätigt unsere Vermuthung, dass die oberen Theile der Buchstaben ursprünglich selbstständige Bedeutung hatten, ebenso wie die untergesetzten Zeichen, welche durch ihre Form oft wesentlich verschieden von den Hauptzeichen sind; nur durch eine (jetzt in Vergessenheit gerathene) Verschmelzung verschiedener Schriften lassen sich diese Erscheinungen erklären.

MALEDIVISCH.

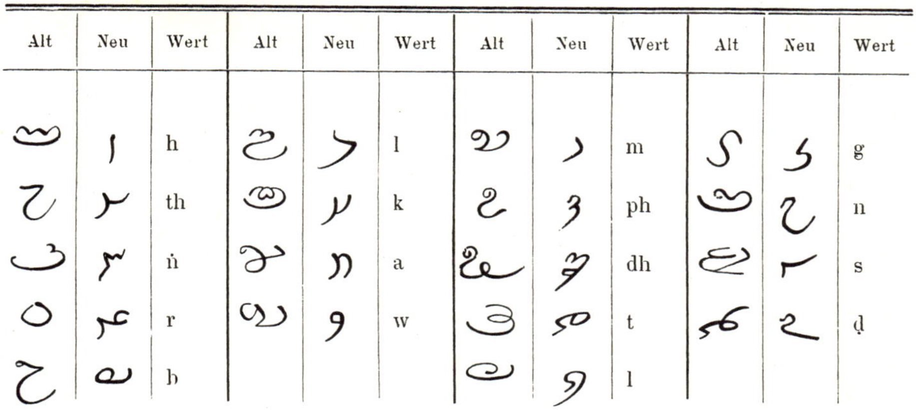

Alt	Neu	Wert	Alt	Neu	Wert	Alt	Neu	Wert	Alt	Neu	Wert
		h			l			m			g
		th			k			ph			n
		ṅ			a			dh			s
		r			w			t			ḍ
		b						l			

Fremde Zeichen:

Vokale:

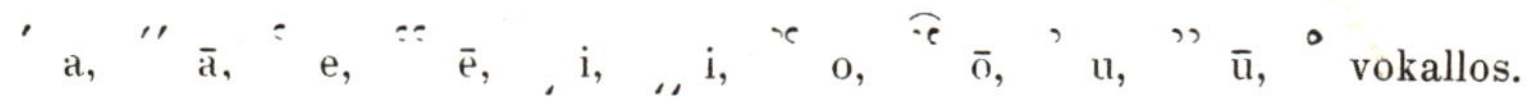

Malediven, oder richtiger *Malayadiba* sind die Inseln von Malabar (*Malaya*). Die Bewohner derselben besitzen zwei Schriften, deren eine, von J. PRINSEP im Journal of the Asiatic Society of Bengal Vol. V veröffentlichte, aus den arabischen Zahlzeichen besteht, auch die Vokalzeichen sind den arabischen nachgebildet; die Schrift wird von links nach rechts geschrieben.

SCHRIFTEN AUF DEN PHILIPPINEN.

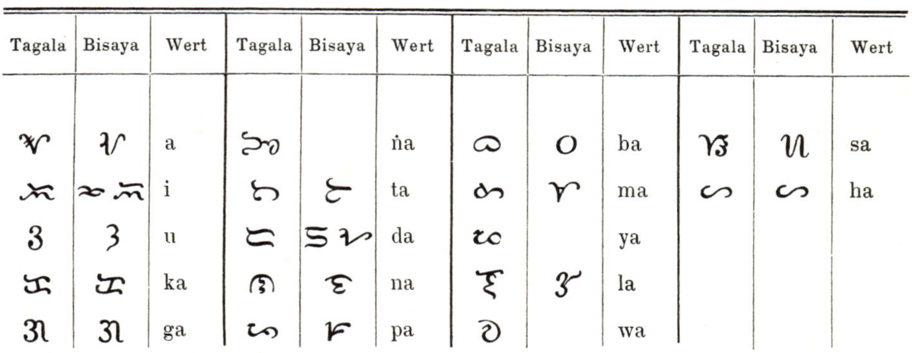

Tagala	Bisaya	Wert	Tagala	Bisaya	Wert	Tagala	Bisaya	Wert	Tagala	Bisaya	Wert
		a			ṅa			ba			sa
		i			ta			ma			ha
		u			da			ya			
		ka			na			la			
		ga			pa			wa			

Vokalverbindung:

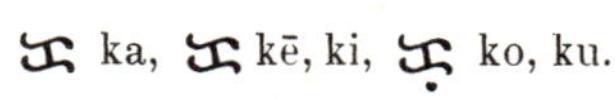

Diese miteinander nahe verwandten Schriften haben manche Ähnlichkeit mit der Sindh- und Multanschrift, wie *g* (Sindh *dž*), *h*, *b* (Sindh *w*), *d*; jedenfalls sind sie von hohem Alter, die Vokalbezeichnung ist einfach.

JAVANISCH.

Haksara		Pasãñan		Wert	Haksara		Pasãñan		Wert
Antiqua	Cursiv	Antiqua	Cursiv		Antiqua	Cursiv	Antiqua	Cursiv	
ꦲ	ꦲ	꧀ꦲ	꧀ꦲ	hå	ꦝ	ꦝ	꧀ꦝ	꧀ꦝ	ḍå
ꦤ	ꦤ	꧀ꦤ	꧀ꦤ	nå	ꦗ	ꦗ	꧀ꦗ	꧀ꦗ	d'å
ꦕ	ꦕ	꧀ꦕ	꧀ꦕ	tšå	ꦪ	ꦪ	꧀ꦪ	꧀ꦪ	yå
ꦫ	ꦫ	꧀ꦫ	꧀ꦫ	rå	ꦚ	ꦚ	꧀ꦚ	꧀ꦚ	ńå
ꦏ	ꦏ	꧀ꦏ	꧀ꦏ	kå	ꦩ	ꦩ	꧀ꦩ	꧀ꦩ	må
ꦢ	ꦢ	꧀ꦢ	꧀ꦢ	då	ꦒ	ꦒ	꧀ꦒ	꧀ꦒ	gå
ꦠ	ꦠ	꧀ꦠ	꧀ꦠ	tå	ꦧ	ꦧ	꧀ꦧ	꧀ꦧ	bå
ꦱ	ꦱ	꧀ꦱ	꧀ꦱ	så	ꦛ	ꦛ	꧀ꦛ	꧀ꦛ	ṭå
ꦮ	ꦮ	꧀ꦮ	꧀ꦮ	wå	ꦔ	ꦔ	꧀ꦔ	꧀ꦔ	ṅå
ꦭ	ꦭ	꧀ꦭ	꧀ꦭ	lå	ꦉ	ꦉ	꧀ꦉ	꧀ꦉ	r̥
ꦥ	ꦥ	꧀ꦥ	꧀ꦥ	på	ꦊ	ꦊ	꧀ꦊ	꧀ꦊ	l̥

Vokale und Lesezeichen (*Saṇḍãñan* Bekleidungen).

Name	Antiqua	Cursiv	Wert	Name	Antiqua	Cursiv	Wert
Pepet	◌ꦼ	◌ꦼ	ẹ	*Piṅkal*	◌ꦾ	◌ꦾ	y (*nach Konson.*)
Wulu	◌ꦶ	◌ꦶ	i	*Tšakra*	◌ꦿ	◌ꦿ	r (*nach Konson.*)
Suku	◌ꦸ	◌ꦸ	u	*Keret*	◌ꦽ	◌ꦽ	r̥ (*nach Konson.*)
Taliṅ	ꦺ◌	ꦺ◌	e	*Layar*	◌ꦂ	◌ꦂ	r (*am Ende*)
Taliṅ-taruṅ	ꦺ◌ꦴ	ꦺ◌ꦴ	o	*Wigńan*	◌ꦃ	◌ꦃ	ḥ
Paten	◌꧀	◌꧀	Aufhebung des Vokals	*Tšetšak*	◌ꦁ	◌ꦁ	ṅ (= ˜ *am Ende*)

Initial-Vokalzeichen.

Antiqua	Cursiv	Wert	Antiqua	Cursiv	Wert	Antiqua	Cursiv	Wert
ꦄ	ꦄ	A	ꦈ	ꦈ	U	ꦎ	ꦎ	O
ꦆ	ꦆ	I	ꦌ	ꦌ	E			

JAVANISCH.

Grosse Zeichen (*Haksara gẹḍē*).

Name	Haksara Antiqua	Haksara Cursiv	Pasañan Antiqua	Pasañan Cursiv	Wert	Name	Haksara Antiqua	Haksara Cursiv	Pasañan Antiqua	Pasañan Cursiv	Wert
Na-gẹḍe	ꦟ	ꦟ			N	*Sa-gẹḍe*	ꦯ	ꦯ	꧀ꦯ	꧀ꦯ	S
Tša-gẹḍe			꧀ꦖ	꧀ꦖ	TŠ	*Pa-gẹḍe*	ꦦ	ꦦ	꧀ꦦ	꧀ꦦ	P
Ka-gẹḍe	ꦑ	ꦑ	꧀ꦑ	꧀ꦑ	K	*Ńa-gẹḍe*	ꦘ	ꦘ			Ń
Ta-gẹḍe	ꦡ	ꦡ	꧀ꦡ	꧀ꦡ	T	*Ga-gẹḍe*	ꦒ	ꦒ	꧀ꦒ	꧀ꦒ	G
Sa-gẹḍe	ꦯ	ꦯ			S	*Ba-gẹḍe*	ꦨ	ꦨ	꧀ꦨ	꧀ꦨ	B

Fremde Laute.

Antiqua	Cursiv	Arab.	Wert	Antiqua	Cursiv	Arab.	Wert	Antiqua	Cursiv	Arab.	Wert
ꦲ꦳	ꦲ꦳	ح	hʿ, h	ꦗ꦳	ꦗ꦳	ز	z, ž	ꦥ꦳	ꦥ꦳	ف	f, p
ꦏ꦳	ꦏ꦳	خ	χ, k	ꦱ꦳	ꦱ꦳	ش	š, s	ꦔ꦳	ꦔ꦳	ع	ʒ, ǹ
ꦢ꦳	ꦢ꦳	ذ	δ, d	ꦒ꦳	ꦒ꦳	غ	γ, g				

Ziffern:

Antiqua:	꧑	꧒	꧓	꧔	꧕	꧖	꧗	꧘	꧙	꧐
Cursiv:	꧑	꧒	꧓	꧔	꧕	꧖	꧗	꧘	꧙	꧐
	1,	2,	3,	4,	5,	6,	7,	8,	9,	0.

Interpunktionen:

Antiqua: ꧈   *Cursiv:* ꧈ Komma, ꧉ halbe Pause, ꧉꧉ ganze Pause, ‖ Abschnitt.

Antiqua: / *Cursiv:*

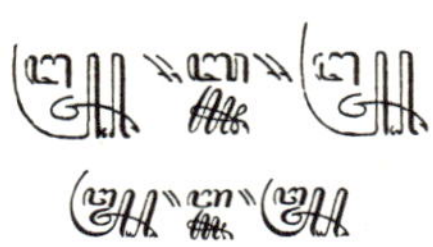

am Anfange eines Gedichtes,

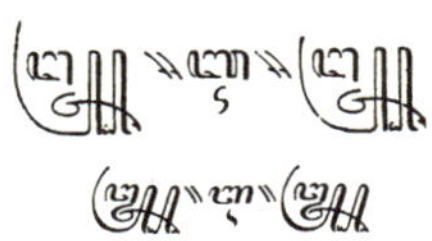

am Ende eines Gedichtes.

Die Zeichen *Pasăñan* (Anfügungszeichen) werden gebraucht, wenn nach einem Konsonanten unmittelbar ein anderer folgt, z. B. ꦏꦶꦏ꧀ꦩꦠ꧀ *kikmat.* Die „grossen Zeichen“ waren ursprünglich Zeichen der indischen Laute ण ङ ख थ ध ष फ क घ भ (Fr. Müller, über den Ursprung der Schrift der malayischen Völker). Durch die Einführung der mohammedanischen Religion kamen auch arabische Laute in die javanische Sprache, welche jedoch nicht in arabischer Weise ausgesprochen werden, daher sind die betreffenden Zeichen mit arabischer und javanischer Aussprache aufgeführt.

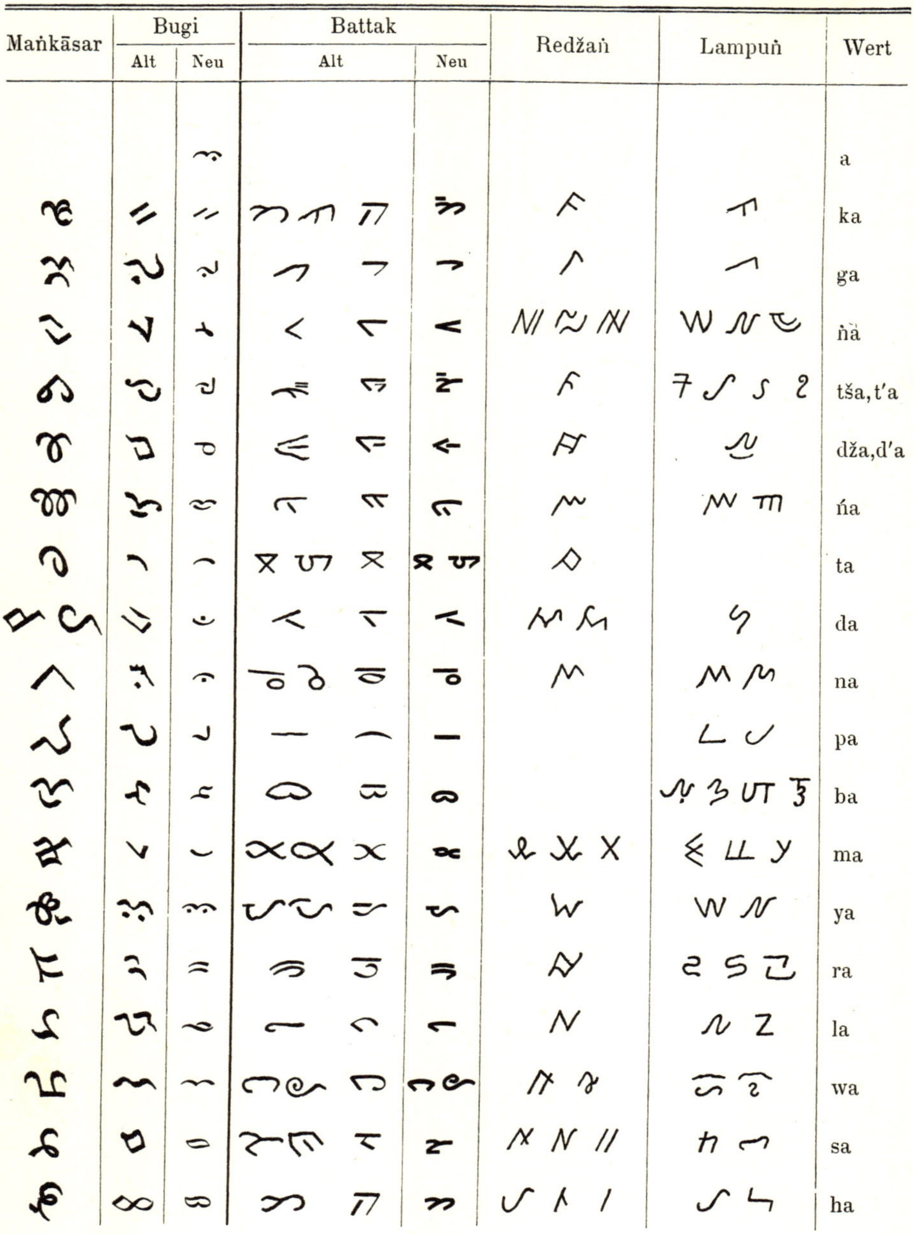

Die Vokale der *Bugi* sind: ˙ *titi* oder *ana irate i*, . *titi* oder *ana irawa u*, ɾ *ana ri-boko ē*, 1 *ana ri-yolo o* z. B.: *ki*, *ku*, *kē*, *ko*. Die *Battak*-Vokale sind: die Initiale *a*, *i*, *u*, in der Mitte und am Ende o *i*, > *u*, × *o*, - *e*, ˜, *a* ist den Konsonanten inhärent, - *e* steht am Anfang der Konsonanten (*bere*), ˜ am Ende oder über Vokalen (*pã*, *pĩ*), > wird auch verbunden, z. B. *bupusutu*.

EUROPA

RUNEN.

Die Runen waren Zeit- und Zauberzeichen (*runa* bedeutet „Geheimnis“), deren hohes Alterthum aus den Liedern der Edda hervorgeht, in denen sie oft erwähnt werden. Sie haben eine eigene Reihenfolge, welche nach den ersten Zeichen: *f, u, θ, o, r, k* das *Fuθork* heisst. Von den Römern oder den Griechen sind sie nicht entlehnt, eher können die 16 nordischen Runen jenes Alphabet von 16 Zeichen gewesen sein, dessen sich die Griechen bedienten, bevor sie die ionische Schrift annahmen. Hiemit stimmt überein, dass das **ᛒ** der Griechen, wie das **R** der Römer keine Vorbilder im phönikischen Alphabete haben, daher aus den Runen in diese Schriften gekommen sind. Hätten die nordischen Völker ihre Schrift von den Griechen oder Römern entlehnt, dann würden sie nicht nöthig gehabt haben, punktirte Runen zu machen, da sie ja die Zeichen für *v, d, g, e, p* hätten entlehnen können.

Über den Gebrauch der Runen als Zeitzeichen hat Prof. Lauth eine geistreiche Abhandlung: das germanische Runen-Fudark, München 1857, veröffentlicht, welche, wenn auch im Einzelnen Irrthümer enthaltend, einen richtigen Weg zur Erklärung der Runen gezeigt hat. Es gibt nämlich ausser den 16 Runen der Nordländer auch gothische Runen mit 24 und angelsächsische mit einigen dreissig Zeichen. Lauth weist nach, dass die 24 gothischen Runen den 24 Stunden des Tages entsprechen, und in Faulmann's „illustrirter Geschichte der Schrift“ ist die gleiche Bedeutung auch für die 16 nordischen Runen nachgewiesen.

Die Runen schützten, in den Körper oder in die Waffen eingeritzt, vor Gefahren. In dieser Beziehung nennt das Sigrdrifumal: *Siegrunen, Ālrunen, Bergrunen, Brandungsrunen, Astrunen, Gerichtsrunen, Geistrunen,* immer in dem Sinne, dass solchen Zeichen besondere geheime Kräfte inne wohnten. Häufig gebrauchte man die Runen zum Losen, indem drei Stäbe genommen und aus deren zufälliger Zusammenstellung die Zukunft verkündigt wurde. Ferner dienten sie als Geheimschrift, wobei der wahre Sinn in gleicher Weise, wie beim Losen die Zukunft, errathen werden musste. Endlich dienten sie als Inschriften, meist auf Grabsteinen, doch hat man keine Inschriften aus vorchristlicher Zeit gefunden. Die Runenkunde war besonders das Eigenthum der Priester und edler Frauen.

NORDISCHE RUNEN.

Name	Zeichen	Wert	Ziffern	Name	Zeichen	Wert	Ziffern	Name	Zeichen	Wert	Ziffern
Fe	ᚠ	f	1	*Hagl*	ᚼ	h	7	*Biörk*	ᛒ	b	13
Ur	ᚢ	u	2	*Naud*	ᚾ	n	8	*Laugr*	ᛚ	l	14
Thurs	ᚦ	θ	3	*Is*	ᛁ	i	9	*Madr*	ᛘ	m	15
Os	ᚬ ᚭ	o	4	*Ar*	ᛅ ᛆ	a	10	*Yr*	ᛦ	y	16
Reid	ᚱ	r	5	*Sol*	ᛋ	s	11				
Kaun	ᚴ	k	6	*Tyr*	ᛏ	t	12				

Die nordischen Runen wurden in Schweden, Island und Dänemark gefunden. Im Vergleiche zur isländischen Sprache dienten: ᚠ für *f, w, p,* ᚢ für *u, o, y, ö, v,* ᚦ für *θ, d,* ᚭ für *o,* es wechselte auch mit ᚬᚭ, ᚱ für *r,* ᚴ für *k, ck, ṅ, k',* ᚼ für *h,* wechselt aber auch mit ᚴ, ᚾ für *n,* welches vor Konsonanten auch ausgelassen wurde, daher ᚴ für *ṅ,* ᛁ für *i, e, ä, ö,* ᛆ für *a, ä, å,* es bildet ᛆᚢ *au* und ᛆᛁ *ei,* ᛋ für *s,* ᛏ für *t* und *d,* ᛒ für *b* und *p,* das auslautende ᛒ wechselt mit ᛘ *m* oder ᛘᛒ *mb,* ᛚ für *l,* ᛘ für *m,* ᛦ welches auch *aur* (Reichthum) heisst, wechselt mit ᛁ *i* und steht am Ende des Wortes als *r,* woraus unsere Endung *er* geworden ist (Dieterich Dr. U. W., Runen-Sprachschatz). Diese schwankenden Lesarten führten später zum Gebrauche von punktirten, sogenannten *Waldemarrunen,* nämlich: ᚡ *w,* ᚤ *ü,* ᚦ oder ᛑ *d,* ᚵ *g,* ᛂ oder ᛆ (neben ᛅ) *e,* ᛔ *p.*

Ausserdem hat man Runen ohne Stäbe, *Helsingrunen* genannt, gefunden:

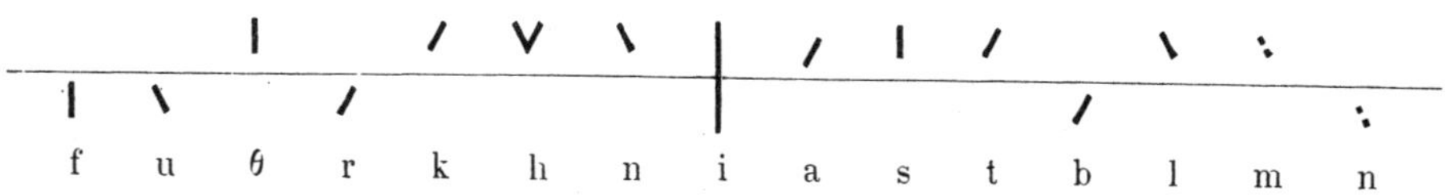

Diese *Helsingrunen* haben eine verschiedene Stellung zur Schreiblinie und werden durch das Zeichen | in zwei Reihen getheilt, von denen jede 7 Zeichen hat; wahrscheinlich war die erste Reihe die ältere. Die *Helsingrunen* kommen auch in Keilgestalt vor.

In welcher Beziehung diese Runen zu den obigen nordischen Runen standen, wird kaum mehr zu ermitteln sein, sie waren wohl von gleichem oder noch höherem Alter, denn auch die 16 nordischen Runen lassen sich in zwei Reihen zu je acht Zeichen zerlegen, indem *i* und *a, s* und *t* jedenfalls Ergänzungen der ursprünglichen Reihe sind, welche der Vokale *i, a* entbehrte oder sie durch die Laute *f, o* ersetzte, was nach den Namen *Fe, Reid, Hagl* zu vermuthen ist.

MARKOMANNISCHE RUNEN.

Name	Zeichen	Wert	Name	Zeichen	Wert	Name	Zeichen	Wert
Asch	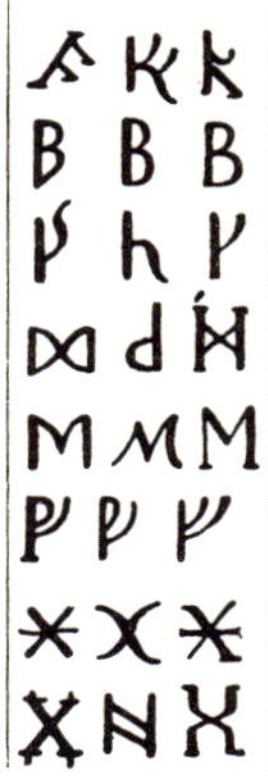	a	*His*	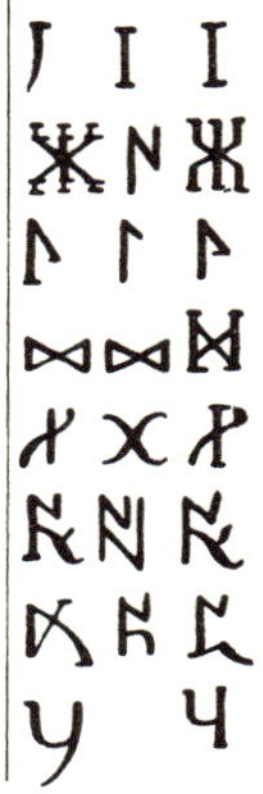	i	*Rehit*	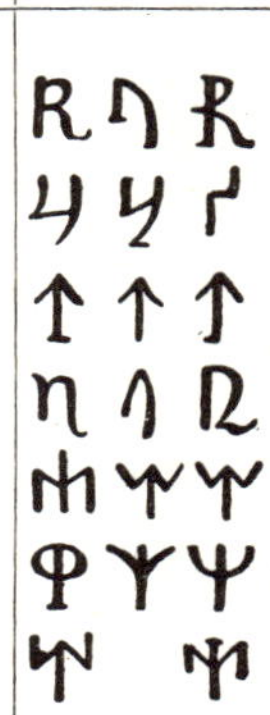	r
Birith		b	*Gilch*		k	*Suhil*		s
Khen		χ	*Lagu*		l	*Tac*		t
Thorn		θ	*Man*		m	*Hur*		u
Eho		e	*Not*		n	*Helahe*		ks
Fehc		f	*Othil*		o	*Huyri*		ị
Gibu		g	*Perch*		p	*Ziu*		ts
Hagale		h	*Khon*		q			

Die markomannischen Runen, welche uns durch zwei Cod. Vindob., durch Hrabanus, Lazius, durch einen Cod. Exoniens und einen Cod. Sangall. überliefert worden sind, haben sämmtlich die Reihenfolge des lateinischen Alphabets, was um so auffälliger ist, als die nordischen und angelsächsischen Runen nicht in dieser Folge überliefert wurden. Mehrere überlieferte Abecedarien sind unvollständig, indem sie nur 15 Zeichen enthalten und in derselben Reihenfolge bis *p* reichen, wonach anzunehmen ist, dass es ein kleines und ein grosses Abecedarium gegeben habe. Ein von Trithemius veröffentlichtes Abecedarium weicht sehr ab, es enthält folgende Zeichen:

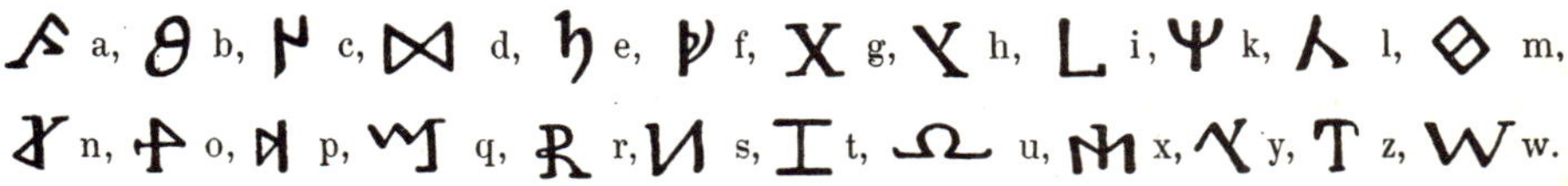

GOTHISCHE RUNEN.

Zeichen	Wert	Zeichen	Wert	Zeichen	Wert	Zeichen	Wert	Zeichen	Wert	Zeichen	Wert
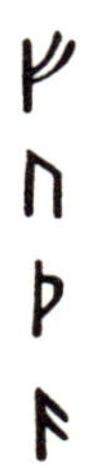	f		r		h	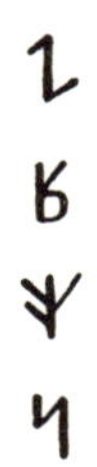	kw		t		m
	u		k		n		p		b		ñ
	ð		g		i		uu		e		θ
	a		w		γ		s		l		o

Die gothischen Runen wurden auf einem Bracteaten zu Schonen gefunden, sie dürften dieselben Namen gehabt haben, welche uns mit dem Alphabet des Vulfila (siehe die folgende Seite) überliefert worden sind.

MÖSO-GOTHISCH.

Name	Zeichen	Wert	Ziffern	Name	Zeichen	Wert	Ziffern
Ans	𐌰	a	1	*Jer*	𐌾	γ	60
Bairika	𐌱	b	2	*Urus*	𐌿	u	70
Giba	𐌲	g	3	*Pairðr*	𐍀	p	80
Dags	𐌳	d	4		𐍁		90
Aihvus	𐌴	e	5	*Raida*	𐍂	r	100
Qairðr	𐌵	q	6	*Sojil, Sauil*	𐍃	s	200
Iuja, Ius	𐌶	z	7	*Tius*	𐍄	t	300
Hagls	𐌷	h	8	*Vinja*	𐍅	v	400
Thaurnus	𐌸	ð	9	*Faihu*	𐍆	f	500
Eis	𐌹	i	10	*Iggus*	𐍇	ks	600
Kaunzama	𐌺	k	20	*Hvair*	𐍈	w	700
Lagus	𐌻	l	30	*Oðal*	𐍉	o	800
Manna	𐌼	m	40		𐍊		900
Nauðs	𐌽	n	50				

Obgleich die Gothen unzweifelhaft eine Runenschrift besassen, wendete der Bischof Vulfila bei seiner Übersetzung der Bibel in die gothische Sprache doch ein eigenes Alphabet an, welches eine Mischung griechischer und runischer Zeichen enthält, während die runischen Namen beibehalten, ja selbst auf griechische Zeichen angewendet wurden, wie *Giba* für *g* (im Griechischen *Gamma*). Übrigens scheinen diese Namen älter als die gothische Sprache zu sein, da die Sprachforscher Zacher (das gothische Alphabet Vulfila's) und Kirchhoff (das gothische Runen-Alphabet) sie nicht genügend erklären können. Es ist wahrscheinlich, dass Vulfila die griechische und gothische Schrift derart vereinigt hat, dass, wo die Ähnlichkeit es gestattete, die griechischen Zeichen bevorzugt wurden, vielleicht nöthigte auch die Mehrdeutigkeit der Runen zur Ersetzung durch griechische Buchstaben. Das Alphabet diente zugleich zur Zahlenbezeichnung; zur Erweiterung der Zahlen auf 900 wurde das lateinische *q* als 90, sowie die *Tyr*-Rune für 900 angenommen, welche beide Zeichen keinen Lautwert hatten, da *q* bereits als Ziffer 6 und *t* als 300 vorkommt. Die Zahlen wurden mit Punkten oder Strichen eingeschlossen und ein Strich darüber, manchmal auch darunter gesetzt.

Diakritische Zeichen sind nur die Punkte über dem ï; als Interpunktionszeichen dienen ein oder zwei Punkte.

ANGELSÄCHSISCHE RUNEN.

Name	Zeichen	Wert	Name	Zeichen	Wert	Name	Zeichen	Wert
Feoh	ᚠ	f	*Eoh*	ᛇ ᛇ ᛇ	eo	*Ac*	ᚪ	a
Ur	ᚢ ᚢ	u	*Peorð*	ᛈ ᛈ ᛈ	p	*Æsc*	ᚫ	e̱
Thorn	ᚦ ᚦ	ð	*Eolhx*	ᛉ ᛘ ᛯ	ks	*Yr*	ᚣ ᚣ	ü
Os	ᚩ	o	*Sigel*	ᛋ	s	*Io, Iar*	ᛡ	io
Rað	ᚱ	r	*Tir*	ᛏ	t	*Ear, Tis*	ᛠ	ear
Cen	ᚳ	k	*Beorc*	ᛒ	b	*Cweorð*	ᛢ	kw
Gyfu	ᚷ ᚷ ᚷ	g (i)	*Eh*	ᛖ	e	*Iolx, Calc*	ᛣ ᛣ	k
Wen	ᚹ	uu	*Dæg, Man*	ᛞ ᛞ	d, m	*Stan*	ᛥ ᛥ	st, ts
Hægl	ᚻ ᚼ ᚺ	h	*Lagu*	ᛚ	l	*Gar*	ᚸ	γ, &
Nyd	ᚾ ᚾ	n	*Ing*	ᛝ ᛝ ᛝ ᛝ	ṅ		ᛤ	ts
Is	ᛁ	i	*Eðel*	ᛟ ᛟ	ö			
Ger	ᛄ	γ(e̱)	*Man, Dæg*	ᛗ	m, d			

Das angelsächsische Runen-Fuðork besteht aus einem Stamme von 24 Zeichen, welcher bis *Dæg-Man* (*d* und *m* sind identisch) reicht, die übrigen Zeichen sind Zusatzbuchstaben und in ihren Namen schwankend.

Dem vorstehenden Fuðork liegt klar das altnordische zu Grunde, welches durch Einschiebungen (*Gyfu, Wen* nach *Cen; Eoh, Peorð, Eolhx* nach *Ger*) und durch Zusätze erweitert worden ist. Die Zeichen sind mit den markomannischen und gothischen verwandt, mehrere derselben haben sich in der angelsächsischen Schrift erhalten.

Aus den verschiedenen Lautwerten (*Dæg-Man, Iolx-Calc*) geht hervor, dass die Zeichen Begriffszeichen, wie die Hieroglyphen, waren, was auch aus der Übereinstimmung der Bedeutung der Namen mit den Zeichen hervorgeht. Diese Namen sind uns in den Runenliedern überliefert, welche W. C. Grimm in seinem Werke „über deutsche Runen“ veröffentlicht hat. So heisst es von der ersten Rune:

Feoh byth frofur
fira gehwylcum,
sceal theah manna gehwyle
miclun hyt dælan,
gif he wile for drihtne
domes hleotan.

Geld ist Trost
für jeden Menschen,
soll doch jedermann
reichlich es austheilen,
wenn er will vor dem Herrn
Urtheil empfangen.

Allerdings harrt der dunkle Sinn dieser Runenlieder noch immer seiner Erklärung. Die hier aufgeführten Runen sind Grimm's Werke entnommen.

WELSCHES BARDEN-ALPHABET.

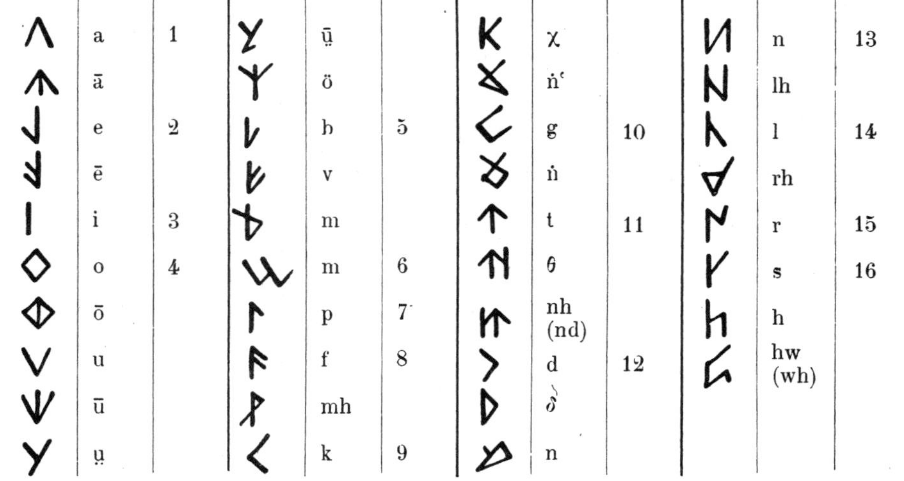

Zeichen	Wert	Ziffern	Zeichen	Wert	Ziffern	Zeichen	Wert	Ziffern	Zeichen	Wert	Ziffern
	a	1		ụ̈			χ			n	13
	ā			ö			ṅʻ			lh	
	e	2		b	5		g	10		l	14
	ē			v			ṅ			rh	
	i	3		m			t	11		r	15
	o	4		m	6		θ			s	16
	ō			p	7		nh (nd)			h	
	u			f	8		d	12		hw (wh)	
	ū			mh			ð̀				
	ụ			k	9		n				

Die welschen Barden haben seit undenklichen Zeiten ein eigenes Alphabet bewahrt, welches wir hier nach Gann's „Traethawdar hynafiaeth ac awdurdodaeth Coelbren y Beirdd" veröffentlichen (*coelbren* bedeutet „Zeichenstäbe"). Nach der Tradition bestand das Alphabet ursprünglich nur aus 16 Zeichen, welche als Zahlzeichen gebraucht wurden und an den oben beigegebenen Zahlwerten kenntlich sind, später wurden die Zeichen durch Differenzirung vermehrt. Die Schrift wurde auf Holztäfelchen geschrieben oder in dieselben eingegraben. Die beiden Laute des *m* und *n* unterscheiden sich dadurch, dass der erste *muta*, der zweite *radical* ist.

OGHAMSCHRIFT.

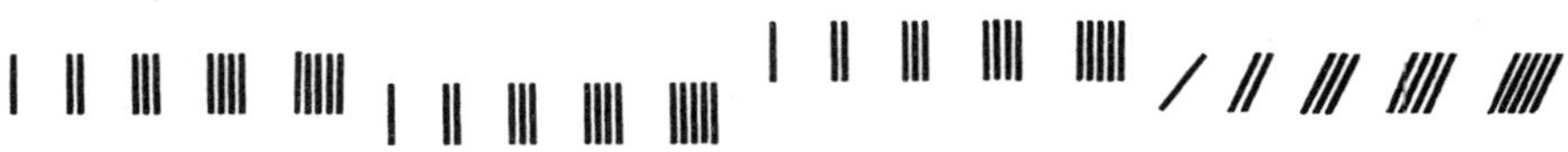

Zieht man eine Schreiblinie, so durchschneidet dieselbe die Vokale und die letzte Gruppe, während die zweite unter, die dritte über der Schreiblinie steht. Zusatzbuchstaben sind: X *eo*, O *oi*, *ui*, # *io*, *ac*. Der Lautwert dieser Zeichen ist aus doppelsprachigen Inschriften bekannt. Der Name *Ogham craobh* wird mit „Stäbchen" übersetzt, was vermuthen lässt, dass auch diese Zeichen eine Art Runen waren.

Man fand sie in Irland und vereinzelt auch in Schottland in aufrecht stehende Steine eingeritzt, wie auch in Manuscripten und alten Büchern.

GRIECHISCHE SCHRIFTEN.

Die griechische Schrift stimmt in der Anordnung und dem Zahlwerte der Zeichen mit der phönikischen überein, enthält aber eigenartige Zeichen, welche überdies wandelbar in Form und Bedeutung sind. Es ist daher anzunehmen, dass das Princip der Buchstabenschrift, von Phönikien ausgehend, nach Westen wanderte und in diesem Sinne sind in den folgenden Tabellen die lykische und iberische Schrift, als die östlichen und westlichen Verwandten der griechischen Schrift, derselben beigefügt.

Unter den vielen Alphabeten Griechenlands gelangte das aus 24 Zeichen bestehende ionische, wahrscheinlich als Schrift der homerischen Gesänge, zur alleinigen Herrschaft und wurde zu Athen Ol. 94, 2 angenommen, um dieselbe Zeit wohl auch in ganz Griechenland. Den Zustand der griechischen Schrift vor dieser Zeit zeigen die folgenden Tabellen (S. 169, 170) aus Kirchhoff's Studien zur Geschichte des griechischen Alphabets.

In den Inschriften laufen die Zeilen gewöhnlich von links nach rechts, oft auch in Bustrophedonform (d. i. in der Art, wie die Furchen des Ackers gezogen werden) von links nach rechts, dann von rechts nach links, hier wieder umbiegend u. s. w.; zuweilen ist die Schrift auch von unten nach aufwärts geschrieben (Kirchhoff S. 50 ff.); schliesslich blieb die Richtung von links nach rechts herrschend.

Zu Anfang unserer Zeitrechnung bildete sich neben der Majuskelschrift der Inschriften, welche sich jedoch selbst bis zur Erfindung der Buchdruckerkunst auch als Bücherschrift erhielt, eine Uncialform, und zu gleicher Zeit oder wohl noch früher eine Cursivform aus, welche auch in ägyptischen Papyrusurkunden gefunden wurde.

Seit dem 9. Jahrhundert findet man die Uncialschrift in eine Minuskelschrift übergehend, bei welcher Wattenbach (Anleitung zur griechischen Paläographie) vier Formen unterscheidet, nämlich *vetustissimi* im 9. Jahrhundert, *vetusti* 10.—12. Jahrhundert, *recentiores* 13.—14. Jahrhundert und *novelli* im 15. Jahrhundert. Letztere wurde von den Buchdruckern nachgebildet.

Ausserdem fand man in mehreren Manuscripten eine Tachygraphie, die jedoch wegen der sorgfältigen Zeichnung der Accente nur eine Schrift der Bücher sein kann und wohl kaum je zum Nachschreiben von Reden verwendet wurde (siehe S. 170).

LYKISCH.

Zeichen	Wert	Zeichen	Wert	Zeichen	Wert
⊦ A	a	I	y	T	t
B b	b	K Ꮶ I˂ Ⅎ	k	Y Y V	v
<	g	Λ ^	l	Ψ V Y Ұ	kh
Δ ▵	d	M M	m	Ψ V Ψ V Ψ Y	
E Ɛ	i	N N ᴎ Ⴖ Y	n	Ψ Ψ Ψ W W	o
F	v	O	u	)I(ƆIC	w
I	dz	Γ ᴦ Γ ⊦ Π	p	X	th
Λ A	e	P ⊦	r	X	ah
+	h	ʃ ξ)	s	Ξ	ih

Das vorstehende Alphabet ist entnommen aus J. Savelsberg's Beiträgen zur Entzifferung der lykischen Sprachdenkmäler. Die Schreibweise bekannter griechischer Namen weist eine eigene Orthographie auf, z. B. ⊦PPP⊦Ψo+ *Harpagus*, ⊦ΓOΛΛNIΔ⊦ *Apollonidas*, SEΔ↑PEI⊦ *Sidarios*, +PPP⊦E *Hrpyi*, ΔΔ⊦)I(⊦S⊦ *Dauasa*, ↑K⊦T⊦MN⊦ *Hekatomnas*. Es dürfte diese Schreibart noch aus jener Zeit stammen, die der Fixirung eines Alphabets voranging; wir finden eine ähnliche Orthographie in den iberischen Münzinschriften, deren Zeichen wir hier nach Phillips (über das iberische Alphabet, Stzb. d. k. Akad. d. W. 1870, LXV, II) folgen lassen.

IBERISCH.

Zeichen	Wert	Zeichen	Wert
A A A Λ ⌒ Λ ⊬ Λ Λ ↑ Δ		ᛚ N И Ⴖ Ꮶ Γ ᴎ N	n
Δ A A N ◇ Ո A A A	a	□ ☒ ◇ ◈ ◈ ♀ ⚲ ⚲ ⚲ ⚲ ◈	
▷ ⊳ ▽ ▽ Ɣ ⊦ D	b	◈ ◈ ⊟ ◫ ◇ ◇ O ⊙ ⊖	
< > ⊏ ⊦ ∢ ⊥ ∢ ((C)	(c) g	⦶ ⊕ ♀ ♀ ♀ ♀ ♀ ♀ Ո ⌒ Ʊ	o
◁ Δ ◁ ◁ O	d	Γ Γ P P Γ P	p
⊧ ⊧ ⊧ Ŀ ⊧ ⊧ Ⴖ ᛒ ᛒ ᛒ V F ⊧ ⊏ E		▷ ▷ ⊳ Ᵽ Γ P P P Γ D Я Я Ո R	r
E E ≢ ⊧ ⊧ ≡ ≠ ≠ ≢ ∃	e	ξ ξ Σ Ϟ Ϟ ≶ ς S ʃ	s
H H	h	T T ↑ ↑	t
I ξ N N ⊢ N ᴎ ∾	i	⊢ Ᵽ ⊔ V Y	u
K Ꮶ K X	k	Y Ɣ Y	ü
⊦ Λ L	l	ξ Z ξ ≶ ⊹ ʃ Ψ Ψ Ψ Ψ ш Y Ψ ∃	ts
M M M M M ɱ M ⋈	m	✱ X X X X X	kh

ALTGRIECHISCH.

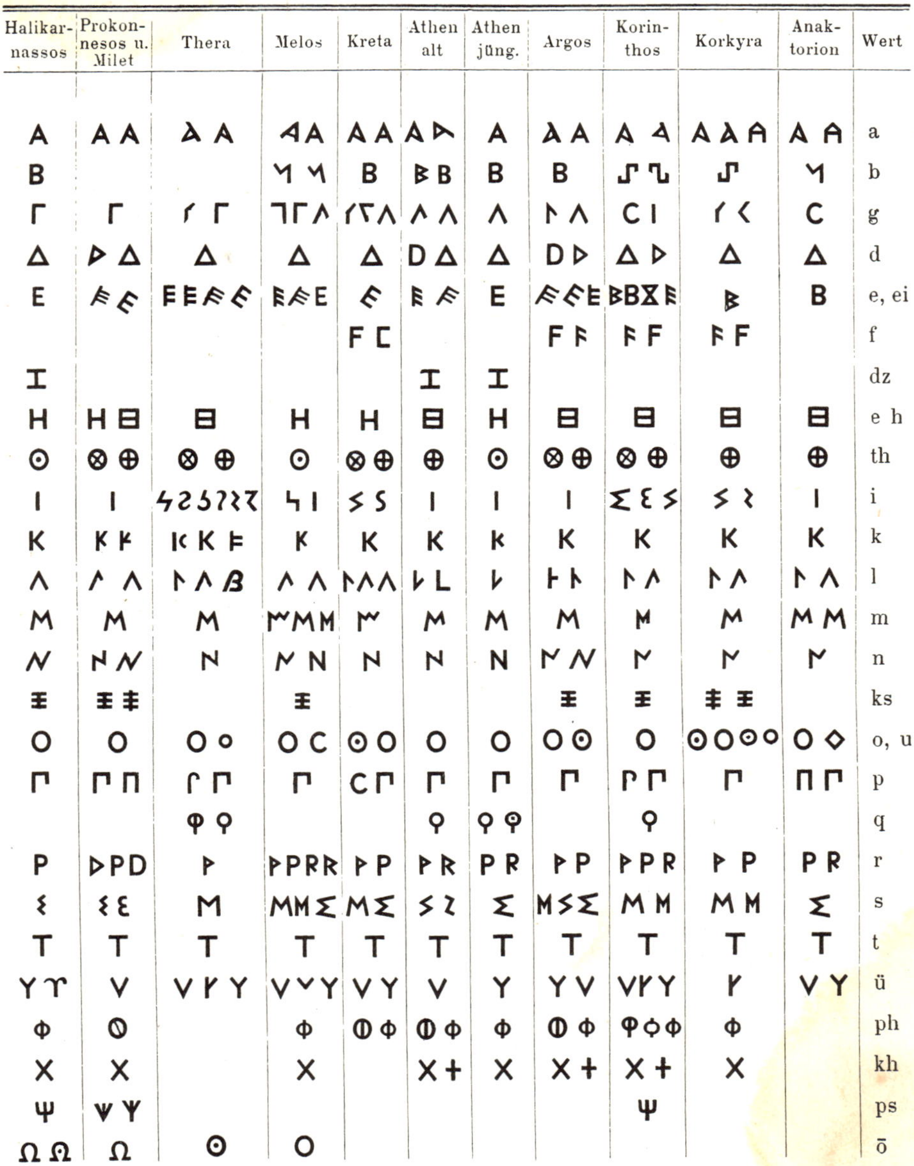

Die vorstehenden Alphabete bilden einen Auszug aus KIRCHHOFF's Studien zur Geschichte des griechischen Alphabets; wir theilen nach ihm die griechischen Alphabete in zwei Klassen, welche sich durch den Lautwert des X unterscheiden. Aus obiger Zusammenstellung geht hervor, dass der Lautwert der Zeichen lange Zeit ein schwankender war, doch ist zu constatiren, dass der Wechsel der Formen nie zu Verwechslungen Anlass gab, indem, wenn in einem Alphabete ϟ *i* war, *s* durch M, *m* durch M bezeichnet wurde, auch die Formen M und M werden für *s*, *m* oder als *m*, *s* benützt.

ALTGRIECHISCH.

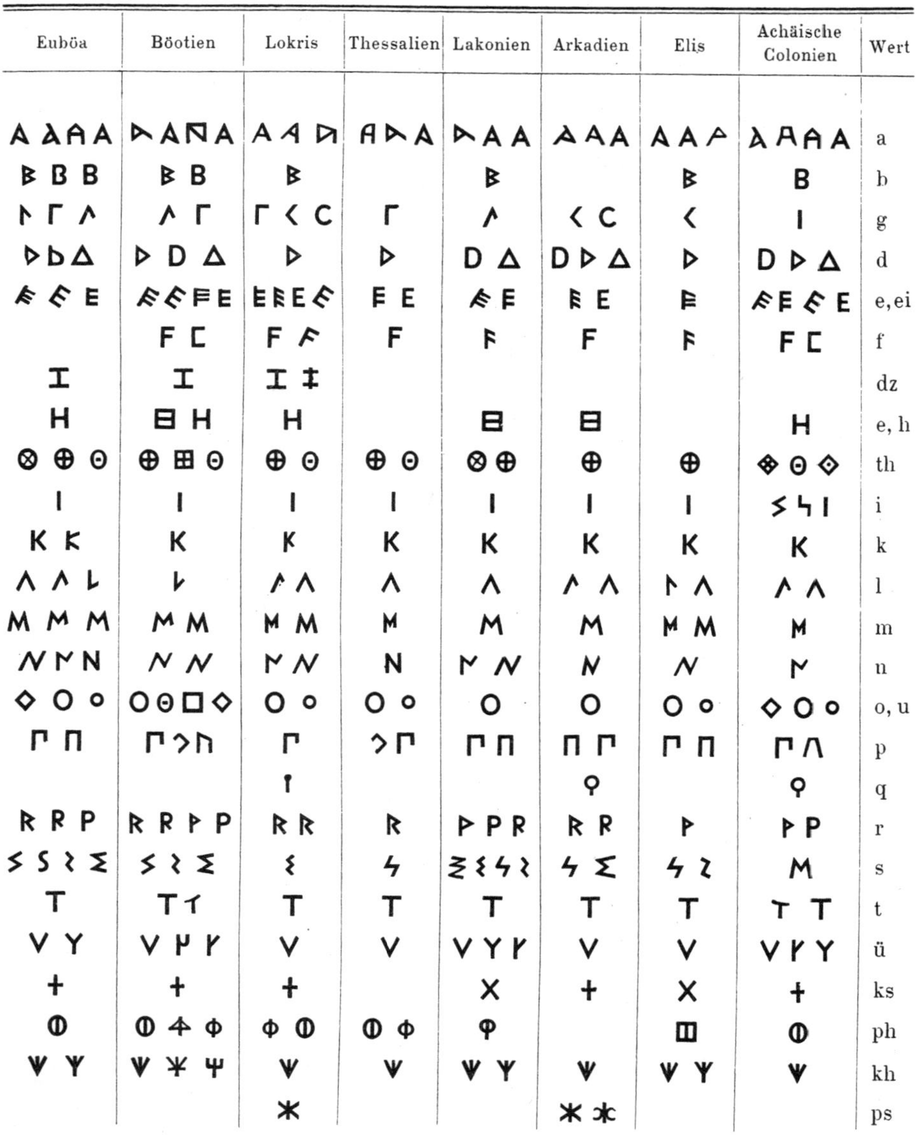

Zahlzeichen: I 1, II 2, III 3, IIII 4, Π (πέντε) 5, ΠI 6, ΠII 7, ΠIII 8, ΠIIII 9, Δ (δέκα) 10, ΔΔ 20, 𐅄 50, H (ἕκατον) 100, X (χίλιοι) 1000, M (μύριοι) 10000.

Die vorstehende zweite Gruppe, welche den grössten Theil von Griechenland umfasst, zeigt Formen, welche sich mehr zur italischen Schrift neigen; sie wurden später durch die ionischen Zeichen verdrängt. Dieser ionische Typus bildete sich allmälig immer harmonischer aus und zu Anfang unserer Zeitrechnung war die griechische Capitalschrift diejenige, welche sich in den Versalien unserer griechischen Buchschrift erhalten hat.

GRIECHISCHE SCHRIFT DES MITTELALTERS.

Name	Capital	Uncial	Cursiv	Minuskel	Wert
Alpha	Α				a
Beta	Β				b
Gamma	Γ				g
Delta	Δ				d
Epsilon	Ε				e
Zeta	Ζ				dz
Eta	Η				ē
Theta	Θ				th
Iota	Ι				i
Kappa	Κ				k
Lambda	Λ				l
My	Μ				m
Ny	Ν				n
Ksi	Ξ				ks
Omikron	Ο				o
Pi	Π				p
Rho	Ρ				r
Sigma	Σ				s
Tau	Τ				t
Ypsilon	Υ				ü
Phi	Φ				ph
Khi	Χ				kh
Psi	Ψ				ps
Omega	Ω				ō

MINUSKEL. LIGATUREN UND ABBREVIATUREN.

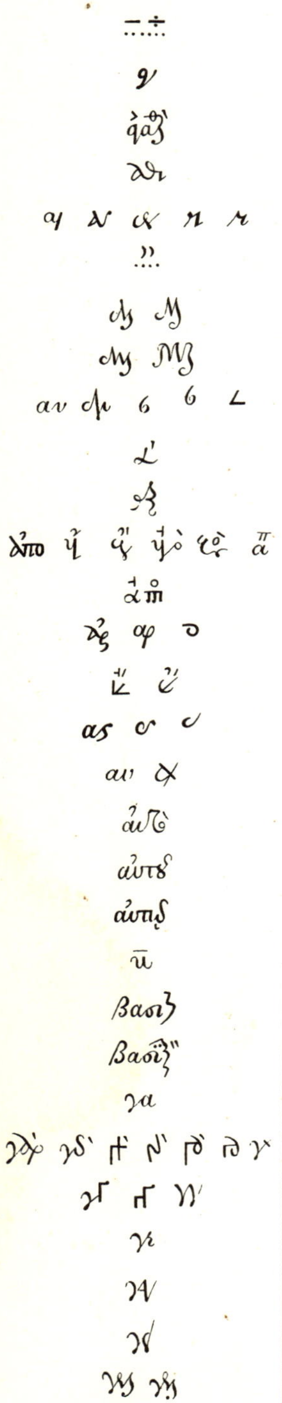

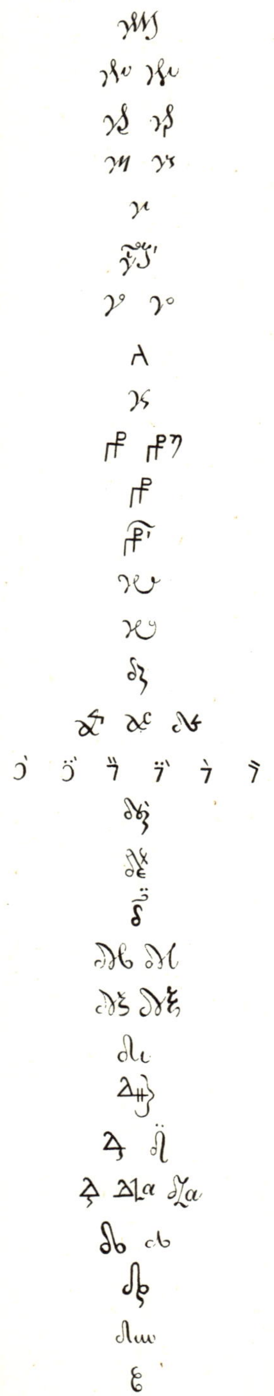

Zeichen	Lesart	Zeichen	Lesart
	α		γελλ
	αγ		γεν
	ἀγαθὸς καὶ		γερ
	αθι		γη
	αι		γι
	αις		γίνεται
	αλ		γο
	αλλ		γον
	ἄν		γρ
	ἄν		γράφεται
	αξ		γράμμα
	ἀπὸ		γράφων
	ἀπόστολος		γρι
	αρ		γρο
	ἄρα		δαι
	ας		δε
	αυ		δὲ
	αὐτὸ		δὲ καὶ
	αὐτοῦ		δέον
	αὐτῷ		δες
	βα		δευ
	βασιλεύς		δεξ
	βασιλικὸν		δη
	γα		δῆλον, δηλονότι
	γὰρ		δι
	γγ		δια
	γε		δο
	γεγ		δρ
	γει		δυν
	γελ		εβ

MINUSKEL. LIGATUREN UND ABBREVIATUREN.

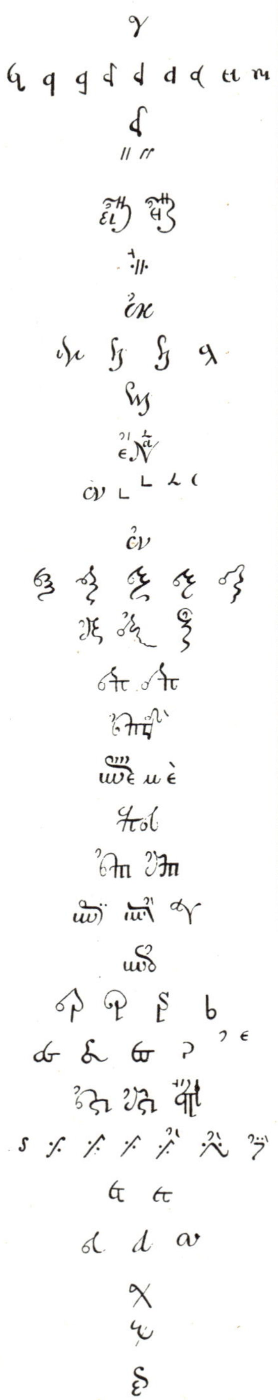

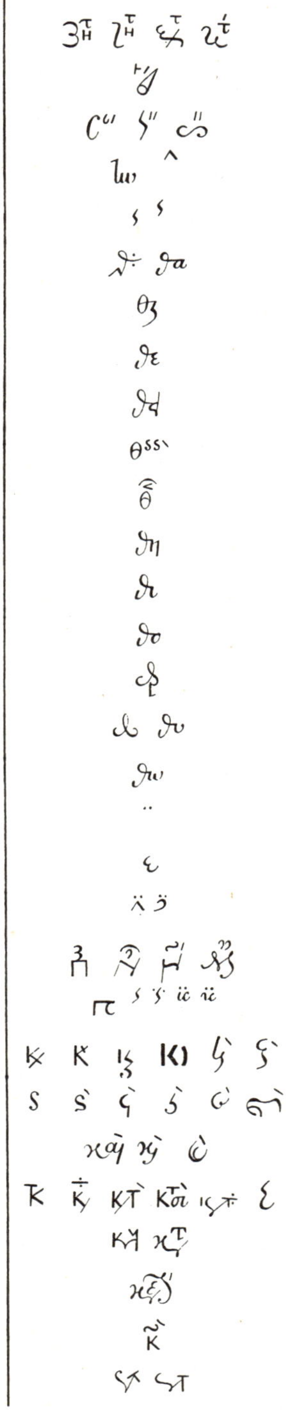

Zeichen	Lesart	Zeichen	Lesart
	εγ		ζῆται
	ει		ἥλιος, χρυσός
	εῐ		ἥμισυ
	ειν		ην
	εἶναι		ης
	εἰσι		θα
	εκ		θαι
	ελ		θε
	ελλ		θει
	ἔλαττον		θεὶς
	εν		θέντων
	ἐν		θη
	εξ		θι
	ἐξ		θο
	επ		θρ
	ἐπειδὴ		θυ
	ἐπ' ἐμὲ		θω
	ἐπευ		ι
	ἐπι		ικός
	ἐπὶ		ιν
	ἐπο		ἰνδικτίων
	ερ		ις
	εσ, ες		καὶ
	ἔστι		καὶ
	ἐστὶν		καὶ
	ετ		κατὰ
	ευ		κατὰ
	εχ		κεφάλαιον
	εψ		κὴν
	εως		κοντ

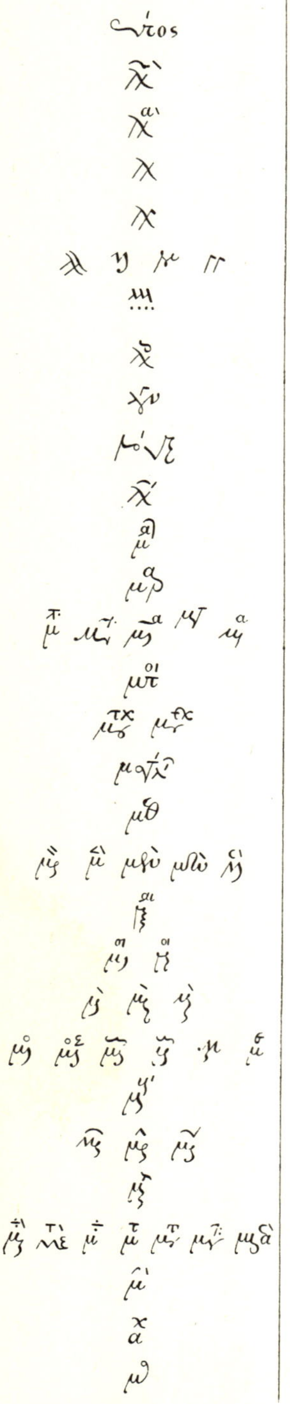

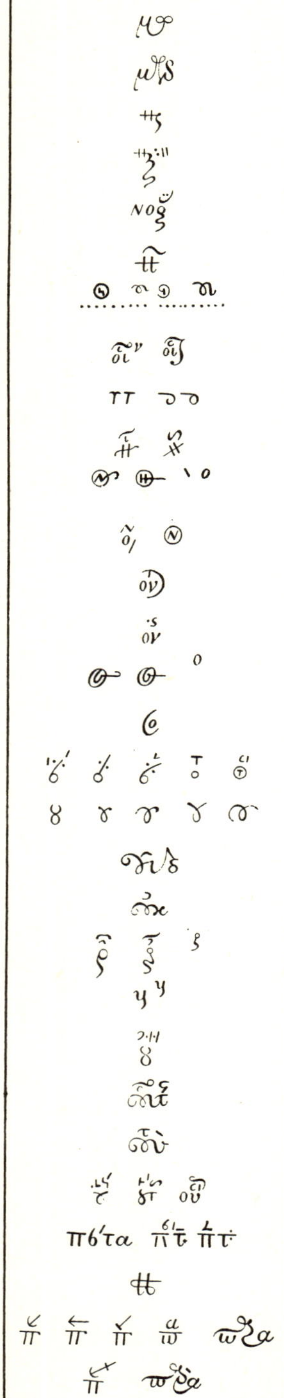

Zeichen	Lesart	Zeichen	Lesart
	κότος		μω
	λαβὼν		μῶν
	λαὸς		ναι
	λεγ, λογ		νικὸν
	λην		νοοῦτες
	λλ		νῶν
	λλου		οι
	λόγοις		οἶον
	λόγου		οις
	λόγους		ὁμοῦ
	λόγων		ον
	μαλα		ὄνομα
	μαρ		ονται
	ματα		οντες
	ματοι		ος
	μάτων		ὅσιος
	μεγάλην		ὅτι
	μεθ		ου
	μὲν		οὐδε
	μεναι		οὐκ
	μενοι		οὖν
	μενον		ους
	μενος		οὔτε
	μενους		οὗτος
	μένων		οὗτου
	μένως		οὕτως
	μετὰ		πάντα
	μὴν		παπας
	μοναχός		παρα
	μος		παρὰ

MINUSKEL. LIGATUREN UND ABBREVIATUREN.

Zeichen	Lesart	Zeichen	Lesart
	παρὰ τὴν		σο
	παρὰ τὸ		σπ
	παρὰ τοῖς		σπαν
	παρὰ τοῦτο		σπερ
	παρὰ τῷ		σπλ
	πελ		σσ
	πεμ		στ
	πεν		στι
	περ		σχ
	περι		σω
	περὶ		τα
	πο		ται
	πρεσβει		ταῖς
	πρεσβύτερος		ταῖς
	προ		ταν
	προς		τας
	πρότερον		τὰς
	πρω		τατος
	πτ		ταυ
	πτειν		ταῦτα
	ρα		τε
	ρο		τεις
	σα		τεν
	σαι		τερ
	σάρκα		τες
	σαῦτα		την
	σε		τὴν
	σθ		τήριον
	σθαι		της
	σι		τῆς

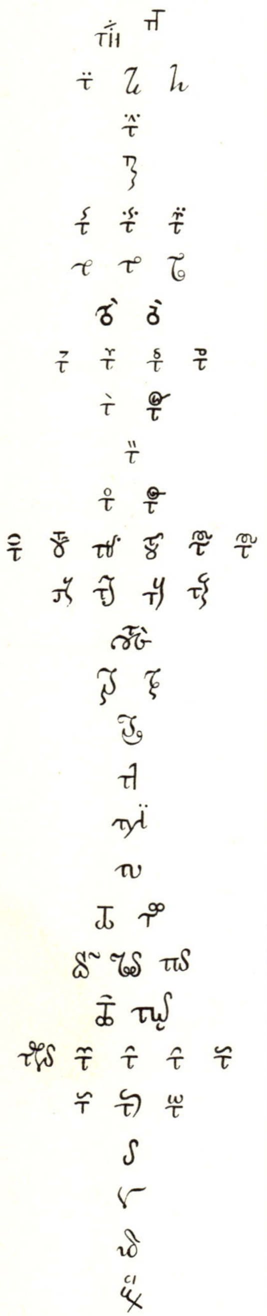

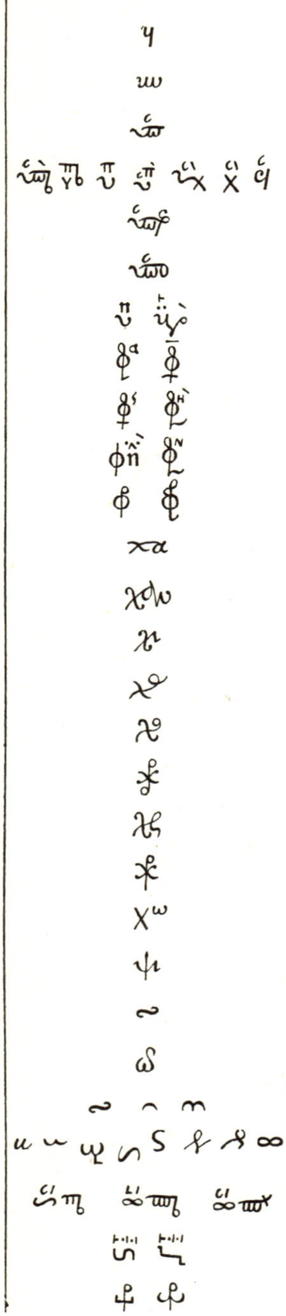

Zeichen	Lesart	Zeichen	Lesart
	τητα		υι
	τι		υν
	τιν		ὑπ
	τικός		ὑπὲρ
	τις		ὑπερ
	το		ὑπο
	τὸ		ὑπὸ
	τοις		φασὶ
	τον		φημὶ, φησὶ
	τὸν		φησὶν
	τος		φρ
	τοῦ		χα
	τους		χαν
	τοὺς		χι
	τρ		χθ
	τρο		χο
	ττ		χορός
	ττι		χρ
	τυ		χρόνος, χρυσός
	τω		χωρίς
	τῶ		ψι
	τῷ		ω
	τῶν		ὢ
	τως		ων
	ῦ		ως
	υγ		ὥσπερ
	υδ		ὥστε
	ὕδωρ		ὥρα

Die vorstehenden Ligaturen kommen theils in Manuscripten, theils auch in älteren Buchdruckwerken vor. Gegenwärtig druckt man ohne Ligaturen.

GRIECHISCHE TACHYGRAPHIE.

Zeichen	Wert	Zeichen	Wert	Zeichen	Wert	Zeichen	Wert
	a		ē		n		t
	b		th		ks		ü
	g		i		o		ph
	d		k		p		kh
	e		l		r		ps
	dz		m		s		ō

Finale.

Zeichen	Wert	Zeichen	Wert	Zeichen	Wert	Zeichen	Wert	Zeichen	Wert
	ai		ou		eis		ēs		os
	au		ais		en		in		oun
	ei		ein		es		is		ous
	eu		an		eus		ois		ōn
	oi		as		ēn		on		ōs

Ligaturen.

	ba		ra		dō		dzein		don
	ga		sa		thai		seis		dos
	da		ta		rau		den		roun
	tha		pha		dei		tes		dous
	ka		kha		teu		leus		tous
	la		de		toi		tēn		thün
	ma		dē		tou		tēs		nün
	na		di		tais		tin		tōn
	ksa		do		tan		tis		dōs
	pa		dü		tas		thois		

gnō, thli, pre, phtheg am, kreit, bal, pol, gar, ber, ēr.

Die griechische Tachygraphie ist eine Silbenschrift, die Konsonanten und Vokale verbindet, aber diese Silbenzeichen getrennt schreibt.

GRIECHISCHE DRUCKSCHRIFT.

Name	Antiqua	Cursiv	Wert	Ziffern	Name	Antiqua	Cursiv	Wert	Ziffern
Alpha	Α α	*Α α*	a	1	*Ny*	Ν ν	*Ν ν*	n	50
Beta	Β β	*Β β*	b	2	*Ksi*	Ξ ξ	*Ξ ξ*	ks	60
Gamma	Γ γ	*Γ γ*	g	3	*Omikron*	Ο ο	*Ο ο*	ŏ	70
Delta	Δ δ	*Δ δ*	d	4	*Pi*	Π π	*Π π*	p	80
Epsilon	Ε ε	*Ε ε*	e	5	*Rho*	Ρ ρ	*Ρ ρ*	r	100
Zeta	Ζ ζ	*Ζ ζ*	dz	7	*Sigma*	Σ σ ς	*Σ σ ς*	s	200
Eta	Η η	*Η η*	ē	8	*Tau*	Τ τ	*Τ τ*	t	300
Theta	Θ ϑ θ	*Θ ϑ θ*	th	9	*Ypsilon*	Υ υ	*Υ υ*	ü	400
Iota	Ι ι	*Ι ι*	i˙	10	*Phi*	Φ φ	*Φ φ*	ph	500
Kappa	Κ κ	*Κ κ*	k	20	*Khi*	Χ χ	*Χ χ*	kh	600
Lambda	Λ λ	*Λ λ*	l	30	*Psi*	Ψ ψ	*Ψ ψ*	ps	700
My	Μ μ	*Μ μ*	m	40	*Omega*	Ω ω	*Ω ω*	ō	800

Diphthonge: αι, αυ, ει, ευ, ηυ, οι, ου, υι, ωυ; erstorbene: ᾳ, ῃ, ῳ, statt: αι, ηι, ωι.

Lesezeichen:

᾿ Spiritus lenis, ῾ Spiritus asper, ΄ Acutus, ` Gravis, ˜ Circumflex. ¨ Diäresis.

Ergänzende Zahlzeichen: ϝ oder ϛ 6, ϙ 90, ϡ 900.

Interpunktionen:

, Komma, · Semikolon, . Punkt, ; Fragezeichen. ᾽ Apostroph.

Die griechische Druckschrift wurde der zur Zeit der Erfindung der Buchdruckerkunst in Büchern gebräuchlichen Minuskelschrift nachgebildet, wobei anfangs auch viele Ligaturen (S. 172 ff.) angewendet wurden; in späterer Zeit wurden die letzteren in ihre einzelnen Zeichen aufgelöst, nur ϛ für *st* und ȣ für ου kommen zuweilen noch vor. Von den beiden Zeichen für *s* kommt σ am Anfange und in der Mitte, ς am Ende der Wörter vor, letzteres wird aber auch in Zusammensetzungen beibehalten, z. B. προςφέρω.

Über die richtige Aussprache der Diphthonge herrschen zwei Meinungen, nach Erasmus' Behauptung müssen dieselben nach dem Lautwerte der einzelnen Vokale gelesen werden, nach Reuchlin's Meinung so, wie die Neugriechen sie aussprechen, daher αι wie *ä*, αυ wie *aw*, *af*, ει wie *i*, ευ wie *ew*, *ef*, η wie *i*, ηυ wie *iw*, *if*, οι wie *ü*, ου wie *u*, υι wie *ü*, ωυ wie *ow*. Die erasmische Aussprache ist gegenwärtig die allgemein angenommene, da sie die richtige Schreibart bei dem Diktiren fördert.

Bezüglich der übrigen Zeichen ist zu bemerken, dass γ vor κ, χ, ξ wie *n* gesprochen wird, also γγ *n*, γκ *nk*, γξ *nks*, ι wird stets als Vokal gelesen, daher ἴαμβος *i-ambos;* τι darf nie mit einem Zischlaute gesprochen werden, es lautet stets wie *ti* in *Tirol*, σχ ist getrennt zu sprechen, daher ἔσχω *es-kho*.

Der *Spiritus lenis* ist ein leichter Hauch am Anfange der Wörter vor Vokalen, der *Spiritus asper* der starke Hauch *(h)*, er steht auch bei *r* (ῥ), Doppel-*r* hat beide Zeichen ῤῥ. Die Spirituszeichen wurden vom alexandrinischen Grammatiker ARISTOPHANES (200 v. Ch.) aus dem H gebildet, indem er ⊢ für den *Spiritus asper* und ⊣ für den *Spiritus lenis* nahm, daraus wurde ⌞⌟ und endlich ‹ ›. Ein anderer Hauch, welcher sich besonders im äolischen Dialekte lange erhielt, war der *f*-Laut, dessen Zeichen Ϝ wegen seiner Ähnlichkeit mit Γ *Digamma*, d. h. Doppelgamma, genannt wurde, er ging später in υ, β und φ über, sein Zeichen erhielt sich als Zahlwert für *6* mit dem ursprünglichen Namen *Bau*.

Um die richtige Betonung der Wörter aufrecht zu erhalten, erfand ARISTOPHANES BYZANTINUS um 200 v. Ch. die Accentzeichen, diese sind ´ für den scharfen Ton, ` für den gemilderten und ˜ für den gedehnten Laut, letzterer soll aus der Vereinigung der beiden ersteren ^ entstanden sein. Die Accente kommen auch neben dem *Spiritus* vor: ἄ, ἃ, ἆ, ἅ, ἂ, ἇ. Bei Diphthongen steht der Accent auf dem zweiten Vokal. Sollen zwei aufeinander folgende Vokale nicht als Diphthonge gesprochen werden, so erhält der zweite die *Diäresis* ¨, z. B. ἀΐδης *(a-ides)*. Ist am Ende eines Wortes ein kurzer Vokal weggeworfen, weil das folgende mit einem Vokal anfängt, so wird der *Apostroph* gesetzt, z. B. ἐπ' ἐμὲ (statt ἐπὶ ἐμὲ). Die *Diastole* ist ein dem Komma ähnliches Zeichen, welches gebraucht wird, um zusammengesetzte kleine Wörter von anderen zu unterscheiden, z. B. ὅ,τε *(was auch)*, ὅτε *(da)*, doch schreibt man solche Wörtchen auch getrennt: ὅ τε.

Das Zeichen ʹ dient auch zur Andeutung der Ziffern, z. B. αʹ 1, βʹ 2, γʹ 3, δʹ 4, εʹ 5, ϛʹ 6, ζʹ 7, ηʹ 8, ϑʹ 9, ιʹ 10, ιαʹ 11 etc., unten vor dem Buchstaben bedeutet es Tausend, z. B. ͵α 1000.

Bei der Abtheilung der Wörter gilt die Regel, dass die erste der getheilten Silben mit einem Vokale endige, die zweite mit einem Vokale oder Konsonanten anfange, z. B. ἕ-βδο-μος, ὄ-γδο-ος, ausgenommen davon sind: Doppel-Konsonanten, z. B. ἄλ-λος, πάπ-πος, auch verwandte Konsonanten, z. B. Βάκ-χος, Σαπ-φώ, eine Liquida, auf welche noch ein Konsonant folgt, z. B. ἕλ-κω, ἄν-ϑρω-πος, ἀμ-φί, endlich zusammengesetzte Wörter, wenn nicht ein Vokal weggefallen ist, z. B. συν-εκ-δέχομαι, dagegen πα-ρέχω (von παρά), ἀ-φ' οὗ (von ἀπό), ἐ-φ' ᾧ (von ἐπί).

Als Unterscheidungszeichen werden gebraucht: , Komma, · Kolon und Semikolon, . Punkt, ; Fragezeichen, in neuerer Zeit wird auch das Ausrufungszeichen gebraucht.

NEUGRIECHISCH.

Name	Druck-schrift	Schreibschrift	Wert	Name	Druck-schrift	Schreibschrift	Wert
Alpha	Α α	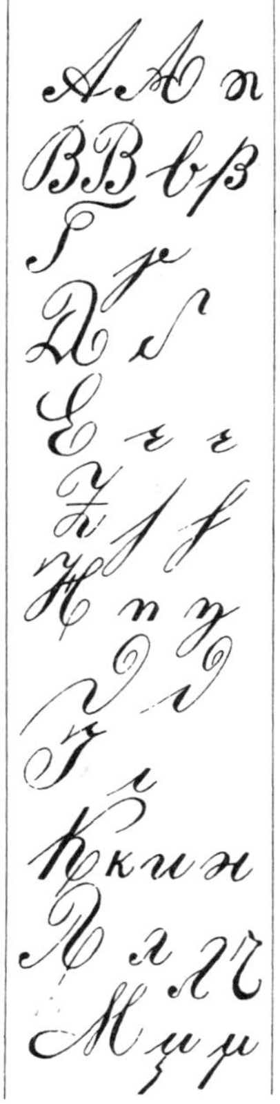	a	*Ni*	Ν ν		n
Wita	Β β		w	*Ksi*	Ξ ξ		ks
Gamma	Γ γ		g, γ	*Omikron*	Ο ο		o
Delta	Δ δ		δ	*Pi*	Π π		p
Epsilon	Ε ε		ε	*Ro*	Ρ ρ		r
Zita	Ζ ζ		z, ż	*Sigma*	Σ σ ς		s, ś
Ita	Η η		i	*Taf*	Τ τ		t
Thita	Θ ϑ θ		θ	*Ipsilon*	Υ υ		i̥
Iota	Ι ι		i	*Fi*	Φ φ		f
Kappa	Κ κ		k, k′	*Khi*	Χ χ		χ, χ
Lamwda	Λ λ		l	*Psi*	Ψ ψ		ps
Mi	Μ μ		m	*Omega*	Ω ω		o

Das Zeichen γ hat vor ε, ι, υ den weichen Laut γ, vor γ, κ, ξ, χ den Laut *n; k* hat vor den hellen Vokalen den Laut *k′;* μπ haben ihre eigenen Laute nur in der Silbentrennung, am Anfange der Wörter oder am Ende einer Silbe lauten sie *b,* kommen jedoch in dieser Weise nur in fremden Wörtern vor, ebenso gibt ντ den Laut *d;* ντζ den Laut *dž* (ausgenommen in der Silbentrennung); στ wird oft durch σ ersetzt; τζ klingt zuweilen wie *ts,* gewöhnlich wie *tš;* υ lautet wie *i,* in Diphthongen, vor Vokalen und vor γ, δ, λ, μ, ν, ρ wie *w* (αυ=*aw*), sonst wie *f;* ου lautet wie *u;* χ lautet vor ε, η, ι, υ, αι wie *χ́;* der Diphthong αι lautet wie *ä;* ει und οι wie *i;* im Übrigen gelten dieselben Leseregeln wie im Altgriechischen, mit welchem das Neugriechische auch den Spiritus und die Accente, sowie die Interpunktionen gemein hat.

Wie bei allen europäischen Völkern, hat sich bei den Griechen eine schöne Schreibschrift ausgebildet, sie scheint unabhängig aus der Bücherschrift des Mittelalters entstanden zu sein, man beachte die Formen von *b, k, p, t, ps;* das *l* geht in manchen Handschriften wie in der alten Cursiv unter die Zeile.

ALBANESISCHE SCHRIFTEN.

Die Albanesen, welche sich selbst *Škipetaren* (Bergbewohner) nennen und von den Türken, ihren Beherrschern, *Arnauten* genannt werden (eine Verstümmelung der griechischen Bezeichnung Ἀλβανίτης, verderbt in Ἀρναβίτης), bewohnen den grössten Theil des alten Illyricum und Epirus, d. h. jenen Landstrich an dem adriatischen Meere, welcher östlich vom Pindus begrenzt wird und von Skutari bis gegen den Meerbusen von Korinth hinabreicht. Wir finden sie ferner seit dem Ende des 14. Jahrhunderts in Griechenland, wo sie den fünften Theil der Gesammtbevölkerung ausmachen. Die albanesische Sprache bildet eine räthselhafte Erscheinung, da sie mit den benachbarten Sprachen in keiner Weise verwandt ist, sie zerfällt in zwei Dialekte, einen nördlichen, den *Geghischen*, und einen südlichen, den *Toskischen*, ersterer wird mit lateinischen, der letztere mit griechischen Buchstaben geschrieben. Daneben gibt es aber einheimische Schriften, welche sich in einzelnen Gegenden und Familien forterben, und bezüglich ihrer Verwandtschaft ebenso isolirt sind wie die albanesische Sprache.

SCHRIFT VON ELBASSAN.

Zeichen	Wert	Zeichen	Wert	Zeichen	Wert	Zeichen	Wert	Zeichen	Wert	Zeichen	Wert
	a		ts		r		ṅ′		θ		š
	e		ds		r̄		γ		b		ž
	i		nds		f		ps		mb		št
	o		w		δ̂		h		p		te
	u		l		m		χ		n		ń
	ü		l′		y		χ′		tš		as
	e̥		k′		χ́		t		dž		o̱
	s		k		ṅ		d		ndž		jü
	dz		ks		χ́′		nd		st		

SCHRIFT BÜTHAKUKYE'S.

Zeichen	Wert	Zeichen	Wert	Zeichen	Wert	Zeichen	Wert	Zeichen	Wert	Zeichen	Wert
	a		w		θ		n		t		ts
	e		b		dz		ń		f		
	i		g		k		p		χ		
	o		y		k'		r		ks		
	i̯		ð		l		z		ts		
	ü		d		m		s'		ts'		

SCHRIFT VESO BEI'S.

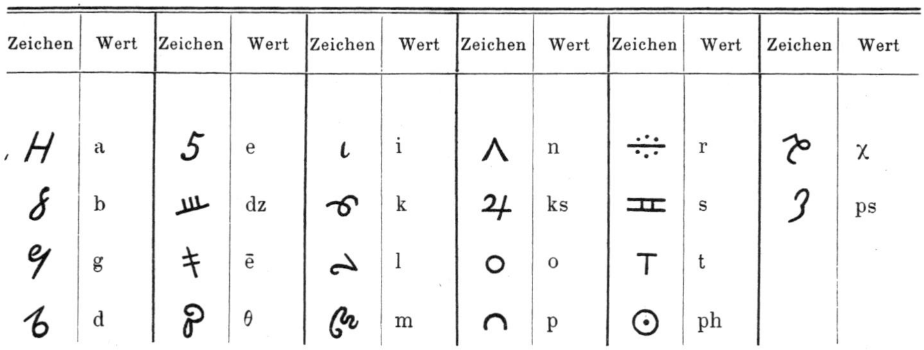

Zeichen	Wert	Zeichen	Wert	Zeichen	Wert	Zeichen	Wert	Zeichen	Wert	Zeichen	Wert
	a		e		i		n		r		χ
	b		dz		k		ks		s		ps
	g		ē		l		o		t		
	d		θ		m		p		ph		

ALBANESISCH-GRIECHISCH.

Zeichen	Wert	Zeichen	Wert	Zeichen	Wert	Zeichen	Wert	Zeichen	Wert	Zeichen	Wert
Α α	a	Γ̇j γ̇j	χ́'	Θ ϑ	θ	Μ μ	m	Π π	p	Υ υ	ü
Β β	w	Δ δ	ð	Ι ι	i	Ν ν	n	Ρ ρ	r	Φ φ	f
B b	b	D d	d	Κ κ	k	Ṅ ν̇	ṅ	Σ σ	s	Χ̇ χ̇	h
J j	γ́	Ε ε	e	Kj κj	k'	Nj νj	ń	Σ̇ σ̇	ž	Χ χ	χ
Γ γ	γ	Ε̲ ε̲	ę	Λ λ	l	Ξ ξ	ks	Σ̈ σ̈	š		
Γ̇ γ̇	χ́	Ζ ζ	dz	Λj λj	l'	Ο ο	o	Τ τ	t		

Die erste von den hier angeführten Schriften ist in der Stadt *Elbassan* heimisch, auch soll sie in der südlichen Nachbarstadt *Berat* verstanden und benützt werden. Die zweite soll von einem Albanesen namens BÜTHAKUKYE erfunden worden sein; die dritte lernte ein angesehener Häuptling VESO BEI von seinem Hofmeister, der gleichfalls ein Albanese war.

SLAVISCHE SCHRIFTEN.

Die slavischen Völker, deren Ursprung sich in der dunklen Geschichte der skythischen Stämme verliert, hatten in alter Zeit jedenfalls eine den Runen verwandte Schrift, welche, so wie diese, kaum als Lautschrift verwendet wurde, aber doch derart eingebürgert war, dass die christlichen Missionäre, um den christlichen Büchern bei den Slaven Eingang zu verschaffen, sich genöthigt sahen, deren Zeichen anzunehmen. Am treuesten scheint dies durch den dalmatinischen Priester Hieronymus im 3. Jahrhundert geschehen zu sein, von dem das glagolitische (*Bukiviza*) oder hieronymianische Alphabet der slavischen Kirchenbücher herrührt, während Cyrillus und Methodius, welche im 9. Jahrhundert die Slaven in Mähren bekehrten, einen mehr griechischen Ductus einführten. Beim Papste verklagt, dass sie statt in lateinischer Sprache den Gottesdienst in slavischer Sprache eingerichtet hätten, gelang es ihnen im Jahre 867 in Rom ihr Vorgehen zu rechtfertigen und seither blieb die von ihnen eingeführte Schrift die der slavischen Kirchenbücher und wurde die Grundlage der serbischen, rumänischen und russischen Schrift. In neuerer Zeit wird bei den Rumänen die Anwendung lateinischer Buchstaben, soweit sie mit den Lauten übereinstimmen, bevorzugt und sind die altslavischen Zeichen, aber auch diese in vereinfachter Form, nur für die echt slavischen Laute beibehalten worden. Die Čechen und Polen bedienen sich nur des lateinischen Alphabets, das sie durch Accente vermehrt haben.

Die slavischen Sprachen zeichnen sich durch ihren Reichthum an Lauten aus. Die Zeichen waren ursprünglich Bilder von Gegenständen (Hieroglyphen), wie  *Buki* „Buche“, dem hieratischen  *š* „Garten“,  *vědi* „Wiese“, dem hieratischen  *a, tu* „Thal“,  *ljudi* „Volk, Leute“ dem hieratischen  *mn* „Volk“ entspricht. Hieraus erklärt sich auch die Übereinstimmung der Namen im cyrillischen und im hieronymianischen Alphabet, Cyrillus musste die gewohnten Namen ebenso beibehalten, wie Vulfila die gothischen Namen, um nicht zu sehr gegen die Gewohnheit anzustossen. Wie bei den meisten Völkern waren die Zeichen auch Zahlzeichen, sie reichen bis 1000, welche Zahl im Glagolitischen *tš* vertritt, während das Cyrillische dafür ein eigenes Zeichen  hat.

GLAGOLITISCH.

Name	Bulgarisch	Illyrisch	Wert	Ziffer	Name	Bulgarisch	Illyrisch	Wert	Ziffer
Az	Ⰰ ⰰ	Ⰰ ⰰ	a	1	*Uk*	Ⱆ ⱆ	Ⱆ ⱆ	u	400
Buki	Ⰱ ⰱ	Ⰱ ⰱ	b	2	*Fert*	Ⱇ ⱇ	Ⱇ ⱇ	f	500
Vědi	Ⰲ ⰲ	Ⰲ ⰲ	v	3	*Khěr*	Ⱈ ⱈ	Ⱈ ⱈ	χ	600
Glagol'	Ⰳ ⰳ	Ⰳ ⰳ	g	4	*O*	Ⱉ ⱉ	Ⱉ ⱉ	ō	700
Dobro	Ⰴ ⰴ	Ⰴ ⰴ	d	5	*Šta*	Ⱋ ⱋ	Ⱋ ⱋ	št	800
Est'	Ⰵ ⰵ	Ⰵ ⰵ	e	6	*Tsi*	Ⱌ ⱌ	Ⱌ ⱌ	ts	900
Živěte	Ⰶ ⰶ	Ⰶ ⰶ	ž	7	*Tšerv'*	Ⱍ ⱍ	Ⱍ ⱍ	tš	1000
Zělo	Ⰷ ⰷ	Ⰷ ⰷ	dz	8	*Ša*	Ⱎ ⱎ	Ⱎ ⱎ	š	
Zemlja	Ⰸ ⰸ	Ⰸ ⰸ	z	9	*Jer*	Ⱏ ⱏ	Ⱏ ⱏ	o, e	
Iže	Ⰻ ⰻ	Ⰻ ⰻ	i, ii	10	*Jery*	ⰟⰉ ⱏⰹ	ⰟⰉ ⱏⰹ	ü	
I	Ⰹ ⰹ	Ⰹ ⰹ	i	20	*Jerek*	Ⱐ ⱐ	Ⱐ ⱐ	*Erweich.*	
Děrv', *Jot*	Ⰼ ⰼ	Ⰼ ⰼ	d', y	30	*Jet'*	Ⱑ ⱑ	Ⱑ ⱑ	ye, ya	
Kako	Ⰽ ⰽ	Ⰽ ⰽ	k	40	*Ju*	Ⱓ ⱓ	Ⱓ ⱓ	yu	
Ljudi	Ⰾ ⰾ	Ⰾ ⰾ	l	50	*Ąs*	Ⱘ ⱘ	Ⱘ ⱘ	õ	
Myslite	Ⰿ ⰿ	Ⰿ ⰿ	m	60	*Ęs*	Ⱔ ⱔ	Ⱔ ⱔ	ẽ	
Naš	Ⱀ ⱀ	Ⱀ ⱀ	n	70	*Jąs*	Ⱙ ⱙ	Ⱙ ⱙ	yõ	
On	Ⱁ ⱁ	Ⱁ ⱁ	o	80	*Jęs*	Ⱗ ⱗ	Ⱗ ⱗ	yẽ	
Pokoj	Ⱂ ⱂ	Ⱂ ⱂ	p	90	*Thita*	Ⱚ ⱚ	Ⱚ ⱚ	θ	
R'ci	Ⱃ ⱃ	Ⱃ ⱃ	r	100	*Ižica*	Ⱛ ⱛ	Ⱛ ⱛ	ü	
Slovo	Ⱄ ⱄ	Ⱄ ⱄ	s	200					
Tvr'do	Ⱅ ⱅ	Ⱅ ⱅ	t	300					

Mit dem glagolitischen Alphabete wurde die altslavonische, die älteste bekannte slavische Sprache geschrieben, sie ist gegenwärtig nicht mehr im Gebrauch und nur in den liturgischen Büchern der slavischen Anhänger der griechischen Kirche, also der Russen, Bulgaren und der Serben, vorhanden. Es existiren zwei Formen von dieser Schrift, eine runde und eine eckige, erstere wird von Chodzko (grammaire paléoslave) als die bulgarische, die zweite als die illyrische bezeichnet.

Der Zahlwert der Zeichen wird durch Einschliessung derselben zwischen zwei Punkten angedeutet, daher: ·ⰰ· 1, ·ⰱ· 2 u. s. w. Zur Interpunktion dienen die gewöhnlichen Zeichen.

CYRILLISCH.

Name	Zeichen	Wert	Ziffer	Name	Zeichen	Wert	Ziffer
Az	А а	a	1	*Khěr*	Х х	x	600
Buki	Б б	b		*Ó*	Ѡ ѡ	ō	800
Vědi	В в	v	2	*Tsi*	Ц ц	ts	90
Glagol'	Г г	g	3	*Tšerv'*	Ч ч	tš	
Dobro	Д д	d	4	*Ša*	Ш ш	š	
Est'	Є є	e	5	*Šta*	Щ щ	št	800
Živěte	Ж ж	ž		*Jer*	Ъ ъ	ŭ	
Zělo	Ѕ ѕ	dz	6	*Jery*	Ъі ъі	į	
Zemlja	З з	z	7	*Jerek*	Ь ь	ĭ	
Iže	И и	i (yi)	8	*Jery*	Ы ы	į	
I	І і	i	10	*Jet'*	Ѣ ѣ	ē	
Kako	К к	k	20	*Ja*	Ꙗ ꙗ	ya	
Ljudi	Л л	l	30	*Ju*	Ю ю	yu	
Myslite	М м	m	40	*Je*	Ѥ ѥ	ye	
Naš	Н н	n	50	*Ęs*	Ѧ ѧ	ẽ	900
On	О о	o	70	*Ąs*	Ѫ ѫ	õ	
Pokoj	П п	p	80	*Jęs*	Ѩ ѩ	yẽ	
Rci	Р р	r	100	*Jąs*	Ѭ ѭ	yõ	
Slovo	С с	s	200	*Ksi*	Ѯ ѯ	ks	60
Tverdo	Т т	t	300	*Psi*	Ѱ ѱ	ps	700
Uk	Оу оу	u	400	*Thita*	Ѳ ѳ	θ	9
Fert	Ф ф	f	500	*Ižica*	Ѵ ѵ	ü	

Im Jahre 863 wurden von den Slavenaposteln Cyrillus und Methodus auf Befehl des Kaisers Michael mehrere Kirchenbücher aus der griechischen in die slavischen Sprachen übersetzt, und zu diesem Behufe das vorstehende Alphabet aufgestellt, welches allen ostslavischen Schriften zu Grunde liegt. Abbreviaturzeichen *(titly)* gibt es im Cyrillischen folgende: ҃ *titla* (einfach), *dobro-titla*, *glagol-titla*, *slovo-titla*, *oneček*, *rzui-titla*, *ch*. Eigenthümlich ist, ѿ für *ot*, ꙃ für *dž*. kömmt nur über *o* vor. ҃ macht den Buchstaben zum Zahlzeichen, als: В҃ *2*.

Der Zahlwert der Buchstaben ist nicht wie beim Glagolitischen, sondern übereinstimmend mit dem Griechischen.

RUTHENISCH.

Name	Antiqua	Schreibschrift	Wert	Name	Antiqua	Schreibschrift	Wert
Az	А а	А а	a	*Uk*	Оу оу	У у Ȣ ȣ	u
Buki	Б б	Б б	b	*Fert*	Ф ф	Ф ф	f
Vědi	В в	В в	v	*Khěr*	Х х	Х х	χ
Hlahol'	Г г Ґ ґ	Г г Ґ ґ	g	*ó*	Ѡ ѡ	Ѡ ѡ	ō
Dobro	Д д	Д д	d	*Tsi*	Ц ц	Ц ц	ts
Est'	Є є	Є є	e, ye	*Tšerv*	Ч ч	Ч ч	tš
Živěte	Ж ж	Ж ж	z	*Ša*	Ш ш	Ш ш	š
Zělo	Ѕ ѕ	Ѕ ѕ	dz	*Šta*	Щ щ	Щ щ	štš
Zemlja	З з	З з	z	*Jer*	Ъ ъ	Ъ ъ	*Erhärtung*
Iže	И и й	И и	i (yi)	*Jery*	Ъі ъі	Ъі ъі	į
I	І і	І і	i	*Jerek*	Ь ь	Ь ь	*Erweichung*
Kako	К к	К к	k	*Jery*	Ы ы	Ы ы	į
Ljudi	Л л	Л л	l	*Jet'*	Ѣ ѣ	Ѣ ѣ	ē
Myslite	М м	М м	m	*Ja*	Ꙗ ꙗ	Я я	ya
Naš	Н н	Н н	n	*Ju*	Ю ю	Ю ю	yu
On	О о	О о	o	*Ęs*	Ѧ ѧ	Ѧ ѧ	ẽ
Pokoj	П п	П п	p	*Ksi*	Ѯ ѯ	Ѯ ѯ	ks
Rci	Р р	Р р	r	*Psi*	Ѱ ѱ	Ѱ ѱ	ps
Slovo	С с	С с	s	*Fita*	Ѳ ѳ	Ѳ ѳ	f
Tverdo	Т т	Т т	t	*Ižica*	Ѵ ѵ	Ѵ ѵ	ü, w

RUSSISCH.

Antiqua	Cursiv	Schreibschrift	Wert	Antiqua	Cursiv	Schreibschrift	Wert
А а	*А а*	А а	a	Т т	*Т т*	Т т	t
Б б	*Б б*	Б б	b	У у	*У у*	У у	u
В в	*В в*	В в	v	Ф ф	*Ф ф*	Ф ф	f, ph
Г г	*Г г*	Г г	g	Х х	*Х х*	Х х	χ
Д д	*Д д*	Д д	d	Ц ц	*Ц ц*	Ц ц	tz
Е е	*Е е*	Е е	ye, e	Ч ч	*Ч ч*	Ч ч	tš
Ж ж	*Ж ж*	Ж ж	ž	Ш ш	*Ш ш*	Ш ш	š
З з	*З з*	З з	z	Щ щ	*Щ щ*	Щ щ	štš
И и й	*И и й*	И и	y, i, iy	Ъ ъ	*Ъ ъ*	Ъ ъ	*Erhärtung*
І і	*І і*	І і	i	Ы ы	*Ы ы*	Ы ы	i̯
К к	*К к*	К к	k	Ь ь	*Ь ь*	Ь ь	*Erweichung*
Л л	*Л л*	Л л	l	Ѣ ѣ	*Ѣ ѣ*	Ѣ ѣ	e, ye
М м	*М м*	М м	m	Э э	*Э э*	Э э	e̱
Н н	*Н н*	Н н	n	Ю ю	*Ю ю*	Ю ю	yu
О о	*О о*	О о	o	Я я	*Я я*	Я я	ya
П п	*П п*	П п	p	Ѳ ѳ	*Ѳ ѳ*	Ѳ ѳ	ft, th
Р р	*Р р*	Р р	r	Ѵ ѵ	*Ѵ ѵ*	Ѵ ѵ	ü (v)
С с	*С с*	С с	s				

Die cyrillische Schrift, welche von den Russen angenommen worden war, wurde von Elias Kopiewitsch zu Ende des 17. Jahrhunderts vereinfacht; nach und nach entwickelte sich auch eine schöne Cursivform (Schreibschrift). Die Namen der russischen Buchstaben sind identisch mit den ruthenischen.

Antiqua	Cursiv	Schreibschrift	Wert	Antiqua	Cursiv	Schreibschrift	Wert
А а	*А а*	А а	a	Л̀ л̀	*Л̀ л̀*	Л̀ л̀	l′
Б б	*Б б*	Б б	b	М м	*М м*	М м	m
В в	*В в*	В в	w	Н н	*Н н*	Н н	n
Г г	*Г г*	Г г	g	Н̀ н̀	*Н̀ н̀*	Н̀ н̀	n′
Д д	*Д д*	Д д	d	О о	*О о*	О о	o
Д̀ д̀	*Д̀ д̀*	Д̀ д̀	d′	Ӧ ӧ	*Ӧ ӧ*	Ӧ ӧ	ö
Е е	*Е е*	Е е	e	П п	*П п*	П п	p
Э э	*Э э*	Э э	e̱	Р р	*Р р*	Р р	r
З з	*З з*	З з	z	С с	*С с*	С с	s
З̀ з̀	*З̀ з̀*	З̀ з̀	z′	С̀ с̀	*С̀ с̀*	С̀ с̀	s′
Ж ж	*Ж ж*	Ж ж	š	Ш ш	*Ш ш*	Ш ш	š
Ԇ ԇ	*Ԇ ԇ*	Ԇ ԇ	dže	Т т	*Т т*	Т т	t
Ԇ̀ ԇ̀	*Ԇ̀ ԇ̀*	Ԇ̀ ԇ̀	dže′	Т̀ т̀	*Т̀ т̀*	Т̀ т̀	t′
ДЖ дж	*ДЖ дж*	ДЖ дж	dže	У у	*У у*	У у	u
І і	*І і*	І і	i	Ч ч	*Ч ч*	Ч ч	tš
J j	*J j*	J j	y	Ч̀ ч̀	*Ч̀ ч̀*	Ч̀ ч̀	tš′
К к	*К к*	К к	k	Ы ы	*Ы ы*	Ы ы	yi
Л л	*Л л*	Л л	l				

Die *sürianische* (*sijrianische*) Schrift wird in den nördlichen russischen Gouvernements Perm, Wologda etc. in den oben angegebenen drei Charaktern (Antiqua, Cursiv und Schreibschrift) gebraucht; es liegt ihr das russische, durch einige Modifikationen vermehrte Alphabet zu Grunde.

RUMÄNISCH (WALACHISCH).

Name	Zeichen Alt	Zeichen Neu	Wert	Name	Zeichen Alt	Zeichen Neu	Wert
As	А а	А а	a	*Uk*	Ȣ ȣ	Ꙋ ꙋ	u
Buke	Б б	Б б	b	*Fert*	Ф ф	Ф ф	f
Wide	В в	В в	v	*Chir*	Х х	X x	χ
Glagol	Г г	Г г	g	*O*	Ѡ ѡ		o
Dobro	Д д	D d	d	*Tsi*	Ц ц	Ц ц	ts
Jest	Е е	Е е	e	*Tšer*	Ч ч	Ч ч	tš
Šiwete	Ж ж	Ɉ j	ž	*Ša*	Ш ш	Ш ш	š
Salo	Ѕ ѕ		6	*Šta*	Щ щ	Щ щ	št
Semlia	З з	Z z	z	*Jor*	Ъ ъ	Ъ ъ	ę
I	Й й		i	*Jaty*	Ѣ ѣ		ea
Iše	І і	І і	i	*Ju*	Ю ю		yu
Kako	К к	K k	k	*Jako*	Ꙗ ꙗ		ya
Liude	Л л	Л л	l	*Ia*	Я я		ia
Meslite	М м	M m	m	*Jus*	Ѫ ѫ		į
Naš	Н н	N n	n	*Ksi*	Ѯ ѯ		ks
On	О о	O o	ō	*Psi*	Ѱ ѱ		ps
Pokoi	П п	П п	p	*Ftita*	Ѳ ѳ		ft, th
Rze	Р р	P p	r	*Ižitsa*	Ѵ ѵ		v, ü
Slowo	С с	S s	s	*Ün*	Ꙟ ꙟ	Î î	î
Twerdo	Т т	T t	t	*Dže*	Џ џ	Џ џ	dž
Uniku	Оу оу		u				

Die Walachen oder (wie sie sich in neuerer Zeit zu nennen pflegen) Rumänen hatten in früherer Zeit die cyrillische Schrift, versetzten dieselbe aber in neuerer Zeit mehr und mehr mit lateinischen Lettern, wobei auch die Zeichen für die slavischen Laute wegfielen.

BULGARISCH.

Zeichen	Wert	Zeichen	Wert	Zeichen	Wert	Zeichen	Wert	Zeichen	Wert	Zeichen	Wert
А а	a	З з	z	О о	o	Х х	χ	Ь ь	*Erweichung*	Џ џ	dž
Б б	b	И и й	yi	П п	p	Ц ц	ts	Ѣ ѣ	ye, ę	Ѫ ѫ	į
В в	v	І і	i	Р р	r	Ч ч	tš	Э э	e	Ꙗ ꙗ	ia
Г г	g	К к	k	С с	s	Ш ш	š	Ю ю	yu		
Д д	d	Л л	l	Т т	t	Щ щ	štš	Я я	ya		
Е е	ye	М м	m	У у	u	Ъ ъ	*Erhärtung*	Ѳ ѳ	f		
Ж ж	ž	Н н	n	Ф ф	f, ph	Ы ы	į	Ѵ ѵ	y, w, v		

SERBISCH.

Zeichen	Wert	Zeichen	Wert	Zeichen	Wert	Zeichen	Wert	Zeichen	Wert	Zeichen	Wert
А а	a	Ж ж	ž	Љ љ	l'	С с	s	Ч ч	tš	Э э	ye
Б б	b	З з	z	М м	m	Т т	t	Ш ш	š	Ю ю	yu
В в	v	И и й	yi	Н н	n	Ћ ћ	t', tž	Щ щ	štš	Я я	ya
Г г	g	І і	i	Њ њ	ń	У у ȣ	u	Ъ ъ	*Erhärtung*	Ѳ ѳ	th
Д д	d	J j	y	О о	o	Ф ф	f	Ы ы	į	Ѵ ѵ	ü, w
Ђ ђ	d'	К к	k	П п	p	Х х	h	Ь ь	*Erweichung*	Џ џ	dz
Е е	e	Л л	l	Р р	r	Ц ц	ts	Ѣ ѣ	ye, ę		

ILLYRISCH.

Cyrill.	Latein.	Wert	Cyrill.	Latein.	Wert	Cyrill.	Latein.	Wert	Cyrill.	Latein.	Wert
а	A a	a	ф	F f	f, w	м	M m	m	тј	Tj tj	t'
б	B b	b	г	G g	g	н	N n	n	у	U u	u
ц	C c	ts	гј	Gj gj	g'	њ	Nj nj	ń	в	V v	w
ћ	Ć ć	tś	х	H h	h	о	O o	o		X x	ks
ч	Č č	tš	и	I i	i	п	P p	p		Y y	ü
д	D d	d	ј	J j	y	р	R r	r, r̥	з	Z z	z
ђ	Dj dj	d'	к	K k	k	с	S s	s	ж	Ž ž	ž
е	E e	e	л	L l	l	ш	Š š	š	џ	Dž dž	dž
еј	E ě	y, i	љ	Lj lj	l'	т	T t	t			

Von den südslavischen Völkern haben die Bulgaren und Serben die russische Schrift mit einigen Modifikationen für heimische Laute angenommen. Die Illyren gebrauchen nur zum Theil die serbische Schrift, meistens haben sie wie alle Katholiken die lateinische Schrift angenommen, deren sich auch die Kroaten und die Dalmatiner-Slaven bedienen. Die Schreibart des Illyrischen ist aber durch die Annahme der lateinischen Buchstaben, welche nicht gleichmässig erfolgte, schwankend geworden, so wird statt *š* auch *sh* oder *sc*, statt *č* auch *cs*, statt *c* auch *ch*, statt *c* auch *cz*, statt *s* auch *sz* geschrieben, *r* ist sowohl Konsonant als Vokal, im letzteren Falle wird es durch *ṛ* oder durch *er*, *r̀* ausgedrückt. Das oben stehende Alphabet zeigt die in Journalen und Büchern der Katholiken gangbare Orthographie.

LATEINISCHE SCHRIFTEN.

Wie in Griechenland vor der Einführung des ionischen Alphabets eine grosse Mannigfaltigkeit der Schriften herrschte, so hatten auch in Italien die einzelnen Völker ihre Schriften, welche, wenn auch im Ganzen verwandt, doch in der Anzahl der Laute wie in der Gestalt der Zeichen wenig übereinstimmten. Alle diese Schriften wurden von der römischen verdrängt, nachdem Rom die anderen italienischen Völker besiegt hatte; denn das reich gewordene Rom pflegte Künste und Wissenschaften und wurde dadurch auch der geistige Mittelpunkt Italiens. Als Schrift der weströmischen christlichen Kirche wurde später die römische Schrift mit dem Evangelium durch das ganze westliche Europa verbreitet und verdrängte die Runenschriften als heidnische Zeichen und verabscheuenswerte Zauberschriften.

Die römische Schrift hatte verschiedene Formen: 1. Die Capitalschrift, welche durch die Inschriften am bekanntesten geworden ist, aber auch in Handschriften angewendet wurde; 2. die Uncialschrift, welche man schon im 3. Jahrhundert findet, und eine mehr gerundete Form der Capitalschrift ist; 3. die Cursiv, welche man auf Wachstafeln aus dem 2. und 3. Jahrhundert in Siebenbürger Bergwerken fand; im 5. Jahrhundert wurde die Cursiv auch in der kaiserlichen Kanzlei angewendet, selbst zu Büchern wurde dieselbe etwa vom 4. Jahrhundert an gebraucht (vergl. WATTENBACH, Anleitung zur lateinischen Paläographie); 4. die tironischen Noten, von TIRO erfundene schnellschriftliche Zeichen und Abbreviaturen, deren Kenntnis sich bis zum 9. Jahrhundert erhalten hat.

Als die römische Schrift die Mutter mehrerer europäischer Nationalschriften, wie der longobardischen, westgothischen, fränkischen (merovingischen), der irischen und angelsächsischen Schrift wurde, scheint sie bei diesem Übergange auch einheimische Formen aufgenommen zu haben, da manche jüngere Zeichen sich schwer als blosse Entartungen der römischen Capitalbuchstaben erklären lassen.

Auf diesen Grundlagen entstand im 8. Jahrhundert die Minuskel, in welcher die Capitalschrift als Initialform sich forterbte, während die Uncialschrift und die Cursiv durch dieselbe gänzlich verdrängt wurden. Aus der Minuskel bildete sich die Buchdruckschrift.

ALTITALISCHE SCHRIFTEN.

Ziffern.

Etruskische: I 1, Λ V 5, X + 10, ↑ ↓ 50, ⊕ 100, 8 1000.

Römische: I 1, II 2, III 3, IV (IIII) 4, V 5, VI 6, VII 7, VIII (IIX) 8, IX 9, X 10, XI 11, XIV 14, XV 15, XIX 19, XX 20, XXIV 24, XXX 30, XL 40, L 50, LX 60, LXX 70, LXXX 80, LXXXIX 89, XC 90, C 100, CC 200, D 500, CIↃ, M 1000, MDCCCLXXVIII 1878.

Die römischen Ziffern haben einige Eigenheiten, V dürfte die Form der Hand sein, X wird als zwei Hände erklärt, ebenso L als die Hälfte von E=C 100

TIRONISCHE NOTEN.

Zeichen	Wert	Zeichen	Wert
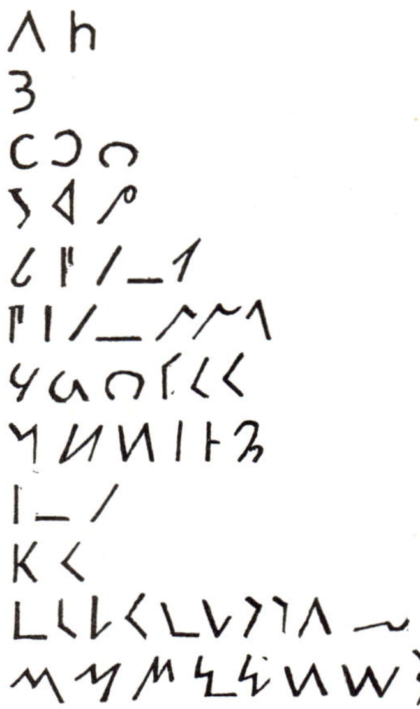	a	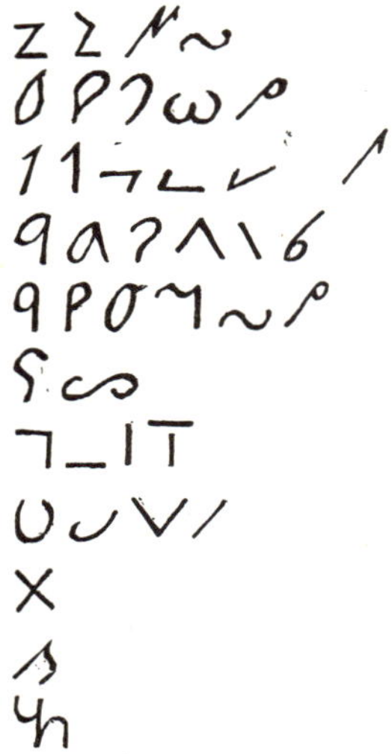	n
	b		o
	c		p
	d		q
	e		r
	f		s
	g		t
	h		u
	i		χ
	k		ph
	l		ts
	m		

Präfixe.

Zeichen	Wert	Zeichen	Wert	Zeichen	Wert	Zeichen	Wert	Zeichen	Wert
	al		ap		oc		in	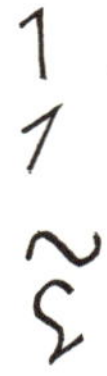	prae
	ac		ad		de		inter		pro
	an		con		di		ob		re
	ab		circa		ex		per		sub

Suffixe.

Zeichen	Wert	Zeichen	Wert	Zeichen	Wert	Zeichen	Wert	Zeichen	Wert
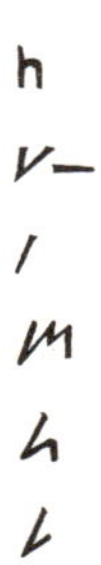	a	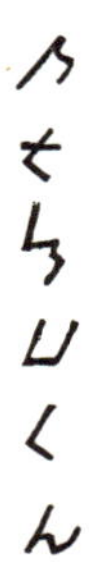	ans		are	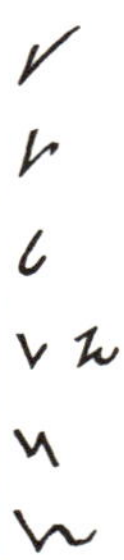	atis	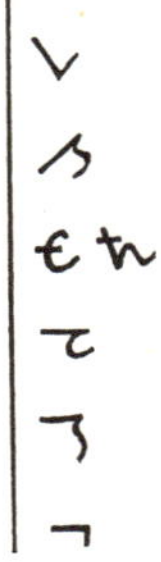	emus
	ae		ant		ari		atur		ens
	am		antes		aris		e		ent
	amini		anticis		arum		el		ente
	amur		antur		as		em		entes
	amus		anus		at		emur		enti

TIRONISCHE NOTEN.

Zeichen	Wert	Zeichen	Wert	Zeichen	Wert	Zeichen	Wert	Zeichen	Wert
	entis		itur		de		num		tat
	entibus		ius		do		ra		tato
	entiam		ium		dorum		rum		tatis
	er		o		dum		rant		te
	ere		oa		la		re		ter
	eris		or		lia		ret		ti
	es		orem		liam		rer		tia
	et		orum		lium		rere		tio
	etur		os		lii		remus		tis
	i		u		liis		res		tatem
	ia		uam		m		ri		to
	iae		um		mam		ris		toribus
	ie		unt		ma		rorum		torum
	ii		ur		me		s		to
	iis		us		mo		sa		tos
	iit		vum		mus		sem		tu
	im		bilia		na		sum		tun
	imus		us		ne		t		tus
	inus		bilibus		nes		ta		
	is		ci		ni		tam		
	it		cum		nis		tas		

Die tironischen Noten wurden von Marcus Tullius Cicero, einem Freigelassenen des Cicero, erfunden, um dessen Reden aufzuzeichnen. Die von Tiro aufgestellten Abkürzungen der Begriffswörter, der Präfixe und Suffixe wurden später von anderen vermehrt, namentlich fanden nach dem Herrschendwerden der christlichen Religion viele Abkürzungen für biblische Namen Eingang. Während der Kaiserzeit war diese Schreibart in Rom sehr verbreitet und wurde selbst in Schulen gelehrt, doch sind nur wenige Texte davon erhalten. Mit dem Untergang der klassischen Sprache verlor sich auch das Verständnis der Noten, im Mittelalter kommen sie nur vereinzelt in notariellen Urkunden vor: die Kenntnis derselben wurde durch Wortverzeichnisse erhalten.

LATEINISCH-DEUTSCHE CURSIV.

2. Jahrh.	Kaiserliche Kanzlei 5. Jahrh.	Italienisch Cursiv	Merovinger	Jüngere Cursiv	Diplome 13.–14. Jahrhundt.	Briefschrift 15.–17. Jahrh.	18. Jahrhundert

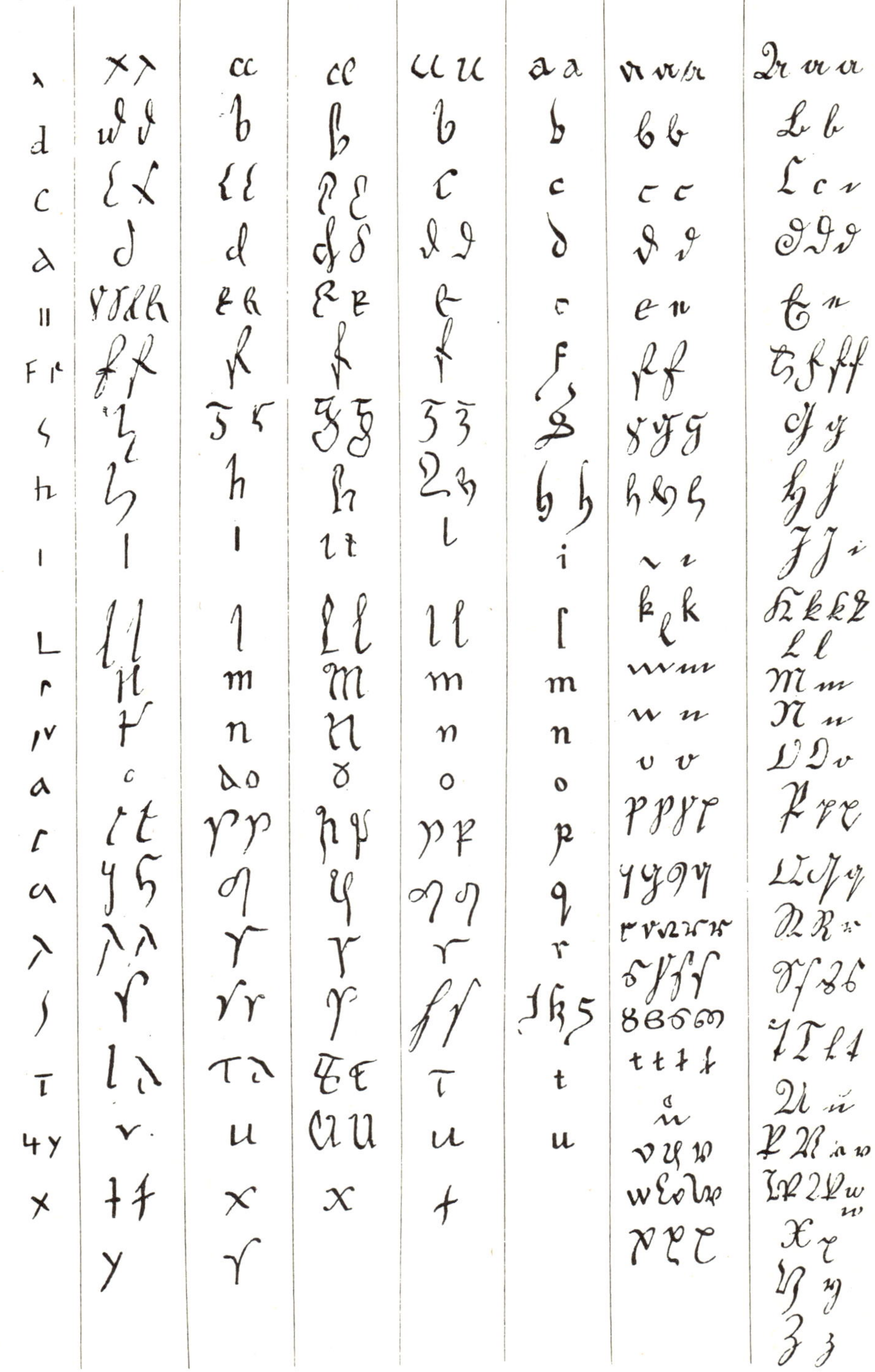

BUCHSCHRIFTEN DES MITTELALTERS.

Uncial		Alt-Irisch		8. — 9. Jahrh.		9. — 10. Jahrh.		10. Jahrh.	
Grosse	Kleine	Initial	Minusk.	Initial	Minusk.	Initial	Minusk.	Initial	Minusk.
A A	a	A A	a a	A A A	a cc	A A A	a	A	a
B B	b	b	b	B	b	B	b	B	b
C	c	C	c	C	c	C	c	C	c
D	d d	D	d	D	d	D D	d	D	d d
E	e	E	e	E	e	E E	e	E E	e
F F	f	F	f	F	f	F	f f	F	f
G	g	G	g	G	g	G G	g	G	g
h	h	h	h	H h	h	H h	h	H	h
I	i	I J	i j	I J	i	J	i	I	i
K	k			K	k	K k	k	K	k k
L	l	l	l	L	l	L	l l	L	l
M M	m	M M	m	M M M	m	M M	m	M M	m
N	N	N n	n	N	n	N N	n	N	n
O	o	O	o	O	o	O	o	O	o
P	p	P	p	P	p	P	p	P	p
q	q			Q q	q	Q q	q	Q	q
R	r	R r	r r	R	r r	R	r	R	r r
S	s	S	ſ s	S	ſ	S	ſ	S	ſ
T	t	T	t	T	t	T	t	T	t t
U U	u	U	u	U	u	U	u	U	u
	v	V	v	V	v	V	v	V	v
				W	w	W	w	W	w
	x x			X	x	X	x	X	x
	y ẏ			Y	ẏ	Y	ẏ y	Y	ẏ
	z			Z	z	Z	z	Z	z

Ziffern: ı 1, ŋ 2, v 5, x 10, c 100, d 500, m 1000.

Die Minuskel entstand in ALKUIN's Schule in Tours unter dem Einfluss der irischen (Schotten-) Mönche. Von diesen stammen auch die Initialen und die Randverzierungen der Bücher des Mittelalters.

Die Ziffern sind Minuskeln der römischen.

BUCHSCHRIFTEN DES MITTELALTERS.

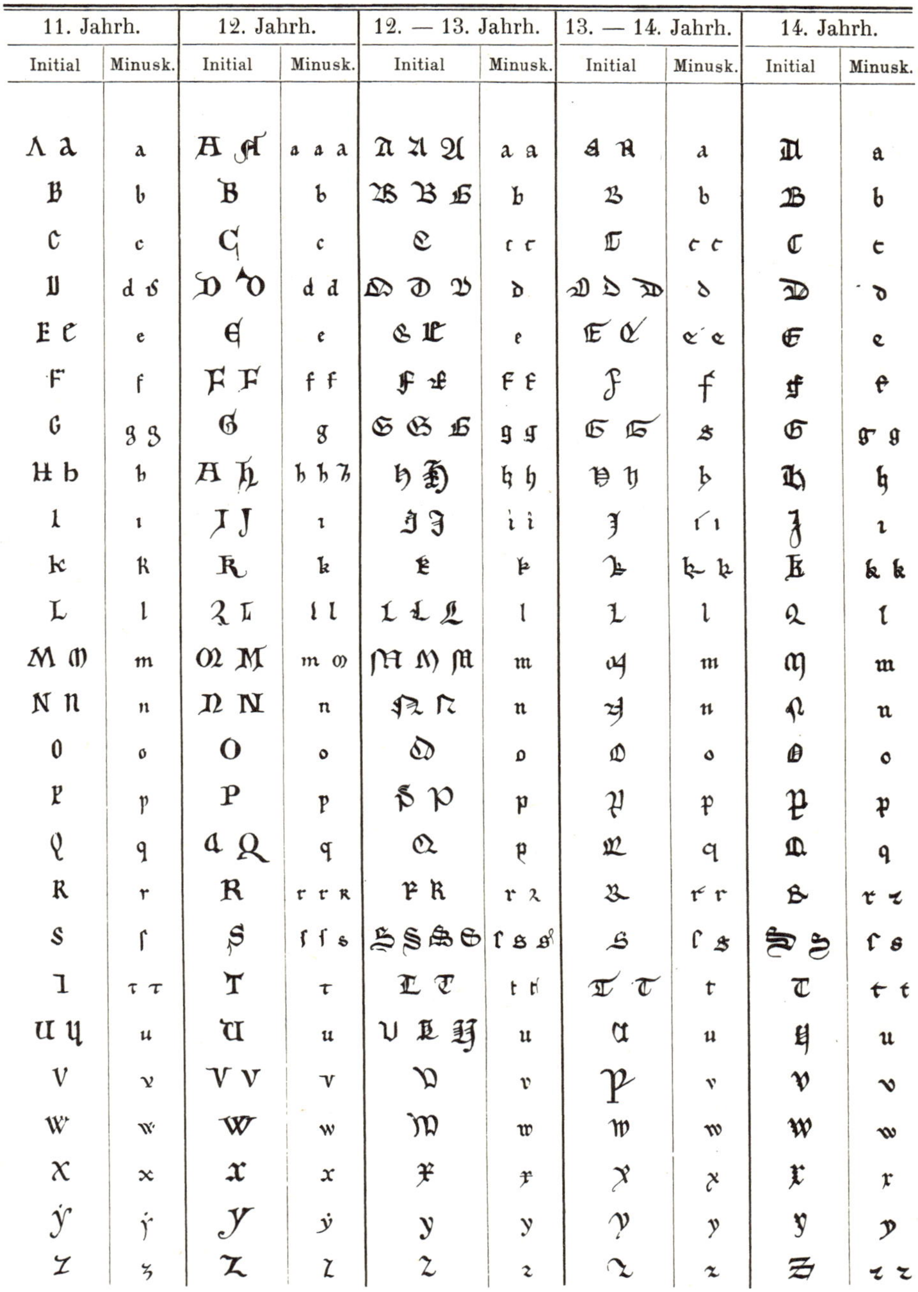

Ziffern: 1, 2, 3, 4, 5, 6, 7, 8, 9, 0.

Eine Eigenthümlichkeit der Minuskel ist der Gebrauch von Abbreviaturen, welche in der Uncialschrift nur vereinzelt auftraten, in der Minuskelschrift aber überwucherten, bis sie durch die Buchdrucker in ihre Elemente aufgelöst wurden. Im 14. Jahrhundert kamen die arabischen Ziffern in Gebrauch.

Zeichen	Wert	Zeichen	Wert	Zeichen	Wert
á ꝺ	ali	dc̄ſ	dictus	ff	fratres
am̄	aliquem	dn̄r	dicuntur	g'	genus
ā	am, an	ꝺ	dies	gᵗᵃ	gloria
an̄	ante	dıto	dilectio	g̈	gra
aī	animi	dt	dilectissimi	gr̄a	gratia
aꝫ	apparet	ꝺ	dis	hr̄ he'	habere
ap̄ apd	apud	dm̄ſ dn̄s	dominus	h̄r	habetur
ap̄c cp̄ſ	archiepiscopus	dm̄	deum	h̄ ħ	haec
az	arguitur	dt̄	dunt	ƀ	hic, hoc
ām arᵐ	argumentum	duꝯ	duplex	hᵒ	homo
c̄c d	aut	ę ꝑ	ae	hū	hominum humanum
aū h aut	autem	.e. eccta	ecclesia	h'	hujus
ƀ	bis, ber, burg	c⁹ ꝫ	ejus	h'ı	hujusmodi
Bapᵉ	baptistae	ē	em	iꝺ	ibi
b̄e	beatae	N̄ ꝉ .n.	enim	īo	ideo
Bſ	beatus	en̄	ensis	ıd ※ ꝺ.	id est
bn	bene	n̈	entia	ıh̄c ıh̄ſ	Jesus
bl	bilitur	ō	eo	ıhm̄	Jesum
b̄r bʳ	bitur	ep̄c	episcopus	g¹ ı²	igitur
Ca cap̄	caput	epta	epistola	ıᵈ	illud
cāu	casu	g g	erga, ergo	ī	im, in, ei
cā	causa	eᵗ	erit	ıp̄r	imperator
cōı	tioni	ėė ēē ⨎ ꝺ =	esse	ın̄	inde
ꝯe	commune	e̲	essentiae	īt	inter
ꝯē ꝯ ɔ ⊖ ꝺ	con	ꭗ ÷ ÷ ꝫē	est	ıp̄e	ipse
ꝯ̈ c̈t	contra	ē ω ʒ ʒ ʒ ɕ		ıt̄	item
ꝯ̈b̄r	contrahitur	⁊ ⁊ ⁊ ⁊ ⁊		ıt̄m	iterum
ꝯn̄s	consequens	⁊ ⁊ ⁊ ⁊ ⁊	et	k̄	kalend.
c̄oa	consequentia	; X &		ŀ	lectio, licet, lis, vel
ꝯt ct	ct	&c ꭗ	et caetera	ł ll	ll
c'	cuius	&̄ &ıā ī ī	etiam	ll̄	llorum
ctı	culi	ꝫ	et patet	lr	liter
cū	cum	ewᵐ	evangelium	ꝉ	lum
ꝺ ꝺ d	de	eẍ	extra	lūꝫ	lunam
d	dit, id, od, ud	fcā ffcā	facta	m̄	men, mni, um
dı dī	dei	fac̄ fcıt	facit	ma	Maria, millia
ꝺ̃	deus	fˢ	fer	m̄r	mater, martyr
ꝺ ꝺ	denarium	feſ	febris	mīa	misera, misericordia
ds dſ̄	deus	fo̾r	forma	mıē	minimae
dr	dicitur	fr̄	frater	m̀	mihi

Zeichen	Wert	Zeichen	Wert	Zeichen	Wert
m̃ſ'	meus, mens, mus	p̂	pur	s̃a	substantia
m̊	monachus, modo	q̂ q̈	qua	ſ̈ b̈	supra
mõm	monasterium	q̄²	quaeritur	ſſ	suprascripsit
mtti	multi	qō	quaestio	ſt ȝ	sunt
m̃	multiplex	q̊ qm̄ q̈	quam	tl tti	talis
ñ	non, nobis	qñ qđo	quando	t'	taliter
nᶜ	nec	q̄ qm̄	quantum	t̃m	tantum
n̊	nihil	.q. q̇i	quasi	t̃n	tamen
ṅ	nisi	q̄ q̊ ꝙ	que, quae	t̃	tem, ten, ter, tur
N̄ nr̄	noster	q̄	quem	t8 tᶜ	tempus
n⁹	nullus	q q̇	qui	tēpe	tempore
N̄T	nt	q'	quid	ß	tenent
ø	obiit	ꝗ	quia	tw	termini
8 ō	omino	q̊	quo	ȝaȝ	tertiam
oẽ	omne'	qđ	quod	tj	ti
ōı	omnia	qm̄	quoniam	t	tibi
o^	omnino, opinio, oratio	q̊ȝ qq	quoque	tō	tio
oȝ	oportet	r̄	ratio	tl	titulo
oꝝ	orum	~	re	t̃c	tunc
oñđ	ostendit	rä	regula	ũ	um, un, ven, ver
p̄p̄ p̂p	papa	rᵉ	regulae	~	ur
ſ.	paragraphus	reaʳ	realiter	⁹ ; ;	us
p̄ı	pari	rr̄	rerum	u̇	ubi
pr̄	pater	ꝛꝛ	respondetur	vᵈ	velud
pȝ	patet	ʳ	respectu	v̂	verbi
pñā	penitentia	'	ri	v̄	verbum
ꝑ	per	ꝑt	rt	v̊ ů ūo	vero
pp̄m	perpetuum	r̄	rum, runt	ur̄	vester
ꝑ̂	persona	ſ̄ 8 ſ	sanct, sunt, sive, sed, us	vr̄ p	vestra reverendissima paternitas
ptes	plures	ſcſ	sanctus	vB	vestrae sanctitatis
p'	post	ſcī	sancti	8ȝ ul ů	videlicet
p̄	potest	ſctm	saeculum	ů ū	vit
p̊	pra	8	secundum	vb	vobis
p̃	prae	ß ß	secundum, sed, sis	vñ uñ	unde
pn̄s	praesens	ſȝ .ſ.	scilicet	x̄ ẍ xpı	Christi
pr̄b pb̄r	presbyter	ſ	ser, sis, sive	x̄ ẍ x̄p8	Christus
ꝓ	pro	ß ?	sibi	x̄	xit
ꝑꝑ p̄p ppt	propter	ſpſ	spiritus	ẏ	hymnus
ꝓ̄	propri	ſb	sub		

IRISCH.

Zeichen	Wert	Zeichen	Wert	Zeichen	Wert	Zeichen	Wert	Zeichen	Wert	Zeichen	Wert
A a	a	Ꝺ ꝺ	d	Ᵹ ᵹ	g	M m	m	P p	p	T τ	t
B b	b	E e	e	I ı	i	N n	n	R ꞃ	r	U u	u
C c	k	F ꝼ	f	L l	l	O o	o	S ꞅ	s	H h	h

Ligaturen.

aꝺ	aꝺ̂	bp	b	eaꝺ̇	ea	mb	m	pp	b	ττ	d
aé	e	cc	g	ḟ	h	mꝼ	m	ꞃꞃ	rr	ꞃ̃	ī
ꞃ̵	air	ċ	χ	ᵹc	g	ṁ	w	ṗ	h	ꞃ̃ꝺ	ī
ꞃ	ar	ꝺꝼ	d	ᵹ̇	γ	nꝺ	n	ꞅ̄	si	ꞃ̃ꝺe	ie
ƀ	v, w	ꝺτ	d	ıꝺ́ ıᵹ́	ī	ñ	nn	τ̇	h	⁊	agus
ƀḟ	v, w	ę	ea	ln	ll	ḟ	f	τꞃ	t		

Die vorstehende irische Schrift ist eine der Antiquaform sich nähernde Umbildung der älteren eckigen Schrift (S. 196). Bemerkenswert sind die Ligaturen, welche in den römischen Abbreviaturen keine Vorbilder haben, vielmehr eine Stufe der Schrift bewahrt haben, welche, wie die iberische Schrift, in Anwendung stand, bevor ein festes Alphabet sich bildete. Der Ursprung der irischen Schrift verliert sich im Dunkel der Geschichte.

ANGELSÄCHSISCH.

Zeichen	Wert	Zeichen	Wert	Zeichen	Wert	Zeichen	Wert	Zeichen	Wert	Zeichen	Wert
A a	a	F ꝼ	f	L l	l	R ꞃ	r	X x	ks	⁊ [	and
B b	b	Ᵹ ᵹ	g	M m	m	S ꞅ ſ	s	Y y Ẏ ẏ	ü	ꝥ	paet
C c	q	H h	h	N n	n	T τ	t	Z	dz	⁊̵	aꝺꝺe
D ꝺ	d	I ı	i	O o	o	U u	u	Ð ð	ð		
E e	e	K k	k	P p	p	V ƿ	w	Þ þ	θ		

Die angelsächsische Schrift ist römischer Abstammung, verräth aber irischen Einfluss, da die Angelsachsen zugleich Schüler der Iren, wie der römischen Missionäre waren, welche letztere entschieden der Anwendung der Runen entgegenarbeiteten. Von diesen sind nur einige Zusatzbuchstaben zum römischen Alphabet übrig geblieben.

DER BUCHDRUCK.

Der Gedanke, die Schrift auf mechanischem Wege zu vervielfältigen, lag schon in ältester Zeit nahe, ohne dass ein erfinderischer Kopf ihn auszunützen verstand. Die Babylonier besassen Schriftformen, um den Ziegeln Inschriften einzuprägen, Assyrer und Ägypter hatten Siegelringe und die Römer Patronen mit ausgeschnittenen Buchstaben zu Namensunterschriften, sowie Stempel, um Sklaven, Vieh, Brot und Töpferwaren zu zeichnen. Dennoch dachten die Römer nicht daran, die Bücher mechanisch zu vervielfältigen, obgleich sie viele Sklaven mit dem Bücherabschreiben beschäftigten.

Dieser Gedanke gelangte zuerst in China zur Ausführung. Nach Julien wurden schon unter dem Kaiser Wen-ti im Jahre 593 Holztafeldrucke gemacht, welche im 10. Jahrhundert ihre höchste Vollendung erreichten. Zur Zeit Kiṅ-li's (1041—1049) erfand ein Grobschmid Pi-šiṅ bewegliche Typen, fand jedoch keine Nachahmung; auch ein 1662 von Missionären gemachter gleicher Versuch wurde wieder aufgegeben, erst seit 1776 verwendet man in China bewegliche Typen, welche jedoch einzeln geschnitten, nicht aus Matrizen gegossen werden.

Unabhängig davon wurde der Holztafeldruck von Deutschen im 14. Jahrhundert erfunden. Es bestand nämlich ausser den Kalligraphen auch eine geringere Klasse von Schreibern, die handwerksmässig für den gewöhnlichen Hausbedarf der Bürger an Schul- und Andachtsbüchern sorgten, ausserdem Heiligenbilder, Spielkarten und kleinere schriftliche Mittheilungen, welche ausserhalb des notariellen Kreises lagen, verfertigten, sie hiessen Briefmaler. Diese verfielen, da Bilder und Spielkarten auf den Jahrmärkten massenhaft gekauft wurden, auf den Gedanken, dieselben mit Patronen herzustellen, wobei auch der Text in Holztafeln geschnitten wurde. Der älteste bekannte Holzschnitt trägt die Jahreszahl 1423, er stellt den heil. Christoph mit dem göttlichen Kinde dar und hat zwei Zeilen Unterschrift.

Johann Gensfleisch zum Gutenberg, ein Patrizier aus Mainz, erfand 1434—43 in Strassburg eine Schraubenpresse, um den Druck von Holzschrifttafeln leichter auszuführen und die Blätter auf beiden Seiten bedrucken zu können, da der Handdruck mittelst des Reibers nur auf einer Seite zu bedrucken gestattete.

Im Jahre 1444 oder anfangs 1445 nach Mainz zurückgekehrt, kam GUTENBERG auf den Gedanken, bewegliche Typen herzustellen, die er anfangs aus Holz schnitt, dann aus Matrizen goss. Um das Capital zu diesen kostspieligen Versuchen zu erhalten, verband er sich 1450 mit dem reichen Mainzer Bürger JOHANN FUST und begann mit dessen Unterstützung ein grosses und gewinnversprechendes Werk: den Druck der 42zeiligen Bibel mit von ihm gegossenen Lettern im Jahre 1452.

In den ersten Zeiten der Buchdruckerkunst wurde nur der Text gedruckt und die oft reich verzierten Initialen von Kalligraphen hineingemalt. Ein solcher Kalligraph, PETER SCHÖFFER VON GERNSHEIM, wurde daher in die Geheimnisse der Kunst eingeweiht. Dieser erkannte sofort die grosse Tragweite der Erfindung, aber auch die ihr noch anklebenden Mängel, welche er in geschickter Weise zu verbessern wusste. Er verfertigte Stempel aus Stahl, welche in Kupfer eingeschlagen, dauerhafte Matrizen und schärfere Lettern lieferten, auch gelang es ihm die Druckfarbe zu verbessern.

FUST gerieth dadurch auf den Gedanken, das Gewinn bringende Geschäft mit SCHÖFFER allein fortzusetzen und GUTENBERG zu beseitigen, indem er diesen durch eine Schuldklage zwang, ihm sein Druckwerkzeug zu überlassen.

GUTENBERG starb 1468 zu Eltvill, FUST 1466 in Paris, SCHÖFFER führte das Geschäft fort und vererbte es auf seine Kinder.

Die Erfindung der Buchdruckerkunst hat einen wesentlichen Einfluss auf die Schrift geübt. Die ersten Bibeln wurden als Handschriften verkauft. Später als das Geheimnis bekannt wurde, suchten die Drucker die Schönheiten der Handschriften durch die Gleichmässigkeit ihrer Lettern zu übertreffen. Bei grossen Werken und Missalen wurde die gitterförmige Schrift des Mittelalters (die Mönchsschrift) nachgeahmt, die cursivere Form derselben, von den Buchdruckern verbessert, ist noch jetzt als Schwabacherschrift bekannt. In Italien, wie in Paris, wurde dem Geschmacke der Gelehrten entsprechend die schöne Minuskel aus dem 11. Jahrhundert nachgeahmt und zur jetzigen Antiqua veredelt. ALDUS MANUTIUS in Venedig führte die Cursiv in die Druckwerke ein, während die Franzosen und Engländer den heimischen Ductus nachahmten. So bilden die *Incunabeln* (Wiegendrucke) zugleich ein Bild der Kalligraphie damaliger Zeit. Später trennten sich Druckschrift und Schreibschrift, in welch letzterer sich der flüchtige Charakter mehr ausprägte. Die Erfindung der Lithographie durch SENNEFELDER im Jahre 1799 gab dem Buchdruck einen neuen Aufschwung, die Concurrenz zwang die Buchdrucker, ihren Büchern mehr Schönheit und Eleganz zu geben und durch Vereinigung mehrerer graphischer Fächer, als: Holzschneidekunst, Lithographie mit und ohne Hochätzung, Stereotypie etc. sind der Literatur eine Summe von nützlichen Hilfsmitteln geboten.

GUTENBERG'S BIBELSCHRIFT.

Zeichen	Bedeutung	Zeichen	Bedeutung	Zeichen	Bedeutung	Zeichen	Bedeutung
A A a	a	H h	h	O o	o	V u	v
B b	b	I î i	i	P p	p	W w	w
C c	c	J j	j	Q q	q	X x	x
D d	d	K k	k	R r r	r	y	y
E e	e	L l l	l	S ſ ſ s	s	Z z	z
F f	f	M m	m	T t	t		
G g	g	N n	n	U u	u		

Ligaturen.

	am, an		do		pa		r
	ar		nd		pe		re
	ba		em, en, est		per		rum
	be		er, re		præ		s
	bet		fi		po		ser
	bo		fl		pp, pop		ss
	ch		ffl		ppe		st
	cha		gi		pre, pri		ta
	che		gra		pri		ter, tur
	cho		ha		pro		th
	co		he		prop		the
	com		im, in, min, mni, ni		qua, qui		ua
	cra, cri		j		quam, quan		uer, ver
	cri		el, il, les, ul		que		um, un
	ct		mm, mn		que, quod		us
	da		an		qui		va·
	de		nn, omin		quo		ve
	dem		ao		quod		et
	den		io, on		quoque		

INCUNABELN-ALPHABETE.

Antiqua								Cursiv		
Erste ital. Drucke Subiaco-Rom			Venedig 1469 JOH. V. SPEYER		Sorbonne 1470	Venedig 1495 ALDUS		Venedig 1514 ALDUS	Deutsche Cursiv 1539	
A	A	a	A	a	a	A	a	a	A	a
B	B	b	B	b	b		b	b	B	b
C	C	c	C	c	c	C	c	c	C	c
D	D	d		d	d	D	d	d	D	d
E	E	e		e	e	E	e	e	E	e
		f		ff	f	F	f	f	F	f
G	G	g		g	g	G	g	g	G	g
H		h		h	h	H	h	h	H	h
I		i	I	i	i	I	i	i	I	i
L		l		l	l	L	l	l	L	l
M	M	m	M	m	m	M	m	m	M	m
N	N	n		n	n	N	n	n	N	n
	O	o		o	o	O	o	o	O	o
P		p	P	p	p	P	p	p	P	p
Q	Q	q		q	q		q	q	Q	q
R		r		r	r	R	r	r	R	r
S	S	ſ s	S	ſ s	ſ s	S	ſ	ſ s	S	ſ s
T		t		t	t	T	t	t	T	t
	V	u	V	u	u	V	u	u		u
									V	v
		x		x	x		x	x	X	x
						Y	y	y		y
							z			z

INCUNABELN-ALPHABETE.

Fraktur				Schwabacher
London 1476	Paris 1498	Augsburg 1514	Lyon 1558	
A a	A a	A a	A a	A a
B b	b	b	B b	B b
C c	C c	c	C c	C c
D d	D d	D d	D d d	D d
E e	E e	E e	E e e	E e
F f	f	f	f f	F f
G g	G g	g	G g	G g
H h h	h	H h	h h h	H h
I i	I i	I i	I i	I i j
k K		k		K k
l	L l	l	L l l	L l
M m	M m	M m	M m m m	M m
N n n	N n n	n	N n n n	N n
O o	O o	O o	O o	O o
P p	P p	P p	P p	P p
Q q	Q q	q	Q q	Q q
R r r	R r r	R r r	R r	R r
S ſ s	S ſ s	S ſ s	ſ	S ſ s
T t	T t	T t	T t	T t
u	V u v	V u	V v w	V u
V v v		V v		V v
w W		w		W w
x	x		x	x
y	y	Y y	y	ÿ y
	z	z	z	Z z

NEUERE FRANZÖSISCHE TYPEN.

Garamond 1530		Etienne		Didot	
Antiqua	Cursiv	Antiqua	Cursiv	Antiqua	Cursiv
A a	*A a*	A a	*A a*	A a	*A a*
B b	*B b*	B b	*B b*	B b	*B b*
C c	*C c*	C c	*C c*	C c	*C c*
D d	*D d*	D d	*D d*	D d	*D d*
E e	*E e*	E e	*E e*	E e	*E e*
F f	*F f*	F f	*F f*	F f	*F f*
G g	*G g*	G g	*G g*	G g	*G g*
H h	*H h*	H h	*H h*	H h	*H h*
I i	*I i*	I i	*I i*	I i	*I i*
j	*j*	J j	*J j*	J j	*J j*
K k	*K k*	K k	*K k*	K k	*K k*
L l	*L l*	L l	*L l*	L l	*L l*
M m	*M m*	M m	*M m*	M m	*M m*
N n	*N n*	N n	*N n*	N n	*N n*
O o	*O o*	O o	*O o*	O o	*O o*
P p	*P p*	P p	*P p*	P p	*P p*
Q q	*Q q*	Q q	*Q q*	Q q	*Q q*
R r	*R r*	R r	*R r*	R r	*R r*
S ſ s	*S s*	S ſ s	*S ſ s*	S s	*S ſ s*
T t	*T t*	T t	*T t*	T t	*T t*
u	*u*	U u	*U u*	U u	*U u*
V v	*V v*	V v	*V v*	V v	*V v*
X x	*X x*	X x	*X x*	X x	*X x*
Y y	*Y y*	Y y	*Y y*	Y y	*Y y*
Z z	*Z z*	Z z	*Z z*	Z z	*Z z*

MODERNE

WESTEUROPÄISCHE SCHRIFTEN.

Zieht man auf der europäischen Karte eine schräge Linie vom 80. bis zum 32. Längengrade, so erhält man ein östliches und ein westliches Europa, jenes steht unter dem Einflusse der griechischen, dieses unter dem Einflusse der römischen Kirche; in jenem verbreitete sich die griechisch-slavische, in diesem die römische Schrift, welche ursprünglich die Schrift der lateinischen Sprache war, aber später auch auf die Nationalsprachen angewendet wurde. Eine rein formelle Änderung entwickelte sich seit der Einführung der Buchdruckerkunst dadurch, dass die Deutschen, Čechen, Esthen, Schweden, Dänen die eckige Form der römischen Schrift (die Fraktur) bevorzugten, die übrigen Völker jedoch zu der runden Minuskel des 10. Jahrhunderts (Antiqua) zurückkehrten und diese ausbildeten. Da aber die letztere überall sich als Schrift der lateinischen Sprache erhielt, so begann sie in der jüngsten Zeit auch bei den Deutschen, Čechen u. s. w., die Frakturschrift zu verdrängen; sie wird mit besonderer Vorliebe zu wissenschaftlichen Werken angewendet und ist durch den Einfluss der Missionäre und Sprachforscher auch die Schrift derjenigen Völker geworden, welche bisher keine Schrift besassen. Eine Renaissance der mittelalterlichen Mönchsschrift, die Gothisch, wird ausserdem noch als Zierschrift zu Büchertiteln, Überschriften etc. verwendet.

Es konnte nicht fehlen, dass ein festgeschlossenes *ABC* von 25 Buchstaben, wie es die Grundlage der römischen Schrift bildet, sich nicht gleichmässig den verschiedenen europäischen Sprachen anpassen konnte, einzelne Buchstaben wie *c* und *z* wurden verschieden ausgesprochen, und Zeichen für nationale Laute, zu deren Bezeichnung das römische *ABC* nicht ausreichte, wurden durch Zusammensetzung von Buchstaben oder durch Beifügung von Accenten geschaffen. Ausserdem trat bei manchen Völkern eine Sprachabschleifung, der man in der Schrift nicht folgte, ein, und so entstand eine Verschiedenheit zwischen Sprache und Schrift, welche eine besondere Darstellung jeder einzelnen Volksschrift und eine besondere Aufzählung der Leseregeln derselben erfordert, welche wir hier folgen lassen, nachdem wir der Vollständigkeit halber die Haupttypen der jetzt gebräuchlichen westeuropäischen Alphabete vorangeschickt haben.

MODERNE WESTEUROPÄISCHE SCHRIFTEN.

Antiqua	Cursiv	Latein-Schreibschrift	Gothisch	Fraktur-Druckschrift	Fraktur-Schreibschrift	Ronde
A a	*A a*	A a	A a	A a	A a	A a
B b	*B b*	B b	B b	B b	B b	B b
C c	*C c*	C c	C c	C c	C c	C c
D d	*D d*	D d	D d	D d	D d	D d
E e	*E e*	E e	E e	E e	E e	E e
F f	*F f*	F f	F f	F f	F f	F f
G g	*G g*	G g	G g	G g	G g	G g
H h	*H h*	H h	H h	H h	H h	H h
I i	*I i*	I i	I i	I i	I i	I i
J j	*J j*	J j	J j	J j	J j	J j
K k	*K k*	K k	K k	K k	K k	K k
L l	*L l*	L l	L l	L l	L l	L l
M m	*M m*	M m	M m	M m	M m	M m
N n	*N n*	N n	N n	N n	N n	N n
O o	*O o*	O o	O o	O o	O o	O o
P p	*P p*	P p	P p	P p	P p	P p
Q q	*Q q*	Q q	Q q	Q q	Q q	Q q
R r	*R r*	R r	R r	R r	R r	R r
S s	*S s*	S s	S ſ s	S ſ s	S ſ s	S ſ s
T t	*T t*	T t	T t	T t	T t	T t

MODERNE WESTEUROPÄISCHE SCHRIFTEN.

Antiqua	Cursiv	Latein-Schreibschrift	Gothisch	Fraktur-Druckschrift	Fraktur-Schreibschrift	Ronde
U u	*U u*	U u	U u	U u	U ŭ	U u
V v	*V v*	V v	V v	V v	V v	V v
W w	*W w*	W w	W w	W w	W w	W w
X x	*X x*	X x	X x	X x	X x	X x
Y y	*Y y*	Y y	Y y	Y y	Y y	Y y
Z z	*Z z*	Z z z	Z z	Z z	Z z	Z z

Ziffern:

1 2 3 4 5 6 7 8 9 0 $^1/_2$ $^2/_6$ etc.

Interpunktionen:

. , ; : ! ? „

Astronomische Zeichen.

Zeichen	Bedeutung	Zeichen	Bedeutung	Zeichen	Bedeutung	Zeichen	Bedeutung
🌕	Vollmond	♀	Venus	⚴	Pallas	☌	Conjunction
☾	Letzt. Viertel	♁	Erde	♃	Jupiter	⚹	Hexagon
●	Neumond	♂	Mars	♄	Saturn	□	Quadratur
☽	Erstes Viertel	⚶	Vesta	♅	Uranus	△	Trigon
☉	Sonne	⚵	Juno	♆	Neptun	☊	aufsteig. Knot.
☿	Merkur	⚳	Ceres	☍	Opposition	☋	niedersteig. K.

Thierkreiszeichen.

Bild	Hierat.	Bedeutung	Bild	Hierat.	Bedeutung	Bild	Hierat.	Bedeutung
	♈	Widder		♌	Löwe		♐	Schütze
	♉	Stier		♍	Jungfrau		♑	Steinbock
	♊	Zwillinge		♎	Wage		♒	Wassermann
	♋	Krebs		♏	Skorpion		♓	Fische

MATHEMATISCHE ZEICHEN UND ABBREVIATUREN.

Zeichen	Bedeutung	Zeichen	Bedeutung
$+$	mehr (plus), positiv	cotg.	Cotangente
$-$	weniger (minus), negativ	$\overset{r}{C}(n)$	Combinationen der *r*ten Classe von *n*-Elementen
$\pm$	mehr oder weniger	d	Diameter (Durchmesser)
$\times$	mal	e	Basis der natürlichen Logarithmen
$:$	getheilt, gemessen durch	f (x)	Function von *x*
$=$	gleich	g. g. M.	grösstes gemeinschaftliches Mass
$\doteq$	nahezu, fast gleich	k. g. V.	kleinstes gemeinschaftliches Vielfaches
∞	unendlich	l., log.	Logarithmus
$\parallel$	parallel	ll.	Logarithmus vom Logarithmus
$\#$	gleich und parallel	lim.	Limes
$\sphericalangle$ $\measuredangle$	Winkel	n!	factorielle
$\perp$	senkrecht	$\binom{n}{r}$	*n* über *r*
$\triangle$	Dreieck, Differenz	p.	Peripherie
$\square$	Quadrat	p. p.	Partes proportionalis
▭	Rechteck, Oblongum	p. C.	per constructionem
$\sim$	ähnlich	p. H.	per hypothesin
$\cong$	congruent	π	Verhältnis von Kreisperipherie und Durchmesser
$\equiv$	einerlei (identisch)	r	Radius (Halbmesser)
$a > b$	*a* grösser als *b*	$\sqrt{\ }$	Wurzel
$a < b$	*a* kleiner als *b*	$\sqrt{-1} = i$	imaginäre Einheit
$a \gtrless b$	*a* grösser oder kleiner als *b*	$\int$	Integral
$\frown$	prim zu	S, s, Σ	Summe
^{o}	Grade	sec.	Secante
^{h}	Stunden	sin.	Sinus
$'$ ^{m}	Minuten	tang.	Tangente
$''$ ^{s}	Secunden	$\overset{r}{V}(n)$	Variationen der *r*ten Classe von *n*-Elementen
$'''$ ^{t}	Tertien	ℛ	Thaler
a, b, c, . .	bekannte, gegebene Zahlen (Grössen)	fl.	Gulden
. . . . u, v, w, x, y, z	unbekannte, veränderliche Grössen	xr.	Kreuzer
ar.	Area	ℳ	Mark
arc.	Arcus	ß	Schilling
cos.	Cosinus	₰	Pfennig
cosec.	Cosecante	℔	Pfund

LATEINISCH.

Zeichen	Wert	Zeichen	Wert	Zeichen	Wert	Zeichen	Wert	Zeichen	Wert	Zeichen	Wert
A a	a	E e	e	J j	y	O o	o	T t	t	Z z	dz
B b	b	F f	f	K k	k	P p	p	U u	u		
C c	ts *vor* e, i	G g	g	L l	l	Qu qu	kw	V v	v		
C c	k *vor* a, o, u	H h	h	M m	m	R r	r	X x	ks		
D d	d	I i	i	N n	n	S s	s	Y y	ü		

In das lateinische *ABC* sind aus dem Griechischen die Zeichen *k, y, z* aufgenommen, welche nur in griechischen Wörtern gebraucht werden. Die Zeichen *I* und *V* galten früher sowohl für den Vokal, wie für den Consonanten, erst in jüngerer Zeit hat man diese Zeichen nach ihrer Aussprache auch sichtbar unterschieden, indem man *I* und *U* für die Vokale, *J* und *V* für die Consonanten gebraucht. Die lateinische Schrift wird im Allgemeinen so geschrieben, wie sie gesprochen wird; zu bemerken ist: *c* wird vor *i* und *e* wie *ts* gesprochen, vor *a, o, u* wie *k; ti* wird vor Vokalen am Ende der Wörter ebenfalls wie *ts* gesprochen, z. B. *oratio* sprich: *oratsio.*

Die Wörter werden in folgender Weise abgetheilt: Ist ein Consonant zwischen zwei Vokalen, so gehört er zur folgenden Silbe, z. B. *ma-ter;* zwei Consonanten zwischen zwei Vokalen gehören ebenfalls zur folgenden Silbe, wenn sie ein lateinisches oder griechisches Wort anfangen können oder wenigstens in *muta cum liquida* bestehen, z. B. *pa-tris, li-bri, si-gnum, scri-ptor, scri-psi, re-ctor, La-tmus, Lesbos, po-sco, ho-spes, magi-ster, Arachne, te-gmen, Da-phne, Pha-tnae, rhythmus,* ausserdem gehört der erstere zur vorhergehenden Silbe: *men-tes, fal-lo, fal-ce, al-ter, com-ma;* drei Consonanten zwischen zwei Vokalen gehören nur dann zur folgenden Silbe, wenn der erste *c, p* oder *s* ist, worauf *muta cum liquida* folgt, z. B. *do-ctrina, Ba-ctra, corru-ptrix, sce-ptrum, ca-stra, magi-stri;* vier Consonanten zwischen zwei Vokalen gehören nie zur folgenden Silbe, sondern der erste wenigstens ist immer zur vorhergehenden Silbe zu ziehen, z. B. *mon-strum, mul-ctrum, ton-strix.* Sind Wörter zusammengesetzt, so theilt man so ab, dass, wenn beide Bestandtheile vollständig sind, man auch die zu ihnen gehörenden Silben vollständig lässt, z. B. *abs-condo, dis-quiro, et-iam, obs-curus, red-eo, sed-itio;* wenn beide Bestandtheile durch Verstümmelung des ersten mit einander verschmolzen sind, so theilt man die Wörter so ab, als wenn sie einfache wären, z. B. *de-cennis, po-tes, qua-drangulus, ve-neo, ani-madverto, ma-gnanimus, lon-gaevus.* Wenn bei der Abtheilung nur ein Buchstabe die Zeile schliessen oder beginnen würde, z. B. *o-mnis, ante-a,* so unterlässt man die Theilung.

a. a. c. anno ante Christum
a. aer. vulg. anno aerae vulgaris
A. B. artium baccalaureus
a. c. anno Christi, ante Christum, anni currentis, anno currente
acc. accepi
a. d. anno domini, dato
add. adde, addatur
A. E. Archiepiscopus
a. f. anni futuri
ad. lib. ad libitum
a. lin. a linea
A. M. Artium Magister
a. m. anno mundi
a. m. c. a mundi condito
ao. anno
a. o. r. anno orbis redemti
a. p., a. praet. anni praeteriti
a. pr. anni praesentis
a. praec. anni praecedentis
a. p. R. c. anno post Romam conditam
A. R. Academia Rector
a. r. anno regni
a. r. s. anno recuperatae salutis
A. SS. Acta sanctorum
a. u. c. anno urbis conditae
A. U. S. actum ut supra
b. m. beatae memoriae
c. cum
ca. circa
cf. conf. confer, conferatur
cod. codex
curr. currentis
D. Dux
dat. datum
dd. ddt. dedi, dedit
d. d. de dato
d. d. d. dat, dicat, dedicat
del. deleatur
D. j. u. Doctor juris utriusque
d. m. dextra manu
d°. ditto
D^{r}., Dr. Doctor
Dr. M., Dr. med. Doctor medicinae
Dr. phil. Doctor philosophiae
Dr. theol. Doctor theologiae
e. c. exempli causa, ex commissione
ed. editio, edidit
edd. ediderunt
e. g. exempli gratia
ej., ejusd. ejusdem
e. o. ex officio
eod. eodem
etc., &c. et caetera
excl. exclusive
f., fec. fecit
f., fem. femina
f°., fol. folio
f°. r° folio recto
f°. v°. folio verso
gl. m. gloriosae memoriae
gr. granum, granulu
h. hydrogenium, herba, homo, habet
h. a. hoc anno
h. e. hoc est
h. l. hoc loco, hujus loci
h. l. q. c. hora locoque consueto
h. m. hoc mense
h. s. hoc sensu
h. t. hoc tempore
huj. hujus
I. imperator
ib., ibid. ibidem
ictus. juris consultus
id. idem
i. e. id est
I. H. S. (Jesus) Jesus hominum salvator
incl. inclusive

LATEINISCH. ABBREVIATUREN.

I. N. D. in nomine Dei
i. q. id quod, idem quod
it. item
J. N. R. J. Jesus Nazarenus Rex Judaeorum
jun. junior
J. U. C. juris utriusque candidatus
J. U. D. juris utriusque Doctor
L. linea, Licentiatus
l. liber, lex
l. a. lege artis
L. B. S. lectori benevolo salutem
l. c. loco citato
L. S. loco sigilli
m., masc. masculinum
M. A. Magister artium
M. D. medicinae Doctor
m. m., mut. mut. mutatis mutandis
mp., mpp., m. pr. manu propria
m. s. c. mandatum sine clausula
MS. Manuscriptum
MSS. Manuscripta
n. nomen, neutrum, nominativus
N. B., NB. nota bene
N. L. non liquet
N. N. nomen nescio
No., Nro. numero
nom. nominativus
O. A. D. G. omnia ad Dei gloriam
op. opus
opp. opera
p., pag. pagina
p. c. pro cent
p. d. per deliquium
p. expr. per expressum
pl., plur. pluralis
P. M. pro memoria
P. o. professor ordinarius
Pont. Max. pontifex maximus
p. p. praemissis praemittendis, professor publicus
p. p. o. professor publicus ordinarius
P. S. post scriptum
p. t. pro tempore
P. T. pleno titulo
q. e. d. quod erat demonstrandum
q. l. quantum libet
q. p. quantum placet
q. s. quantum satis
q. v. quantum vis
quaest. quaestionis
R. D. Reverendus Dominus
resp. respective
R. I. P. requiescat in pace
s. seu, sive
S., St., Sct. sanctus
s., sequ., sq. sequens
sc. scilicet
s. e. c. salvo errore calculi
sign. signatum
S. J. societas Jesu
s. l. e. a. sine loco et anno
S. O. servus observantissimus
s. r. salva ratificatione
S. T. salvo titulo
s. v. salva venia
T. testatur, teste
T., Tom. tomus
tab. tabula
u. c. urbis conditae
ult. ultimo
u. s. ut supra
v. verte, versus, vide
v. D. volente Deo
vet. Test. vetus testamentum
vic. videlicet
vol. volumen
v. v. vice versa

MEDICINISCHE ABBREVIATUREN.

℞, Rec., Rp. recipe
℔ libra
℥ Unze
ʒ Drachme
℈ Scrupel
β halb, Hälfte
ḡ Gran
āā von jedem gleich viel
j 1, ij 2
Aq. Aqua
Ax. Axungia
Bals. Balsamum
But. Butyrum
C. C. Cornu cervi
Cort. Cortex
Dt. Decoctum
Elect. Electuarium
Empl. Emplastrum
Ess. Essentia
Extr. Extractum
Fl. Flores
Fol. Folia
G. Gummi
Gtt. Guttae
Hb. Herba
Inf. Infusum
Lap. Lapis
Lign. Lignum
Lig. Liquor
M. P. Massa Pilularum
Mixt. Mixtura
Ol. Oleum
Ox. Oxymel
Pil. Pilulae
Pulv. Pulvis
Rad. Radix
Sol. Solutio
Sem. Semen
Spec. Species
Spir. Spiritus
Stip. Stipites
Succ. Succus
Syr. Syrupus
Tinct., Tr. Tinctura
Ung. Unguentum
V., Vin. Vinum
V. A. vinum album
V. C. vinum coctum
V. R. Vinum rubrum
Coq. Coquatur
D. Detur., D. in 2plo. Detur in duplo
Div. in p. aeq. Dividatur in partes aequales
D. S. Detur, Signetur
F. Fiat
Fasc. Fasciculus
Fict. Fictile
F. l. a. Fiat lege artis
Hor. Hora
Man. Manipulus
M. D. S. misce da signa
Mens. Mensura
p. aeq. Partes aequales
p. c. pondus civile
p. m. pondus medicinale
pp. praeparare
Pug. Pugillus
q. l. quantum libet
q. p. quantum placet
q. s. quantum satis
q. v. quantum vis
S. signetur
S. a. secundum artem
scat. scatula
solv. solvatur
ter. teratur

ITALIENISCH.

Zeichen	Wert	Zeichen	Wert	Zeichen	Wert	Zeichen	Wert	Zeichen	Wert
A a	a	G g	g *vor* a,o,u	N n	n	U u	u	à	ā
B b	b	G g	dž *vor* e, i	O o	o	V v	w	è	ē
C c	k *vor* a, o, u	H h	’	P p	p	Z z	dz	ì	ī
C c	tš *vor* e, i	I i	i	Qu qu	kw	Ch ch	k	ò	ō
D d	d	J j	y	R r	r	Gh gh	g	ù	ū
E e	e	L l	l	S s	s	Gl gl	l’		
F f	f	M m	m	T t	t	Gn gn	ń		

Die italienische Sprache wird nach dem Laute geschrieben, nur das *h* ist stumm und die Laute *c g* haben eine doppelte Aussprache, nämlich hart vor *a,o,u,* gequetscht (als *tš,dž*) vor *e* und *i;* sollen sie vor *e* und *i* hart gesprochen werden, so wird ein *h* hinzugefügt (*ch*, *gh*); *gl* und *gn* werden als erweichte *l* und *n* ausgesprochen, weshalb oben das Erweichungszeichen ′ dem *l* und *n* beigefügt ist; die Verdoppelung der Consonanten bedingt die doppelte Aussprache, sie findet statt bei *bb*, *cc* (*ttš*), *cch* (*kh*) etc. Die Vokale kommen als Diphthonge (Dittonghi) und Triphthonge (Trittonghi) vor, z. B. *pia, creai, buoi.*

Abbreviaturen werden im Italienischen wenig angewendet, sie kommen nur im Handel, bei Titeln und in der Musik vor, die gebräuchlichen sind:

Ab. Abbate
a. c. anno corrente
Avv. Avvocato
bco. Banco
btto. Brutto
Comp. Compagno, Compagnia
Cospoli. Costantinopoli
d. c. da capo
Dr. Dottore
d. s. del segno
ecc. eccetera
f. forte
ff. fortissimo
fi. s. fiorini, soldi
fr. franco
i. r. imperiale regio
Le LL. MM. Le loro Maestà
l. i. lire italiano
m. meno, mezzo
Mss. manoscritto
nto. netto
p. piano
p. e. per esempio
P. M. Pontefice Massimo
P. S. Pubblica sicurezza
q. quondam
r. p. republica
s. solo
S. Santo
Sig. Signore
S. M. Sua Maestà
S. S. Sua Santità
t. tenor, tutti
ult. ultimo
v. c. vostro conto
V. S. Vossignorie

SPANISCH.

Zeichen	Wert	Zeichen	Wert	Zeichen	Wert	Zeichen	Wert	Zeichen	Wert
A a	a	G g	g *vor* a, o, u	N n	n	V v	w	á	ā
B b	b, w	G g	χ *vor* e, i	O o	o	X x	ks	é	ē
C c	k *vor* a, o, u	H h	`	P p	p	Y y	y, i	í	ī
		I i	i	Qu qu	kw	Z z	θ	ó	ō
C c	θ *vor* e, i	J j	χ	R r	r	Ch ch	tš	ú	ū
D d	d, ð	K k	k	S s	s	Ll ll	l'		
E e	e	L l	l	T t	t	Ñ ñ	ń		
F f	f	M m	m	U u	u	Gu gu	gw *vor* a, g *vor* e		

Die gebräuchlichsten Abbreviaturen im Spanischen sind:

AA. autores *Schriftsteller*
A. C. año Cristiano (comun)
(a) arroba (*25* ℔)
Adm^{or}. administrator *Verwalter*
Ag^{to}. Agosto *Augustmonat*
Am^{o}. amigo *Freund*
ant. *oder* antic. anticuado
Ant^{o}. Antonio
App^{co}. apostolico
Art. *oder* art^{o}. Articulo
Arzbp^{o}. Arzobispo *Erzbischof*
B. beato
b. vuelta *schlaget um, unser* ·/.
Barna. Barcelona
B. L. M. beso las manos
B. L. P. beso los pies
B^{mo}. P. Beatisimo Padre
B^{r}. bachiler
B^{r}. d. S. Bachiler de Salamanca
C. *oder* cap. capitulo
C. M. B. cuyos manos beso
C. P. B. cujos pies beso
Cam^{ra}. Camara
Cap^{n}. Capitan
Capp^{n}. capellan
col. coluna
Comis^{o}. Comisario
Comp^{a}. Compañia
Cons^{o}. consejo *Rathsversammlung*
Con^{te}. conveniente
corr^{te}. corriente
c^{do}. cuando
c^{to}. cuanto
D. *oder* D^{n}. Don
D^{a}. *oder* D^{ña}. Doña
D. D. Doctores
D^{r}. *oder* D^{or}. deudor *auch* Doctor
D^{s}. Dios
desp^{s}. despues
Dic^{re}. *oder* 10re Diciembre
d^{ho}. *und* d^{hos}. dicho, dichos
d^{ha}. *und* d^{has}. dicha, dichas
Din^{o}. *und* Din^{os}. dinero, dineros
Dom^{o}. *oder* D^{go}. Domingo *Sonntag*
dros., dres. derechos
D^{s}. g^{de}. a Umb. Dios guarde a Usted
Ecc^{o}., Ecc^{a}. ecclesiastico, ecclesiastica
e. g. *oder* e. gr. exempli gracia
En^{o}. Enero *Jänner*
Escr^{a}. S. escritura santa *heil. Schrift*
Es^{mo}. Es^{ma}. *oder* Ecs^{mo}. Ecs^{ma}. *od.* Exmo. Exma. ecselentisimo, ecselentisima

Escb^{o}. escribaño *Schreiber*

Ep^{la}. epistola *Brief*

Feb^{o}. Febrero *Februar*

Fed^{co}. Federico

fho., fha. fecho, fecha

fol. folio

Fr. Fray *Frater*

Fran^{co}. Francisco

Frnz. Fernandez

G^{de}., Gue. guarde *behüte, Schlusswort in Briefen*

G^{de}. D^{os}. guarde Dios

Genl. General

G^{o}. de Mej^{o}. Golfo de Mejico

gral. general

Gr^{as}. gracias

grs. géneros

Her^{n}. Hernandez

H^{ro}. Henrico

ib. ibidem

Ind. orr. Indias orientales

Ind. occ. Indias occidentales

Ill^{e}. ilustre

Illmo. Illma. ilustrisimo, ilustrisima

I^{o}. I^{a}. primero, primera

Jhs. Jesus

J. C. Jesu cristo

Jph. José, Joseph

J^{n}. Juan

Lana R. F. S. Lana refina, fina, sucia

lib. libro *bei Citaten*

lib^{s}. libras

Lic^{do}. Licenciado

lin. linea

Los a^{s}. d. m. D^{os}. los años de mis deseos

M^{e}. Madre

Mro. maestro

Mag^{d}. Magestad

Man^{l}. Manuel

M. S. manuscrito

M. SS. manuscritos

M^{rs}. Maravedís

Mrn. Martin

Mrnz. Martinez

M^{s}. Seg^{ro}. Cr^{do}. mas seguro criado

M^{or}. mayor (*Titel, z. B.:* oficial M^{or}.)

May^{mo}. mayor domo

mrd. merced

M^{s}. mese *Monat*

Mig^{l}. Miguel

Minro. ministro

M^{r}. Monsieur *oder* mister

m^{s}. a^{s}. muchos años

M. P. S. Muy Poderoso Señor

M. S^{ñr}. M^{o}. Muy Señor mio

M. S^{ñs}. M^{os}. *oder* N^{os}. Muy Señores mios *oder* nuestros

N. fulano, -a *das deutsche N. N.*

N. B. nota bene

Nov^{re}., 9re. Noviembre

nro., nra. nuestro, nuestra

N. S. nuestro Señor

N. S^{ra}. nuestra Señora

N. S. J. C. nuestro Señor Jesu Cristo

n^{o}. numero

Obpo. Obispo

Oct^{re}., 8re. Octubre

Ome., Omes hombre, hombres

onz. onza

Orn., Orns. orden, ordenes

P^{e}. Padre

paga^{da}. pagadera *zahlbar*

p. *oder* pag. pagina

par. parafo *Paragraf*

p^{a}. q^{e}. para que

pa^{do}. pasado

P^{o}. Pedro

p^{as}. piesas *Stücke*
pl. plana
p^{ta}. plata
Pltt^{s}. R^{s}. Platillas reales
p^{r}. por
p^{r}. c^{to}. por ciento
p. e. por ejemplo
p^{r}. M^{s}. a^{s}. por muchos años
p^{r}. q^{e}. por que
P. D. post data *Nachschrift*
Pral. Principal
Pror. Procurador
Prov^{or}. Provisor
pp. proximo pasado
pp^{co}. publico
p^{to}. puerto
p^{s}. pues
p^{s}. q^{e}. pues que
q^{do}. cuando *oder* quedando
q^{to}. cuanto
q^{e}. que
Q. a. V. B. L. M. que á Usted besa la mano
q^{n}. quien
q^{ns}. quienes
q^{l}. quintal *Centner*
qq^{ss}. quintales
R^{l}. R^{les}. real, reales *königlich*
R^{l}. d. P. Real de Plata *Silberreal*
R^{l}. d. V. Real de Vellon *Kupferreal*
R^{vi}. recibi
R., R^{a}. Rei, Reina *König, Königin*
R^{do}. R^{da}. reverendo, reverenda
R^{mo}. R^{ma}. reverendisimo, reverendisima
R. P. M. reverendo Padre Maestro
Rog^{do}. á D^{os}. les gue. ms. as. rogando á Dios les guarde muchos años *ich bitte Gott dass er sie viele Jahre erhalten möge (Schlussform in Briefen)*
S., S^{to}., Sto. San, Santo
SS^{mo}. santisimo
SS. PP. Santos Padres
SS^{ño}. Escribaño
Seb^{n}. Sebastian
S^{rio}. Secretario
S^{ria}. Secretaria
seg^{o}. ser^{or}. seguro servidor
Sr. *und* S^{or}. Señor
SS. *oder* S^{res}. Señores
Sept^{re}., 7re. Septiembre
Ser^{mo}. Serenisimo
serv^{o}. Servicio
Serv^{or}. servidor
spre. siempre
sig^{te}. siguiente
S. A. A. Su afecto amigo
S. A. Su Alteza
S. S^{d}. Su Santidad
S. M. Su Magestad
S. M. y AA. Su Magestad y Altezas
sup^{ca}., supp^{ca}. súplica, suplica
sup^{te}. suplicante
S. S^{a}. Su Señoria
Super^{te}. Superintendente
S. S. S. Su seguro servidor
SS. Ms. Ss. Sus mas seguros
ten^{te}. teniente
tpo. tiempo
tom. tomo
Um., Umd., Umbs., Ums. *statt* vuestra Merced *oder* Usted, *häufigste Ansprache, eigentlich: Euer Gnaden, gewöhnlich unser: Sie, aber mit der 3. pers. sing. zu construiren*
Vn. vellon
V., V^{e}., Ven^{e}. venerabile
v. g. verbi gracia
vers^{o}. versiculo

vol. volumen
V. P. Vuesa Paternidad
V. R^a^. Vuesa Reverencia
V. S^d^. Vuesa Santidad
V. S. Vueseñoria *sprich:* Vusia
V. S. I. Vuseñoria ilustrisima
vro., vra. vuestro, vuestra
V. A. Vuestra Alteza
V. B^a^. Vuestra Beatidad
V. E. *oder* V. Exc. Vuecelenzia
V. M. Vuestra Magestad

Xptiano. Cristiano
Xpto. Cristo
Xptobal. Cristobal
Ygla. Iglesia
Ynq^or^. Inquisidor
} *nach alter Orthografie, nur in älteren Schriften zu finden.*

Es gehörte früher zur Höflichkeit in schriftlichen Aufsätzen mit Abbreviaturen zu schreiben. Heut zu Tage sind sie allerdings nicht mehr so gebräuchlich, kommen aber noch häufig genug vor.

PORTUGIESISCH.

Zeichen	Wert	Zeichen	Wert	Zeichen	Wert	Zeichen	Wert
A a	a	I i	i	U u	u	ao, au	aŭ
B b	b, w	J j	ž	V v	w	ã	ã
C c	k *vor* a, o, u	L l	l	X x	š (ks), s	ão	aũ
C c	s *vor* e, i, y	M m	m	Y y	i, y	ãe	aẽ
Ç ç	s *vor* a, o, u	N n	n	Z z	z	é ê	ē
D d	d	O o	o	ch	š	eo	eu
E e	e, i	P p	p	gu	g *vor* e, i	ó ô	ō
F f	f	Qu qu	k (kw)	nh	ń	õ	õ
G g	g *vor* a, o, u	R r	r	lh	l'	ões	oẽž, oĩž
G g	ž *vor* e, i, y	S s	s, ž	á	ā	oe	oi
H h	'	T t	t	ae	aĭ		

C und *g* lauten hart vor *a, o, u,* weich und gequetscht vor *e, i;* erhärtet wird *g* in *gu,* erweicht *c* zu *ç* wie im Französischen; *e* lautet am Ende der Wörter und alleinstehend (*e=und*) wie *i; o* in den gleichen Fällen (*o=der*) wie *u; ou* lautet wie *o,* auch wie *oi; m* und *n* haben am Ende der Wörter den Nasallaut, z. B. *bom = bõ, bem = bẽ, Aleman = alemã; qu* lautet in einigen Wörtern lateinischen Ursprungs wie *kw,* sonst immer wie *k; s* lautet am Ende der Wörter in der Mehrzahl wie *ž,* in Brasilien wie *s; x* lautet in den meisten aus dem Lateinischen stammenden Wörtern wie *ks,* sonst wie *s* (z. B. *maximo = massimo*) oder *š,* z. B. *baixo = baišu.*

FRANZÖSISCH.

Zeichen	Wert	Zeichen	Wert	Zeichen	Wert	Zeichen	Wert
A a	a	Gu	g	S s	s	ô, au, eau	ō, ọ̄
B b	b	H h	ʽ	T t	t	eu	ö
C c	k *vor* a, o, u	I i	ĭ, ĕ̱	U u	ü	û	ṳ̄
C c	s *vor* e, i, y	J j	ž	V v	w	ou	u
Ç ç	s *vor* a, o, u	K k	k	X x	gs, ks	oy	oa
D d	d	L l	l	Y y	i, y	oui	uĭ
É é	ẹ	M m	m, *am Ende u. vor Cons.* ̀	Z z	z	ui, uy	üĭ
È è ê	e̱	N n	n, *am Ende u. vor Cons.* ̀	ch	š	am, an em, en	ã
E e	e̥, õ̤, ĕ̱	O o	o̱	gn	ń		
F f	f	P p	p	â	ā	eim, ein, im, in	ẽ
G g	g *vor* a, o, u	Qu qu	k (kw)	ê, ai, ei	ē̱	om, on	õ
G g	ž *vor* e, i, y	R r	r	î	ī	um, un	õ̤

In der französischen Schrift hat sich die historische Schreibweise erhalten, welche mit der gegenwärtigen Aussprache nicht immer übereinstimmt und für verschiedene Laute das gleiche Zeichen verwendet. So ist *c* vor *a, o, u* = *k*, vor *e, i, y* = *s*, es wird aber auch vor *a, o, u* wie *s* gesprochen und dann von dem *k*-Laute durch die *Cedille* (*ç*) unterschieden, ebenso wird *g* vor *a, o, u* hart, vor *e, i, y* wie *ž* ausgesprochen, wo es vor *e, i* hart ausgesprochen werden soll, wird *gu* geschrieben, *gue* am Ende der Wörter ist nur *g*; *m* und *n* werden am Ende als Nasale ausgesprochen, dagegen werden *mm*, *nn* wie *m, n* gelesen; *qu* wird nur in wenigen Wörtern lateinischer Abkunft *kw* ausgesprochen, sonst nur *k*, ebenso hat *ch* nur in einigen Fremdwörtern den *k*-Laut, im Französischen ist es *š*; *x* hat in den fremden Vorsilben *exa, exi, exo* den weichen Laut *gs*, vor Consonanten lautet es *ks*; *y* ist alleinstehend und vor Consonanten *i*, zwischen Vokalen der Halbvokal *y*; *f* erweicht in *w* in *neuf heures*. Stumm sind: *b* am Ende mancher Wörter, z. B. *plomb* = *plõ*, *d* am Ende der Wörter wird jedoch vor einem Worte mit Vokalanlaut hörbar und zu diesem gezogen, z. B. *grand-homme* = *grãdom*, man nennt dies die Bindung (*Liaison*); das *h* ist meist so stumm, dass es selbst die Bindung nicht hindert, doch unterscheidet man auch ein behauchtes *h* (*h aspirée*), vor welchem nicht apostrophirt wird und welches auch die Bindung verhindert; *r* bleibt am Ende der Zeitwörter und mancher mehrsilbiger Hauptwörter und Eigenschaftswörter stumm, daher *er* = *ẹ̄*; *t* bleibt am Ende stumm, dagegen *ette* = *et*, *x* ist am Ende stumm, in der Bindung klingt es wie *z*; die Bindung findet statt bei den Endlauten *d*, *n*, *r*, *s*, *t*, *x*, *z*.

Gebräuchliche Abkürzungen sind:

B^{on}. Baron
Ch^{e}. Chevalier
Cte. Comte
D^{r}. Docteur
D. M. Docteur Médecin
etc. et caetera
et Cie et Compagnie
LL. AA. Leurs Altesses
LL. AA. II. Leurs Altesses Impériales
LL. AA. RR. Leurs Altesses Royales
LL. AA. SS. Leurs Altesses Sérénissimes
LL. EE. Leurs Excellences
LL. ÉÉm. Leurs Éminences
LL. HH. PP. Leurs Hautes Puissances
LL. MM. Leurs Majestés
LL. MM. II. Leurs Majestés Impériales
Le R. P. Le Réverend Père
Le S. P. Le Saint Père
Les SS. PP. Les Saints Pères
M., M^{r}. Monsieur
M^{d}. Marchand
M^{de}. Madame
M^{e}. Maître
Melle. Mademoiselle
Mgr. Monseigneur
Mis. Marquis
M^{ss}., MS. Manuscrit
N. D. Notre Dame
Neg^{t}. Negociant
N. S. J. C. Notre Seigneur Jesus-Christ
1er. premier
2e. seconde
S. A. Son Altesse
S. A. É. Son Altesse Électorale
S. A. S. Son Altesse Sérenissime
S. E. Son Excellence
S. Ém. Son Éminence
S. G. Sa Grâce
S. H. Sa Hautesse
S. M. Sa Majesté
S. M. B. Sa Majesté Britanique
S. M. T. C. Sa Majesté Très-Chrétienne
S. M. T. F. Sa Majesté Très-Fidèle

WELSCH.

Zeichen	Wert	Zeichen	Wert	Zeichen	Wert	Zeichen	Wert	Zeichen	Wert	Zeichen	Wert
A á	a	O ô	ō	B b	b	C c	k	Th th	θ	Ll ll	l
A â	ā	W w	u	F f	v	Ch ch	χ	Nh nh	nʻ	Rh rh	rʻ
E è	e	W w	ū	M m	m	ngh	ṅʻ	D d	d	R r	r
E ê	ē	Y y	ü	Mh mh	mʻ	G g	g	Dd dd	ð	S ss	s
I i	i	Y ý	ṳ̄	P p	p	Ng ng	ṅ	N n	n	H h	h
O ò	o	Y y	ö	F f	f	T t	t	L l	l'	Wh hw	hw

ENGLISCH.

Name	Zeichen	Wert	Name	Zeichen	Wert	Name	Zeichen	Wert	Zeichen	Wert
E	A a	a, å, ặ̈, ē̱, ē̦	*Dže*	J j	dž	*Yu*	U u	u, ọ̄, yu	ay	ai
Bi	B b	b	*Ke*	K k	k	*Vi*	V v	v	aw	å
Si	C c	s *vor* e, i, y	*El*	L l	l	*Döbbl yu*	W w	u	ei	ē̱, ĕ, ĭ
	C c	k *vor* a, o, u	*Em*	M m	m	*Eks*	X x	ks	eu	yu
Di	D d	d	*En*	N n	n	*Uei*	Y y	y, ei, ĭ	ey	i
I	E e	ĕ, ī	*O*	O o	ō, ŏ, ọ̆̈, u	*Zed*	Z z	z	oi, oy	eu
Ef	F f	f, v	*Pi*	P p	p		ch	tš (k)	ou	au, ọ̄, ō
Dži	G g	dž *vor* e, i, y	*Kyu*	Qu qu	kw		sh	š	ow	au, ō
	G g	g *vor* a, o, u, i,	*Arr*	R r	r		zh	ž	ous	ọ̆̈s
Ētš	H h	h	*Es*	S s	s		th	θ, ð	age	edž
Ei	I i	ei, ĭ, ĕ	*Ti*	T t	t		ai, ay	ē	tion	žẹn

Die Aussprache der Vokale ist sehr schwankend, z. B. *ā* in *ca(l)m far;* *å* in *all, fall, saw;* *ặ̈* (schwankt zwischen *ă* und *ẹ̆*) in *hat, fat;* *ē̱* in *hare, care;* *ē̦* in *ale, male, rain, day;* *ĕ* in *best, stir, bird;* *ī* in *here, feel, feeble (fibl),* *ĭ* in *ill, fill, beauty (byuti), Stanley (Stặnli);* *ō* in *hope, bow (bō);* *ŏ* in *hot, not;* *ọ̈* in *word (uörd), blood, but;* *ū* in *move (muv) proof;* *ŭ* in *foot, bull, full;* *yū* in *use, beauty, few, new;* *ei* in *kind, mine, by, my;* *eu* in *noise, boy, oyster;* *au* in *owl, now;* am Ende englischer Wörter ist *e* meist stumm.

Bezüglich der Consonanten ist zu bemerken: *b* ist stumm in *mb* am Ende der Wörter, z. B. in *climb = kleim, lamb = lăm;* *c* wird vor *a, o, u* und Consonanten wie *k*, vor *e, i, y* wie *s* ausgesprochen, *f* wird am Ende der Wörter oft wie *v* ausgesprochen; *g* hat vor *a, o, u* und Consonanten immer den *g*-Laut, auch manchmal vor *i* (z. B. *give*), sonst wird es wie *dž* ausgesprochen; *gh* ist meist stumm, nimmt jedoch am Ende auch den Laut eines leichten *f* an, z. B. *enough = ĭnöf, h* ist vor vielen Wörtern lateinischen und französischen Stammes stumm, vor Wörtern angelsächsischen Stammes meist hörbar; *k* ist vor *n* immer stumm, z. B. *knight = neit; ph* in griechischen Wörtern hat den Laut *f; qu* wird stets *kw* gesprochen; *w* hat stets den *u*-Laut oder den Laut *uw, wh* ist gleich *hŭ*, z. B. *which = hŭitš; y* hat am Anfange der Wörter den halbvokalischen *y*-Laut; *ch* hat nur in einigen Fremdwörtern, sowie vor Consonanten den *k*-Laut, sonst ist es am Anfange wie am Ende der Wörter *tš; th* hat den *θ*-Laut am Anfange vieler Wörter und am Ende, der *ð*-Laut kommt nur in dem Artikel, den Fürwörtern und Adverbien vor.

Abkürzungen sind:

A. answer

A., ac., accd. accepted

A. B. Artium Baccalaureus

Abp. Archbishop

A. C. ante Christum

ac., a/c., acct. account

A. C., Acct. Curt. account current

A. D. Anno Domini

ad 3m. dte. ad three months' date

ag. against

A. M. Artium Magister. ante meridiem

Amt., $a^{mt.}$ amount

a. s. f. and so forth

a. s. o. and so on

B. A. Bachelor of arts

Bart. Baronet

b. c. before Christ

B. D. Baccalaureus Divinitatis, Bachelor of Divinity

B. L. Baccalaureus Legum, Bachelor of Laws

B. M. Baccalaureus Medicinae, Bachelor of Medicine

Bp. Bishop

Bucks. Buckinghamshire

B. V. Blessed Virgin

Cant. Canticles

Capt. captain

Cent. centum

Chap. chapter

Co. Company

Col. Colonel

C. P. S. Custos privati sigilli

Cr. Creditor

Crim. con. criminal conversation

C. S. Custos Sigilli

Cur. curate

Cust. Rot. Custos Rotulorum

Cwt. hundred weight

d. denarius (penny)

dol., $ Dollar

D. C. L. Doctor of civil law

D. D. Doctor of Divinity

Deac. Deacon

Dft. draft

dit., do. ditto

Dr. Doctor

E. Earl

Edm. Edmund

Edw. Edward

E. G. Exempli gratia

Eliz. Elizabeth

Esq., Esqr. Esquire

Excy. Excellency

F. A. S. Fellow of the Antiquarian Society

F. E. S. Fellow of the Entomological Society

F. R. S. Fellow of the Royal Society

F. S. A. Fellow of the Society of Arts

G. C. B. Knight Grand Cross of the Bath

Gen. General

Gent. Gentleman

Geo. Georg

Gosp. Gospel

Hams. Hampshire

hbl. humble

Hble. honourable

H. B. M. Her (his) British Majesty

Hd., hon^{d}. honoured

Hen. Henry

hf. half

Hhd. Hogshead (Oxhoft)

Hier. Hieronymus

H. M. S. Her (his) Majesty's Service, Her (his) Majesty's Ship
H. P. Half pay
Hum. Humphry
Ib., ibid. ibidem
Id. idem
I. e. id est
Ill. Illustrious
Incog. incognito
Inst. instant
int. interest
inv. invoice
Ja., Jas. James
J. D. Juris Doctor
Jer. Jeremy, Jerom
J. P. justice of (the) peace
J., Jo., Joh. John
Just. justice
K. king
Kt., Knt. knight
K. B. Knight of the Bath
K. C. B. Knight Commander of the Bath
K. G. Knight of the Garter
K. G. F. Knight of the Golden Fleece
K. M. Knight of Malta
K. M. T. Knight of Maria Theresia
K. P. Knight of St. Patrick
K. T. Knight of the Thistle
L., Ld. Lord
L., L. D. Legum Doctor
L., £, l. pound (Sterling)
L. lb. pound (Gewicht)
Lat. and Long. Latitude and longitude
L. C. J. Lord Chief Justice
Lieut., Lt. Lieutenant
L. S. Locus Sigilli
M. Majesty, Member, Marquis
M. A. Master of Arts
M. A. S. Member of the Asiatic Society
Mart. Martin, Martyr
M. B. Bachelor of Music
M. D. Doctor of Medicine
Mess., Messrs. Messieurs
MM. Mastres
M. P. Member of Parliament
Mr. Mister, Master
Mrs. Mistress (*sprich* missis)
Ms. Manuscript
M. S. Memoriae sacrum
N. B. Nota Bene
Nem. Con. Nemine contradicente
Notts. Nottinghamshire
N. S. New Style
Ob. Obolus (halfpenny)
Obdt. obedient
O. S. Old Style
Oz. Ounce
P. President
Par. Parish
P. C. per Centum
Pd. paid
P. M. Post meridiem
Prof. Professor
P. S., Post script. Post scriptum
Q. Queen, Question
Q. C. Queen's College
Q. d. quasi dicas
Q. E. D. Quod erat demonstrandum
Q. l. quantum libet
Q. s. quantum sufficit
R. Rex, Regina, Reverend
Rev. Revelation
Revd. Reverend
R. M. Royal Marine
R. N. Royal Navy

R. P. Res publica
R. S. S. Regiae societatis socius
Rt. Right
Rt. Honble. Right Honourable
Rt. Revd. Right Reverend
S., s. Shilling, Saint
Sam. Samuel
Serj. Sergeant
Shrop. Shrophshire
S. S. T. P. Sacrosanctae Theologiae professor
St. Saint, Street
Swd. Sword
T. B. Treasury bill
Tho. Thomas
T. o. (s. P. t. o.) turn over
U. J. D. Utriusque juris doctor
Ult. Ultimo
U. S. United States
V. Verse, vide
Ven^ble. venerable
Viz. videlicet
Vol. Volume
Wm. William
Wp. Worship
Wpful. Worshipful
Xn. Christian
Xpher. Christopher
Xt. Christ
Xtmas. Christmas

VLÄMISCH (HOLLÄNDISCH).

Zeichen	Wert	Zeichen	Wert	Zeichen	Wert	Zeichen	Wert	Zeichen	Wert	Zeichen	Wert
A a	a	I i	i	Qu qu	kw	Y y	i, ei	aa, ae	ā	ieu	iü
B b	b	J j	y	R r	r	Z ẓ	z	au	aü	oo	ō
C c	s	K k	k	S s	s	ch	χ, š	ee	ē	oe	u
D d	d	L l	l	T t	t	gch	χχ	ei	eï	oei	ui
E e	e	M m	m	U u	u, ö	gg	χχ	eu	ö	ou	au
F f	f	N n	n	V v	v	sch	sχ	eeu	eü	uu	ṳ̄
G g	χ	O o	o	W w	w	ssch	sχ	ie	ī	ui	eu
H h	h	P p	p	X x	ks	-tie	siĕ	ij	ei		

Die Buchstaben *c, qu* und *x* kommen nur in Fremdwörtern vor; *ch* wird in vlämischen Wörtern wie χ gesprochen, im Französischen ist es *š*; *t* erweicht in der Endsilbe *tien* zu *s*, z. B. *natien* = *nasiĕn*, *ei* wird getrennt gesprochen, dagegen ist *ij* im Holländischen *ei*, während dieses im Vlämischen durch *y* bezeichnet wird, in Fremdwörtern ist *y* ein *i*, z. B. *cylinder* = *silinder*; *u* ist am Ende einer Silbe *ṳ̄*, vor Konsonanten *ö̆*. Die niederländische Sprache ist ein Zweig der deutschen und steht dem Plattdeutschen am nächsten.

MITTEL-HOCHDEUTSCH.

Zeichen	Wert	Zeichen	Wert	Zeichen	Wert	Zeichen	Wert	Zeichen	Wert	Zeichen	Wert
a	a	h	h, χ	o	o	v, f	f	ü	ü	ei	ei
b	b	i	i	p	p	w	w	â	ā	iu	iu
c	k	j	y	qu	kw	ʒ	s	æ	ē̲	ie	ie
d	d	k	k	r	r	z	dz	î	ī	ou	ou
e	e	l	l	s	z	ë	e̲	ô	ō	öu	öu
f	f	m	m	t	t	ê	ẹ̄	œ	ǭ̤	uo	uo
g	g	n	n	u	u	ö	ö	û	ū	üe	üe

Den kurzen Vokalen *a, ë, e, i, o, ö, u* stehen die langen Vokale *â, æ, ê, î, ô, œ, û* gegenüber, Diphthonge sind *ei, iu, ie, ou, öu, uo, üe*. Die Flexionsendungen und die meisten Ableitungssuffixe zeigen ein schwaches *e*, welches zwei Stufen hat: nach langen Stammsilben ist das *e* der nächsten Silbe nur tonlos, nach kurzen Stammsilben ist es stumm; nach Liquidis wird ein stummes *e* meist gar nicht geschrieben, z. B. *mül* statt *müle*. Die Doppellaute wurden getrennt ausgesprochen und gingen erst später zu einfachen Lauten über, so *uo* zu *u*, *üe* zu *ü*, während *î* zu *ei*, *û* zu *au*, *iu* und *öu* zu *eu* und *äu*, *ou* zu *äu* wurden.

Von den Konsonanten wurde *v* häufig am Anfange statt des *f* gebraucht, wie sich auch *Vater* etc. erhalten hat, dagegen war unser *pf* im Mittelhochdeutsch *ph*; *c* steht häufig als Auslaut statt *k*, z. B. *tranc*, seltener als Anlaut, z. B. *criuze*, ʒ hat den scharfen *s*-Laut, der sich im Neuhochdeutsch als ß erhielt, aber auch in *s* übergegangen ist, z. B. *daʒ*. In den Handschriften und desshalb auch in einigen Ausgaben wird zwischen ʒ und *z* nicht unterschieden, dann ist die Regel zu beobachten, dass *z* am Anfange und hinter *l, n, r* als *ts* steht, *z* als *dz* erscheint nur hinter kurzen Vokalen und daher stets verdoppelt *tz*; *ng* ist nicht *ñ* wie im Neuhochdeutschen, sondern wird getrennt gesprochen, wie im lateinischen *longus*; *h* wird vor *t* und *s* und nach *r* und *l* wie *χ* ausgesprochen, es wird niemals als Dehnungszeichen und nach einem *t* gesetzt; *z* steht auch für *tz*; *k, kh, ckh* stehen für *ck*, *sc* für *š*, *v* nach *z* oder *t* für *w*, ʒ für ʒʒ, *x* für *hs*, *gg* für *ck* und *k*, manchmal steht auch *c* am Anfange vor *i* für *ts*, z. B. *cirkel*, *h* für *ch*, z. B. *noh*, *ck* für *k*, z. B. *lack*, *n* steht für *m*, z. B. *gezan, frun*; im Anlaut verwandelt sich *j* vor *i* zu *g*, z. B. *jehen, ich gihe*; zuweilen wird der Silbe *er* ein *d* vorgeschlagen (*derkande*), nach einem *ch* am Ende des vorhergehenden Wortes kann *d* zu *t* werden, z. B. *sich tacte* (*dacte*); durch Konsonantenausfall und Zusammenziehung der Vokale entsteht häufig *ei* aus *age, ege, ede*, *ā* aus *ade*, *ī* aus *ige, ibe*, z. B. *geseit, gein, reite, schât, lît, gîst*.

NEU-HOCHDEUTSCH.

Antiqua	Fraktur	Wert	Antiqua	Fraktur	Wert	Antiqua	Fraktur	Wert	Antiqua	Fraktur	Wert
A a	𝔄 𝔞	a	G g	𝔊 𝔤	g	P p	𝔓 𝔭	p	Z z	ℨ 𝔷	dz
B b	𝔅 𝔟	b	H h	ℌ 𝔥	h	Qu qu	𝔔𝔲 𝔮𝔲	kw	tz	𝔱𝔷	ts
C c	ℭ 𝔠	ts *vor* e, i	I i	ℑ 𝔦	i	R r	ℜ 𝔯	r	Sch sch	𝔖𝔠𝔥 ſ𝔠𝔥	š
C c	ℭ 𝔠	k *vor* a, e, u	J j	ℑ 𝔧	y	S s	𝔖 ſ 𝔰	z	Ä ä	𝔄̈ 𝔞̈	e̱
Ch ch	ℭ𝔥 𝔠𝔥	χ *nach* a, o, u, au	K k	𝔎 𝔨	k	ss	ß	s	Ö ö	𝔒̈ 𝔬̈	ö
			ck	𝔠𝔨	kk	T t	𝔗 𝔱	t	Ü ü	𝔘̈ 𝔲̈	ü
Ch ch	ℭ𝔥 𝔠𝔥	χ́ *nach* e, i, ei, e̱, ö, ü	L l	𝔏 𝔩	l	U u	𝔘 𝔲	u	Ei ei	𝔈𝔦 𝔢𝔦	ei
			M m	𝔐 𝔪	m	V v	𝔙 𝔳	v	Ai ai	𝔄𝔦 𝔞𝔦	ai
D d	𝔇 𝔡	d	N n	𝔑 𝔫	n	W w	𝔚 𝔴	w	Eu eu	𝔈𝔲 𝔢𝔲	eu
E e	𝔈 𝔢	ẹ, e̱	ng	𝔫𝔤	ṅ	X x	𝔛 𝔵	ks	Au au	𝔄𝔲 𝔞𝔲	au
F f	𝔉 𝔣	f	O o	𝔒 𝔬	o	Y y	𝔜 𝔶	i	Äu äu	𝔄̈𝔲 𝔄̈𝔲	eu

Die deutsche Sprache umfasst eine grosse Anzahl Dialekte, welche nicht nur in der Aussprache, sondern auch im Wortausdruck manche Verschiedenheit zeigen; unter diesen wurde der hochdeutsche von den Schriftstellern am meisten bevorzugt und ist derselbe dadurch zur Schriftsprache geworden.

Der Unterschied zwischen ẹ und e̱ wird nur dann angedeutet, wenn letzteres aus *a* abgeleitet ist und dasselbe dann *ä* geschrieben. Der Unterschied zwischen *s* und *z* wird im Schreiben nur insoferne angedeutet, als das scharfe *s* nach kurzem Vokal ſſ oder ſ𝔰, nach langem ß geschrieben wird, in der Lateinschrift wird gewöhnlich statt dessen stets *ss* gebraucht; im Süddeutschen geht *s* vor Konsonanten stets in *ž* über, z. B. *žtern, žpīl* (*Stern, Spiel*), im Norddeutschen wird *g* am Anfange der Wörter stets wie *y*, auch vor harten Lauten, gesprochen, am Ende derselben wird es wie *ch*, d. h. nach *e, i, ei, e, ö, ü* wie *χ́* nach *a, o, u* wie *χ* gesprochen. Die Dehnung der Silben wird in folgender Weise ausgedrückt: *ā* durch *ah, aa, ē* durch *ee, eh, ī* durch *ie, ih, ō* durch *oo, oh, ū* durch *uh*. Die Kürze der Silben wird durch Verdoppelung angedeutet, wobei *ck* für *kk*, *tz* für *ts* (*zz*) steht. Ein der deutschen Sprache eigenthümlicher Laut ist *pf*.

Für die Abtheilung der Wörter empfiehlt Grimm die Theilung nach Silben, z. B. *be-we-gun-gen, ord-nung, wes-ten, weh-ren, kran-ker, wak-ker, fort-ge-hen.*

Die gebräuchlichsten Abkürzungen sind:

Abschn. Abschnitt

Abth. Abtheilung

Anm. Anmerkung

Aufl. Auflage

A. T. Altes Testament

a. a. O. am angeführten Orte

B. Buch

NEU-HOCHDEUTSCH. ABBREVIATUREN.

B., Bd. Band
Cap. Capitel
Ct. Ctr. Centner
Dem. Demoiselle
dsgl. desgleichen
d. V. der Verfasser
Dtzd. Dutzend
Durchl. Durchlaucht
Ev. Evangelium
Eu., Ew. Euer, Eure
Exc. Excellenz
f., ff. folgende
Fig. Figur
Fl., fl. Florin (Gulden)
Fr. Frau
Frl. Fräulein
Frk. Frank
Frhr. Freiherr
geb. geboren
gest. gestorben
Gr. Groschen
h., heil. heilig
h. S. heilige Schrift
Hptst. Hauptstadt
Hr., Hrn. Herr, Herrn
I. Ihre
I. M. Ihre Majestät
i. J. im Jahre
Jgfr. Jungfrau
ingl. ingleich
k. k. kaiserlich-königlich
kais. kaiserlich
kön., kgl. königlich
kr. Kreuzer
L. Liter
l. lies
M. Mark
Mag. Magister
Maj. Majestät
Md. Madame
Mll. Mademoiselle
Mscr. Manuscript
N. Norden
N. N. Name
Ngr. Neugroschen
N. T. Neues Testament
N. S. Nachschrift
O. Osten
Pag. Pagina (Seite)
Pf. Pfennig
Pfd. Pfund
Prof. Professor
pp. und so weiter
Qutch. Quentchen
Q. M. Quadratmeile
Rec. Recensent
Ref. Referent
Rthlr. Reichsthaler
S. Seite, Süden
Se., Sr. Seine, Seiner
St., Stck. Stück
st. statt
Schl. Schilling
Sgr. Silbergroschen
s. siehe
sel. selig
u. a. m. und andere mehr
u. dergl. m. und dergleichen mehr
u. e. a. und einige andere
u. s. f. und so fort
vergl. vergleiche
V. Vers
v. o. von oben
v. u. von unten
W. Westen
z. B. zum Beispiel
z. E. zum Exempel
ꝛc. und so weiter

DÄNISCH.

Antiqua	Fraktur	Wert	Antiqua	Fraktur	Wert	Antiqua	Fraktur	Wert	Antiqua	Fraktur	Wert
A a	𝔄 𝔞	a	I i	𝔍 𝔦	i	Qv qv	𝔔𝔳 𝔮𝔳	kw	oug	𝔬𝔲𝔤	au
Aa aa	𝔄𝔞 𝔞𝔞	å	J j	𝔍 𝔧	y	R r	ℜ 𝔯	r	hj	𝔥𝔧	y
Æ æ	𝔄̈ 𝔞̈	e̱	K k	𝔎 𝔨	k	S s	𝔖 ſ	s	hv	𝔥𝔳	w
B b	𝔅 𝔟	b, p	L l	𝔏 𝔩	l	T t	𝔗 𝔱	t	sj	ſ𝔧	š
C c	ℭ 𝔠	k, s	M m	𝔐 𝔪	m	U u	𝔘 𝔲	u	zz	ſ𝔷	ts
D d	𝔇 𝔡	d	N n	𝔑 𝔫	n	V v	𝔙 𝔳	w, f	ch	𝔠𝔥	š
E e	𝔈 𝔢	ẹ, e̱	O o	𝔒 𝔬	o	X x	𝔛 𝔵	ks, s	ph	𝔭𝔥	f
F f	𝔉 𝔣	f	Ø ø	Ø ø	o̤	Y y	𝔜 𝔶	ü	ng	𝔫𝔤	ṅ
G g	𝔊 𝔤	y, k	Ö ö	𝔒̈ 𝔬̈	ö	Z z	ℨ 𝔷	s	ae	𝔞𝔢	aë, ā
H h	ℌ 𝔥	h	P p	𝔓 𝔭	p	af	𝔞𝔣	aw	oe	𝔬𝔢	oë, ō

Der Buchstabe *b* ist in kurzen Silben oft hart, z. B. *ribs* = *rips; c* kommt nur in Fremdwörtern vor und wird vor *a, o, u* wie *k,* vor *e, i, y* wie *s* gesprochen; *ch* in französischen Wörtern = *š; d* ist stumm nach *l, n, r* (bei gedehntem Vokal), *sk, st, t,* ferner in der Endung *ds,* wenn *s* kein Genitiv ist; *g* hat den weichen Laut (*y*), am Anfange der Silben, sowie am Ende langer Silben; zwischen zwei Vokalen wird es unhörbar, am Ende kurzer Silben wird es hart (*k*); *eg, øg* werden in manchen Wörtern zu *ei, äu; j* wird in *gj, kj, skj* vor *e, æ, ø* unhörbar, *sj* lautet wie *š; p* ist in Fremdwörtern, welche mit *ps* beginnen, stumm, z. B. *psalme* = *salme; tion* lautet *sion* in Fremdwörtern, *vt* lautet wie *ft,* sonst ist *v* gleich *w; x* wird im Anfange der Fremdwörter wie *s* gesprochen, in *sexten* (16), auch in der Mitte (*seisten*).

ISLÄNDISCH.

Zeichen	Wert	Zeichen	Wert	Zeichen	Wert	Zeichen	Wert	Zeichen	Wert	Zeichen	Wert
A a	a	F f	f,w,b,p	L l	l	R r	r	Ð	ð	œ	ai
Á á	ā	G g	g, y	M m	m	S s	s, z	Þ	θ	ei	eï
B b	b	H h	h	N n	n	T t	t	Y y	ü	ey	eü
D d	d	I i	ĭ, ẹ	O o	o	U u	u, ü, ö, ẹ	Ý ý	ṳ̄		
E e	e	Í í	ī	Ó ó	o̱	Ú ú	ū	Z z	dz, ðs		
É é	ē	J j	y	Ö ö	ö	V v	w	Au au	aü		
È è	ye	K k	k	P p	p	X x	ks	Æ æ	ai		

ISLÄNDISCH.

F lautet in der Mitte eines Wortes vor *g* und *j* wie *w*, vor *l*, *m*, *n*, *d* wie *b*, vor *s* und *t* wie *p*; *g* wird weich gesprochen am Ende des Wortes und wenn es zwischen einem Vokal und *j*, *r* oder *l* steht, *hv* wird wie *kw* ausgesprochen, *qu* in Fremdwörtern wird *hv* oder *kv* geschrieben, *h* vor *l*, *n*, *r*, *j* ist unhörbar, *ll* wird *dll* ausgesprochen, *nn* mitunter wie *dn*, *p* wird oft mit *f* verwechselt, weil es vor *t* und zu Ende eines Wortes wie *f* ausgesprochen wird, *r* lautet vor *n* und *l* wie *t*, *s* lautet vor *j* und zwischen Vokalen weich (*z*).

SCHWEDISCH.

Antiqua	Fraktur	Wert	Antiqua	Fraktur	Wert	Antiqua	Fraktur	Wert
A a	𝔄 𝔞	a	I i	𝔍 𝔦	i	S s	𝔖 ſ 𝔰	s
Å å	𝔄̊ 𝔞̊	å	J j	𝔍 𝔧	j, i	Ss ss	𝔖ſ ſſ	s
Ä ä	𝔄̈ 𝔞̈	e̱	K k	𝔎 𝔨	k *vor hart. Vokalen*	T t	𝔗 𝔱	t
B b	𝔅 𝔟	b	K k	𝔎 𝔨	t', tš *vor weich. Vok.*	ts	𝔱𝔰	s
C c	ℭ 𝔠	k *vor hart. Vokalen*	L l	𝔏 𝔩	l	U u	𝔘 𝔲	u
C c	ℭ 𝔠	s *vor weich. Vokalen*	M m	𝔐 𝔪	m	Ü ü	𝔘̈ 𝔲̈	ü
D d	𝔇 𝔡	d	N n	𝔑 𝔫	n	V v	𝔚 𝔴	w
E e	𝔈 𝔢	e, e̱	O o	𝔒 𝔬	o	X x	𝔛 𝔵	ks
F f	𝔉 𝔣	f, w	Ö ö	𝔒̈ 𝔬̈	ö	Y y	𝔜 𝔶	ü, ö
G g	𝔊 𝔤	g *vor hart. Vokalen*	P p	𝔓 𝔭	p	Z z	ℨ 𝔷	s
G g	𝔊 𝔤	y *vor weich. Vokalen*	Qv qv	𝔔𝔳 𝔮𝔳	kw	ch	𝔠𝔥	š, k
H h	ℌ 𝔥	h	R r	ℜ 𝔯	r			

Die Vokale sind harte (*a*, *o*, *u*, *å*) oder weiche (*e*, *i*, *y*, *ä*, *ö*); *e* hat den Laut e̱ meist vor *r* und stets in der Vorsilbe *er*, *g* hat den harten Laut auch als Auslaut eines Wortes oder einer Silbe, vor *s* und *t* klingt es in kurzen Silben wie *k*, z. B. *sagt* = *sakt*; den weichen Laut *y* hat es auch vor *ä*, *ö* und nach *l* und *r*; *j* hat den *i*-Laut als Auslaut nach Vokalen, *k* wird auch vor *e* und *i* in kurzen tonlosen Endsilben hart gesprochen, *p* ist vor *s* unhörbar, z. B. *psalm* = *salm*; die Nachsilbe *tion* wird nach Vokalen *tšōn*, nach Konsonanten *šōn* gesprochen; der Laut *w* wird in Antiqua *v*, in Fraktur 𝔴 geschrieben; *ch* wird in französischen Wörtern *š*, in griechischen und in dem schwedischen *och*, *k* gelesen; *stj*, *sj*, *skj* lauten immer, *sk* aber nur vor weichen Vokalen wie *š*; *dj*, *gj*, *hj*, *lj* lauten wie *y*, *h* ist auch vor *v* stumm, daher *hv* = *w*.

LETTISCH.

Antiqua	Fraktur	Wert	Antiqua	Fraktur	Wert	Antiqua	Fraktur	Wert
A a	𝔄 𝔞	a	J j	𝔍 𝔧	y	Pj pj	𝔓𝔧 𝔭𝔧	p′
Â â	𝔄̂ 𝔞̂	ā	K k	𝔎 𝔨	k *hart*	R r	ℜ 𝔯	r
B b	𝔅 𝔟	b	Ꞣ ꞣ	𝔎̸ 𝔨̸	k *lind*	Ꞧ ꞧ	ℜ̸ 𝔯̸	r′
Bj bj	𝔅𝔧 𝔟𝔧	b′	L l	𝔏 𝔩	l	S f	𝔖 ſ	z
D d	𝔇 𝔡	d	Ł ł	𝔏̸ 𝔩̸	l′	Ꞩ ꞩ	𝔖̸ ſ̸ 𝔰̸	s
Ds ds	𝔇𝔰 𝔡𝔰	dz	M m	𝔐 𝔪	m	Sch sch	𝔖𝔠𝔥 ſ𝔠𝔥	ž
Dsch dsch	𝔇ſ𝔠𝔥 𝔡ſ𝔠𝔥	dž	Mj mj	𝔐𝔧 𝔪𝔧	m′	Ꞩch ꞩch	𝔖̸𝔠𝔥 ſ̸𝔠𝔥	š
E e	𝔈 𝔢	e	N n	𝔑 𝔫	n	T t	𝔗 𝔱	t
Ê ê	𝔈̂ 𝔢̂	ē	ng	𝔫𝔤	ń	Tsch tsch	𝔗ſ𝔠𝔥 𝔱ſ𝔠𝔥	tš
G g	𝔊 𝔤	g *hart*	Ꞥ ꞥ	𝔑̸ 𝔫̸	n′	U u	𝔘 𝔲	u
Ꞡ ꞡ	𝔊̸ 𝔤̸	g *lind*	ꞥg	𝔫̸𝔤	ń′	Û û	𝔘̂ 𝔲̂	ū
H h	ℌ 𝔥	`	O o	𝔒 𝔬	o	W w	𝔚 𝔴	w
I i	ℑ 𝔦	i	Ô ô	𝔒̂ 𝔬̂	ō	Wj wj	𝔚𝔧 𝔴𝔧	w′
Î î	ℑ̂ 𝔦̂	ī	P p	𝔓 𝔭	p	Z z	ℨ 𝔷	dz

H ist nur Dehnungszeichen, *f*, *ch* und *v* kommen nicht vor, die in fremden Wörtern vorkommenden Laute *q*, *x*, *y* werden *kw*, *ks*, *i* geschrieben.

FINNISCH.

Antiqua	Fraktur	Wert	Antiqua	Fraktur	Wert	Antiqua	Fraktur	Wert	Antiqua	Fraktur	Wert
A a	𝔄 𝔞	a	J j	𝔍 𝔧	y	P p	𝔓 𝔭	p	Y y	𝔜 𝔶	ü
D d	𝔇 𝔡	d	K k	𝔎 𝔨	k	R r	ℜ 𝔯	r	Ä ä	𝔄̈ 𝔞̈	e̲
E e	𝔈 𝔢	e	L l	𝔏 𝔩	l	S s	𝔖 ſ 𝔰	s	Ö ö	𝔒̈ 𝔬̈	ö
G g	𝔊 𝔤	g	M m	𝔐 𝔪	m	T t	𝔗 𝔱	t			
H h	ℌ 𝔥	h	N n	𝔑 𝔫	n	U u	𝔘 𝔲	u			
I i	ℑ 𝔦	i	O o	𝔒 𝔬	o	V v	𝔙 𝔳	v			

Diphthonge sind: *au, ou, eu, iu, öy, ai, oi, ui, äi, öi, ui, ei.* Lange Vokale: *aa, ää, ee, ie (ii), oo (uo), uu, yö, yy.* Die Buchstaben *b, f, c, x, z* kommen nicht vor, in fremden Wörtern wird *c* wie *k*, vor *e, i, y* wie *s* ausgesprochen, *z* kommt nur nach *t* vor, wie im deutschen *tz*, fremdes *z* wird durch *ts* ersetzt, *x* ist *ks*, *b* wird wie *p*, *f* wie *w* und *q* wie *k* ausgesprochen.

BÖHMISCH (ČECHISCH).

Antiqua	Fraktur	Wert	Antiqua	Fraktur	Wert	Antiqua	Fraktur	Wert	Antiqua	Fraktur	Wert
A a	𝔄 𝔞	a	G g	𝔊 𝔤	g	Ó ó	𝔒́ 𝔬́	ō, å	Ů ů	𝔘 𝔲̊	ū
Á á	𝔄́ 𝔞́	ā	H h	ℌ 𝔥	h, χ	ou	𝔬𝔲	ū	V v	𝔙 𝔳	v
B b	𝔅 𝔟	b	I i	ℑ 𝔦	i	P p	𝔓 𝔭	p	Y y	𝔜 𝔶	i̯
C c	ℭ 𝔠	ts	Í í	ℑ́ 𝔦́	ī	R r	ℜ 𝔯	r	Ý ý	𝔜́ 𝔶́	ī̯
Č č	ℭ̌ 𝔠̌	tš	J j	𝔍 𝔧	y	Ř ř	ℜ̌ 𝔯̌	ř	Z z	ℨ 𝔷	z
D d	𝔇 𝔡	d	K k	𝔎 𝔨	k	S s	𝔖 𝔰	s	Ž ž	ℨ̌ 𝔷̌	ž
Ď ď	𝔇̌ 𝔡̌	d'	L l	𝔏 𝔩	l	Š š	𝔖̌ 𝔰̌	š	Qu (kv)	𝔔𝔲 (𝔨𝔳)	kv
E e	𝔈 𝔢	e	M m	𝔐 𝔪	m	T t	𝔗 𝔱	t	X x	𝔛 𝔵	ks
É é	𝔈́ 𝔢́	ē	N n	𝔑 𝔫	n	Ť ť	𝔗̌ 𝔱̌	t'			
Ě ě	𝔈̌ 𝔢̌	ey	Ň ň	𝔑̌ 𝔫̌	ń	U u	𝔘 𝔲	u			
F f	𝔉 𝔣	f	O o	𝔒 𝔬	o	Ú ú	𝔘́ 𝔲́	ū			

Die Laute *qu* und *x* kommen nur in fremden Wörtern vor, auch *g* ist kein čechischer Laut; *c* hat den Laut *ts* auch vor *k*, daher *necky* = *netski̥*, *h* ist am Anfang und in der Mitte ein Hauchlaut, am Ende einer Silbe lautet es wie *χ*; *ř* lautet wie *rš* im deutschen *Büršte*, *ú* und *ů* sind dieselben Laute, letzteres steht dort, wo *o* gedehnt worden ist. Die Konsonanten *s, š, z, ž* werden vor der Ableitungssilbe *ský* nicht ausgesprochen, ebenso ist *j* am Anfange des Wortes vor Konsonanten stumm, wird aber hörbar, sobald demselben eine Silbe, die mit einem Vokale endet, vorangeht, z. B. *nejsem; dc, ds, ts* lauten wie *ts; dš, tš* wie *tš*. Vorwörter, die blos aus einem Konsonanten bestehen, wie *k, s, v, z,* werden beim Lesen zur ersten Silbe des folgenden Wortes zugezogen, dürfen daher nicht am Ende einer Zeile stehen, sondern müssen die neue Zeile anfangen. Die Wörter werden in folgender Weise getheilt: Steht ein Konsonant zwischen zwei Vokalen, oder zwischen einem Vokal und einem *l* oder *r*, so kommt er zur folgenden Silbe, z. B. *stra-ka, ba-vl-na;* sind mehrere Konsonanten beisammen, welchen ein Vokal folgt, so kommt nur der letzte Konsonant zur folgenden Silbe, *sk, šk, st, št* dürfen jedoch nicht getrennt werden, sondern kommen zur folgenden Silbe, dabei bleibt oft in der vorhergehenden Silbe kein Vokal, sondern nur *l* oder *r* in der Mitte derselben, z. B. *hrn-číř;* steht unmittelbar vor dem Vokal ein *l, r* oder *ř*, so nehmen diese auch den vorhergehenden Konsonanten (mit Ausnahme des *n*) zu sich, und ist dieser ein *sk, šk, st, št,* so werden beide zu der folgenden Silbe gezogen, z. B. *kno-flík, žej-dlík.* Wörter, welche zusammengesetzt sind, werden so getrennt wie sie entstanden sind, z. B. *ou-voz.*

WENDISCH (SORBISCH).

Zeichen	Wert	Zeichen	Wert	Zeichen	Wert	Zeichen	Wert	Zeichen	Wert
a	a	dž, dż	dž	j	y	ó	ọ	u	u
b	b	e	e	l	l	ò	å	v, w	v
b′	b′	é, ė	ẹ	lj, l′, lʻ	l′	p	p	w′	v′
c, cz, z	tz	f	f	ł, w	ł (w)	p′	p′	y	i̯
c̀, ć, cž, cż	tś	f′	f′	m	m	r	r	z	z
č, tž, cž, tsch	tš	g	g	m′	m′	r′	r′	ž, ẑ, ż	ž
d	d	h	χ	n	n	s	s		
dz, ds	dz	ch, k	k	n′	n′	š, sch	š		
ds, tz, ts	ts	i	i	o	o	t	t		

Die wendische Sprache, welche in der Lausitz heimisch ist, wird verschieden geschrieben, wesshalb oben die abweichenden Beziehungen desselben Lautes nebeneinander gestellt sind, eine Verschiedenheit in der Aussprache hat *ł*, welches nur im Nordosten wie ein grobes *l* gesprochen wird, während es bei den übrigen Wenden zu einem *w* geworden ist und auch wie dieses geschrieben wird; *tz* und *ts* unterscheiden sich durch die härtere Aussprache des letzteren, so dass die Skala *dz, tz, ts* ist.

POLNISCH.

Zeichen	Wert	Zeichen	Wert	Zeichen	Wert	Zeichen	Wert	Zeichen	Wert	Zeichen	Wert
A a	a	dź	dź	K k	k	p	p′	W w	v	ję	yẽ
ą	õ	E e	e	L l	l	R r	r	ẃ	v′	jo	yo
B b	b	ę	ẽ	Ł ł	ł	rz	ř (ž)	X x	ks	ju	yu
b′	b′	é	ẹ, i̯	M m	m	S s	s	Y y	i̯	ay	ay
C c	ts	F f	f	ḿ	m′	ś	ś	Z z	z	ey	ey
c′	tś	f′	f′	N n	n	ść	śtś	ź	ź	óy	ọy
cz	tš	G g	g	ń	n′	sz	š	ż	ž	uy	uy
ch	χ	H h	h	O o	o	szcz	štš	ja	ya	yy	i̯y
D d	d	I i	i	ó	ọ	T t	t	ją	yõ	jaj	yay
dz	dz	J j	y	P p	p	U u	u	je	ye	jej	yey

SLOVAKISCH.

Zeichen	Wert	Zeichen	Wert	Zeichen	Wert	Zeichen	Wert	Zeichen	Wert	Zeichen	Wert
𝔄 𝔞	a	𝔉 𝔣	f	𝔏 𝔩	l	ℜ 𝔯	r	ℨ 𝔷	z	𝔑̌ 𝔫	ń (ny)
𝔅 𝔟	b	𝔊 𝔤	g	𝔐 𝔪	m	𝔖 ſ 𝔰	s	ℭ𝔥 𝔠𝔥	χ	𝔖̌ ſ̌	š (s)
ℭ 𝔠	ts	ℌ 𝔥	h	𝔑 𝔫	n	𝔗 𝔱	t	ℭ̌ 𝔠̌	tš (cs)	𝔗̌ 𝔱̌	t' (ty)
𝔇 𝔡	d	ℑ 𝔦	i	𝔒 𝔬	o	𝔘 𝔲	u	𝔇̌ 𝔡̌	d'	ℨ̌ 𝔷̌	ź (zs)
𝔈 𝔢	e	𝔎 𝔨	k	𝔓 𝔭	p	𝔚 𝔴	w	𝔊̌ 𝔤̌	g		

Es fehlen: *j* als Konsonant, *q*, *ś*, *š*, *v*, *y*, welche durch 𝔦, 𝔨, ſ̓, 𝔨ſ̓, 𝔧𝔦 ersetzt werden. Ausser den obigen accentirten Buchstaben kommt noch 𝔩' vor, welches eine weiche Aussprache besitzt. Diphthonge werden nicht gebraucht, čechisch *ay*, *ey* etc. werden 𝔞𝔤, 𝔢𝔤 etc., *au* wird in 𝔲́ verwandelt, 𝔞́, 𝔢́, 𝔦́, 𝔬́, 𝔲́ sind stets lange Vokale. Wo ein Apostroph bei einem Worte steht, zeigt es an, dass der Vokal *i* oder die Silbe *eg* ausgelassen ist.

MAGYARISCH (UNGARISCH).

Zeichen	Wert	Zeichen	Wert	Zeichen	Wert	Zeichen	Wert
A a	å	G g	g	N n	n	T t	t
Á á	ā	Gy gy (dj, dy)	d'	Ny ny	n'	Ty ty	t'
B b	b	H h	h	O o	o	U u	u
Cs cs (ch, ts)	tš	I i	i	Ó ó	ō	Ú ú	ū
Cz cz (c, tz)	ts	Í í	ī	Ö ö	ö	Ü ü	ü
D d	d	J j (y)	j	Ő ő	ō̤	Ű ű	ṳ̄
Ds ds	dž	K k	k	P p	p	V v	w
E e	ĕ̱, ẹ̆	L l	l	R r	r	(Y y)	(i)
É é	ē (e^{i})	Ly ly	l'	S s	š	Z z	s
F f	f	M m	m	Sz sz	s	Zs zs (ž)	ž

Die eingeklammerten Zeichen sind ältere, die gegenwärtig nicht mehr im Gebrauche sind, *y* kommt nur in Namen (z. B. *Pálffy*) als selbstständiger Laut vor, sonst dient es stets zur Erweichung der Konsonanten. Das *e* hat den Laut e̱ vor einem Konsonanten, z. B. *kérelem* = *kē̱re̱le̱m*, wie ẹ lautet es nach zwei Konsonanten und wenn der Ton darauf ruht.

TELEGRAPHIE.

Das Bedürfniss nach einer Fernschrift (Telegraphie) war schon im Alterthum vorhanden; es ist so alt als Reiche bestehen, da die Fürsten in schnelle Kenntniss von den Vorgängen an den Grenzen gesetzt werden und ebenso die Bewohner schnell zusammen gerufen werden müssen, wenn ein Feind droht. Der älteste Telegraph war ein optischer und zwar das Panier (hebräisch נס), welches auf Bergen oder Thürmen aufgepflanzt wurde, sobald eine Gefahr drohte. So heisst es Jesaias 5, 26 „Und er wird ein Panier aufwerfen ferne unter die Heiden und dieselbigen locken vom Ende der Erde. Und siehe, eilend und schnell kommen sie daher". So soll auch Klytämnestra die Kunde von der Eroberung Troja's noch in derselben Nacht durch Feuersignale auf 9 Zwischenstationen nach dem 70 Meilen entfernten Argos befördert haben. 450 v. Chr. sollen Kleoxenos und Demokritos einen Buchstabentelegraphen hergestellt haben, indem sie die 25 Buchstaben in fünf Reihen auf eine Tafel schrieben und nun durch 1 bis 5 auf der linken Seite einer Blende vorgehaltene Fackeln (am Tage durch Flaggen) angaben, in welcher Reihe der zu telegraphirende Buchstabe stand, während sie durch 1 bis 5 gleichzeitig auf der rechten Seite vorgehaltene Fackeln anzeigten, der wievielste Buchstabe in dieser Reihe gemeint war. Auf einen ähnlichen Gebrauch weist die markomannische Geheimschrift und die irische Oghamschrift hin. Ein weiterer Fortschritt geschah mit dem Zeichentelegraphen (Semaphoren), welche mittelst beweglicher Lineale geometrische Figuren darstellen. Dieselben wurden im Kriegsdienste und bis zur Einführung des elektrischen Telegraphen im Eisenbahnverkehr angewendet. Am meisten ausgebildet wurde die optische Telegraphie in der Marine, welche Signalflaggen verschiedener Form und Farbe und 18 Figuren (B bis W) zu 78.642 Bedeutungen verwendet, wobei nie mehr als 4 Figuren zu einem Signale nöthig sind. So telegraphirte ein Schiff 1870 dem andern: IN (Krieg zwischen) - BGLP (Frankreich) - BDCQ (Deutschland) - NVM (Sie laufen Gefahr, aufgebracht zu werden) - MHP (Ändern Sie Curs) - BPDH (Pernambuco) - DSHK (Sicher). Für seine eigene Marine hat jedes Land noch ein eigenes System, welches vor andern Nationen geheim gehalten wird.

TELEGRAPHISCHES ALPHABET.

Zeichen	Wert	Zeichen	Wert	Zeichen	Wert
· —	a	— ·	n	· · · — —	3
· — — · —	á	— — —	o	· · · · —	4
· — · —	ä	— — — ·	ö	· · · · ·	5
— · · ·	b	· — — ·	p	— · · · ·	6
— · — ·	c	— — · —	q	— — · · ·	7
— — — —	ch	· — ·	r	— — — · ·	8
— · ·	d	· · ·	s	— — — — ·	9
·	e	—	t	— — — — —	0
· · — · ·	é	· · —	u	· · · · · ·	.
· · — ·	f	· · — —	ü	— · — · — ·	;
— — ·	g	· · · —	v	· — · — · —	,
· · · ·	h	· — —	w	— — — · · ·	:
· ·	i	— · · —	x	· · — — · ·	?
· — — —	j	— · — —	y	— — · · — —	!
— · —	k	— — · ·	z	— · · · · —	„
· — · ·	l	· — — — —	1	· — — — — ·	'
— —	m	· · — — —	2	— — — — — —	/

Der Amerikaner Morse gerieth im Jahre 1832 auf den Gedanken, den Elektromagnetismus zur Herstellung einer telegraphischen Verbindung anzuwenden. Nach verschiedenen erfolglosen Versuchen konnte er 1835 der New-Yorker Universität ein Modell seines „Recording electric telegraph“ vorlegen. 1837 nahm er in Washington ein Patent auf seine Erfindung zu derselben Zeit, wo Wheatstone in England und Steinheil in Baiern magnetische Telegraphen zu Stande gebracht hatten. Der des Letzteren stimmte im Prinzip mit dem Morse'schen überein, erwies sich aber wegen seines feinen und complicirten Mechanismus für grössere Linien nicht zweckmässig. Steinheil befürwortete desshalb selbst die Einführung des Morse'schen Telegraphen, welcher sich auch allen späteren Versuchen gegenüber durch seine Einfachheit und leichte Verwendbarkeit bis jetzt erhalten hat. Morse's System besteht darin, dass von einem durch den Strom erregten Elektromagnete ein Anker mit einem Stift angezogen wird, welcher, je nachdem man mittelst eines Tastendruckes den Strom kürzere oder längere Zeit wirken lässt, einen Punkt oder einen Strich in einen vorbeipassirenden Papierstreifen ritzt. Aus diesen Punkten und Strichen ist das obige Alphabet zusammengesetzt, welches in allen Ländern, wo der Morse'sche Telegraph eingeführt ist, angewendet wird; das *á* ist eine für die ungarische Sprache hinzugekommene Neuerung; in polnischen Wörtern werden für *ą, ę, ó* die Zeichen von *ä, é, ö* gebraucht.

STENOGRAPHIE.

Die Stenographie ist eine Erfindung der Neuzeit, sie stellt statt der historischen Buchstaben neue einfachere Zeichen auf, mit denen man sehr schnell schreiben kann.

Im Alterthume finden wir derlei Versuche in der Tachygraphie der Griechen (S. 177) und in den tironischen Noten der Römer (S. 193).

In der neueren Zeit wurde der schnellschriftliche Gedanke zuerst von den Engländern aufgegriffen, und JOHN WILLIS war der erste, der im Jahre 1602 ein eigenes Alphabet aufstellte. Er und seine Nachfolger beschränkten sich darauf, kurze Lautzeichen und Abbreviaturen zu schaffen.

Eine theoretische Grundlage der Stenographie schuf 1767 JOHN BYROM, welcher sein System auf phonetischer Grundlage aufbaute und lehrte, dass die am häufigsten vorkommenden Laute die kleinsten, die am meisten sich verbindenden die verbindungsfähigsten Zeichen erhalten müssen. Als die einfachsten Formen der Schrift wählte BYROM die einfachsten geometrischen Zeichen: — | / \ ◡ ◠) (◟ ◞ ◝ ◜ c. Die Vokale bezeichnete er durch Punkte, die in verschiedener Stellung den Konsonanten beigefügt wurden.

SAMUEL TAYLOR (1786) vereinfachte diese Schrift, er liess die Vokale meist unbezeichnet, oder bezeichnete sie unterschiedslos durch einen Punkt, auch beschränkte er die Zahl der Abkürzungen auf ein Minimum. TAYLOR's System ist wegen seiner ausserordentlichen Einfachheit fast auf alle Sprachen Europas übertragen worden und bei den meisten Parlamenten zur Anwendung gelangt; doch ist die Leichtigkeit der Erlernung seiner Schrift nur eine scheinbare, da eine sehr grosse Übung dazu gehört, diese vokallose Schrift lesen zu können.

Daher suchte man in der Folge die stenographische Schrift wieder lesbarer zu machen und am besten gelang dies in England ISAAC PITMAN (1837), welcher seine Schrift „Phonographie“ nannte, weil sie eine genaue Wiedergabe der Laute gestattet. PITMAN verwendet dieselben geometrischen Zeichen wie seine Vorgänger und bezeichnet auch die Vokale durch Punkte in verschiedener Stellung und Stärke, eine grössere Kürze gab er seiner Schrift durch Modificationen der Zeichen, sowie durch Abbreviaturen. Sein System hat in England und Nordamerika Verbreitung gefunden.

STENOGRAPHIE.

In Deutschland emancipirte sich Gabelsberger (1834) von der früher üblichen Nachahmung der englischen geometrisch-stenographischen Zeichen, indem er die flüchtigsten Theilzeichen der Currentbuchstaben zur Darstellung der Laute wählte. Sein Streben war besonders auf die Verbindung und Verschmelzung der Schriftzeichen zu einem Wortbilde gerichtet, wesshalb er seine Lehre „Redezeichenkunst“ nannte. Die Vokale vereinigte er mit den Konsonanten zu einem Schriftzuge, oder drückte dieselben durch verschiedene Stellung der Konsonantenzeichen zueinander aus. Dadurch gestaltete sich seine Schrift leicht lesbar und schreibflüchtig, aber anderseits wurde durch die verschiedenartige Vokalbezeichnung die Lehre verwickelt. Für die gebräuchlichsten Wörter, insbesondere für die Formwörter, stellte Gabelsberger Abkürzungen (Siglen) auf, ausserdem schuf er, angeregt durch das Studium der tironischen Noten, ein freies Abkürzungsverfahren, welches auf der Syntax beruht und diejenigen Wörter kürzt, welche aus dem Zusammenhange des Satzes sich logisch folgern lassen. Darnach kann ein und dasselbe Zeichen verschiedene Wörter bedeuten, anderseits jedes Wort durch ein charakteristisches Zeichen vertreten werden. Gabelsberger's Stenographie hat in Deutschland eine grosse Verbreitung gefunden, ist als Unterrichtsgegenstand in vielen Schulen eingeführt und wurde auf die meisten europäischen Sprachen übertragen.

Wilhelm Stolze (1840) suchte der Stenographie eine sprachwissenschaftliche Grundlage und eine genaue Lautbezeichnung zu geben. Er unterschied daher zwischen Stammsilben und Nebensilben, schrieb nur jene vollständig und kürzte diese ab. Ausserdem stellte er noch viele Abkürzungen für Begriffswörter auf, welche jedoch in neuerer Zeit von einem Theile seiner Anhänger wieder (als unnütze Belastung des Gedächtnisses) abgeschafft wurden. Ein Übelstand der Stolze'schen Schrift ist die mangelnde Einheit der Schriftzeile, da durch die Stellung der Wörter zur Schreiblinie der Vokal ausgedrückt wird. Stolze's System hat besonders in Norddeutschland und in der Schweiz Verbreitung gefunden, es wird auch in Ungarn angewendet.

Carl Faulmann suchte in seinem System der Phonographie eine Schrift aufzustellen, welche die Vorzüge der Schnellschrift mit der leichten Erlernbarkeit der Currentschrift vereinigt und letztere an Genauigkeit der Lautbezeichnung übertrifft. Seine Vokalzeichen verbinden sich mit allen Konsonantenzeichen gleichmässig. Der erste Buchstabe jedes Wortes bezeichnet die Schriftzeile, es ist daher eine Zeilenlinie nicht nothwendig. Für den gewöhnlichen Gebrauch ist jede Abkürzung der Wörter, da die Schrift an sich sehr kurz ist, überflüssig; für das Nachschreiben von schnellen Reden dient ein einfaches Abbreviaturverfahren, wie sich dasselbe in der Currentschrift von selbst gebildet hat.

ENGLISCHE STENOGRAPHIE VON TAYLOR.

Zeichen	Wert	Wortbedeutung	Zeichen	Wert	Wortbedeutung
	b	be, by, been	—	s	his, is, as, us
/	d	do, did	|	t	that, time
\	f v	off, of, if		w	with, which, who
)	g	god, give, go		ks	example, except
	h	have, he		y	you, your, year
	k q	know, known, no	(	tš	such, chance
	l	lord, all		š	shall, shalt
	m	me, my, many		θ	the, thee, they
	n	hand, and, an, in		ios	conscious, judicious
	p	peace, person	o	etc.	
r	r	are, air, our, or	⌐	viz	

Ein Punkt vor dem Worte oder nach dem Worte zeigt an, dass ein Vokal vor oder nach dem Worte zu lesen sei, gleichviel welcher, die Vokale in den Wörtern bleiben unbezeichnet.

b kann unbezeichnet bleiben in *number* u. s. w.

c wird durch *k* oder *s* ersetzt, jenachdem es gesprochen wird.

d wird am Ende der Wörter durch *t* ersetzt.

gh bleibt unbezeichnet oder wird durch *f* ersetzt.

h bleibt unbezeichnet.

Die Nachsilbe *ly* wird durch einen Punkt unter dem Worte bezeichnet.

Die Nachsilbe *ment* wird durch *m* ausgedrückt.

r wird auch durch / ersetzt, welches zum Unterschiede von *d* aufwärts geschrieben wird; ersteres wird gebraucht, wenn sonst kein Konsonant im Worte ist oder nur zwei *r*, sonst werden zwei *r* durch das verlängerte /, also ⁄, ausgedrückt.

w kann unbezeichnet bleiben, in *answer, fellow* etc.

y wird nur am Anfang geschrieben, am Ende durch einen Punkt ersetzt.

Folgen zwei Konsonanten auf einander, so wird das betreffende Zeichen grösser geschrieben.

Die Endsilbe *ing* wird durch einen kleinen Strich bezeichnet, z. B. ˜/ *king, ings* durch dasselbe tiefer gestellte Zeichen ˜, *kings; tion* wird durch einen Punkt über dem Zeichen, z. B. ˙ *nation, tions* durch einen Strich über dem Zeichen dargestellt, z. B. ´ *nations.*

Bei der Übertragung dieses Systems auf die französische und deutsche Sprache wurden die Zeichen grösstentheils beibehalten und nur andere Wortbedeutungen beigegeben.

I. PITMAN'S ENGLISCHE PHONOGRAPHIE.

Vokale.

Antiqua	Cursiv	Schreibschrift	Stenographie	Antiqua	Cursiv	Schreibschrift	Stenographie	Antiqua	Stenographie	Antiqua	Stenographie
Ɑ ɑ	*Ɑ ɑ*	*Ɑ ɑ*	·|	A a	*A a*	*A a*	·|	i, ay	|	woh	|
Ɛ ɛ	*Ɛ ɛ*	*Ɛ ɛ*	·|	E e	*E e*	*E e*	·|	oi, oy	|	woo	|
Ɩ ɩ	*Ɩ ɩ*	*Ɩ ɩ*	.|	I i	*I i*	*I i*	.|	ow	^|	yah	|
Ꞷ ω	*Ꞷ ω*	*Ꞷ ω*	-|	O o	*O o*	*O o*	-|	wah	|	yeh	|
Ɵ ơ	*Ɵ ơ*	*Ɵ ơ*	-|	Ȣ ȣ	*Ȣ ȣ*	*Ȣ ȣ*	-|	weh	|	yee	|
Ɯ ɯ	*Ɯ ɯ*	*Ɯ ɯ*	_|	U u	*U u*	*U u*	_|	wee	|	yaw	|
Ɨ ɨ	*Ɨ ɨ*	*Ɨ ɨ*	v|	Ʉ ʉ	*Ʉ ʉ*	*Ʉ ʉ*	|	waw	|	yoo	|

Konsonanten.

Antiqua	Cursiv	Schreibschrift	Stenographie	Antiqua	Cursiv	Schreibschrift	Stenographie	Antiqua	Cursiv	Schreibschrift	Stenographie
P p	*P p*	*P p*	\	F f	*F f*	*F f*	(	M m	*M m*	*M m*	⌒
B b	*B b*	*B b*	\	V v	*V v*	*V v*	(	N n	*N n*	*N n*	‿
T t	*T t*	*T t*	|	Ŧ ŧ	*Ŧ θ*	*Ŧ θ*	(	Ŋ ŋ	*Ŋ ŋ*	*Ŋ ŋ*	‿
D d	*D d*	*D d*	|	Đ đ	*Đ đ*	*Đ đ*	(	L l	*L l*	*L l*	(
Ͼ ç	*Ͼ ç*	*Ͼ ç*	/	S s	*S s*	*S s*	)	R r	*R r*	*R r*	/
J j	*J j*	*J j*	/	Z z	*Z z*	*Z z*	)	W w	*W w*	*W w*	/
K k	*K k*	*K k*	—	Σ ʃ	*Σ ʃ*	*Σ ʃ*	)	Y y	*Y y*	*Y y*	/
G g	*G g*	*G g*	—	Ʒ ʒ	*Ʒ ʒ*	*Ʒ ʒ*	)	H h	*H h*	*H h*	/

Nach dem Standard-Alphabet bedeuten obige Zeichen: *ā, ē, ī, ō, ō̤, ū, ei, ă, ĕ, ĭ, ŏ, ŏ̤, ŭ, yu, p, b, t, d, tš, dž, k, g, f, v, θ, ð, s, z, š, ž, m, n, ṅ, l, r, w, y, h.*

Die Konsonantenzeichen bilden den Körper des Wortes, die Vokalzeichen werden in die Wörter geschrieben, z. B.

pack gate get cope cup sake soap such

task peas science society chaos zion

registry express talk talked.

Eine Vergrösserung des Zeichens bedeutet die doppelte Aussprache, z. B. *pass*, *passes*, *cause*, *causes*, oder die Zufügung von *tr*, z. B. *father*, *neither*, *mother*, *letter*, *inventor*. Das *h* wird auch durch einen kleinen Strich bezeichnet, *hm*, *hl*, *hr*, *hthr*. Endlich gibt es Abkürzungen für Vor- und Nachsilben und für Stammsilben, z. B. *selfcontrol*, *eating*, *doing*, *friendship*.

Die übrigen Konsonantenverbindungen zeigt die folgende Übersicht.

I. PITMAN'S ENGL. PHONOGRAPHIE. LIGATUREN.

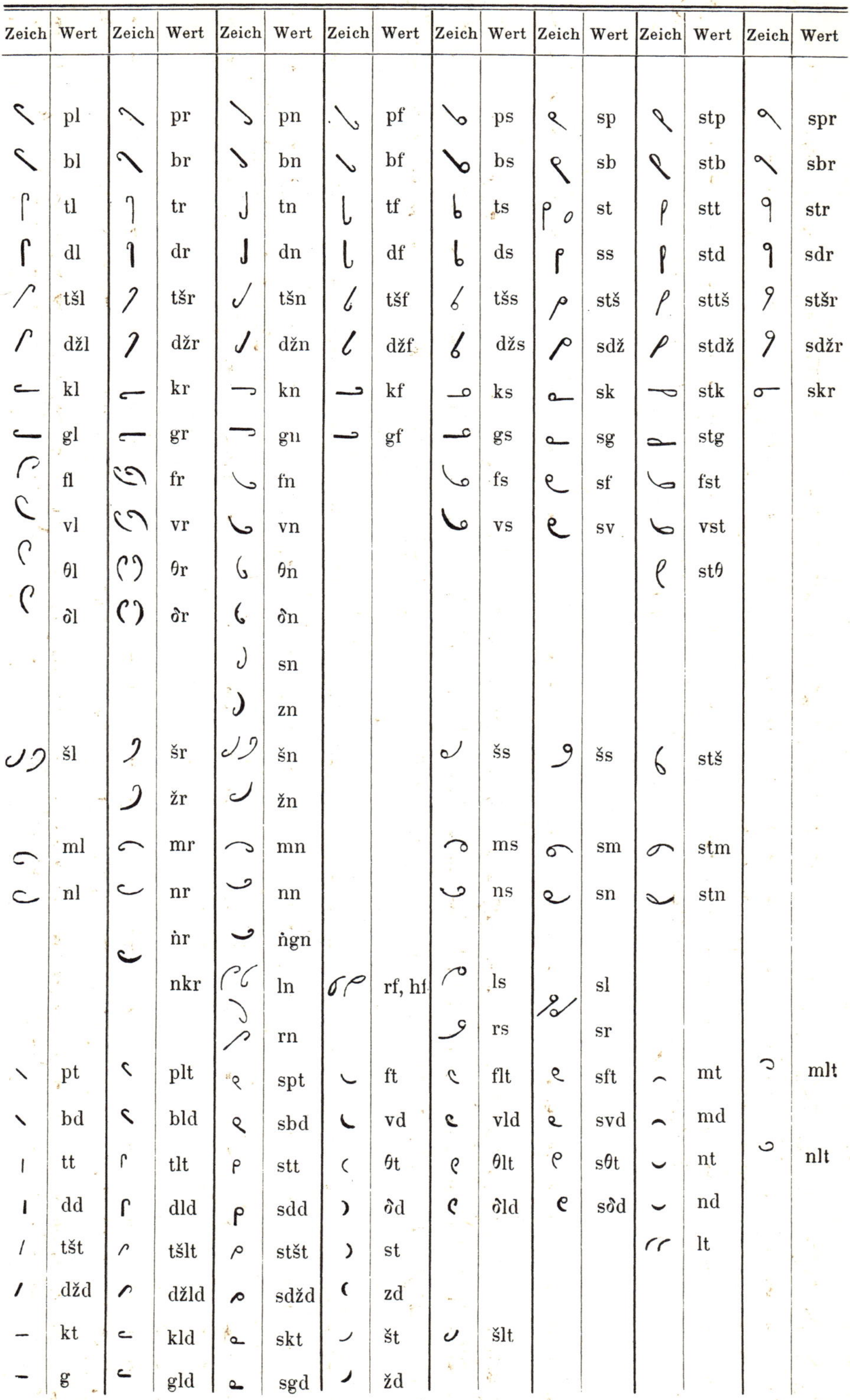

Zeich	Wert	Zeich	Wert	Zeich	Wert	Zeich	Wert	Zeich	Wert	Zeich	Wert	Zeich	Wert	Zeich	Wert
	pl		pr		pn		pf		ps		sp		stp		spr
	bl		br		bn		bf		bs		sb		stb		sbr
	tl		tr		tn		tf		ts		st		stt		str
	dl		dr		dn		df		ds		ss		std		sdr
	tšl		tšr		tšn		tšf		tšs		stš		sttš		stšr
	džl		džr		džn		džf		džs		sdž		stdž		sdžr
	kl		kr		kn		kf		ks		sk		stk		skr
	gl		gr		gn		gf		gs		sg		stg		
	fl		fr		fn				fs		sf		fst		
	vl		vr		vn				vs		sv		vst		
	θl		θr		θn								stθ		
	ðl		ðr		ðn										
					sn										
					zn										
	šl		šr		šn				šs		šs		stš		
			žr		žn										
	ml		mr		mn				ms		sm		stm		
	nl		nr		nn				ns		sn		stn		
			ṅr		ṅgn										
			nkr		ln		rf, hf		ls		sl				
					rn				rs		sr				
	pt		plt		spt		ft		flt		sft		mt		mlt
	bd		bld		sbd		vd		vld		svd		md		
	tt		tlt		stt		θt		θlt		sθt		nt		nlt
	dd		dld		sdd		ðd		ðld		sðd		nd		
	tšt		tšlt		stšt		st						lt		
	džd		džld		sdžd		zd								
	kt		kld		skt		št		šlt						
	g		gld		sgd		žd								

GABELSBERGER'S DEUTSCHE STENOGRAPHIE.

Zeichen	Wert	Zeichen	Wert	Zeichen	Wert	Zeichen	Wert	Zeichen	Wert
	a		ei		n		b		kw
	e		ai		ṅ		p		sp
	i		eu		h		f		st
	o		au		g		v		ks
	u		e̲u		χ χ́		s		ts
	e̲		l		k		š		tš
	ö		r		y		d		(c)
	ü		m		w		t		(y)

Ligaturen.

	ur		rp		χt		dp		tsw-f
	ür		pr		šn		s-ts		tp
	ein		kwr		šl		st-ts		tf
	rr		rs		spl		kom		stf
	ss		rt		nd		kmp		stp
	mm		tr		χs		hn		špf
	tt		tšr		χst		hṅ		šlpf
	rb		rv		ls		hnd		šnpf
	br		rw		bs		kwn		šrpf
	rd		wr		ds		hl		tšlpf
	dr		rz		ms		χl		χš
	rf		šw		ns		šf		χšl
	gr		tsw		ps		šlf		χšr
	hr		šm		pf		šnf		χšw
	χr χ́r		mp		hf		šwf		χšn
	kr		mpf		df		ts-f		χ-ts

Die Vokale werden meist symbolisch im Konsonantenzeichen ausgedrückt, u. z. *e* durch die einfache Verbindung, z. B. *leben*; *a* durch die Verstärkung des folgenden Zeichens, z. B. *wagen* (in den mit *f* und *t* endigenden Silben wird das vorausgehende Zeichen verstärkt, z. B. *kater*), ferner durch Mittelstellung, z. B. *lam*, *mal*; *i* durch Verdichtung in *wi* *pi*, *vi*, *fi*, *di*, *ti*, *χi*, *if*, *ip*, *iv*, *it*, *its*, sonst durch Hochstellung des folgenden Zeichens, z. B. *himmel*, stehen kleine Zeichen vor mittleren oder langen, so wird das vorausgehende Zeichen hochgestellt. z. B.

ligen, in *t* und *ts* wird *i* durch Steilstellung ausgedrückt, z. B. *biten;* *o* wölbt Zeichen: *bo,* *do,* *go,* *ho,* *ko,* *lo,* *mo,* *no,* *po,* *kwo,* *ro,* *to,* *vo,* *wo,* aber nicht , folgt auf diese ein *o,* so wird es auf den folgenden Konsonanten übertragen, z. B. *sommer;* *u* wird durch Tiefstellung im folgenden Zeichen ausgedrückt, z. B. *buch,* stehen kleine Zeichen vor mittleren oder langen, so wird das vorausgehende Zeichen tiefgestellt, z. B. *rum,* ferner wird *u* verschmolzen in *bu,* *du,* *lu,* *mu,* *pu,* *ru,* *tu,* *wu,* *ug,* *um,* *up,* *us,* *uš,* *ut,* *ur,* welches letztere ebenso wie verbunden wird; *e* wird durch Verstärkung und Dehnung ausgedrückt, z. B. *meren;* *ö* durch breite Wölbung, z. B. *römer;* *ü* mittelst Durchkreuzung, z. B. *tür,* oder Verschmelzung des wie des *u;* *ei* durch schräge Lage in *eif,* *eit,* *eiχ,* *eits,* oder Verlängerung in *ein;* *au* wird durch Tiefstellung (wie bei *u*) und Verstärkung ausgedrückt, z. B. *baum,* *raum;* *eu* und *eu* werden, wie *ei,* mit Tiefstellung resp. Verstärkung bezeichnet, z. B. *šeune,* *beume.* Als Anlaute werden die Vokale buchstäblich geschrieben, ausser in *eṅ,* *erb,* *erd,* *end,* *eχt,* *erst,* *eχtsen,* *al,* *ar,* *ir,* *il,* *ul,* *aṅ,* *iṅ,* *uṅ,* *im,* *it,* *if,* *ip,* *iz,* *eit,* *eif,* *eiχ,* *aust.* Als Auslaut wird der Vokal buchstäblich geschrieben und möglichst mit dem Konsonantenzeichen verschmolzen.

Von den alphabetischen Zeichen der Konsonanten ist Anlaut, Auslaut; lautet zwischen zwei Konsonanten kein Vokal, so werden sie verschmolzen oder ineinander geschlungen (siehe Ligaturen), man unterscheidet: *erde,* *rede;* die Verdoppelung wird nicht immer berücksichtigt. Manche Zeichen haben als Sigeln an sich oder in verschiedener Stellung verschiedene Bedeutung.

Abkürzungen.

Zeichen	Bedeutung	Zeichen	Bedeutung	Zeichen	Bedeutung	Zeichen	Bedeutung
.	ab-, ad-		-bar		durch		einmal
·	war		circum, circa		diese, dis-		für, -fach
..	ana-		das, dass		Disciplin		Freund
	also		seid		eine		ferner
	bald		darf		eben		dürfe
	bin, bist		das heisst		etwa		dürfte
	bleiben		desto		etwas		durfte
	besonders		dich		sei		oft
	aber		doch		einem		Schrift

Zeichen	Bedeutung	Zeichen	Bedeutung	Zeichen	Bedeutung	Zeichen	Bedeutung
	ganz		-lich		plötzlich		ultra
	mag		lassen		Paragraph		Universität
	gegen		will		Pfund, Pfennig		uns
	glaube		soll		Quelle		-ung
	gleich		dem		er, her- (ab etc.)		auf
	gross		am		wäre		üb-, über
	Grund		um		irgend		würde
	-graphie		im, ihm		des		euer
	ge-, gewesen, gehabt		-sammen		es		aus
	gegeben		immer		muss		brauchen
	gemein		immermehr		sie		äuss
	gerecht, Gericht		hin- (ab etc.)		sub		ausserordentlich
	haben, -haft		an		so		Volk
	handhaben		den		solche		ver-
	halb		könne		sonst		vor
	-heit		ein		statt, Staat		von
	her		sein (Hfzw.)		müsst		wir, wenig
	hierüber		nun		musst		werden
	hin		einen, können		selbst		welche
	hinein		nur		stets		wegen
	mochte		einer		Mensch		wider, wieder
	möchte		eines		schon		was
	ich, ihn, in		sind		schreiben		zu (Präp.)
	ist		könnte		special, speciell		zu (Adv.)
	inter-		unter		sprechen		zum Beispiel
	-jenige		unten		nicht		zurück
	jemand		neben		hatte		zusammen
	jedermann		entweder		hätte		zwischen
	jedweder		noch		tief		Ziehung
	kann		ob		konnte		Überzeugung
	Kaiser		worden, geworden		trans-		Hundert
	König		ohne		-tisch, deutsch		Tausend
	kein		möge		-schaft		Million
	Kreis		Oesterreich		un-, und		Jesus, mehr
	-selbe		Punkt		wurde		Christus

GABELSBERGER'S STENOGRAPHIE-TYPEN.

Nr.	Zeichen	Nr.	Zeichen	Nr.	Zeichen	Nr.	Zeichen
1	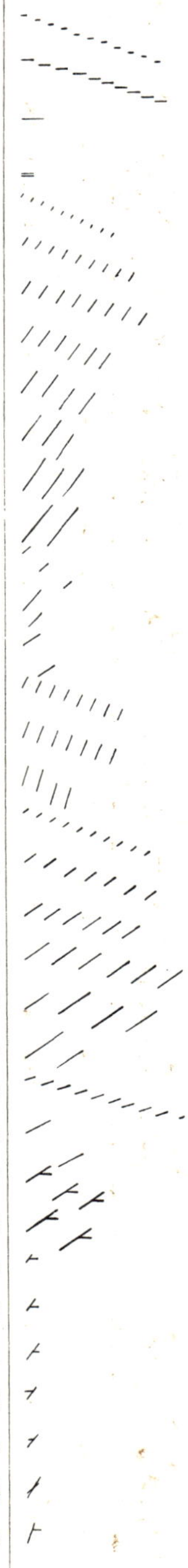	36	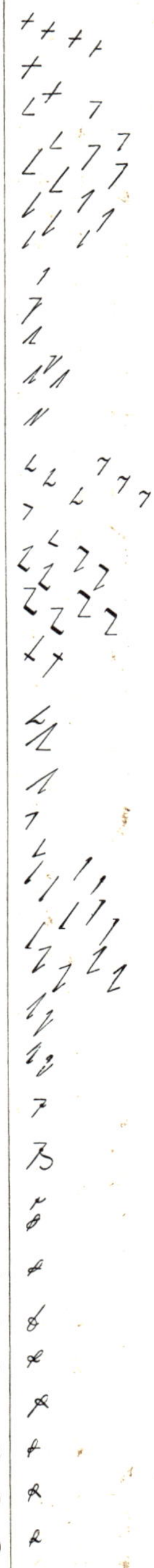	71	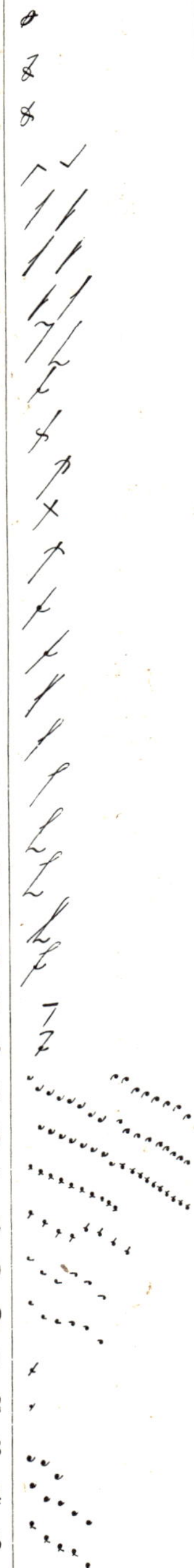	106	
2		37		72		107	
3		38		73		108	
4		39		74		109	
5		40		75		110	
6		41		76		111	
7		42		77		112	
8		43		78		113	
9		44		79		114	
10		45		80		115	
11		46		81		116	
12		47		82		117	
13		48		83		118	
14		49		84		119	
15		50		85		120	
16		51		86		121	
17		52		87		122	
18		53		88		123	
19		54		89		124	
20		55		90		125	
21		56		91		126	
22		57		92		127	
23		58		93		128	
24		59		94		129	
25		60		95		130	
26		61		96		131	
27		62		97		132	
28		63		98		133	
29		64		99		134	
30		65		100		135	
31		66		101		136	
32		67		102		137	
33		68		103		138	
34		69		104		139	
35		70		105		140	

GABELSBERGER'S STENOGRAPHIE-TYPEN.

Nr.	Zeichen	Nr.	Zeichen	Nr.	Zeichen	Nr.	Zeichen
141		176		211		246	
142		177		212		247	
143		178		213		248	
144		179		214		249	
145		180		215		250	
146		181		216		251	
147		182		217		252	
148		183		218		253	
149		184		219		254	
150		185		220		255	
151		186		221		256	
152		187		222		257	
153		188		223		258	
154		189		224		259	
155		190		225		260	
156		191		226		261	
157		192		227		262	
158		193		228		263	
159		194		229		264	
160		195		230		265	
161		196		231		266	
162		197		232		267	
163		198		233		268	
164		199		234		269	
165		200		235		270	
166		201		236		271	
167		202		237		272	
168		203		238		273	
169		204		239		274	
170		205		240		275	
171		206		241		276	
172		207		242		277	
173		208		243		278	
174		209		244		279	
175		210		245		280	

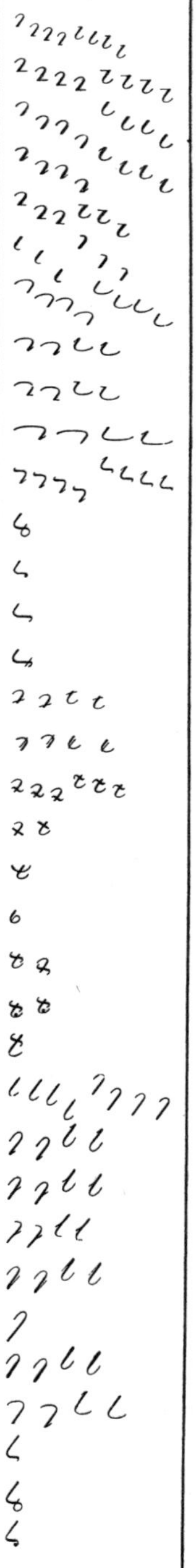

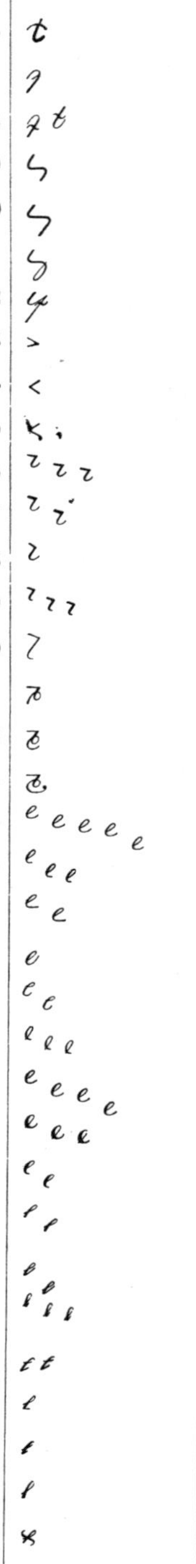

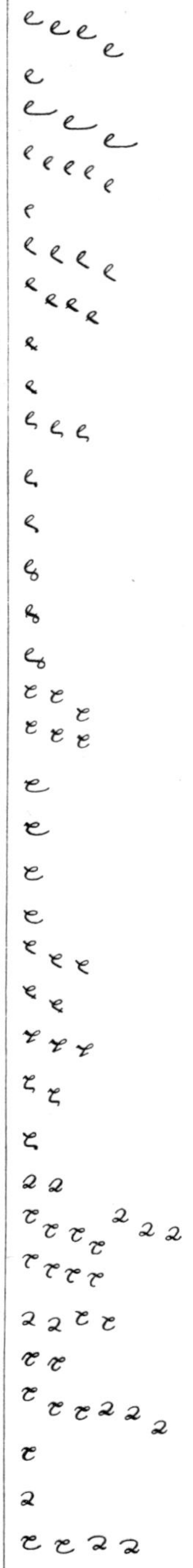

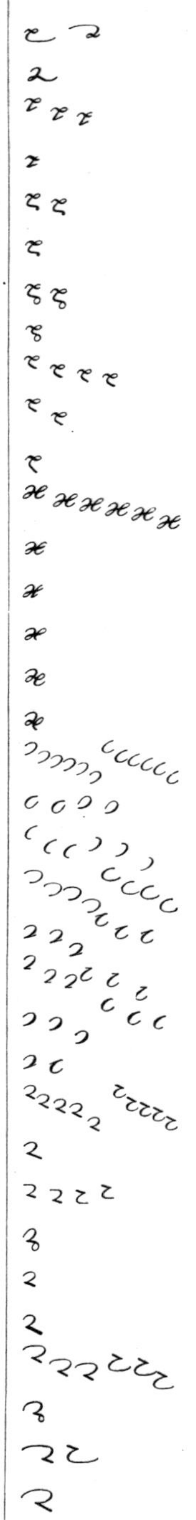

GABELSBERGER'S STENOGRAPHIE-TYPEN.

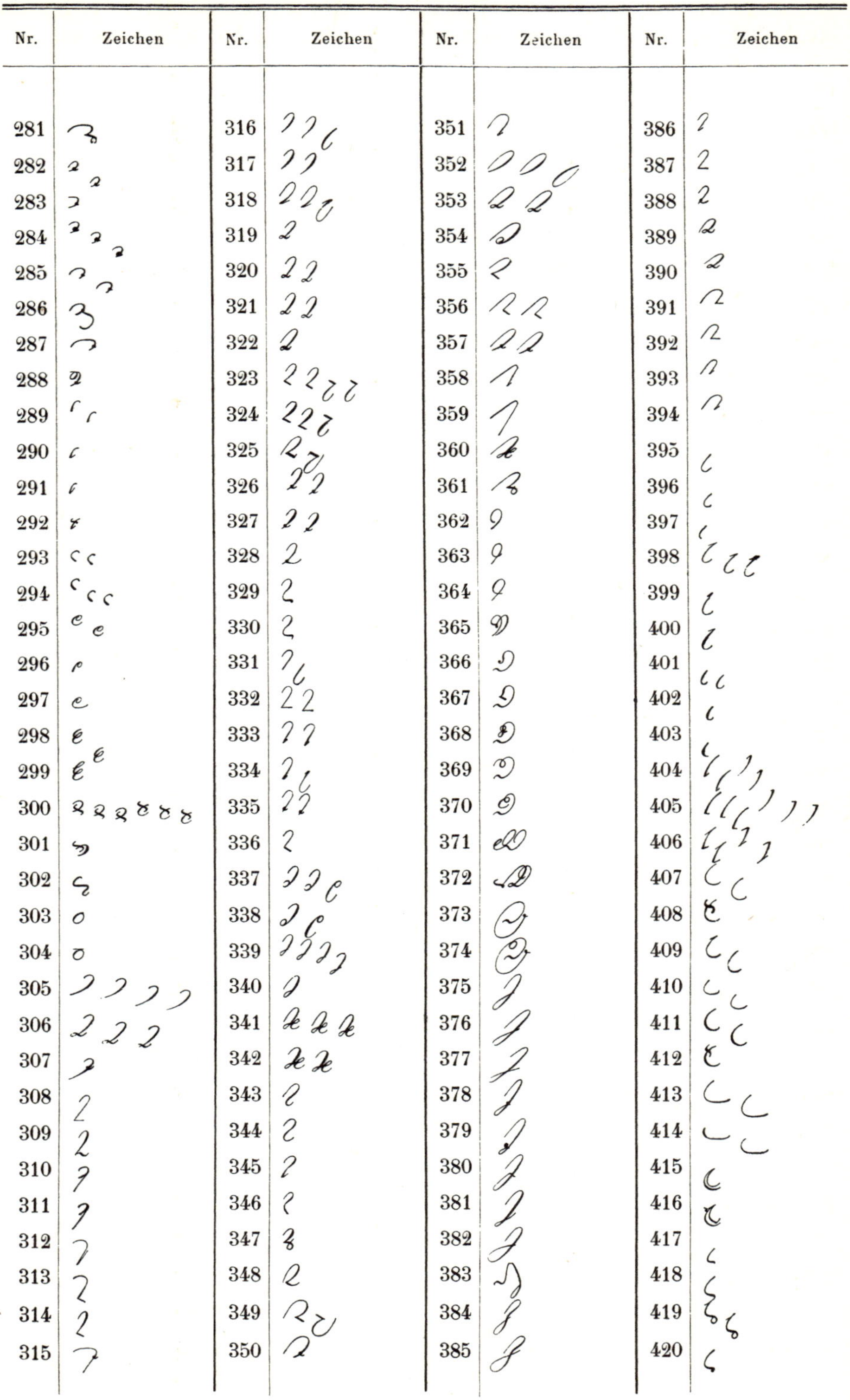

Nr.	Zeichen	Nr.	Zeichen	Nr.	Zeichen	Nr.	Zeichen
281		316		351		386	
282		317		352		387	
283		318		353		388	
284		319		354		389	
285		320		355		390	
286		321		356		391	
287		322		357		392	
288		323		358		393	
289		324		359		394	
290		325		360		395	
291		326		361		396	
292		327		362		397	
293		328		363		398	
294		329		364		399	
295		330		365		400	
296		331		366		401	
297		332		367		402	
298		333		368		403	
299		334		369		404	
300		335		370		405	
301		336		371		406	
302		337		372		407	
303		338		373		408	
304		339		374		409	
305		340		375		410	
306		341		376		411	
307		342		377		412	
308		343		378		413	
309		344		379		414	
310		345		380		415	
311		346		381		416	
312		347		382		417	
313		348		383		418	
314		349		384		419	
315		350		385		420	

GABELSBERGER'S STENOGRAPHIE-TYPEN.

Nr.	Zeichen	Nr.	Zeichen	Nr.	Zeichen	Nr.	Zeichen
421		456		491		526	
422		457		492		527	
423		458		493		528	
424		459		494		529	
425		460		495		530	
426		461		496		531	
427		462		497		532	
428		463		498		533	
429		464		499		534	
430		465		500		535	
431		466		501		536	
432		467		502		537	
433		468		503		538	
434		469		504		539	
435		470		505		540	
436		471		506		541	
437		472		507		542	
438		473		508		543	
439		474		509		544	
440		475		510		545	
441		476		511		546	
442		477		512		547	
443		478		513		548	
444		479		514		549	
445		480		515		550	
446		481		516		551	
447		482		517		552	
448		483		518		553	
449		484		519		554	
450		485		520		555	
451		486		521		556	
452		487		522		557	
453		488		523		558	
454		489		524		559	
455		490		525		560	

GABELSBERGER'S STENOGRAPHIE-TYPEN.

Nr.	Zeichen	Nr.	Zeichen	Nr.	Zeichen	Nr.	Zeichen
561		596		631		666	
562		597		632		667	
563		598		633		668	
564		599		634		669	
565		600		635		670	
566		601		636		671	
567		602		637		672	
568		603		638		673	
569		604		639		674	
570		605		640		675	
571		606		641		676	
572		607		642		677	
573		608		643		678	
574		609		644		679	
575		610		645		680	
576		611		646		681	
577		612		647		682	
578		613		648		683	
579		614		649		684	
580		615		650		685	
581		616		651		686	
582		617		652		687	
583		618		653		688	
584		619		654		689	
585		620		655		690	
586		621		656		691	
587		622		657		692	
588		623		658		693	
589		624		659		694	
590		625		660		695	
591		626		661		696	
592		627		662		697	
593		628		663		698	
594		629		664		699	
595		630		665		700	

GABELSBERGER'S STENOGRAPHIE-TYPEN.

Nr.	Zeichen	Nr.	Zeichen	Nr.	Zeichen	Nr.	Zeichen
701		725		749		773	
702		726		750		774	
703		727		751		775	
704		728		752		776	
705		729		753		777	
706		730		754		778	
707		731		755		779	
708		732		756		780	
709		733		757		781	
710		734		758		782	
711		735		759		783	
712		736		760		784	
713		737		761		785	
714		738		762		786	
715		739		763		787	
716		740		764		788	
717		741		765		789	
718		742		766		790	
719		743		767		791	
720		744		768		792	
721		745		769		793	
722		746		770		794	
723		747		771		795	
724		748		772		796	

Die vorstehenden, von C. Faulmann entworfenen und gezeichneten stenographischen Typen sind den besten Handschriften nachgebildet. Da die Typen auf einen Kegel gegossen sind, um im Setzen einfach aneinandergereiht werden zu können, so mussten die Zeichen, insbesondere die kleinen, welche in den verschiedensten Stellungen vorkommen, in mehreren (1—10) Linien gegossen werden. Um die Schreibschrift genau nachzuahmen, erhielten die Zeichen verschiedene Anstriche und Ausläufer (schräg oder gerade), dagegen gestattete die Umkehrung der Zeichen, wonach *a* zu *l*, *b* zu *g* u. s. w. wird, eine Vereinfachung der Charaktere. Alle Zeichen, welche unter einer Nummer vereinigt sind, werden aus derselben Matrize gegossen, so dass zu allen vorstehenden Figuren nur 796 Matrizen erforderlich sind.

STOLZE'S DEUTSCHE STENOGRAPHIE.

Zeichen	Wert	Zeichen Anlaut	Zeichen Auslaut	Wert	Zeichen Anlaut	Zeichen Auslaut	Wert	Zeichen Anlaut	Zeichen Auslaut	Wert
	a			e̱u			f			ks (x)
	e̱			r			b			sp
	e			l			p			ph
	ei			m			pf			th
	ai			n			s, z			(y)
	i			h			s			ř
	o			χ, χ́			d			ž
	ö			y			t			kw
	u			g			š			šw
	ü			k			ts (z)			tsw
	eu			w			ts (c)			ll
	au			v			st			

Die Zeichen für die Konsonanten unterscheiden sich durch verschiedene Grösse: / (einstufig) *n*, / (zweistufig) *d*, / (dreistufig) *t*, mehrere haben verschiedene Zeichen als Anlaut und als Auslaut (Anlaut, Auslaut *b*), *r* und *l* werden am Anfange linksum ( ), am Ende rechtsum ( ) geschrieben; fremde Wörter werden in ihrer Orthographie geschrieben, daher Zeichen für *c*, *y*, *ph*, *th* vorhanden sind. ist als Auslaut stets der weiche Laut (*z*), der scharfe wird durch ⌒ bezeichnet. Alle Anlaute können auch als Auslaute dienen, sind aber eigene Auslautzeichen vorhanden, so erhalten die Anlautzeichen andere Bedeutung als Auslaute (s. unten), z. B. Anlaut-*b*, Auslaut-*bt*; nach Lauten, welche keine besonderen Auslautzeichen haben, wird *t* zweistufig aufwärts geschrieben, z. B. *mt*, sonst wird der Vorlaut höher gestellt: *mb*.

Auslautzeichen.

Zeichen	Wert	Zeichen	Wert	Zeichen	Wert	Zeichen	Wert	Zeichen	Wert	Zeichen	Wert
	nd		gg		tts		kk (ck)		mp		št
	nt		bb		kts (cc)		ll		mpf		tst(zt)
	ṅ		ss		dd		rr		χt, χ́t		kt (ct)
	nk		sst		tt		mm		gt		kst (xt)
	nn		tš		ff		pp		bt		

STOLZE'S STENOGRAPHIE. VOKALVERBINDUNG.

Vokal als Inlaut				Anlautvokal		Auslautvokal		Vokal in Nebensilben	
Zeichen	Wert	Zeichen	Wert	Zeichen	Wert	Zeichen	Wert	Zeichen	Wert
	mel		mor		eh		se		nebel
	meil		mör		eil		ha		oheim
	mal		mur		ir		sẹe		regal
	mär		mür		or		šri		einöde
	mir		meul		ör		heu		armut
	hyder		maul		al		sau		mẹsig
	maid		mẹul		ur		mai		magier

Bei der Verbindung der Zeichen zu Wörtern wird zwischen Haupt- (Stamm-) und Nebensilben unterschieden. In den Hauptsilben wird der Vokal symbolisch durch verschiedene Stellung des Wortes (über, auf oder unter der Zeile), durch enge oder weite Verbindung und durch Druck im Anlaute nach obigem Schema ausgedrückt, in den Nebensilben wird nur das folgende Consonantenzeichen in der Stellung verändert und, insoweit keine Verwechslung mit dem verstärkten Auslaut entstehen kann, erforderlichenfalls verstärkt; von den anlautenden Vokalen werden die schwachen durch Vorstrich und Stellung des Wortes ausgedrückt, die starken Vokale, sowie alle Auslautvokale werden alphabetisch geschrieben.

Vor- und Nachsilben erhalten besondere Zeichen; die Vorsilbe muss, wenn der Anlaut auf der Zeile beginnt, stets etwas tiefer als der Anlaut angesetzt werden, z. B. *beleren;* beginnt der Anlaut über der Zeile, so wird die Vorsilbe oben angesetzt, z. B. *beheben.* Für die übrigen Wörter, welche abgekürzt werden, dienen die alphabetischen Zeichen in verschiedener Stärke und Stellung (auf, über und unter der Zeile).

Silbenzeichen.

Vorsilben				Flexion und Nachsilben							
Zeich.	Bedeut.	Zeich.	Bedeut.	Zeich.	Bedeut.	Zeichen	Bedeut.	Zeichen	Bedeut.	Zeichen	Bedeut.
	be		un		e		s		haft		heit, keit
	ge		mis		en		es		schaft		tum
	ver		zu		em		sel		sal		zehn
	er		zer		-te		chen		sam		zig
	ent		con		el		bar		lich		lei
	emp		sub		er		falt		nis		

Zeichen	Bedeutung	Zeichen	Bedeutung	Zeichen	Bedeutung	Zeichen	Bedeutung	Zeichen	Bedeutung
	war		gegen		solch		der		hätt
	wär		genug		als		nur		etwa
	an		gern		also		dar		seit
	am		ganz		mit		rück		weit
	auch		gerad		mein		sie		hatt
	auf		gleich		kaum		des		wurd
	euch		hier		mag		so		würd
	bis		her		mög		dies		und
	bei		hin, hint		man		das		u. s. w.
	hab		welch		um		uns		über
	ab		doch		nicht		sich		viel
	aber		manch		noch		sehr		vor
	bald		durch		nieder		aus		wer
	blos		mocht		ander		müsz		wir
	ward		möcht		sonder		desz		was
	wird		jed		nie		äusz		warum
	dein		jetzt		nach		musz		wenig
	darf		ist		nun		dasz		wider
	dürf		in		unter		ausz		weder
	dort		im		bin		wirst		weil
	werd		kein		denn		selbst		wol
	er		kann		dann		desto		zu sein
	es		liesz		sein		sind		zu
	sei		lass		ihn		sein		zu haben
	fern		lang		den		sonst		zu werd.
	fort		all		ohn		bist		zusamm.
	fast		woll		ihm		hast		zurück
	für		voll		dem		statt		zwar
	gewesen		soll		word		schon		
	gehabt		selb		oder		zwischen		

FAULMANN'S DEUTSCHE PHONOGRAPHIE.

Vokale				Konsonanten							
schwache	Wert	starke	Wert	schwache	Wert	starke	Wert	schwache	Wert	starke	Wert
	e̥		a		h				ž		š
	ẹ		e̲		χ́, j		χ́χ́		dz		ts
	i		ü		χ		χχ		zd		st
	ai		aü		g		k		l		ll
	o		u		w				r		rr
	ö		au		f		ff		n		nn
					b		p		m		mm
					z		s				pf
					d		t				

Die Vokale werden so mit den Konsonantenzeichen verbunden, dass der starke Niederstrich das Konsonantenzeichen verstärkt, daher:

e̥b, ẹb, ab, e̲b, ib, aib, üb, aüb, ob, öb, ub, aub,

Der Anlaut bedingt stets die Stellung der folgenden, indem Auslaute nach *e̥, ẹ, a, e̲* in gleicher Linie mit dem Auslaute stehen, Auslaute nach *i, ai, ü, aü* stehen stets höher als der Anlaut, Auslaute nach *o, ö, u, au* tiefer als der Anlaut, daher auch *kukuk,* *libanon,* *honoriren.* Diese Regeln werden ausnahmslos durchgeführt. Die historische Orthographie wird durch folgende ausnahmslos durchgeführte Regel ersetzt: Nach einer langen Silbe folgt ein schwacher Konsonant, nach einer kurzen Silbe ein starker, nach *e̥* stets ein schwacher, daher: *gud, kute̥, rib, ripe̥, naχ, waχχe̥n, siχ́, siχ́χ́, lügen, lüken* (statt *gut, Kutte, rieb, Rippe, nach, wachen, siech, sich, lügen, lücken*) etc.

Ligaturen.

Zeichen	Wert	Zeichen	Wert	Zeichen	Wert	Zeichen	Wert	Zeichen	Wert	Zeichen	Wert
	χ́χ́r		pfr		fl		kt		rd		ng
	χr		dr		pl		fd		rt		nk
	χχr		tr		žl		ft		mmt		ns
	gr		žr		zdl		bd		mf		nst
	wr		šr		χ́d		pt		mp		nd
	fr		zdr		χ́t		št		mpf		nt
	ffr		str		χd		dzd		χ́s		nš
	br		gl		χt		tst		ks		kw
	pr		kl		gd		dz		nχ́		šw

ANHANG

HEBRÄISCHE ABBREVIATUREN.

א' אחד, אחת
א"א אני אומר, אדני אבי, אמר אליהו, אשת איש, אחד אמר, אופן אחד, אי אפשר, אברהם אבינו
אא"א אלא אי אמרת, אמן אמן אמן
אא"ס אמן אמן סלה
א"ב אלפא ביתא
א"ב א"ב א"ב אחד בתורה אחד בנביאים אחד בכתובים
אב"א אי בעית אימא
א"בבי אתרוג בצים בשר יין
א"בד אב בית דין
א"בה אמר ברוך הוא
א"בו אדם בשר ודם
א"בי אתרוג בצים יין
א"ביה אליעזר בר יוסי הגלילי
א"ביי אשר בך ירחם יתום
א"ביע אצילות בריאה יצירה עשיה
א"ברה אב בן רוח הקדש
א"ג אית גרסין
אג"לא אתה גבור לעולם אדני
א"ד איכא דאמרי
אד"ה ע"ה אמר דוד המלך עליו השלום
א"דשה אחר דרישת שלומו הטוב
א"ה אפילו הכי, אי הכי, אליהו הנביא, אומות העולם
א"ו איסור והיתר
א"ז אור זרוע
אז"ל אמרו זכרונם לברכה
א"ח אחד חסר, אורח חיים
אח"כ, אח"כא אחר כך (אמר)
א"י ארץ ישראל, אינו יודע
א"יג אמר יהודה גדליה
א"יה אם יעזור השם, אם ירצה ה'
א"ית אדני יתברך שמו
א"כ אם כן
אכ"יר אמן כן יהי רצון
אכ"מ אין כאן מקומו
א"ל אמר לו, אמרו לו, אמר ליה
א"לך אם לא כן, אמרו לו כן
א"מ ארץ מצרים, אחד מלא, אבינו מלכנו
אמ"ה אמר השם, אלהינו מלך העולם
אמ"ו אדני מורי ורבי
אמ"ן אל מלך נאמן
אמ"ש אש מים שמים, אל מלך שדי
אמ"ת איוב משלי תהלים
א"נ אי נמי
א"נך אוריתא נביאים כתובים
אנ"סו אמן נצח סלה ועד
א"ס אמן סלה
א"סף אתנה סוף פסוק
א"ע אבן עזרא, אמר עולא
א"עג אף על גב
אע"פ אף על פי
אפ"ס אהד פסוק סימן
א"צ אין צרוך, ארץ צבי
א"צל אין צריך לומר
א"ק אמר קרא
א"קבו אשר קדשנו במצותיו וצונו
א"ר אמר רבי, אמר רבא, אמר רבה, אמר רבן
ארג"מן אוריאל רפאל גבריאל מיכאל נוריאל
אר"יבל אמר רבי יהושע בן לוי
א"רל אמר ריש לקיש
א"רמע אש רוח מים עפר
א"רש אמר רבי שמעון
ארש"בג אמר רבי שמעון בן גמליאל
א"ש אלהינו שבשמים, אלה שמות, אתי שפיר
אש"ט אמר שם טוב
אש"עה אמר שלמה עליו השלום
אש"ש אמר שמואל שולם

א״ת אם תאמר
את״ל אם תמצי לומר, אם תאמר לי
ב״א בית אב, בן אשר, בן אורין, בר אבוהון
ב״אד באותו דבור
בא״י אמ״ה ברוך אתה יהוה אלהינו מלך העולם
בא״י ש״ת ברוך אתה יהוה שומע תפלה
ב״ב בבא בתרא, בר בר, במהרה בימינו, בעלי בתים
ב״ג בישול גוים
בג״בג בן גר בן גיורית
בג״ד בגין דהא
בג״ה בגבורת השם
ב״ד בית דין, בסיעתה דשמיא
בד״א במה דברים אמורים
בד״ה בדבור המתחיל
ב״ה בדברי הימים, בית המקדש, בית הכנסת, בעל הבית, ברוך המקום, ברוך השם, ביאור המלה, בדק הבית, ברוך הוא, בית הילל
בה״א בית הילל אומרים
ב״הג בעל הלכות גדולות
בהו״נא בעזרת השם ונאמר אמן
בה״קר בר הקדוש רבי
ב״ו בשר ודם
ב״ח בן חורין, בעלי חיים, בעל חוב
בח״רג בחרם רבנו גרשום
ב״י בית ישראל
בי״לאו ברוך יהוה לעולם אמן ואמן
ב״כ ברכת כהנים
בכ״ימ ברוך כבוד יהוה ממקומו
בכ״ר, בכ״מר בן כבוד מעלת רבי
ב״ל בן לוי
בלא״א בן לאדני אבי
בל״נ בלי נדר
בל״ס בלי ספק
ב״מ בבא מציעא, בר מנן
במ״א בר מן אחד
במ״מ בורא מיני מזונות
במ״ש במלות שונות, במה שאמר
ב״ן בן נפתלי
בנח״ש בנדוי חרם שמתא
בנ״לך ברוך נותן ליעף כח
ב״נר בורא נפשות רבות
ב״ע בן עזרא, בן עוזיאל, בריאת עולם
בע״ה בעזרת השם
בע״הב בעולם הבא, בעל הבית
בע״הז בעולם הזה
בע״המח בעל המחבר
בע״וה בעונותינו הרבים
בע״כ בעל כרחך
בעז״ה בעזרת השם
ב״פ בורא פרי, ב׳ פעמים
ב״ק בת קול
ב״ר בר רבי, בראשית רבא
ב״ש בית שני, בית שמאי
בש״א בית שמאי אומרים
בשכ״מלו ברוך שם כבוד מלכותו לעולם ועד
בש״ר בשם רבי
ב״ת בעל תכלית, בעל תשובה
ג׳ גבורה, גאולה, גזירה, גדול
ג״א גור אריה, גנת אגוז, גאולה אחרונה, גזירת אלהים, גבורת אלהים, ג׳ אמות, ג׳ אלפים, גלות אדום
ג״ב גלות בבל
גב״ם גריסין בשר מוריים
גב״ר גומלים בישנים רחמנים
ג״ג גלח גלת, גרש גרשים, גזירה גדולה גבורה גדולה, ג׳ גדולים
גג״ת גדולה גבורה תפארת
ג״ד גבאי דמתא, גזר דינו
ג״ה גיהנם, גזרת השם, גיד הנשה, גרסת הגאון, גבורת השם
גה״ס גרסת הסופרים
גה״ת גלילת התורה
ג״ז גם זו, ג׳ זהובים
גז״ד גזר דין
גז״ה גזרת השם, גזירת המלך, גזרת השמד
גז״ל גם זו לטובה
ג״ח גמילות חסד, גלגל המה, גזרת חרם, ג׳ חדשים, גדר חכמים
ג״ט ג׳ טפחים, גורל טוב
ג״י גלילת ידך, ג׳ ימים, גאון יעקב
ג״כ גם כן, גם כי, גם כאן, גט כריתות
גל״הע גליל העליון
ג״מ גלות מצרים
ג״נ נטי נשים, גלגול נשמורת, גן נעול. גורן נכון
ג״נת גימטריא נוטריקון תמורה
ג״ס גרסת ספרים
ג״ע גן עדן, גלוי עריות, ג׳ ערים, גליל עליון
גע״ג ג׳ על ג׳, גב על גב

ג"פ ג' פעמים, ג' פרשיות, ג' פסוקים, גט פטורין
גפ"ת גמרא פירוש תוספות
ג"ץ גבאי צדקה, גר צדק
ג"ק גרסת קנטרי
ג"ר ג' רביעית, גזירה רעה, גאולה ראשונה, גרסת רבנים
ג"ר"ל גורם רעה לעצמו
ג"רש גירסת רבינו שמשון
ג"ש גירסת שמואל, גזרה שוה, ג' שנים, ג' שבועות, גלגול שבועה
ג"ת גוזר תענית
גת"ת גבאי תלמיד תורה
ד"א דבר אחר, דרך אחר, דרך אמת, דרך ארץ, ד' ארצות, ד' אמות, דף א', דפוס אמשטערדם
דא"א דאי אפשר, דין ארבע ארצות
דא"ח דברי אלהים חיים
דא"כ דאם כן
דא"ל דאין לומר, דאיכא למימר, דאין לפרש
דאל"ה דאי לא הכי
דאל"כ דאם לא כן
ד"ב דף ב', דפוס ברלין
דב"אז דפוס באזיליא
דב"ל די בזה למבין
דב"ש דבית שמי
דד"מ דינא דבר מצרא
ד"ה דברי הימים, דברי הכל, דבור המתחיל, דוד המלך
דה"א דהא אמרינן, דהוה אמינא, דברי הימים א'
דה"ב דברי הימים ב'
דה"כ דברי הכותב
דה"מ דברי המתחיל
דה"עה דוד המלך עליו השלום
דה"פ דהכי פירשו
דו"ד דידין ודברים
ד"ז דבר זה
ד"ח דברי חכמים
ד"י דרך ישר, דין יורשים
ד"כ דרך כלל
ד"ל די למבין
דל"ד דף לדף
דלמא"ע דע לפני מי אתה עומד
דלת"ה דלא תימא הכי
ד"מ דרך משל, דיני ממונות, דפוס מאנטובא
דמ"ב דיני ממנות בשלושה
דמה"ט דמהאי טעמא
דמע"לד דמעבר לדף
דמש"ק דע מי שהוא קונך
ד"נ דם נדה, דברי נביאים, דיני נפשות
ד"ס דברי ספרים, דברי סופרים
ד"ע דעת עצמו, דברי עזרא, דרך עולם
דע"ה דרך עץ החיים
ד"פ דו פרצופין, ד' פרשיות, דיני פסח, דפוס פראג
דפ"פ דפוס פראנקפורט
דצח"ם דומם צומח חי מדבר
דצ"ך עד"ש באח"ב דם צפרדע כנים ערוב דבר שחין ברד ארבה חשך בכור
ד"ק דיני קדיש, דפוס קראקא
דר"ג דרבנו גרשום
דרג"מה דברי רבינו גרשון מאור הגולה
דר"ה דיני ראש השנה
דר"ע דברי רבי עקיבה
ד"ש דורש שלומך, דיני שבת, דיני שחיטה
דש"א דיוקנא של אבות
דשלב"ל דבר שלא בא לעולם
דשל"מ דבר שיש לו מתירין
דש"ת דרש שלומך תמיד
ד"ת דברי תורה
דתבלב"א דברה תורה בלשון בני אדם
ה' השם, הלכות
ה"א הוה אמינא, האשה
הא"א הוא אדני אדנינו, הוא אדו אחדותו, הלכות אסורי אכילה
הא"הל המלה אשר הונחה להורות
הא"וה האסור והיתר הארוך
הא"מ האיש מקדש
הא"נ האשה נקנית
הא"ע האבן עזרא, הוא אלהינו עליון
הב"י הבעל בית יוסף
הב"ע הכא במאי עסקינן
הב"על הבא עלינו לטובה
ה"ג הכי גרסינן, הלכות גדולות
הג"ה הגהת המדבר
הג"מ הגהות מיימוני
ה"ד היכי דמי, היינו דאמרי, הוא דכתיב, הכי דרשינן, הדא דכתיב
הד"א היינו דאמרי אנשי, הכל דבור אחד
הד"ה הלא דין הוא
ה"ה הוא הדין, היינו הך, האיש הגדול, הלא הוא

הה"ד היינו הך דאיתמר
ההמ"כ האיש הגדול מנוחתו כבוד
הה"נ הוא הדין נמי
ה"ז היינו זה
הח"ר החכם רבי
הח"ש האל חנון שמו
ה"י השם יתברך
הי"ן השם יודע נסתרות
הכ"ם הרי כפרתו משכבו
ה"ל הוה ליה
ה"לל, הי"לל היה לו לומר
הל"מ הלכה למשה מסיני
ה"מ הני מלי, הכי מאי
המא"הג המאור הגדול
המד"א היך מה דאמר
המלתע"ב המגיע לידו תבוא עליו ברכה
הנ"ל הנזכר למעלה
הנמע"ל הנזכר מעבר לדף
הנע"ל היה נא עוזר לנו
הס"ד, הס"הד הוא סוף דבור, הוא סוף הדבור
הסר"הפ הסכמת רוב הפוסקים
העה"ב, העה"ז העולם הבא, העולם הזה
ה"פ הכי פירש
ה"ק הא קשה, הכי קאמר, האי קרא, הכי קתני
הקב"ה הקדוש ברוך הוא
הק"ל הקודם לבוא, הא קיימא לן
הקמ"ל הא קא משמע לן
הק"ר הקדוש רבי
ה"ר הושענא רבא
הרא"ם החכם רבי אליהו מזרחי
הרא"ש הרב רבנו אשר
הר"ר הרב רבי
השו"ק הכל שריר וקיים
הש"י השם יתברך
ואא"ז ואדוני אבי זקני
ואכמ"ל ואין כאן מקומו להאריך
וא"ש ואלה שמות
ואש"ר ואלה שמות רבא
ובכ"א ובכל אחד
ובכ"מ ובכמה מקומות, ובכל מקום
ובנא"ה ובזה נבוא אל הביאור
וד"ל ודי למבין
והא"ר והא אמר רבי
והברי"ח והפותח בלי רשות ידקדנו חרב
והמ"ב והוא מובן בנקל
וחל"ב וחרם לזרים בנדוי

ויט"ל ויש טעם לדבר
ויל"ד ויש לדקדק
ויק"ר ויקרא רבא
וי"ת ויונתן תרגם
וכב"ב וכל בני ביתו
וכי"ר וכן יהי רצון
וכצ"ל וכן צריך לומר, וכן צריך להיות
וכת"י וכן תרגם יונתן
ולז"א ולזה אמרו
ולמ"ד ולמאן דאמר
ולמ"ל ולא מצי למימר
ול"נ ולכך נאמר
ולעד"נ ולפי עניות דעתי נראה
ולפ"ע ולפי ערכי
וע"א ועוד אמרו
וע"ד ועל דא, ועל דרך, ועל דבר
ועה"מ ועדים חתומים מטה
ועכ"ז ועל כל זה
ועכ"פ ועל כל פנים, ועוד כמה פעמים
וע"ע ועל ענין, ועד עולם
ועפ"א ועל פיהם אמרו, ועד פרוטה אחרונה
ופגי"ן ופורץ גדר ישכנו נחש
וצ"ע וצריך עיון
וש"ר ושלום רב
ז"א זעיר אנפין
זא"ב ולב"יא זכור את בוראך והצנע לכת
בית יהוה אלהיך
זאו"ן זעיר אנפין ונוקבא
ז"אז זה את זה, זה אחר זה, זמרו אלהים זמרו
ז"ה זה הדבר, זה הוא, זה האות, זה האיש
זה"אל"י זה השולחן אשר לפני יהוה
זה"ד זה הדין, זה הדרך, זה הדבר
זה"ל צ"יב זה השער ליהוה צדיקים יבואו בו
זה"ש זה הכתוב שאמר
זו"זג זה וזה גורם
זו"נ זכר ונקבה
ז"ח זהר חדש
ז"י זרע ישראל
ז"ל זכרונו לברכה, זכור לטוב, זה לשונו,
זכר לחרבן
זלה"ה זכרונו לחיי העולם הבא
זמה"ע זמן העבר
ז"ס ז׳ ספירות, זהו סוד
ז"ע זה עד
זע"ז זה על זה
ז"פ זמן פרעון, ז׳ פעמים

זצ״ל זכר צדיק לברכה
ז״ק זרע קיים
זש״ה זה שאמר הכתוב
ז״ת זכרון תרועה
ה׳ חלק, חלון
ח״א חכמים אומרים, חד אמר, חדושי אגדות
חאה״ע חסידי אומות העולם
ח״ב חרבן בית
חב״ה חרבן בית המקדש
חב״ו חפץ בתורה ובמעשים
חב״ר חרבן בית ראשון
חב״ש חרבן בית שני
חג״ב חתימת גמרא בבלית
ח״גבי חלב גבינה ביצה יין
ח״גבש חלב גבינה בצלים שיחליים
חג״י חתימת גמרא ירושלמי
חג״ת חסד גבורה תפארת
ח״ד חלוקה דרבנן
ח״ד כח״ד חושבנא דדין, כחושבנא דדין
ה״ה חלול השם. חלוץ הנעל, חדוש העולם, חול המועד, חקות הבתים, חוקות התורה, חובות הלבבות
ההא״ חכמי האומות
חה״ג חוקות הגוים
חה״ו חקוק היוצר והאב
חה״מ חושן המשפט, חתימת המשנה, חכמת המזלות
חה״ן חכמי הנוצרים
חה״ע חתימת העדים
חה״פ חכמת הפרצוף
חה״ת חתימת התורה
ח״ו חיים ושלום, חס ושלום
חו״ב חכמה ובינה, חריף ובקי
חו״ג חסד וגדולה, הכמה וגבורה
חו״ה חלה וסת הדלקה
חז״ל חכמינו זכרונם לברכה
ח״ח חרם חכמים
חח״ג חסד חכמה גבורה
הח״ן חסד חכמה נצח
הח״ת חמשה חומשי תורה
ח״י חתימת ידי, חכמי יון
ח״כ חלוף כתב, חסרון כים. חביבי כנפשי
ח״ל חוצה לארץ, חלילה לי, חס לנו
ח״ל בנח״ש דר״ג מ״ה חרם לזרים בנדוי חרם שמתא דרבנו גרשום מאור הגולה

חל״ה, חל״עהב חלק לעולם הבא
חל״ם התום למטה
ח״מ חתום מטה, חול מועד, חכמי משנה, חצי משי
המ״פג חלתית מוריים פת גבינה
חמ״שת חקה מדה שנה תורה
ח״ן חיי נפשי, חצי נזק
חנ״כל ש״צמ חמה נוגה כוכב לבנה שבתאי צדק מאדים
הע״כ חתימת עדים כשרים
ח״פ חטף פתח. חונה פה
ה״ק חטף קמץ, חברה קדישא. חצי קדיש, חכמי קבלה
הקב״טנע חסין קדוש ברוב טובך נהל עדתך
ח״ש חכמת שלמה
חש״ו חרש שוטה וקטין
הת״ט חתימה טובה
ט״א טעם אחר, טעות אחד, ט׳ אדומים
טא״ח טור אורח חיים
ט״ב תשעה באב
ט״ה טעם המקרא
ט״ות טענות ותביעות
ט״ט טוב טעם
ט״מ טומאת מת, טפחא מונח, טעמי מצות טעמי מקרא
ט״נ טמאת נפש, טומאת נדה
טנ״תא טעמים נקודות תגין אותיות
ט״ס טעות ספר
ט״ע טביעות עין
ט״ק טלית קטן, טבעת קדושין
ט״ר טפחא רביע
י״א יש אומרים, יש אוסרין, יסוד אמונה, ישע אלהים
יא״יא יהוה אלהינו יהוה אחד
יא״וא יהי אור ויהי אור, יהוה אלהי ואלהי אבותי
י״ב יש בכור, יודעי בינה
יב״ג יוסף בן גורין
יב״ן יששכר בנימין נפתלי
יב״נה יין בשמים נר הבדלה
יב״ע יונתן בן עוזיאל
יב״ק יעננו ביום קראנו
יג״ יש גרסין
יגל״פזק יחיד גאה לעמך פני זוכרי קדושתך
יג״ם י״ג מדות
יג״ע י״ג עקרים

י״ד יורה דעה, יוסיף דעת
יד״ן יהי דן נחש
י״ה יום הכפורים
יה״ז יום הזכרון
י״ז יתעלה זכרו, יראה זרע
יז״יא יראה זרע יאריך ימים אמן
יז״ל יהוה זכרו לעד, יתברך זכרו לנצח
י״ח יום חול, ידי חובתו, יוצאי חלציו
יח״ו יושב חביו וסתר
י״ט יום טוב, יש טעם, יצר טוב
יט״ל יש טעם לדבריו
יי״ז יהוה יבנה זבוליו, יתברך יתרומם זכרו
יי״י יחיד יהוה יחיד
יי״ב ישמח יהוה במעשיו
ייל״או ימלך יהוה לעולם אמן ואמן
י״כ יום כפור
יכ״ק יום כפור קטן
י״ל יש לומר, יש להשיב, יכול להיות, יכול לומר
ילאפו״ליצו יהיו לרצון אמרי פי והגיון לבי לפניך יהוה צורי וגואלי
יל״י יהוה לעד יתברך
י״ם יש מפרשים, עשרה מאמרים
ימ״ה יוצא מן הכלל
ימ״ש ימח שמו
ימש״ו ימח שמו וזכרו
י״נ ידיד נפש, יאיר נרו, יין נסך, ישוע נוצרי, יפי נוף
י״ס יש ספרים, יש סימנים
יס״א יש ספרים אחרים
יס״ג יש ספרים גורסין
יס״י יש ספרים ישנים
יס״ם יש ספרים מדויקים
י״ע ימות עולם
י״עא יכוננה עליון אמן, יבונה עיר אלהינו, יחונן עליהם אלהים
יצ״הר יצר הרע
יצ״ו ישמרהו צורו וגאלו
יק״ב יחוד קדושה ברכה
יק״נהז יין קדוש נר הבדלה זמן
י״ר יהי רצון
י״רה ירום הודו
י״רם, ירמ״יא, ירמ״יאוא יהי רצון מלפניך יהוה אלהי ואלהי אבותי
י״ש ימח שמו
יש״ב יעשה שלום במרומיו
יש״טל יתן שכר טוב לצדיקים
יש״ו יתברך שמו ויתעלה זכרו
יש״י עמ״הן יבוא שלום ינוחו על משכבותם הולך נכחו
ישר״אל יש ששים רבוא אותיות לתורה
י״ת יונתן תרגם
י״ת וי״ת יתברך ויתעלה
כ״א כי אם, כל אחד, כה אמר, כלל אחד, כל איש, כבוד אלהים
כא״לש כל אשר לו שלום
כא״הזל כן אמרי חכמינו זכרונם לברכה
כאל״שויר כל אשר לך שלום וישע רב
כא״עי כי אם על ידי
כאר״לפ כי אתה רחום לכל פועל
כ״ב כל בו
כ״בב כל בעל בית, כל בני בית
כ״בה כבית הילל, כבנין הורדוס
כב״הט כתבנו בספר חיים טובים
כב״ע כופר בעקר
כב״ש כבית שמאי, כבנין שלמה
כ״ג כהן גדול, כהאי גונא, כלל גדול
כ״ד כמא דאמר, כל דבר, כה דברי
כד״א כמא דאיתמר
כדא״רזל כה דברי אנחנו רבנו זכר לטוב
כד״בב כה דברי בנך בתך
כד״ע כה דברי עבדך
כ״ה כהן הדיוט, כן הוא, כסא הכבוד
כה״א כן הוא אמר
כה״ג כהאי גונא
כה״ד כי ההוא דלעיל, כהן הדיוט
כה״רר כבוד הרב רבי
כה״ת כתר הראש תפילין, כל הברואים תציל
כהת״יה כל הנשמה תהלל יה הללויה
כ״וכ כן וכן, כמה וכמה
כ״וק כל ויעודיו קדושים, כבודו ואמונתו קדוש
כ״ז כל זה, כלי זהב, כל זמן
כט״ד כטופסי דשטרי
כ״י כנסת ישראל, כתיבת יד
כי״ר כן יהי רצון
כ״ך כל כך, כל כדנן, כן כתיב, כן כתב, כל כתב
כ״ל כל לשנא
כ״לה כי לעולם חסדו
כ״לי כהן לוי ישראל, כתרו לעד יתרומם, כבודו לישראל יכונה
כל״עז כומר לעבודה זרה

כ״מ כבוד מעלתך, כן משפט, כן מצאתי, כל מקום
כמ״אר כבוד מעלת אדוני רבי
כמ״ד כמאן דאמר
כמד״א כמה דאת אמר
כמ״הר כבוד מעלת הרב רבינו
כמ״והרר, כמ״ר כבוד מורנו ורבנו הרב רבי
כמ״ל כל משאלות לבך
כמ״רזל כמאמר רבותינו זכרונם לברכה
כמ״ש כמו שאמר
כמ״שד כמו שדרשו
כמ״שה כמו שאמרו החכמים, כמה שאמר הכתוב
כמש״ל כמו שכתבתי לעיל
כמ״שפ כמו שפרשתי
כמ״ת כבוד מעלת תפארתך
כנ״ל כן נראה לי, כנזכר לעיל
כנל״עד כן נראה לפי עניות דעתי
כס״פ כל סופי פסוקים
כ״ע כולי עלמא, כל ענין, כח עליון
כע״ה כענין הנזכר
כע״לפ כולי עלמא לא פליגא
כע״ע כן עתירת עבדך
כ״פ כל פנים כי פלגי, כך פסק, כך פירש, כל פעם, כמה פעמים
כפ״א כן פסקי אחרונים
כ״צ כהן צדק
כצ״ל כן צריך להיות
כ״ק כל קריא
כר״פם כבוד רום פאר מעלתו
כ״ש כל שכן, כמו שאמר, כבוד שמו, כל שהוא
כש״ט כתר שם טוב
כש״ת כבוד שם תפארתו
כ״ת כבוד תפארתך
כת״א כן תרגום אונקלוס
כת״ח כתקון חכמים
כת״י כן תרגום יונתן
כת״ר כתקנת ראשונים
ל׳ לית
ל״א לשון אחר, לשון אשכנז
לא״א לאדוני אבי
לא״ו לשם איום ונורא, לשמו אדיר ומלוכה, לא אדר וגדולה, לאורך ושנים
לא״י לאורך ימים
לב״ע לבריאת עולם

לבע״הש לבעל השטר
ל״ג לא גרסינין, לשון גמרא
ל״ד לאו דוקא, לפי דעתי, לפי דרכו
לד״א לדעת אונקלוס, לדעת אחרים
לד״ח לדעת חכמים
לד״י לדעת יונתן
לד״ם לדברי משה, לדעת מורה
לד״נ לדברי נביאות
לד״ק לדעת קצת
לד״ר לדעת ראשונים, לדעת רבותינו
ל״ה למען השם, לשון הוה
לה״ד למה הדבר דומה
לה״דמ לא היה דברים מעולם
לה״ונ לא היה ולא נברא
לו״ו לעד ולעולם ועד
ל״ז לשון זה, לשון זכר
לז״א לזאת אמר
לחט״ו לחיים טובים ולשלום
לח״ל לב חכם לימינו
לח״עה לחיים עולם הבא
ל״י לשנא יתרה, לשון יחיד, לשון יוני
לי״כ ליל יום כפור
לי״קו לישועתך קויתי יהוה
ל״כ לפי כבודו
לכ״א לכן אמר, לכל אחד
לכ״נל לכך נראה לי
ל״ל למה לי, ליכא למימר
ל״מ לשון מקרא, לא משמע, לא מבעיא, לשון מזרחית
למ״בי למספר בני ישראל
למ״ג למספר גדול
למ״ד למאן דאמר
למ״הד למה הדבר דומה
למו״ל למזל ולברכה
למ״ט למזל טוב
למ״ש למה שכתבתי
ל״נ לי נראה, לשון נקבה, לא נהירא
לנ״מ למאי נפקא מנה
ל״ע לא עליכם, לשון עבר, לשון עתיד, לשון עברי
לע״ד לפי עניות דעתי
לע״ל לעתיד לבוא
לע״ע לעת עתה
לע״ש לערב שבת
ל״פ לא פליגי, לפי פשוטו, לפי פירושו
לפ״ד לפי דעתי, לפי דרכי

לפ"ז לפי זה

לפ"ל לית פליג ליה

לפ"מש לפי מה שכתבתי

לפ"ק לפרט קטון

לפ"ר לפום ריהטא

ל"צ לא צריך

ל"ק לא קשיא, לשנא קמא

לק"מ לא קשה מידי

ל"ר לשון רבים

ל"ש לא שייך, לא שנו

לש"וש לששון ושמחה

לש"ש לשם שמים

ל"ת לא תעשה

מ' משנה, מרת, מסכת

מ"א משקל אחד, מדרש אגדה, מנהג אשכנז, מנהג אבותינו, מתנת אלוה, מלכים א', מאמר א'

מאב"י מנהג אבותינו בידינו

מאד"ה משה אדון הנביאים

מא"ל מודה אני לפניך. מיא איכא למימר

מ"אם מאין סוף

מ"ב מעשה בראשית, מלכות בבל, מתן בסתר, מאה ברכות

מב"גע מנוחתו בגן עדן

מב"ד משיח בן דוד, מלכות בית דוד

מב"ו מלך בשר ודם

מב"י משיח בן יוסף

מ"ביא מתן בסתר יכפה אף

מ"בם מנחם בן סרוק

מבע"י מבעוד יום

מב"ת מנשים באהל תבורך

מ"ג מחזור גדול, מסורה גדולה

מג"ומ מלהמות גוג ומגיג

מ"ד מאן דאמר, מאי דכתיב, מהו דתימא, מהו דעתך

מד"א מה דאת אמר

מדה"ר מדת הרחמים

מ"ה מאור הגולה, משום הכי, מדת העולם, מדת הדין, מלאך המות, מלכי האומות, מלאכי השרת, מלך העולם

מ"הם דת"ר מנא הני מילי דתנו רבנן

מה"ץ מראות הצובאות

מה"ק משל הקדמוני

מה"ראם מורנו הרב ר' אליה מזרחי

מהר"של מורנו הרב ר' שלמה לוריא

מ"ו מורי ורבי, משה וישראל

מר"מ מלך וממליך מלכים, משא ומתן

מז"ל מאמרם זכרונת לברכה

מז"רח מצד זה רוח חיים

מ"ח מלאכי חבלה

מה"זל מאמר חכמינו זכרונם לברכה

מח"נ משלם חצי נזק

מח"פז מיתא חמש פדיון זרים

מ"ט מה טעם, מעשים טובים, מזל טוב

מ"י מנא ידעינן, מלחמות יהוה

מי"כ מי יעמוד כנגדו

מיל"ה מלאך יורד לפני התיבה, מי יעלה לנו השמים, משתה יעשה לכל הקרואים

מ"כ מעלת כבודך

מכ"בי מי כמנך באלים יהוה

מכ"הכ מלא כל הארץ כבודו

מכ"ת מעלת כבוד תפארתך

מ"ל מנא לן, מנא ליה

מלב"ו משל למלך בשר ודם

מ"לה מלכות הרשעה, מלכותו לעולמי העולמים

מ"להד משל למה הדבר דומה

מ"מ מכל מקום, מראה מקום, מאי משמע, מעשה מרכבה

ממ"ה מלך מלכי המלכים

ממ"ש ממה שנאמר

מ"נ מנא נפשך

מנ"ח מדליקין נר חנוכה

מנ"ל מנא נפקא לן

מנ"ק מה נורא קדושתו

מנ"ש משלם נזק שלם

מ"ס מר סבר, מוכר ספרים, מנהג ספרדיים

מס"א מספרים אהרים

מס"ו מלאך סמאל ולילית

מסל"ת מסיח לפי תומו

מס"ק מסורה קטנה

מ"ע מצות עשה ,מאור עינים, מת נות עניים מלך עליון

מע"ה משה עליו השלום, מעלה עליו הכתוב

מע"ל מעת לעת

מע"שי ביצ"ו מגדל עז שם יהוה בו ירוץ צדיק ונשגב

מע"ת מעלת תפארתך

מ"פ מנהג פולין

מפ"ב מגלה פנים בתורה

מ"צ מורה צדק

מצו"ת מילה ציצית ותפילין
מ"ק מקרא קדש, מועד קטון, מספר קטון, מסורה קטנה
מקי"א משומדים קראים יונים אפיקורסים
מ"ר מדבר רבא, מדרש רות, מלאכי רחמים, מים ראשונים
מר"ל מה רצונו לומד
מרמ"י מה רבו מעשיך יהוה
מר"עה משה רבנו עליו השלום
מ"ש מוצאי שבת, מי שאמר, מאי שנא, מלכות שמים, מורא שמים
משא"כ מה שאין כן, מה שאמרו כאן
מש"ה מהלך שבילי הדעת, משום הכי מה שאמר הכתוב, מטטרון שר הפנים
משר"זל מה שאמרו רבינו זכרונם לברכה
מ"ת מתן תורה, משנה תורה
מת"ח מתנת חנם
מת"ל מה תלמוד לומר
מת"ש מתן שכר
נ"א נוסחא אחרונא, נא אדני, נר אלהים, נשמת אדם, נתיב א'
נ"ב נכתב בצדו, נתיב ב', נאמן בית
נב"ן נביא בן נביא
נב"ת נרו בוער תמיד
נגדי"כש נא גבור דורשי יחודך כבבת שמרם
נד"ה נגינה דגש חירק
נ"ה נמי הכי, נץ החמה, נר הבדלה, נשמה הטהורה
נו"ן נעשה ונשמע
נ"ח נר חנוכה
נח"ל נחזור לענייננו, נותן חסד ליראיו
נח"ש נדוי חרם שמתא
נ"ט נותן טעם, נטילת ידים
נט"ל נותן טעם לדבריו, נטילת לולב
נ"י נרו יאיר
נ"ך נביאים כתובים, נשיאת כפים
נ"ל נזכר למעלה, נראה לי, נוכל לומר, נפקא לן, נראה לפרש
נ"לעד נראה לפי עניות דעתי
נל"פ נראה לפי פירושו
נ"מ נפקא מנא
נ"ע נוחו עדן, נר עליון, נאמן עדה
נר"ו נטרה רחמנא ופרקיה
נר"ן נפש רוח נשמה
נרנ"יה נפש רוח נשמה יהידה חיה
נ"ש נזק שלם, נוה שלום
נש"א נשיא אלהים
נ"שגז נדה שפחה גויה זונה
נש"ר נפתלי שבע רצון
נת"ל נתבאר לעיל
ס' סתומה, סימן, ספר, סעיף, סדר, סדרא, סבה, סוד
ס"א ספר אחר, סבה אחרת, סבה אחרת, סימן אחר, סברא אחרת
סא"א ספרים אחרים אינו
סא"ל סוף אין לאחדותו, סוד אדוני ליראיו
ס"ב ספר בראשית, סדר בראשית, סימן ברכה סדר ברכות
ס"ג סוף גמרא, סוד גדול, סימן גאולה
ס"גל סגן לויה, סוף גנב לתליה
ס"ד סלקא דעתך, סוף דבר, סיעתא דשמיא
סד"א סלקא דעתך אמינא
סד"ה סדר היום
סד"הנ סוף דבר הכל נשמע
ס"ה סם המות, סך הכל
ס"הב ספר הבחיר
ס"הד סוף הדבור
ס"הז ספר הזוהר
ס"ח סם חיים
סט"ה ספר טעמי המצות
ס"י ספר יצירה, ספר ישן, סתם יינם, סמיכות ידים
סו"ט סוד וסימן טוב
סי"ל סוד יי ליראיו, סימן יפה לבנים
ס"ם ס"מג ספר מצות גדול
סמו"ט סור מרע ועשה טוב
סמ"ק ספר מצות קטון
ס"נ סרכות נפשות
ס"ס סוף סוף, סוף ספר, סוף סימן, ספק ספיקא
ס"ע סדר עולם, ספירת עומר
סע"ל סעודת לויתן
סע"ם סעודת מצוה
ס"פ סוף פסוק, סוף פרק
ספ"ק סוף פרק קמא
ס"ק סעיף קטן
סק"ש סדר קריאת שמע
ס"ר סבה ראשונה
ס"ת ספר תורה, סתרי תורה, ספר תרומה סוף תיבה
סת"ם ספרים תפילין מזוזות
סת"ה ספר תרומות הדשן

סת"ר סוף תוך ראש
ע' עמוד, ענין
ע"א ענין אחר, עבודת אלילים, עד אחד
עא"כו על אחת כמה וכמה
ע"ב עמוד ב', עבודת בורא
עב"ע עבר במקום עתיד, עם ב' עדים
ע"ג על גב, עמודי גולה, עבודה גדולה
עג"מ על גב מזבח
ע"ד על דרך, על דבר, על דא, עניות דעתי
עד"א על דרך אחר, על דרך אמת, על דרך אחד
עד"ה על דרך האמת, על דרך המדרש, על דרך השאלה
עד"ז על דבר זה, על דרך זה
עד"י על דרך יושר
עד"מ על דרך משל, על דבר מה
עד"ש על דרך שלום
ע"ה עליו השלום, ענין הזה, עולם הזה, עולם הנפשות, עין הקורא, עין הרע, עם הארץ, עמוד השחר, עמוד הגולה, עמוד העולם, עוקר הרים
עה"ד עץ הדעת, על הדרך
עהט"ור עץ הדעת טוב ורע
עה"מ עשרה הרוגי מלכות, עיר המלוכה
עה"ק עיר הקדש, עבודת הקודש
עוה"ב עולם הבא
עוה"ז עולם הזה
ע"ז עבודה זרה, על זה, עם זה, ענין זה
ע"זנ על זה נאמר
עה"מ עדים חתומים מטה
עט"ת עטרת תפארת
ע"י על ידי, עין יעקב, עדת ישרים, עתיק יומין
עי"ט ערב יום טוב
עי"כ על ידי כך
עי"ל עוד יש לומר
עי"מ על ידי מיוחד
עי"נ על ידי נאמנים
עיש"ץ על ידי שליח צבור
עי"ת עשרת ימי תשובה
ע"כ על כן, עד כאן, עבודת כוכבים, על כרחו
עכ"א על כן אמר, עד כאן אמרו
עכ"ד עד כאן דבריו
עכ"ום עובדי כוכבים ומזלות
עכ"ג עם כל זה
עכי"ח עם כל יוצאי חלציו

עכ"ל עד כאן לשונו
עכנ"ל על כן נראה לי
עכ"פ על כל פנים, עד כאן פירושו
ע"ל עיין לעיל, עובר לסוחר
ע"מ על מנת, על משקל, על מדת, על משפט, על מחצה
עמ"א על משקל אחר
ע"מי ע"שו עזרי מעם יהוה עשה שמים וארץ
עמ"כ על מנת כן
עמר"א עפר מים רוח אש
עמ"ש עול מלכות שמים
ע"נ עשרה נסים
ענ"ג עדן נהר גן
ע"ס עט סופר, עשר ספירות
ע"ע עבד עברי, על ענין, עד עולם
עע"א עובדי עבודת אלילים
עע"ז עובדי עבודה זרה
ע"פ על פי, ערב פסח
עפ"א על פי אונס, על פי אחרים
עפ"ז על פי זה
עפ"ח על פי חכמים
ע"צ על צד, עובדי צלמים
עצ"ה על צד העבר
ע"ק עוד קשה
ע"קל עוד קשה לי
ע"ש ערב שבת, עיין שם, על שם
עש"ב עשה שלום במרומיו
עש"ג ערכאות של גוים
ע"שן עולם שנה נפש
ע"ת על תנאי
פ' פרק, פעם, פסוק, פרשה, פתוחה
פ"א פירוש אחר, פרקי אבות, פעם אחרת
פ"אפ פה אל פה, פנים אל פנים
פ"בפ פלוני בר פלוני
פ"ג פלוגתא גדולה
פג"ין פורץ גדר ישכנו נחש
פג"ח פורץ גדר חכמים
פ"ד פסק דין
פ"ה פסוק הוא, פירוש הקונטרים, פרנס החדש, פרשת המן
פו"מ פרנס ומנהיג
פז"ב פרק זה בורר
פ"ך שמ"ן עוגי"נ פותח כתב שלא מדעת נאמר עלון ופורץ גדר ישכנו נחש
פ"ט פה טמון
פ"י פועל יוצא

פכ״צ פרק כצד צולין
פ״ל פסח לעתיד
פ״מ פסח מצרים
פמ״שמ פמליא של מעלה
פ״נ פה נקבר
פ״ס פתוחה סתומה
פ״ע פועל עומד
פ״פ פתחון פה
פ״ק פרק קמא, פירוש קונטרים
פר״דק פירוש רבי דוד קמחי
פ״רח פירוש ר׳ חננאל
פ״רמ פאר רום מעלתו
פר״נם פה רחמן נאמן סבלן
פ״רשי פירוש רבי שלמה ירחי
פר״ת פירוש רבנו תם
פת״ל פן תמצי לומר
צ״אל צריך אתה לומר. צריך אתה לפרש
צ״ב צריך באור
צ״ה צרור החיים
צ״ל צריך לומר
צ״לע צריך לו עיון
צ״לת צריך להיות תחתיו, צדקה לעולם תעמוד
צ״ע צריך עיון
צע״ג צריך עיון גדול
צפ״ת צבי פאר תפארתנו
ק׳ קרי, קהל, קשה, קמא
קא״ל קא אמר ליה
קב״ה קדוש ברוך הוא
קב״ו קדשנו במצותיו וצונו
ק״ג קהלה גדולה, קנין גמור
ק״ד קדיש דרבנן
קד״ה קודם החופה
קה״פ קריאת הפרשה
ק״הת קריאת התורה
ק״ו קל וחומר
קר״כ קרי וכתיב
ק״י קהלת יעקב
ק״ל קיימא לן, קשה לי, קל להבין
קמ״ל, הק״מל הא קא משמע לן
ק״ק קהילה קדושה, קרא קדריש, קצת קשה
ק״קם קבול קנין סודר
ק״קק קדוש קדוש קדוש
קרו״ביץ קול רנה וישועה באהלי צדיקים
ק״ש קריאת שמע
קש״ה קרא שנא הלכה

ר׳ רב, רבי, רבן
ר״א רבי אליעזר
רא״בד ר׳ אברהם בר דוד
רא״ביה ר׳ אליעזר בר יוסי הגלילי
רא״בע רבי אברהם בן עזרא
רא״ם, הר״אם הגאון ר׳ אליהו מזרחי
רב״ד ראש בית דין
רב״ים רומיים בבליים יונים מדים
ר״ג ריש גמרא, רבן גמליאל, רבנו גרשום
ר״ד רבוני דעלמא, ראשית דבר
ר״דק ר׳ דוד קמחי
ר״ה ראש השנה, רבון העולם, רשות הרבים
רה״י רשות היחיד
ר״זל רבותינו זכרונם לברכה
ר״ח ראש חדש, ראשית חכמה, רב חסדא
רח״ויל רק חיים ושלום יוסיפו לך
ר״י ר׳ יוסי, ר׳ יהודה, ר׳ ישמעאל, ר׳ יצחק. ראש ישיבה
רי״בא ר׳ יעקב בן אליעזר
רי״בז רבן יוחנן בן זכאי
רי״בט ר׳ יוסף ברבי טוביה
רי״בל ר׳ יהושע בן לוי
רי״בם ר׳ יוסף בר מאיר
רי״בן רבי יצחק בר נתן, ר׳ יהודה בר נחמן
רי״בש ר׳ יצחק בר ששת
ר״יג ר׳ יוסף גקטיליא
ר״יה ר׳ ינאי הכהן, ר׳ יהודה החייט
ריט״בא ר׳ יום טוב בר אברהם
רי״ל רבי יצחק לוריא
ר״ין ר׳ יעקב נקדן
רי״צבא ר׳ יצחק ברבי אברהם
רי״צבט רבינו יצחק ברבי טודרוס
ר״ל רוצה לומר, ראוי לתקן, ריש לקיש רבי לוי
רל״בג רבי לוי בן גרשום
ר״מ ר׳ מאיר, רעיא מהימנא, ריש מתיבתא
ר״מא ר׳ מאיר אומר
רמ״בם ר׳ משה בן מימון
רמ״בן ר׳ משה בן נחמן, ר׳ מאיר בן נתן
רמ״ח ר׳ משה חזן
רמ״ך ר׳ משה כהן
רנ״בר ר׳ נסים בר ראובן
ר״ע רבי עקיבא
רע״ה רבינו עליו השלום
ר״ף ראש פסוק, ראש פרק
ר״ש רבן שמעון

רש״בא ר׳ שלמה בן אדרת, רבנו שמשון בר אברהם
רש״בג רבן שמעון בן גמליאל
רש״בט ר׳ שמעון בר טוביה
רש״בי ר׳ שמעון בן יוחאי
רש״ט רבי שם טוב
רש״י רבי שלמה ירחי, ראש שבטי ישראל
רש״ע, רש״לע רבון של עולם
ר״ת ראשי תיבות, רבנו תם
ש׳ שער
ש״א שום אתתא
ש״ב שאר בשרו
שב״עפ שבעל פה
ש״ג של גוים
ש״ד שרש דבר, שפיכות דמים, שפיר דמי
ש״ה שלשלת הקבלה
שה״י, פ״הי שבת היום, פסח היום
שה״ע״ה שלמה המלך עליו השלום
ש״ו שתי וערב
ש״ום שפייר ווירמש מענץ
שו״ש ששון ושמחה
ש״ז שכבת זרע
ש״ח שנאת חנם, שומר חנם
ש״ט שם טוב
שי״בה שתיקה יפה בשעת התפלה
שי״לת שויתי יהוה לנגדי תמיד
ש״ין שיחיה נצח
ש״ל שלמה לוריא, שחטאנו לפניך, שייך לעיל
ש״ליט, שלי״טא שיחיה לימים טובים אמן
ש״לש שלום לך שלום
ש״מ שמע מניה, שם מפורש, שלחן מלכים
ש״מע שחרית מנחה ערבית, שדי מלך עולם, שאו מרום עיניכם
שנ״ב שהכל נהיה בדברו
ש״ס ששה סדרים
ש״ע שמיני עצרת, של עולם, שלחן ערוך
שע״הזל שחור על הלבן זכר לחרבן
ש״פ שוה פרוטה
ש״ץ שליח צבור
ש״ר שמות רבה, שם רע, שלום רב
ש״רי שם רשעים ירקב
ש״ש שם שמים
ש״ת שומע תפילה, שעת תפילה
ת״א תרגום אחר, תרגום אונקלוס
תא״ם תהלים איוב משלי
ת״ב תשעה באב
ת״בכ כ״בנ תפלה בלא כונה כגוף בלא נשמה
ת״ג תנועה גדולה, תקיעה גדולה
ת״ה תפלת הדרך
תו״בב תבנה ותתכונן במהרה בימינו
תוש״לבע תם ונשלם שבח לאל בורא עולם
ת״ח תלמידי חכמים, תא חזי
ת״י תרגום ירושלמי
תי״בע תרגום יונתן בן עוזיאל
תיו״בתא תשבי יבא ויגיד בפיו תירוץ אמתי
תי״קו תשבי יתרץ קשיות ואבעיות
ת״כ תורת כהנים
ת״ל תלמוד לומר, תהלה לאל, תרי לשני
ת״מך תהי מנוחתו כבוד
תמכ״עוכי תהא מיתתו כפרה עליו ועל כל ישראל
תנ״בעא תהי נפשו בגן עדן אמן
תנ״ה תניא נמי הכי
תנ״ך תורה נביאים כתובים
תנ״צבה תהי נפשו צרורה בצרור החיים
ת״ס תקון סופרים
ת״ע תרי עשר, תפלת ערבית
תע״ב תבוא עליו ברכה
ת״ק תנועה קטנה, תקיעה קטנה, תנא קמא
ת״ר תנו רבנן
ת״ש תא שמע
תש״בעפ תורה שבעל פה
תש״בצ תשובות שמעון בר צמח
ת״ת תלמוד תורה

Die Juden wendeten schon in der alten Schrift Abkürzungen an, wie die Makkabäer-Münzen zeigen; die vorstehenden sind aus Buxtorf's chaldäisch-hebräischem Lexicon entnommen und von mehreren jüdischen Gelehrten einer genauen Durchsicht unterzogen worden, wobei nicht gebräuchliche ausgeschieden, dagegen mehrere, bei Buxtorf fehlende hinzugefügt und sonstige Verbesserungen vorgenommen wurden.

RÖMISCHE SIGLEN.

A. Absolvo, Adsignatur, Aedilis, Ager, Ajunt, Aliquando, Amicus, Animo, Anno, Annus, Ante, Apollo, Apud, Ara, Arbitratu, Argentum, Auctoritate, Augur, Augusta, Augustus, Augustalis, Aulus, Aurum, Aut.
A. A. Augustae, Augusti etc.
A. A. V. C. Anno Ab Urbe Condita.
A. B. Alia Bona.
ABD. Abdicavit.
ABN. Abnepos.
ABS. Absolutus.
AC. Actio, Absolvo Condemno, Alius Civis.
ACC. Acceperat, Acceptat, Accepta.
ACC9 Accusatus.
AC. T. Auctoritas Tua.
A. D. Ante Diem.
AD. E. Ad Exactionem, Ad Exactorem, Ad Effectorem, Ad Extorem.
AD. F. Ad Finem.
ADI. Adjutor, Adjutrix.
AD. L. Ad Locum.
ADN. Adnepos.
ADP. Adoptivus.
A. D. P. Ante Diem Pridie.
ADQ. Adquiescit, Adquisita.
Æ. Ære.
A. E. Apellatus Est.
ÆD. Ædilis.
ÆG. Æger.
ÆL. Ælius, Ælia.
ÆM. Æmylius, Æmylia.
ÆQ. Æqualis.
ÆR. Æreum, Ærarium.
ÆT. Æternitas.
A. F. Auli Filius, Ara Facta, Alio Facto.
AFR. Africa, Africanus.
AG. Agit, Agrum, Agrippae.
A. H. Alius Homo.
A. L. Auli Libertas. Alia Lex.
ALB. Albinus.
A. L. F. Animo Lubens Fecit.
A. L. ÆS. Arbitrium Litis Æstimandae.
All. Allectus.
AM. Amicus; AM. N. Amicus Noster.
AMP. Ampliatus.
AM. P. Amator Patriae, Amabilis Persona.
AN. Anno, Annorum, Annius.
A. N. Auli Nepos, Ante Noctem.
A. N. F. F. Anno Nero Fausto Felici.
ANT. Antonius, Antoninus, Antiochia, Ante, Antea.
A. O. Alii Omnes, Amico Optimo.
AP. Appius, Apud.
A. P. Aedilitia Potestate, Argento Publico, Aulus Publius.
AP. IVD. Apud Judeam, Apud Judicem.
A. P. M. Anno Plus Minus.
A. P.O.R. Anno Post Orbem Redemtum.
A. P. P. Apud Populum Plebemve.
A. P. Q. Auli Publii Quinti.
A. P. R. C. Anno Post Romam Conditam.
AR. Ara, Argentum.
A. RA. MIL. FRV. A Rationibus Militaris Frumenti.
A. S. S. A Sacris Scriniis.
AT. Autem.
A. T. Auctoritate Tutoris, A Tergo.
A. T. M. D. O. Ajo Te Mihi Dare Oportere.
A. T. V. Amici Titulo Usi.
A. V. C. Ab Urbe Condita, Anno Urbis Conditae.
AVC. Auctoritas.
AVG. Augustus, Augusta, Augur, Augustalis, Augurinus.
AVG. CUR. R. P. Augustalis Curator Reipublicae.

AVG. ET. Q. AVG. Augustalis et Quaestor Augustalium.
AVGG. Augusti (de duobus).
AVG. L. Augusti Libertus.
AVR. Aurelius.
B. Balbus, Beneficiatus, Bis, Bona, Bonus, Brutus.
BA. Bona Actio, Bonis Avibus, Bonis Auspiciis.
BB. Bonorum, Bonis sive Optimis, Bene Bene sive Optime.
BC. Bonum Concessum.
B. COS. Beneficiarius Consul.
B. D. Bonum Datum.
B. D. D. Bonis Diis Deabusque.
B. D. S. M. Bene De Se Merenti.
B. F. Bona Fide, Bona Fortuna, Bona Filia, Bene Fecit, Bonum Factum, Bona Femina, Bonus Filius, Beneficiarius, Beneficium.
B. F. A. Bove Femina Alba.
B. F. A. I. Bobus Furvis Aratro Junctis.
B. F. C. Bona Fide Contractum, Beneficiarius Consul.
B. GR. Bona Gratia.
B. H. Bonus Homo, Bona Hereditatis.
B. I. Bonum Judicium.
B. L. Bona Lex.
B. M. Beatae (Bonae) Memoriae, Beatis Manibus, Bene Merenti, Bovem Marem.
B. N. Bona Nostra.
B. O. Bene Optime.
B. P. Bona Professio, Bonorum Possessor, Bona Paterna, Bonum Publicum.
B. P. D. Bono Publico Dedit.
B. Q. Bona Quaesita.
B. S. Bene Satisfecit.
B. T. Bonorum Tutor.
B. V. Bene Vixit, Bonus Vir.
B. V. A. Boni Viri Arbitratu.
B. V. V. Balnea Vina Venus.
C. Caesar, Caja, Cajus, Calendae, Candidatus, Capit, Cardo, Castra, Causa, Centum, Centuria, Citra, Civis, Clarissima, Clarissimus, Cohors, Collegium, Colonia, Comes, Con, Concessum, Condemno, Conjux, Conscriptus, Constitutum, Consul, Consultum, Curatum, Curia.
CA. Castra, Causa, Camillus, Cardo.
C. A. Caesarea Augusta, Censoris Arbitratu, Consulis Arbitratu.
C. A. I. Colonia Augusta Julia.
CAL. Calendæ, Calagaris (colonia).
CAP. Capitalis, Capitolina, Capitolium, Capta.
C. B. Civis Bonus, Colonia Bononiensis, Commune Bonum.
C. C. Curator Civium, Curiae Consulto, Circum, Curatum Consulto, Capite Census, Ducentesimi, Calator Curiator, Consilium Cepit (Cessat), Causa Cognita (Commissa), Collegium Centenariorum.
C. C. A. Colonia Caesarea Augusta.
C. C. C. Censa Civium Capita, Calumniae Cavendae causa.
C. C. D. Curatum Consulto Decurionum.
C. CR. Contrarium Contractum.
C. C. S. Curatum Communi Sumtu, Curarunt Cives Sassinates, Colonia Claudia Sabaria.
C. C. V. V. Calator Curiatus Virginum Vestalium.
CD. Quadringenta.
C. D. Capite Diminutus, Communi Dividundo.
C. D. E. R. N. E. Cujus De Ea Re Nunciatio Est.
C. E. C. Coloni Ejus Coloniae.
C. E. D. Convictum Esse Dicetur.
C. F. Clarissima Femina, Causa Fiduciae, Commissum Fidei.
C. F. C. N. Caji Filius Caji Nepos.
C. F. L. R. Q. M. Cajus Fabius Lucius Roscius (Rubrus) Quintus Marcius.
C. F. P. D. Colonia Flavia Pacensis Deulton.
C. H. Custos Heredum, Curator Hereditatis.
C. I. A. D. Colonia Julia Augusta Dertona.
C. I. A. V. Colonia Julia Augusta.
C. I. B. Colonia Julia Babba.
C. I. C. Colonia Julia Caesarea, Carthago (Cardenna).
C. I. C. A. A. P. Colonia Julia Carthago Antiqua Augusta Pia, Colonia

Immunis Caesaris Augusti Pia, Colonia Julia Corinthus Augusta Antonina Pia.
C. I. F. Colonia Julia Felix, Concordia Invicta Felix.
C. I. G. A. Colonia Julia Gemella Accitana (Augusta).
C. I. I. A. Colonia Immunis Illice Augusta.
C. I. O. N. B. M. F. Civium Illius Omnium Nomine Bene Merenti Fecit.
C. I. P. A. Colonia Julia Paterna Arelatensis.
C. I. P. C. N. M. Colonia Julia Paterna Claudia Narbonensis Marcio.
C. I. V. Colonia Julia Victrix (Valentia).
C. K. Conjugi Karissimae.
C. K. I. Citra Kardinem Primum.
C. K. L. C. S. L. F. C. Conjugi Karissimae Loco Concessi Sibi Libenter Fieri Curavit.
CL. Claudius, Claudia, Clausit, Colonia.
C. L. Caji Libertus, Centurio Legionis.
ƆL. vel ƆLI. Cajae Liberta (us), Conliberator.
CL. PR. Classis Praetoris.
CL. V. Clypeus Votivus, Clarissimus Vir.
C. M. Comis, Causa Mortis, Cajus Marius, Cessit Melioribus.
C. M. F. Curavit Monumentum Fieri, Clarissimae Memoriae Fuit.
C. N. Caji Nepos, Civis Noster, Communi Nomine.
CN. L. Cnei Libertus.
ƆO. Controversia, Conjux, Civitas Omnis.
COL. Colonia, Collega, Collegium, Collina, Coloni, Columen.
CO. R. M. O. B. Constantinopoli Romae Moneta Obsignata.
COR. R. MI. ET. AL. SEN. V. S. Corrector Minicae Et Alimentorum Seniorum Urbis Sacrae.
C. P. Cum Praeterito, Colonia Patrensis, Civis Publicus.
C. Q. S. S. E. Causa Quae Supra Scripta Est.
CR. Contractum, Creticus, Crispus.
C. R. Civis Romanus, Curarunt Refici.
C. R. C. Cujus Rei Causa.
C. R. C. P. Cujus Rei Causa Promittit.
C. R. I. F. S. Colonia Romana Julia Felix Sinone.
C. S. Caesar, Cives Servati, Communi Sepulcro, Civem Servavit, Consulis Sententia, Cum Suis, Communi Sumtu.
C. S. F. Communi Sumtu Factum vel Fecit.
C. S. H. Communi Sumtu Heredum, Consensu Suorum Heredum.
C. S. H. S. S. V. T. L. Communi Sepulcro Habiti Sunt Sit Vobis Terra Levis.
C. T. Celsitudo Tua.
C. Θ. Constantinopoli Obsignata Moneta Officina Nona.
C. V. Clarissimus Vir, Centum Viri, Consularis Vir, Colonia Viennensis.
C. V. P. V. DD. Communi Voluntate Publica Votum Dedicavit.
C. V. T. T. Colonia Victrix Togata Tarraconensis.
D. De, Dea, Decimus, Decius, Decumanum, Decuria, Decurio, Dedicavit, Dedit, Deus, Devotus, Dextera, Die, Dies, Diva, Divus, Dixit, Dominus, Domo, Domum.
D. B. I. Diis Bene Juvantibus.
D. B. M. pro D. S. B. M. De se bene Merenti.
D. C. A. Divus Caesar Augustus.
D. C. S. De Consulum Sententia, De Consultis Sententia.
DD. Dono Dedit, Dederunt, Dedicavit, Dedicarunt, Dedit, Donavit, Dotis, Datio, Domestico, Domini, Dis Deabusque, Dea, Dia, Decreto Decurionis, Dis Dantibus.
D. D. C. C. N. C. Decuriones Coloniae Concordiae Nabonensi Caesarianae.
D. D. D. Dono Dederunt, Dedicaverunt, Datus Decreto Decurionum, Dono Decurionum Dedit.
D. D. D. D. Dignum Deo Donum Dedit, Decreto Decuriones Dederunt.
D. D. I. C. K. I. Dextra Decumanum Primum Citra Kardinem Primum.
D. D. I. I. M. Dedicavit Jussus Jure Merito.

D. D. I. V. K. I. Dextra Decumanum Primum Ultra Kardinem Primum.
D. D. L. M. Donum Dedit Libens Merito, Dono Dedit Liberto Munera.
D. D. N. N., DDD. NNN. Domini Nostri.
D. D. O. Dis Deabusque Omnibus.
D. DQ. Dis Deabusque, Dedit Donavitque.
D. D. S. Diis Deabusque Sacrum.
DE. Defunctus, Damnas Esto.
D. E. R. I. C. De Ea Re Ita Censuerunt.
D. F. Defunctus, Decimi Filius, Decurionum Fide, Donum Fecit, Dotem Fecit.
D. F. D. I. P. Decurionum Fide Dividenda In Publico.
D. F. M. Dulci Filio Meo.
D. G. Dedit Gratis.
D. H. Donavit Heredibus, Dono Habuit.
D. I. Dis Immortalibus, Dari Jussit.
D. I. M. Dis Inferis Maledictis vel Malis, Dari Jussit Malis.
D. I. M. S. Deo Invicto Mithrae Sacrum.
DI. Q. S. Die Quo Supra.
D. L. Decimi Libertus, Dis Laribus.
DL. Delego, Dat Laudes, Donat Locum.
D. L. D. Dedit Liberis Dono.
D. L. D. P. Dis Locum Dedit Publice.
D. L. M. Donavit Locum Monumenti.
D. L. S. Dis Laribus Sacrum.
D. M. Divino Monitu, Dolo Malo, Dis Manibus, Dubium Malum, Donavit Monumentum.
D. M. A. Dolus Malus Abest.
DM. Æ. Deo Magno Æterno.
D. M. FV. C. Doli Mali Fraudisve Causa.
D. M. M. Dis Manibus Meviorum.
D. M. S. Dis Manibus Sacrum.
D. M. V. Dis Manibus Votum.
D. N. Decimi Nepos, Dominus Noster.
D. N. M. Q. E. Devotus Numini Majestati Que Ejus.
D. O. Deo Optimo, Dis Omnibus, Dare Oportet.
D. O. M. Deo (Deae) Optimo (ae) Maximo (ae).
D. O. P. Domo Ostiae Portu.
DP. Depositus (deposita).
D. P. Dii Penates, Dis Publicis, Divus Pius, Domum Posuit, Deo Perpetuo, Dotem Petit.
D. P. P. Dii Penates Patriae, Deo Perpetuo.
D. P. P. D. D. De Propria Pecunia Dedicarunt.
D. P. S. De Pecunia Sua, Deo Posuit Sibi.
D. P. S. D. L. D. P. Deo Posuit Sibi, Deo Locum Dedit Publice.
D. Q. Dis Que, Dis Quirinalibus.
D. Q. C. A. De Qualicunque Causa Agit.
D. Q. R. De Qua Re.
D. Q. S. De Qua Supra, Die Quo Supra.
DR. Drusus.
D. S. A. Diversae Scholae Auctores.
D. S. B. M. De Se Bene Merenti.
D. S. D. De Suo Dedit.
D. S. D. D. De Suo Donum Dedit.
D. S. I. F. De Sua Impensa Fecit.
D. S. I. M. Deo Soli Invicto Mithrae.
D. S. I. S. L. M. De Sua Impensa Solvit Liberis Merito.
D. S. P. De Suo Posuit, De Sua Pecunia.
D. S. P. F. De Sua Pecunia Fecit.
D. S. P. P. (D. D.) De Sua Pecunia Posuit (Dedicavit).
D. S. P. V. I. S. L. M. De Sua Pecunia Votum Jure Solvit Libens Merito.
D. S. S. De Suo Sumtu, De Senatus Sententia.
DT. Duntaxat, Datur, Dentur.
D. T. S. P. Diem Tertium Seu Perendium.
D. V. Devota Virgo, Devotus Vir, Devotus Vester, Devota Vestae, Dies Quintus, Dis Volentibus.
E. Editus, Egregius, Eis, Ejus, Erexit, Ergo, Esse, Est, Etiam, Ex, Exacto.
E. A. Ex Auctoritate.
E. Æ. Ejus Ætas.
E. B. Ejus Bona.
E. B. S. Ex Bonis Suis.
E. C. Erigi Curavit.
E. D. Ejus Domus.
E. F. Egregia Femina, Ejus Filius, Ejus Fecit.
E. G. Erga, Ejus Gratia.
E. H. Ejus Heres.

E. H. L. N. R. Ejus Hac Lege Nihil Rogatur.
E. I. Ex Jure, Ex Jussu.
E. I. M. C. V. Ex Jure Manu Consertum Vocant.
E. L. Edita Lex.
EM. (E9M.) Emeritus, Ejusmodi.
E. M. V. Egregiae Memoriae Viro.
E. N. Etiam Nunc.
EP. M. Epistolam Misit.
EQ. AVG. N. Eques Augusti Nostri.
EQ. M. SP. POM. Equitum Magister Spurius Pompejanus.
ER. Erunt, Ea Res.
E. R. E. V. E Republica Esse Videbitur.
ER. LEG. Erogatorio Legionis.
E. S. E Suo.
E. T. Ex Testamento.
E. T. F. I. S. Ex Testamento Fieri Jussit Sibi.
EX. Eximio.
EX. A. D. C. A. Ex Auctoritate Divi Caesaris Augusti.
EX. A. P. Ex Argento Publico (Puro), Ex Auctoritate Publica.
EX. B. S. Ex Bonis Suis.
EX. CC. Ex Consensu.
EX. R. Exactis Regibus.
EX. SC. TERM. Ex Senatus Consulto Terminaverunt.
EX. T. F. C. Ex Testamento Fieri Curaverunt.
EX. TT. SS. HH. Ex Testamentis Subscriptorum Heredum.
EX. V. P. Ex Voto Posuit.
F. (Ⅎ.) Fabia, Fabius, Faciendum, Februarius, Fecit, Felix, Fieri, Filia, Filius, Fines, Fisco, Flamen, Flavia, Flavius, Forum, Fundus.
FA. Fαλείων, Faliscorum.
F. C. Faciendum Curavit, Fecerunt, Fidei Commissum, Fiduciae Causa, Fraude Creditoris, Felix Constans.
F. D. Fide Data, Fundum.
F. D. M. Fecit Dis Manibus.
F. E. Fide Ejus.
F. E. D. Factum Esse Dicitur.
F. F. Flando Feriundo, Filius Familias, Fidem Facit, Fecerunt Fundaverunt, Fabre Factum, Fratris Filius.
F. F. F. Fortior Facto Fortuna, Ferro Flamma Fame, Flavii Filius Fecit.
F. D. C. L. Filiorum Duorum Cajae Libertate.
F. FL. Fratris Filius.
FF. PP. FF. Fortissimi Piissimi Felicissimi, Felicissimi Fortissimi Piissimi Principis Filio, Florentissimi Patris Patriae Florentissimo Filio.
F. H. Filius Heres.
F. HC. Familiae Herciscundae.
F. H. F. Fieri Heredes Fecerunt.
F. I. Fieri Jussit, Fieri Instituit.
F. I. A. Felicitas Julia Augusta.
F. I. D. P. S Fieri Jussit De Pecunia Sua.
FL. Flavius, Flavia (colonia), Flamen, Filius.
F. LL. P. S. Fecit Libentissime Pecunia Sua.
F. M. Fieri Mandavit, Fati Munus.
F. M. I. Fati Munus Implevit.
F. N. Fides Nostra.
F. N. C. Fidei Nostrae Commisit.
F. P. Formae Publicae, Fidei Possessor.
FR. Frater, Frumentarius, Fronte, Fors.
FR. F. Fratris Filius.
FR. I. Forum Julium.
FR. L. Forum Livium.
FR. S. Fraude Sua, Forum Sempronii.
F. S. Fratres (Forum) Sempronii.
F. V. C. Fraudis Ve Causa.
F. V. S. Fecit Voto Suscepto.
G. Gaudium, Gellius, Genius, Gens, Genus.
G. B. Gens Bona.
G. D. Gens Dolosa.
G. F. Gemina Fidelis (Legio).
GG. Gesserunt.
GL. Gloria.
GL. EX. R. Gloria Exercitus Romani.
GL. N. L. Gloria Nominis Latini.
GL. P. Gloria Parentum (Patriae, Populi).
GL. P. R. Gloria Populi Romani.
GL. R. Gloria Romanorum.
G. L. S. Genio Loci Sacrum, Gallus Sempronius.
G. M. Germanica, Gens mala.
G. M. V. Gemina Minerva Victrix (Legio).
GN. Genus, Generis.

GN. R. S. Genus Romani Senatus.
G. P. R. Genio Populi Romani.
GR. Gratis, Gesserunt, Gerit, Gratuito.
G. R. Genus Regium, Germanica.
GR. D. Gratis Dedit.
G. S. Genio Sacrum.
G. T. Gravitas Tua, Gentem.
G. T. Æ. Genius Tutelaris Ægypti.
H. Habet, Hereditas, Heres, Hic, Hoc, Homo, Honesta, Honor, Hora.
H. A. C. Heredes Amico Curarunt.
H. A. C. F. C. Heredes Ære Communi Faciendum Curavere.
H. A. H. N. S. Haec Ara Heredes Non Sequitur.
H. A. I. R. Honore Accepto Impensam Remisit.
H. AQ. Hic Acquiescit.
H. B. Homo Bonus, Hora Bona, Heres Bonorum.
H. B. F. Homo Bonae Fidei.
H. B. M. F. C. Heres Bene Merenti Fieri Curavit.
H. C. Heres Curavit, Hispania Citerior.
IN. H. C. D. In Honorem Collegii Dedit.
H. C. DD. Huic Collegio Dedicarunt.
H. D. Hic Dedicavit, His Deabus.
H. DD. Hic Dedicaverunt.
H. E. T. F. C. Heredes Ex Testamento Fieri Curarunt.
H. Et L. Heredes et Liberti.
H. F. Heres Fecit, Honesta Femina, Honesta Fortuna, Hic Fundavit (Fideliter).
H. F. C. Heredes Faciendum Curarunt.
H. F. N. Honesta Familia Natus.
H. F. S. C. A. Heredes Fecerunt Sumtu Communi Aram.
H. H. Homo Honestus.
HH. PP. Hispaniarum Provinciarum.
H. I. Hereditario Jure, Heres Juravit, Heres Institutus.
H. I. I. Heres Jussu Illorum.
HK. Heracleae.
H. L. Honesto Loco, Haec Lux, Hic Locus.
H. L. D. Hunc Locum Dedit.
H. L. H. N. S. Hic Locus Heredes Non Sequitur.
H. L. N. Honesto Loco Natus.
H. L. N. R. Hac Lege Nil Rogatur.
H. L. R. Hanc Legem Rogavit.
H. L. S. E. Hoc Loco Sepultus (Situs) Est.
H. L. S. H. N. S. Hunc Locum Scripti Heredes Non Sequuntur.
H. M. Huic Monumento, Honesta Mulier, Hora Mala.
H. M. AD. H. N. TRAN. Hoc Monumentum Ad Heredes Non Transit.
H. M. D. M. A. Huic Monumento Dolus Malus Abest.
H. M. D. M. A. E. Huic Monumento Dolus Malus Absens Esto.
H. M. E. Homini Memoriae Egregiae.
H. M. EXT. N. R. Hoc Monumentum Exteros Non Recipit.
H. M. G. N. S. Hoc Monumentum Gentiles Non Sequitur.
H. M. H. E. N. S. Hoc Monumentum Heredes Ejus (vel Exteros) Non Sequitur.
H. M. M. H. M. N. S. F. Humanitatis Mala Metuens Hoc Monumentum Nomine Suo Fecit.
H. M. P. Hoc Monumentum Posuit, Hic Memoriae Posuit.
H. M. S. S. E. H. N. S. Hoc Monumentum Sive Sepulcrum Exteros Heredes Non Sequetur.
H. O. C. S. Hostem Occidit Civem Servavit.
H. P. Honesta Persona, Hic Posuit.
H. R. Honesta Ratio, Hic Requiescit.
H. R. I. P. Hic Requiescit In Pace.
H. R. I. R. Honore Recepto Impensam Remisit.
H. S. Hoc Sepulcrum, Hora Secunda vel Sacra, Herculi Sacrum, Hoc Sit, Hic Situs, Sestertius.
H. S. E. Hic Situs Est, Hic Sors Ejus.
H. S. E. S. T. T. L. Hic Situs Est Sit Tibi Terra Levis.
H. S. F. Hoc Solus Fecit.
H. S. F. H. T. F. Hic Situs Fuit (Hoc Sibi Fecit) Heredes Titulum Fecerunt.
H. S. F. L. S. P. D. DD. Hic Sibi Fecit Locum Sepulturae Permissus Decreto Decurionum.

H. S. H. N. S. Hoc Sepulcrum Heredes Non Sequitur.
H. S. S. Hic Siti (Sepulti) Sunt.
H. S. T. N. E. Huic Sepulcro Titulus Non Est.
H. S. V. F. M. Hoc Sibi Vivens Fieri Mandavit.
H. T. Hispania Tarraconensis.
H. T. F. Heredes Titulum Fecerunt.
H. T. V. P. Hunc Titulum Vivus Posuit.
H. V. Honestus Vir, Hispaniae Utriusque vel Ulterioris, Honesta Vita.
H. V. D. Hoc Vivus Dedicavit.
H. V. S. R. Honore Usus Sumtum Remisit.
I. Impensa, Imperator, In, Inter, Intra, Jovi, Judex, Junoni, Jure, Jussu, Justus, Primus, Semel.
Ɨ. Inter, Interdum, Intra.
IA. P. Intra Provinciam.
I. A. P. Q. V. Incomparabili Amantissimae Praestantissimae Que Virtuti.
I. C. Jus Civile, Judex Cognitionum, Intra Circulum, Julius Caesar, Juris Consultus.
I. C. E. V. Justa Causa Esse Videtur.
ID. Interdum, Iduavii, Idus.
I. D. Jure Dicundo, Jussu Dei, Judex Delegatus, Inferis Diis, Judicium Dabo, Jurisdictio, In Dimidio.
I. D. C. Juris Dicendi Causa.
I. D. N. C. Judex Delegatus Nomine Civium.
I. D. P. Juri Dicundo Praefuit.
I. D. T. S. P. In Diem Tertium Seu Perendinum.
I. E. Judex Esto.
I. E. L. F. E. In Ejus Locum Factus Est.
I. F. Jussa Fecit, In Foro, Julii Filius.
I. F. C. H. S. Jussu Fieri Curavit Heredum Suorum.
I. F. I. A. V. In Fronte In Agrum Versus.
I. FO. B. In Foro Boario.
I. FO. C. In Foro Caesaris.
I. FO. TR. In Foro Trajani.
I. F. P. IIX. In Fronte Pedes Octo.
I. F. P. R. In Foro Pro Rostris.
I. FR. P. X. In Fronte Pedes X.
I. G. Jus Gentium.
I. H. Justus Homo.
I. H. H. M. E. In Hoc Honore Mortuus Est.
I. I. Jusjurandum, In Jure.
II. Iterum Secundus.
I. I. C. In Jure Cessit.
III. F. Tertio Filio.
II. M. Iteratus Miles.
I. IR. In Integrum.
I. IT. Imperator Iterum.
II. V. DD. Duum Viris Dedicantibus.
I. L. Jure Legis, Intra Limites, In Loco, Justa Lex.
I. L. D. In Loco Divino.
I. L. F. Illius Liberta Fecit.
I. L. H. Jus Liberorum Habens.
I. L. P. In Loco Publico.
I. L. R. In Loco Religioso.
I. L. S. In Loco Sacro.
IM. Immortalis, Imperator.
I. M. M. E. In Magistratu Mortuus Est.
IN. A. V. P. In Agrum Versus Pedes.
IN. E. L. F. E. In Ejus Locum Factus Est.
IN. F. IN. A. V. L. P. X. In Frontem In Agrum Versus Longe Pedum X.
IN. H. In Honorem.
IN. H. H. In Hoc Honore.
IN. H. L. S. E. In Hac Lege Scriptum Est.
IN. H. M. In Hoc Magistratu.
IN. H. T. SUNT. COM. OR. H. S. In Hoc Titulo Sunt Comprehensa Ornamenta Hujus Sepulcri.
IN. M. M. E. In Magistratu Mortuus Est.
IN. M. O. E. In Magistratu Occisus Est.
IN. PR. O. E. In Praelio Occisus Est.
I. N. Q. Injustis Nuptiis Quaesitum, Justus Nuntius Quaesitus.
IN. S. R. In Senatu Romano.
IN. V. I. S. Inlustris Vir Infra Scriptus.
I. O. M. D. Jovi Optimo Maximo Dicatum.
I. O. M. D. J. Jovi Optimo Maximo Divino Jussu.
I. O. M. H. Jovi Optimo Maximo Hammoni (Heliopolitano, Helvio).
I. O. M. I. Jovi Optimo Maximo Immortali.

I. O. M. S. Jovi Optimo Maximo Sacrum.

I. O. T. Jovis Olympii Tonantis.

I. P. In Provinciam, Justus Possessor, Jus Pontificum, In Possessione, Idem Probavit, Justa Persona, Jus Praetoris (Praecepti).

I. Q. P. Idem Que Probavit.

I. Q. T. IT. Janus Quirinus Tyrannus Italiae.

I. R. Jure Romano, Jure Rogavit, Junoni Reginae, Jurisdictio Regionis, Judicium Recuperatorium.

I. S. Judicio Senatus, Judicatum Solvit, Infra Scriptus, In Senatu.

I. S. C. Judex Sacrarum Cognitionum, In Senatus Consulto.

I. S. D. In Seris Diis.

I. S. E. Infra Scripta Erunt.

I. S. M. R. Juno Sospita Mater (Magna) Regina.

I. S. N. Rom. (I. S. R.) In Senatu Romano.

I. S. S. Inferius Scripta Sunt.

I. S. V. P. Impensa Sua Vivus Posuit.

I. T. Intra Tempus, Jure Testamenti.

IT. Italia, Italiae.

I. T. C. Intra Tempus Constitutum.

I. V. Justus Vir.

I. V. E. E. R. P. F. S. V. C. Ita Vti Ejus E Re Publica Fideque Sua Videbitur Censere.

K. Kaeson, Kaja, Kajus, Kalendis, Kalumnia, Kandidatus, Kaput, Karissima, Karissimus, Kasa, Kastra.

KA. DD. Castra Dedicarunt.

K. C. Capite Census, Carthago Civitas.

K. D. Kapite Diminutus, Castrorum Dedicatio(Deditio).Kapitis Damnatus.

K. DD. Castra Dedicaverunt.

K. F. Cardo Finalis.

KK. Caput, Kalumniae Causa.

KL. Kalendae.

K. M. Cardo Maximus.

K. N. Kaesonis Nepos.

K. O. Q. Karthagine Officina Quarta.

K. P. Cardo Positus, Castro Ponit.

K. S. Calendae Sextiles.

K. T. Capite Tonsus, Karitas Tua.

L. Laribus, Latinus, Legio,Lex, Libens, Liberta, Libertus, Litis, Locus, Laelius, Longum, Lucius, Lucrum, Ludi, Lustrum, Lyciae.

L. A. Libens Animo.

LA. C. Latini Coloni.

L. A. D. Locus Alteri Datus.

L. ÆL. Lucius Ælius.

L. BO. Lex Boaria.

L. B. M. D. Locum Bene Merenti Dedit.

L. C. Lucius Cornelius, Lege Cavetur, Lucrum, Latini Coloni, Locus Concessus.

LC. D. Lucrum Divinum, Lucus Dominus.

L. D. Locum Dedit (Dedicavit), Liberis Dedit, Lucrum Divinorum, Libero Damno, Locus Divinus, Litibus Dijudicandis.

L. D. A. B. M. Locum Dedit Aulus Bene Merenti.

L. D. B. S. D. M. Locum Dedit Bene De Se Merenti.

L. DD. Liberis Dono Dedit, Locus Dono Datus.

L. D. D. C. (S.) Locus Datus Decreto Collegii (Senatus).

L. D. DD. Locum Diis Dedicavit, Locum Dono Dederunt, Locus Datus Decreto Decurionum, Libens Dono Dedit, Libens Datum Decreto Decurionum.

L. D. D. D. E. Locus Decreto Decurionum Datus est.

L. D. L. L. I. E. Lucius Duorum Luciorum Libertus Jussu Eorum.

L. D. P. Locus Datus Publice.

L. D. S. Libens de Suo.

L. D. S. C. Locus Datus Senatus Consulto.

L. D. S. P. D. Locum de Sua Pecunia Dedit.

L. E. D. Lege Ea Damnatus.

L. E. LV. M. C. S. Libens Et Lubens Merito Cum Suis.

L. EM. Locus Emtus.

L. F. Lucii Filius, Lustrum Fecerunt, Lucius Furius.

LG. Legavit, Legio.

LG. D. Legem Dedit, Legis Decima.

L. H. Locus Heredum.
L. H. D. DD. Locum Hunc Dis Dedicavit.
L. H. L. D. Locus Hic Liber Datus.
L. I. Litis Judicium (Judex).
LIB. Libertus, Liberta, Libertas, Liberalitas, Libera.
L. I. C. Laus Julia Corinthus.
L. I. D. A. C. Lex Julia De Adulteriis Coërcendis.
L. III. V. D. P. S. Locus Trium Virum Decreti Publico Sumtu.
L. L. Lucius, Lucii (Livii, Livius), Libertus, Liberta, Laurentum, Lavinatum, Lucius, Lucejus, Liberti, Lucii, Libertas, Legibus.
L. L. L. Lucii Liberti Locus.
L. L. L. M. M. Lacerat Lacertum Largi Mordax Mevius.
L. L. L. P. O. M. S. Liberis Libertis Libertabus Posteris Omnibus Monumento Scriptorum.
LL. M. Lubentissime Merito.
L. L. Q. P. Q. E. Libertis Libertabus Que Posteris Que Eorum.
L. M. Libens Merito, Lucius Murena, Locus Monumenti (Mortuorum).
L. M. A. H. T. Locus Monumenti Ad Heredes Transit.
L. M. D. Libens Merito Dedit, Locum Monumento Dedit.
L. N. Lucii Nepos, Liberarius Notarius, Latini Nominis.
L. P. Libens Posuit, Loco Proprio, Lege Punitus, Locus Promtus (Propitius).
L. P. C. DD. Locus Publice Concessus Decreto Decurionum.
L. P. C. R. Latini Prisci Cives Romani.
L. P. D. Locus Publice (Plebiscito) Datus.
L. P. D. D. D. Locus Publice Datus Decreto Decurionum.
L. PL. Lex Plebeja.
L. PR. Loco Privato, Latini Prisci.
L. PR. C. Latini Prisci Cives.
L. Q. S. Locus Qui Supra.
L. R. Lege Romana, Lucius Roscius (Rubrius).
L. S. Libens Solvens, Laribus Sacrum, Locus Sacer, Laudabilis Substantia.
L. S. A. Lucius Sextius Aurelius.
L. SC. Locus Sacer.
L. S. M. C. Locum Sibi Monumento Curavit.
L. S. P. D. D. Locus Sepulturae Permissus Decreto Decurionum, Locum Sepulcri Publice Dedicarunt, Locum Sua Pecunia (Sumtu Publico) Dedicarunt.
L. S. S. Legionis Supra Scriptae.
L. T. Lucius Tacitus, vel Titus, Legem Tulit.
L. V. Lex Vetat, Lex Vetus.
L. V. P. F. Ludos Votivos Publicos Fecit.
L. V. S. Locum Viva Sibi.
L. XX. M. N. P. Sestertia Viginti Millia Nummum Pendit.
M. Magister, Magna, Magnus, Marcus, Marmorea, Mater, Maximus, Memoria, Meritus, Merito, Miles, Millia, Monumentum, Mucius, Mulier, Municipium.
M. A. Massilia, Macuvius, Memori Animo.
M. A. A. Municipium Albae Augustae.
M. A. G. S. Memor Animo Grato Solvit.
M. B. Municipii Bergomatum, Mulier Bona.
M. C. Marcus Cicero, Marcus Censor, Monumentum Condidit vel Consecravit.
M. C. D. Memoriae Causa Datum.
M. C. P. C. Memoriae Causa Poni Curavit.
M. C. IV. Municipium Calaguris Juliae.
M. D. Militum Dacorum, Matri Deum.
M.D.M.(I.) Magnae Deum Matri (Ideae).
M. E. Monumentum vel Memoriam Erepit.
M. E. M. Municeps Ejus Municipii.
M. E. M. D. D. E. Municipibus Ejus Municipii Dare Damnas Esto.
M. EQ. Magister Equitum.
M. F. Marci Filius, Municipalibus Functus, Manifestum.
M. FA. Marcus Fabius.
M. F. C. Monumentum (Memoriam) Fieri Curavit.

M. F. M. N. Marci Filius Marci Nepos.
M. F. P. Malae Fidei Possessor.
M. H. Magnus (Malus) Homo.
M. I. Maximo Jovi.
M. I. V. Marcus Julius Valerius.
M. K. V. T. Moneta Carthaginensis Urbis Officina Tertia.
M. L. Marci Libertus, Miles Legionis, Monumenti Locus, Militis Locus.
MM. Meritissimo, Municipium, Milites, Mediolanense, Marcorum, Matrimonium, Mulier Mala.
MM. L. Marcorum Libertus.
MN. Manius.
M. N. Marci Nepos, Millia Nummum, Meo Nomine.
MO. Monumentum.
MO. S. TR. Moneta Signata Treviris.
M. P. Marcus Pompejus (Pacuvius), Mensam Posuit, Maximus Princeps.
M. P. II. Millia Passuum Duo.
M. R. Municipium Ravennas aut Ravenantium, Marcius, Marcia, Miles Romanus.
M.S. Mesia Superiore, Menses, Mensibus.
M. S. B. M. Magistro Suo Bene Merenti.
M. S. D. D. Municipes Sui Decreto Decurionum.
M. S. P. Memoriae Suae Posuit.
M. T. Marcus Tullius.
MV. Mucius.
M. V. M. Marcus Valerius Maximus.
M. X. Menses Decem.
N. Natione, Nata, Natus, Nautarum, Nepos, Neptuno, Nobilissimus, Nomen, Nomine, Non, Nonus, Noster, Numeratius, Numeravit, Numerius, Numerus, Numini, Numus.
N. B. Numeravit Bivus s. Vivus.
N. C. Nobilissimus Caesar, Non Clam.
N. C. C. Non Calumniae Causa.
N. CL. Nero Claudius.
N. C. M. M. Numerus Cajus duo Marci.
N. C. S. C. S. D. E. Novis Civibus Senatus Consulti Suffragium Datum Est.
N. D. Numini Divino.
N. F. C. Nostrae Fidei Commissum.
N. F. N. Nobili Familia Natus.
N. G. Nobili Genere.
N. H. Notus Homo.
N. I. Nomine Ipsius.
N. I. O. T. Nomine Jovis Olympii Tonantis.
N. K. C. Non Calumniae Causa.
N. L. Nominis Latini, Non Liquet, Non Licet, Numerus Lucius.
N. L. F. Numeri Lucii Filiae.
N. M. N. S. Novum Monumentum Nomine Suo.
N. M. Q. E. D. Numini Majestati Que Ejus Devotissimus.
NN. Nostri, Duo Numeri.
N. P. C. Nomine Proprio Curavit.
N. Q. Nusquam, Nunquam.
N. R. Nero, Neratius.
N. V. Non Vi.
N. V. N. D. N. P. O. Neque Vendetur Neque Donabitur Neque Pignore Obligabitur.
N. T. M. Numini Tutelari Municipii.
N. TR. Nova Trajana.
O. Obiit, Ollius, Opera, Oportet, Optimo, Ordo, Ossa, Opertum.
O. A. Q. Omnes Ad Quos.
OB. Obiter.
OB. M. E. Ob Merita Ejus.
OB. M. P. E. Ob Merita Pietatis (Parentis) Ejus.
OB. M. P. E. C. Ob Merita Pietatis Et Concordiae.
O. D. S. M. P. Optime De Se Merenti Posuit.
O. E. B. Q. C. Ossa Ejus Bene Quiescant Condita.
O. E. F. Q. Ossa Ejus Feliciter Quiescant.
O. E. H. S. S. Ossa Ejus Hic Sita Sunt.
O. E. R. Ob Eam Rem.
OF. Officia, Officinarius.
O. H. S. S. Ossa Hic Sita Sunt.
Θ. ϴ. Obiit (mortem significat).
O. L. Operas Locavit.
O. M. H. Optimo Maximo Hammoni.
O. M. T. Optimo Maximo Tonanti.
O. P. Opinio, Optimo Principi.
O. P. D. Ollae Publicae Datae.
O. P. F. Optimo Patri (Principi) Fecit.
OR. CI. Ornato Civi.

OS. C. Omnes Conciliat.
O. V. D. Omni Virtute Dedito.
O. V. F. Oufentina (tribus), Omnia Vivens Fecit, Optimo Viventi Fecit, Omnibus Vivis Fecit.
P. Passus, Pater, Patrensis, Patria, Patrono, Pecunia, Pedes, Percussa, Perpetuus, Pius, Pondo, Pontifex, Populus, Posuit, Potestas, Principi, Publicus, Publius, Puer.
PA. Pupilla.
P. C. Patrono Corporis (Coloniae), Ponendum Curavit, Post Consulatum, Patres Conscripti, Pactum Conventum, Pecunia Constituta, Procurator.
P. C. N. Posuerunt Communi Nomine.
P. D. Publius Decius (Decimus), Populo Datum, Publice Dedit.
P. DD. Publice Dedicatum, Positum Decreto Decurionum.
P. D. S. IM. C. Ponendum De Sua Impensa Curavit.
P. E. Publice Erexerunt.
PE. R. P. Pecunia Romae Percussa.
P. F. Publii Filius, Pius Felix, Pia Fidelis (Legio), Publice Fecit.
P. F. V. Pio Felici Victori.
P. H. C. Provinciae (Praetor) Hispaniae Citerioris, Publicus Honor Curandus.
P. I. Principi Juventutis.
P. II. S. L. Pondo Duarum Semissis Librarum.
P. I. R. Populus Jure Rogavit.
P. I. S. Publica Impensa Sepultus.
P. L. Publii Libertus, Plebs.
PL. TR. Plebis Tribunus.
P. M. Pontifex Maximus, Principi Militum, Princeps Militum, Poni Mandavit, Post Mortem, Plus Minus.
P. N. Publii Nepos.
P. N. R. Publico Nomine Restituto.
P. P. Pontificum, Pater Patriae, Pecunia Publica, Publice Posuit, Potestate Publica, Praefectus Praetorio, Praeses Provinciae, Praepositi Patres.
P. P. C. Patres Conscripti.
P. P. H. T. Praeses Provinciae Hispaniae Tarraconensis.
P. P. L. I. Per Praedictae Litis Judicium.
P. P. P. Praefectus Praetorio Provinciae, Pater Patriae Patratus, Primus Pater Patriae.
P. P. P. M. Pietate Plenus Posuit Merenti.
PQ. Postquam.
P. Q. E. Posteris Que Eorum.
P. R. Populus Romanus, Possessori Redditum.
PR. C. Praetor Constitutus.
P. R. C. Post Romam Conditam.
P. R. E. Post Reges Exactos.
PR. H. O. C. S. Praetextatus Hostem Occidit Civem Servavit.
PR. ID. Pridie Idus, Praefectus Juri Dicundo.
PR. K. Praetori Kandidato, Pridie Kalendarum.
PR. L. V. P. F. Praetor Ludos Votivos Publicos Fecit.
PR. PR. Praefectus Praetorio, Pro Praetore.
PR. S. Praetoris Sententia, Post Reges Servatos.
PR. S. P. Provinciae Syriae Palestinae.
P. S. Publico Sumtu, Pecunia Sua, Plebiscitum, Proprio Sumtu, Posuit Sibi.
P. S. ET. S. Posuit Sibi Et Suis.
P. S. F. Pecunia Sua Fecit, Publice Sibi Fecit.
P. S. F. C. Proprio Sumtu (Publice Saluti) Fieri Curavit.
P. S. P. Provinciae Syriae Palestinae.
P. S. P. Q. S. Posuit Sibi Posteris Que Suis.
P. S. S. C. Pecunia Sua Statuendum Curavit.
P. TR. O. Percussa Treviri, Officina Quinta.
P. V. D. Pro Voto Dedit.
Q. Quadrati, Quae, Quaesitum, Quaestor, Quando, Quartus, Qui, Quinarius, Quinquennalia, Quinquennalitio, Quintitius, Quintus, Quirinus, Quod.
Q. Æ. Quaestor Ædilis.
Q. B. V. Qui Bene Vixit.
Q. B. F. E. Quare (Quod) Bene Factum Est.
Q. B. M. V. Quae Bene Mecum Vixit.

Q. C. M. P. I. Quintus Caecilius Metellus Pius Imperator.
Q. D. Quinquennalis Decurio.
Q. D. E. R. F. P. Quid De Ea Re Fieri Placet.
Q. D. S. S. Qui Dederunt Supra Scripta.
Q. E. R. E. V. Quanta Ea Res Esse Videbitur.
Q. F. Quintus Filius, Quod Factum.
Q. F. E. I. S. F. Quod Factum Est In Senatu Fuerit.
Q. K. Quaestori Kandidato.
Q. I. H. H. M. E. Qui In Hoc Honore Mortuus Est.
Q. L. Quinti Libertus, Quintus Lucius.
Q. L. F. Quinti Lucii Filius.
Q. L. S. S. Quaesivit Liberam Statuam Senatus.
Q. M. Quomodo, Quo Magis (Minus), Quintus Marcius.
Q. N. A. N. N. Quando Neque Ait Neque Negat.
Q. PR. Quaestori Provinciali.
QQ. Quinquennalitius, Quaestores, Quoque.
QQ. L. H. SE. Quo Quo versum Latitudo Hujus Sepulcri.
QQ. PP. Quinquennalitio Perpetuo.
QQ. V. Qua Qua Versum.
Q. R. Quaestor Reipublicae.
Q. R. F. E. V. Quod Recte Factum Esse Videtur.
QS. Quasi.
Q. S. P. P. S. Qui Sacris Publicis Praesto Sunt.
Q. S. S. S. Quia Supra Scripta Sunt.
QV. Quartus.
Q. V. A. Qui Vixit Annis.
Q. V. M. A. XXIX. S. OF. Qui Vixit Mecum Annos 29 Sine Offensa.
QVI. S. P. P. V. Qui Sacris Publice Praesto Sunt.
R. Recta, Regio, Rei, Restituit, Retro, Roma, Romanus, Roscius, Rudera.
R. C. Romana Civitas, Romani Cives.
R. D. Recte Dare, Regis Domus.
R. D. D. Res Dono Data.
R. F. E. D. Retro Factum Esse Dicitur.
R. F. Regis Filius.
R. G. C. Rei Gerendae Causa.
R. I. M. D. R. Regnum Invicto Magno Domino Restituit.
R. L. P. Recte Legis Possit.
R. M. Rei Militaris.
RO. Roma, Romilia.
R. P. Res Publica, Respondit.
R. P. S. Romae Pecuniae Signata.
RP. C. Reipublicae Causa (Constituendae).
RP. C. C. Reipublicae Constituendae Causa.
R. P. H. V. V. Reipublicae Hujus Vigilantissimae Urbis.
R. P. S. D. D. Reipublicae Saguntinorum Decreto Decurionum.
R. R. Ruderibus Rejectis, Regnum Romanum.
R. RR. Rurum Romanorum.
R. R. R. F. F. F. Regnum Romae Ruet Ferro Fame Flamma.
R. S. Romae Signata (scil. moneta).
R. V. Re Uxoria, Ravenna Urbs.
S. Sacellum, Sacerdos, Sacrum, Saguntini, Sanctus, Senatus, Sepulcrum, Servus, Sextus, Si, Sibi, Signatum, Sine, Singuli, Sinister, Socius, Soli, Stipendia, Suis.
SA. Salus.
S. A. D. Sub Ascia Dedicarunt.
SA. R. Sacerdos Romae.
S. C. Senatus Consultum, Sibi Curavit, Suam Causam.
S. C. D. Senatus Consulto Decrevit.
S. C. D. S. Sibi Curavit De Sua.
S. C. F. C. Senatus Consulto Faciendum Curavit.
S.C.F.E. Senatus Consultum Factum Est.
S. D. Sententiam Dixit.
S. D. I. V. (C.) K. I. Sinistra Decumanum Primus Ultra (Citra) Kardinem Primum (in divis. agr.).
S. D. S. Soli Deo Sacrum.
S. E. T. L. Sit Ei Terra Levis.
S. ET. S. Sibi Et Suis.
S. F. Sacris Faciundis.
S. F. S. Sine Fraude Sua.
S. I. M. Soli Invictus Mithrae.
S. L. Sua Laude, Sententia Libens, Solvit Libens, Sacrorum Ludorum.
S. L. M. Solvit Lubens Merito.

S. M. Signa Moneta.
S. M. A. L. S. Sacrum Memori Animo Lubens Solvit.
S. M. D. Sacrum Marti Deum.
S. M. K. B. Sacra (Signata) Moneta Karthaginensis Secunda.
S. M. N. T. Sacra Moneta Nicodemia Officina Tertia.
S. M. R. P. Sacra Moneta Romae Percussa..
S. M. T. S. E. Sacra Moneta Treviris Signata Officina Quinta.
SN. Senatus.
S. N. L. Sociis Nominis Latini.
S. N. S. Q. Si Negat Sacramento Quaerito.
S. O. Sive Occasione.
S. OF. Sine Offensa.
S. P. Spurius, Sacerdos Perpetuus, Sua Pecunia, Sacri Palatii, Sacra Publica.
S. P. D. Sua Pecunia Dedicavit, Salutem Plurimam Dicit.
S. P. F. Sua Pecunia Fecit, Spurii Filius.
S. P. P. Sua Pecunia Posuit.
S. P. P. C. Sua Pecunia Ponendum Curavit.
S. P. P. S. Sacris Publicis Praesto Sunt.
S. P. Q. L. Senatus Populus Que Lanuvianus.
S. P. Q. R. Senatus Populus Que Romanus.
S. P. Q. R. P. T. Senatus Populus Que Romanus Praecipiet Tibi.
S. P. Q. S. C. P. S. Sibi Posteris Que Suis Curavit Pecunia Sua.
S. P. Q. S. P. C. Sibi Posteris Que Suis Poni Curavit.
S. P. V. T. S. Sua Pecunia Usus Titulo Suo.
S.Q.C.F. Senatus Que Consultum Fecit.
S. Q. R. E. Q. R. I. N. S. E. H. L. N. R. E. Si Quid Rogatum Est Quod Rogari Jus Non Sit Ejus Hac Lege Nihilum Rogatum Est. (Clausula communis Legum Romanarum.)
S. Q. S. S. E. Q. N. I. S. R. E. H. L. N. R. Si Quid Sacro Sancti Est Quod Non Jure Sit Rogatum Ejus Hac Lege Nihil Rogatum. (Eadem.)
S. R. Sacrum Remunerationum.
S. S. Senatus Sententia, Supra Scriptum, Sanctissimus Senatus, Sacri Scrinii, Sacro Sanctum.
S. S. C. Secundum Suam Causam, Seditionis Sedandae Causa.
S. S. E. Sive Sepulcrum Est.
S. S. M. Satis Secundum Mancipium.
S. S. P. Suo Sumtu Posuit.
S. S. S. Soli Sanctissimo Sacrum, Silvano Sancto Sacrum, Supra Scriptae Summae, Supra Scripta Sunt.
S. S. T. N. Supra Scripti Titi Nomine.
ST. Stipendium, Studium, Stadium, Signata Treviris, Sine Testibus.
S. T. A. Sine Tutoris Auctoritate.
ST. P. Stadium Ponit.
S. T. T. L. Sit Tibi Terra Levis.
S. VE. C. Senatus Ve Consulto.
S. V. L. Q. Sibi Uxori Liberis Que.
S. V. T. L. H. F. C. Sit Vobis Terra Levis Heredes Faciendum Curarunt.
T. Tarraconensis, Terminavit, Testamento, Titulus, Titus, Togato, Tonanti, Tribunus, Tunc, Turma, Tutela, Tutor, Tyrannus.
T. A. Tatius, Taurum Album, Titus Annius, Tutoris Auctoritate.
T. B. Tempus Bonum (Bonorum).
T. C. Tunc, Testamenti Causa, Testamento Cavetur.
T. F. Testamento Fecit, Titi Filius, Titus Flavius, Titulum Fecit.
T. F. I. Testamento (Titulum) Fieri Jussit.
T. F. I. H. F. C. Testamento (Titulum) Fieri Jussit Heredes Fideliter Curarunt, Testamento Fieri Jussit Heredes Faciendum Curarunt.
TI. Tiberius, Tiburtinorum.
TI. F. TI. L. N. Tiberius Filius Tiberii Liberti Nepos.
T. IT. Tyrannus Italiae.
T. L. Titus Livius, Tibi Libertus.
TM. DD. Terminum dedicavit, Termae Dicatae.
T. N. Titi Nepos.
T. P. Titulum Posuit.
T. P. B. Tempus Bonum.
T. P. I. Testamento Poni Jussit.

TR. Tribunus, Trajectus, Translatus, Trajanus, Tribus.
TR. A. Treviris Prima.
TR. AM. Trans Amnem.
T. R. E. S. P. R. Terra Regesta Ex Sua Pecunia Restituerunt.
TR. F. Trajana Fortis (Legio).
TR. S. Treviris Signatum.
T. S. F. I. Testamenti Sui Fieri Jussit.
T. S. E. Treviris Signata Officina Quinta.
T. V. Titulo Usus.
V. Valerius, Veteranus, Victoria, Victrix, Vir, Virtus, Vivens, Vivus, Vixit, Volusius, Vopiscus, Votivus, Votum, Urbs, Usus, Quinque, Quinto.
V. A. Veterano Adsignatum.
V. A. F. (P.) Vivus Aram Fecit (Posuit).
V. A. I. D. Vivus Aram Jussus Dedit.
V. A. L. Vixit Annos Quinquaginta.
V. B. Viro Bono.
V. B. A. Viri Boni Arbitratu.
V. B. F. Vir Bonae Fidei.
V. C. Vir Consularis (Clarissimus), Urbis Conditor, Urbs Condita.
V. C. P. T. Vir Consularis Provinciae Tarraconensis.
V. C. R. IM. OR. Vice Caesaris Rector Imperii Orientis.
V. D. Vivus Dedit.
V. DD. Voto Dedicatum, Vivus Dedit.
V. E. Veteranus, Vir Egregius, Velamen, Verum Etiam.
V. E. D. Vir Egregius Decurio.
V. E. D. F. Vir Egregius Decimi Filius.
V. F. Viro Fidelissimo, Vivus Fecit, Verbo Fecit, Valerii Filius, Usus Fructus, Viro Forti, Vale Feliciter.
V. F. C. Victoriae Felicitatis Caesaris, Viam Faciundam Curavit.
V. FR. Usus Fructus.
V. L. S. ET. S. Vivus Fecit Sibi Et Suis.
V. F. S. C. Vivus Fieri Sibi Curavit.
V. I. Vir Justus.
V. I. C. Universi Ita Censuerunt.
V. I. N. K. Victrix Julia Nova Karthago.
V. K. I. Ultra Kardinem Primum.
V. L. S. Votum Libens Solvit.
V. M. Volens Miritae Minervae.
V. M. S. Voto Merito Suscepto, Votum Merito Solvit.
V. OP. Vir Optimus.
V. P. Utriusque Pannoniae, Vir Patricius, Vir Perfectissimus, Urbis Praefectus, Vir Prudens, Vivus Posuit.
V. P. P. P. H. Vir Perfectissimus Praefectus Provinciae Hispaniae.
V. R. P. Veteri Possessori Redditum.
V. R. Urbs Romana.
V. S. Votum Solvit, Voto Suscepto, Vivens Statuit.
V. S. A. L. P. Voto Suscepto Animo Libens Posuit.
V. S. C. Voto Suscepto Curavit, Votum Solvi Curavit, Voti Sui Compos.
V. S. F. Universi Sic Fecerunt, Voto Suscepto Fecit.
V. S. I. Vice Sacra Judicans.
V. S. I. F. Voto Suscepto Jussit Fieri.
V. S. L. M. Votum Solvit Libens Merito, Vivens Sibi Locum Monumenti, Voto Suscepto Libens Merito.
V. S. L. S. Vivens Sibi Locum Statuit.
V. S. P. Vivens Sibi Posuit.
V. S. P. L. L. M. Voto Suscepto Posuit Libens Libentissime Merito.
V. S. S. L. M. Votum Susceptum Solvit Libens Merito.
V. T. F. I. Usus Titulo Fieri Jussit.
V. T. S. Usus Titulo Suo.
V. V. Votum Vovit, Ut Voverat, Valens Victrix (Leg.), Virgini Vestali, Urbs Victrix.
V. V. C. C. Viris Clarissimis.
V. V. F. Virtus Vivens Fecit.
VV. FF. Viventes Fecerunt.
V. V. E. Vestri Vissum Erit.
V. V. S. S. F. Vivus Supra Scriptum Fecit.
X. Decimus, Decennalis, Denarius.
X. ER. Decimae Erogator.
X. F. Denarium Faciendum.
X. P. Decem Pondera.
XX. Vigesimae (Hereditatum), Vicennalis.
Y. pro CON. ponitur.
YSTAN. Constantinus.

NAMEN- UND SACHREGISTER.

Leykam Citypark Mai 2004 9,95 € (statt 20,40) [illegible], Graz